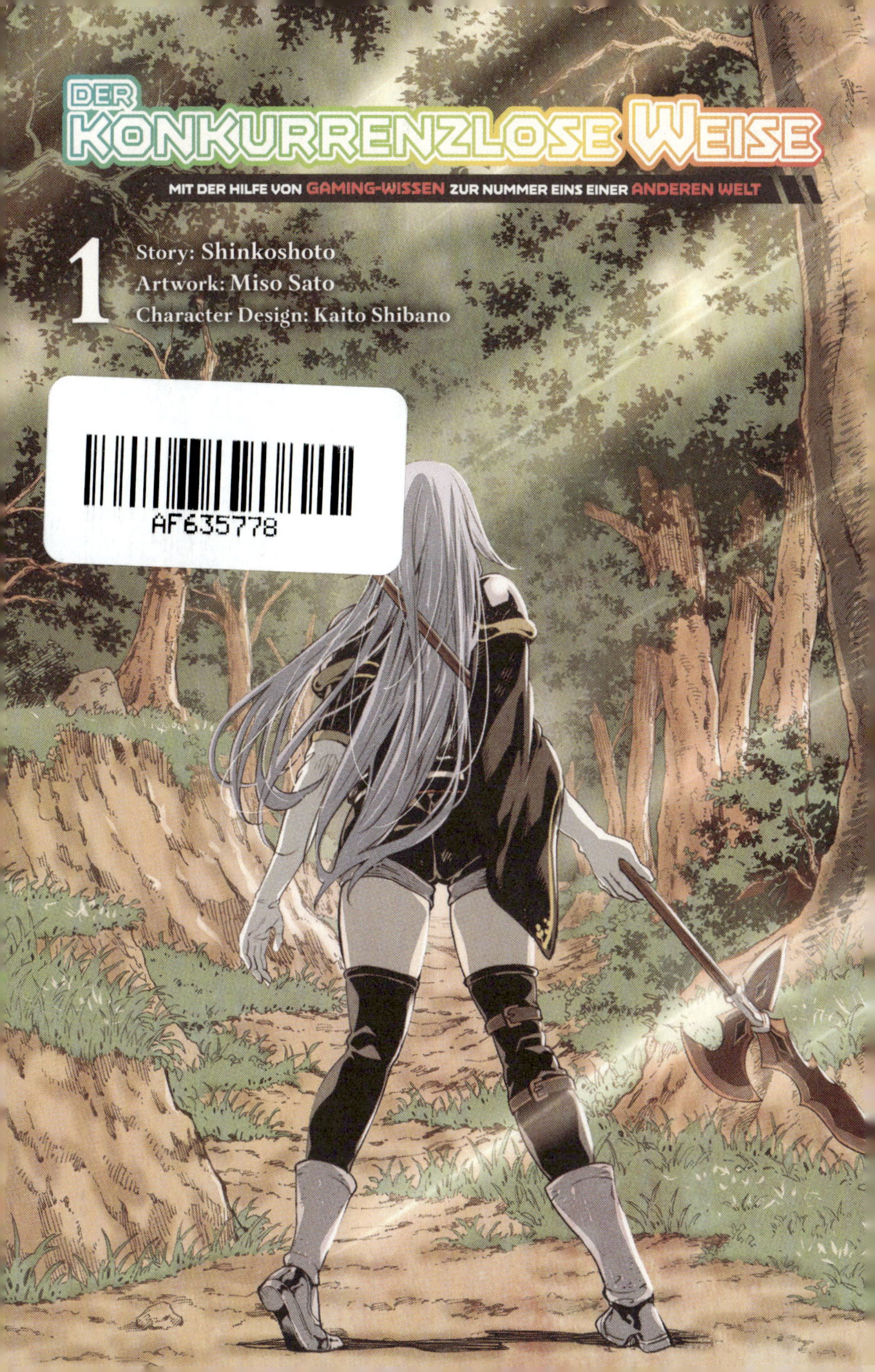
DER KONKURRENZLOSE WEISE
MIT DER HILFE VON GAMING-WISSEN ZUR NUMMER EINS EINER ANDEREN WELT
1
Story: Shinkoshoto
Artwork: Miso Sato
Character Design: Kaito Shibano

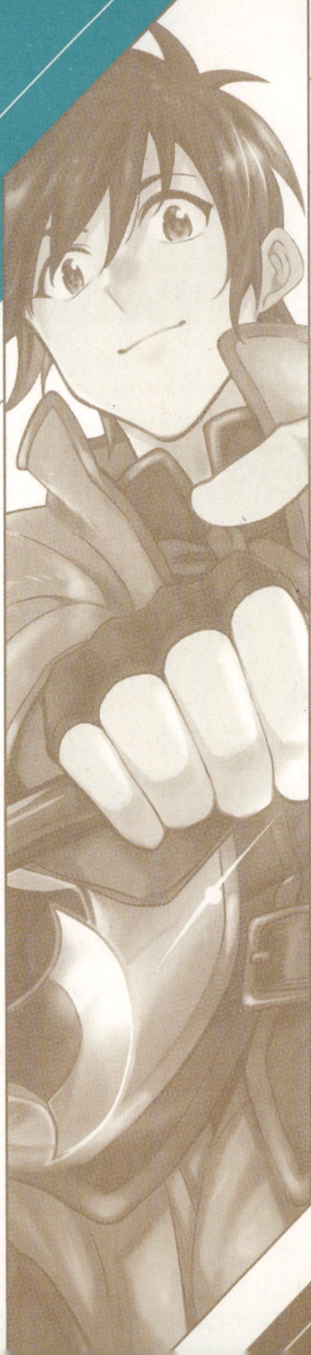

Inhalt

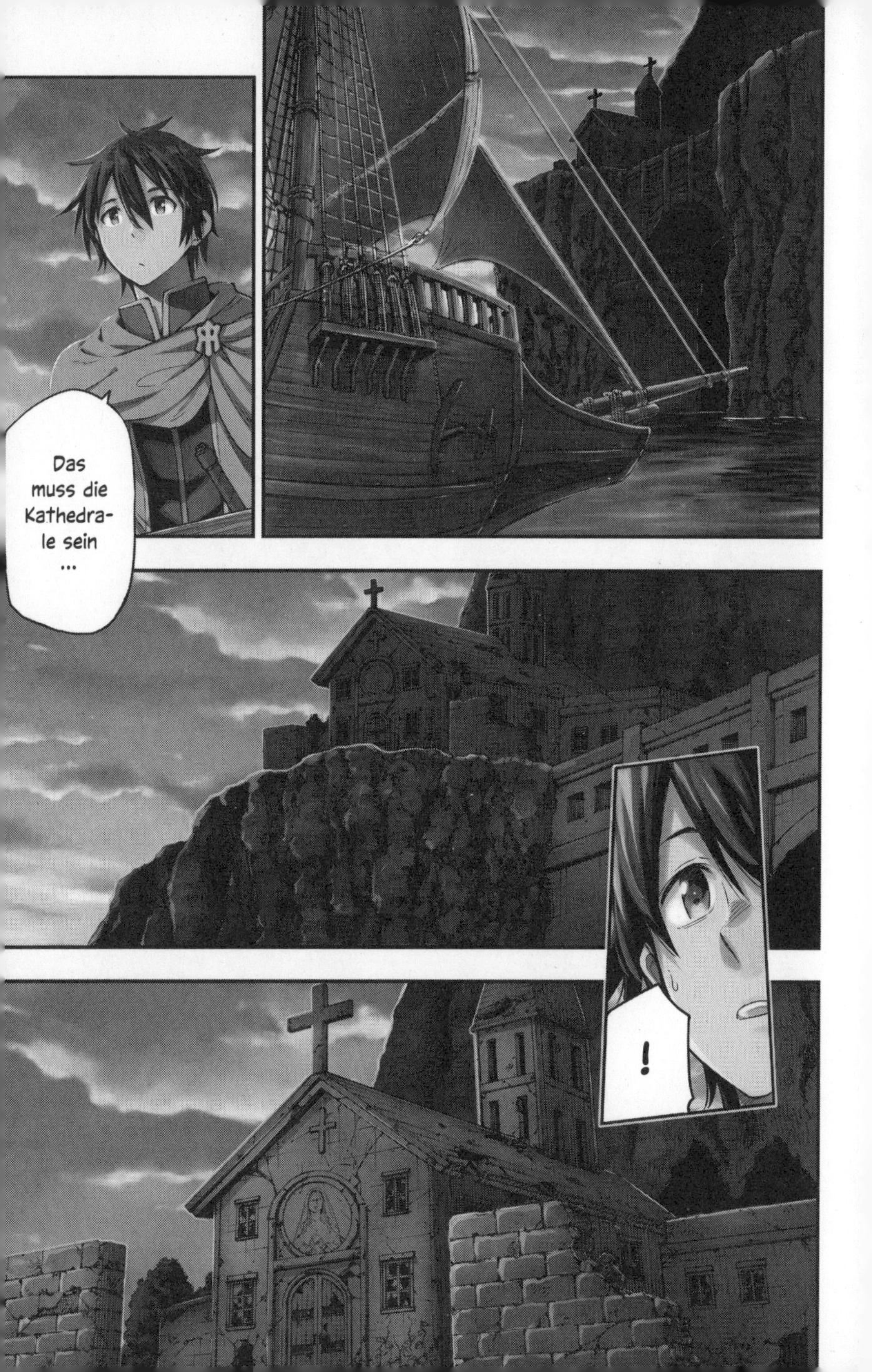
Das muss die Kathedra-le sein ...
!

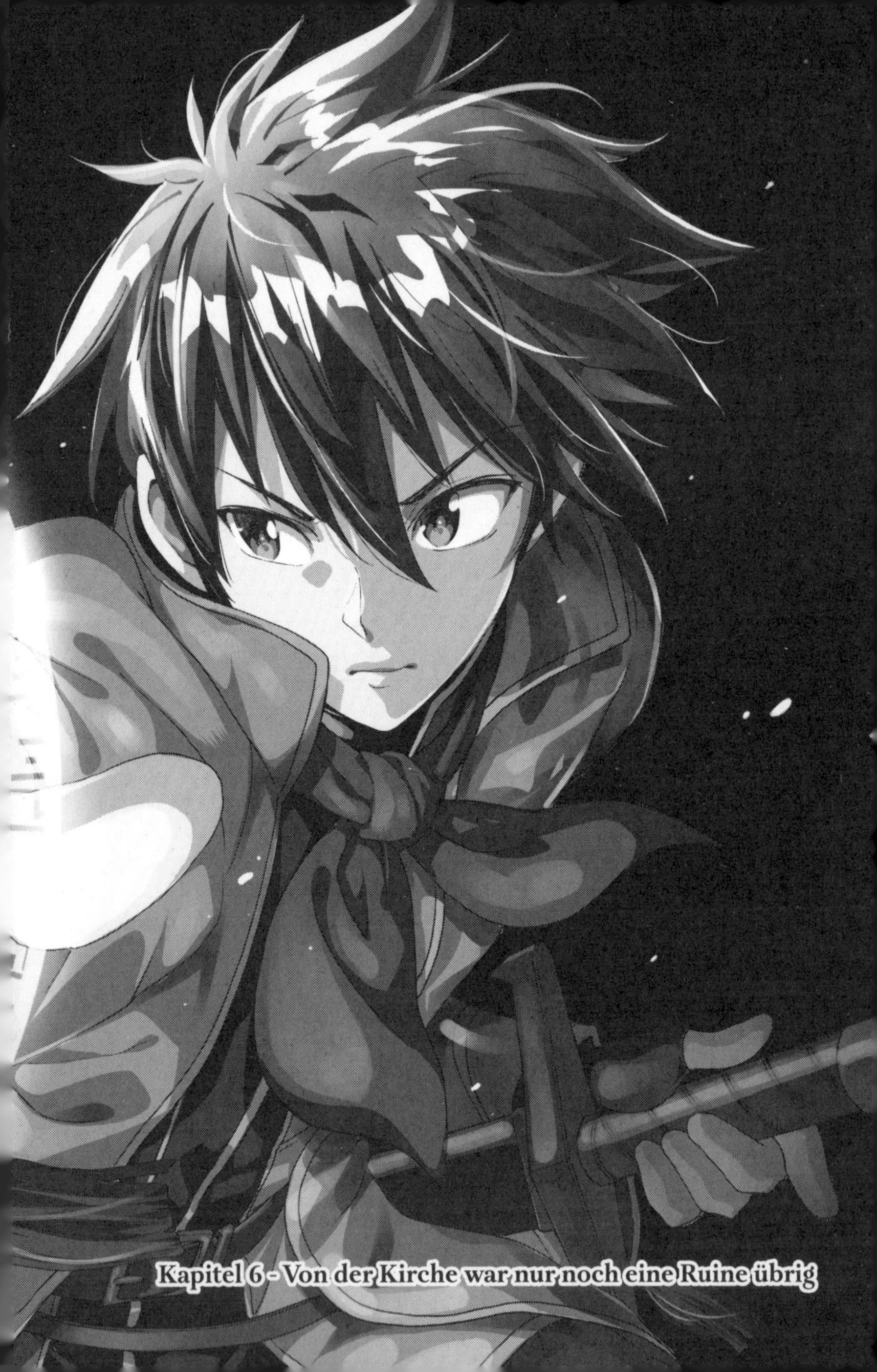

Kapitel 6 - Von der Kirche war nur noch eine Ruine übrig

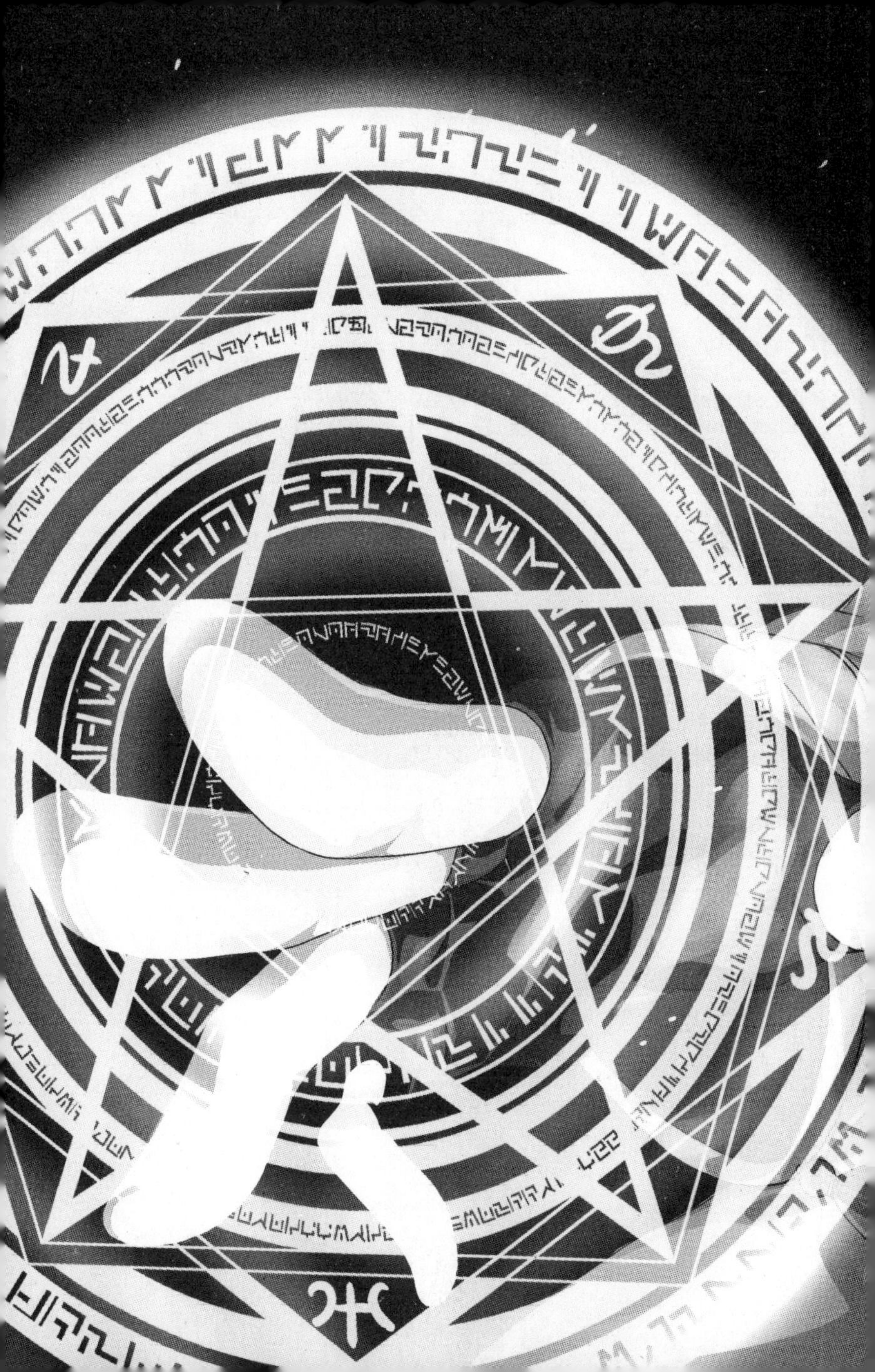

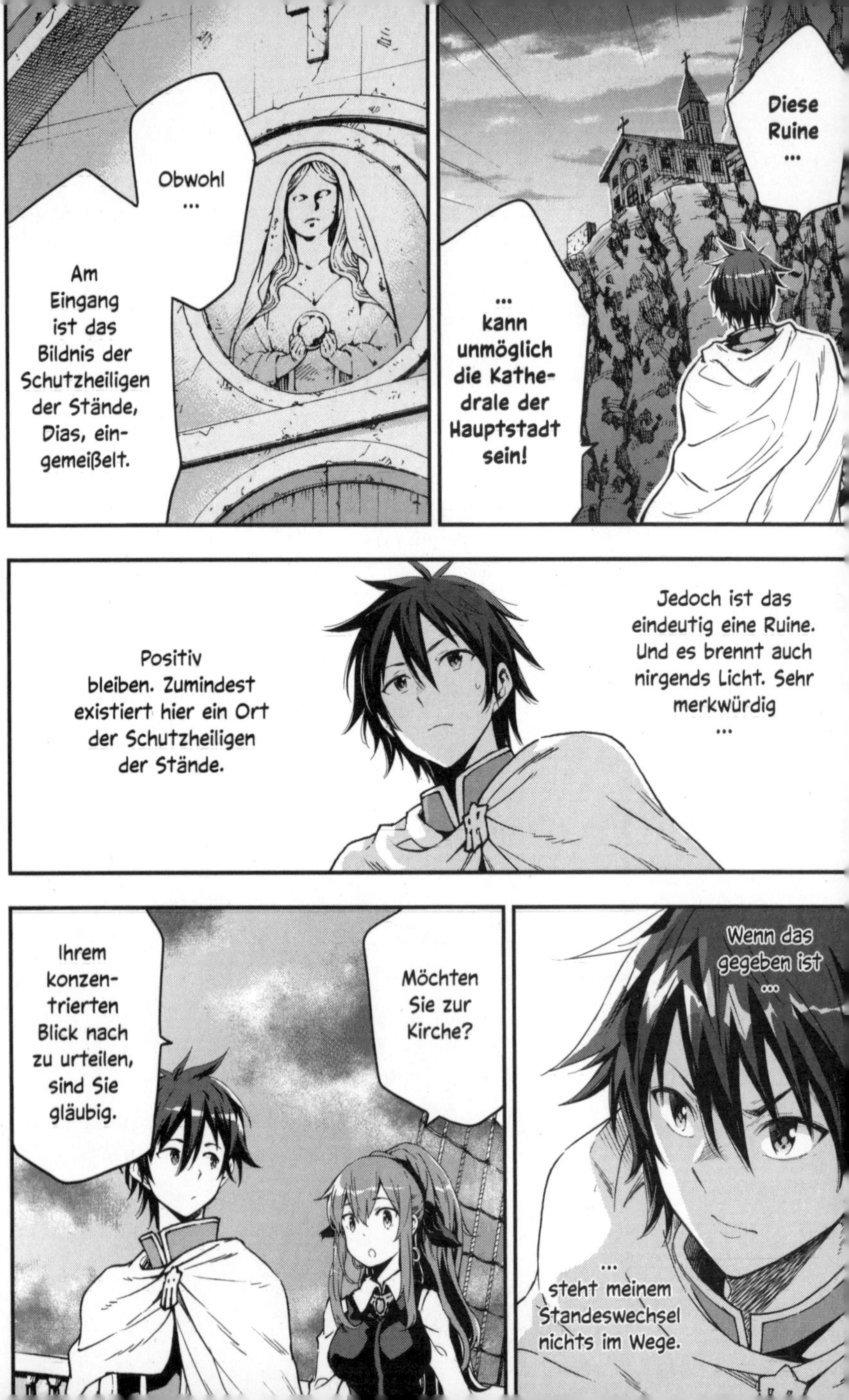

Diese Ruine ...
... kann unmöglich die Kathedrale der Hauptstadt sein!
Obwohl ...
Am Eingang ist das Bildnis der Schutzheiligen der Stände, Dias, eingemeißelt.
Jedoch ist das eindeutig eine Ruine. Und es brennt auch nirgends Licht. Sehr merkwürdig ...
Positiv bleiben. Zumindest existiert hier ein Ort der Schutzheiligen der Stände.
Wenn das gegeben ist ...
... steht meinem Standeswechsel nichts im Wege.
Möchten Sie zur Kirche?
Ihrem konzentrierten Blick nach zu urteilen, sind Sie gläubig.

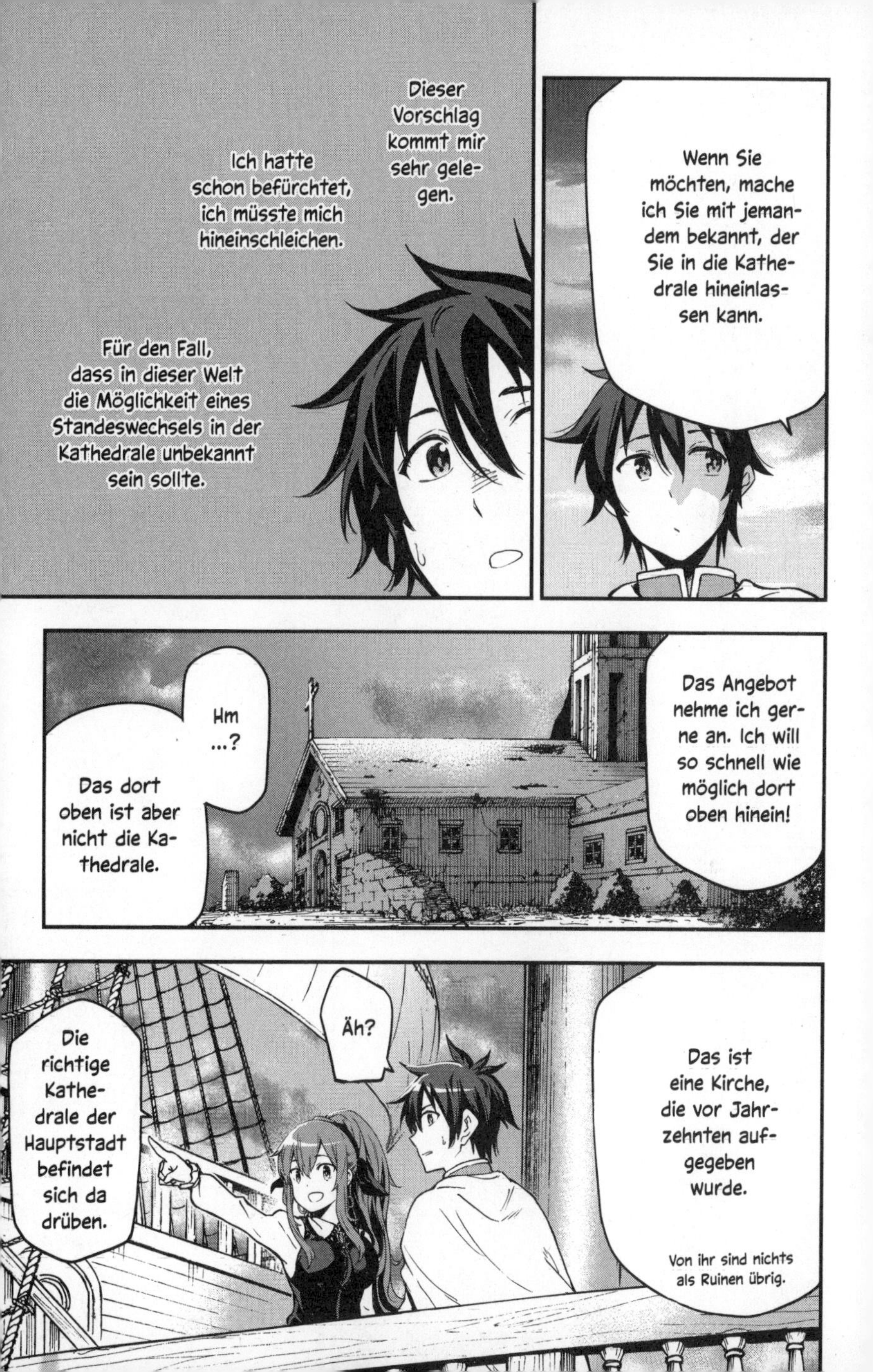
Wenn Sie möchten, mache ich Sie mit jemandem bekannt, der Sie in die Kathedrale hineinlassen kann.
Dieser Vorschlag kommt mir sehr gelegen.
Ich hatte schon befürchtet, ich müsste mich hineinschleichen.
Für den Fall, dass in dieser Welt die Möglichkeit eines Standeswechsels in der Kathedrale unbekannt sein sollte.
Das Angebot nehme ich gerne an. Ich will so schnell wie möglich dort oben hinein!
Hm ...?
Das dort oben ist aber nicht die Kathedrale.
Das ist eine Kirche, die vor Jahrzehnten aufgegeben wurde.
Von ihr sind nichts als Ruinen übrig.
Äh?
Die richtige Kathedrale der Hauptstadt befindet sich da drüben.

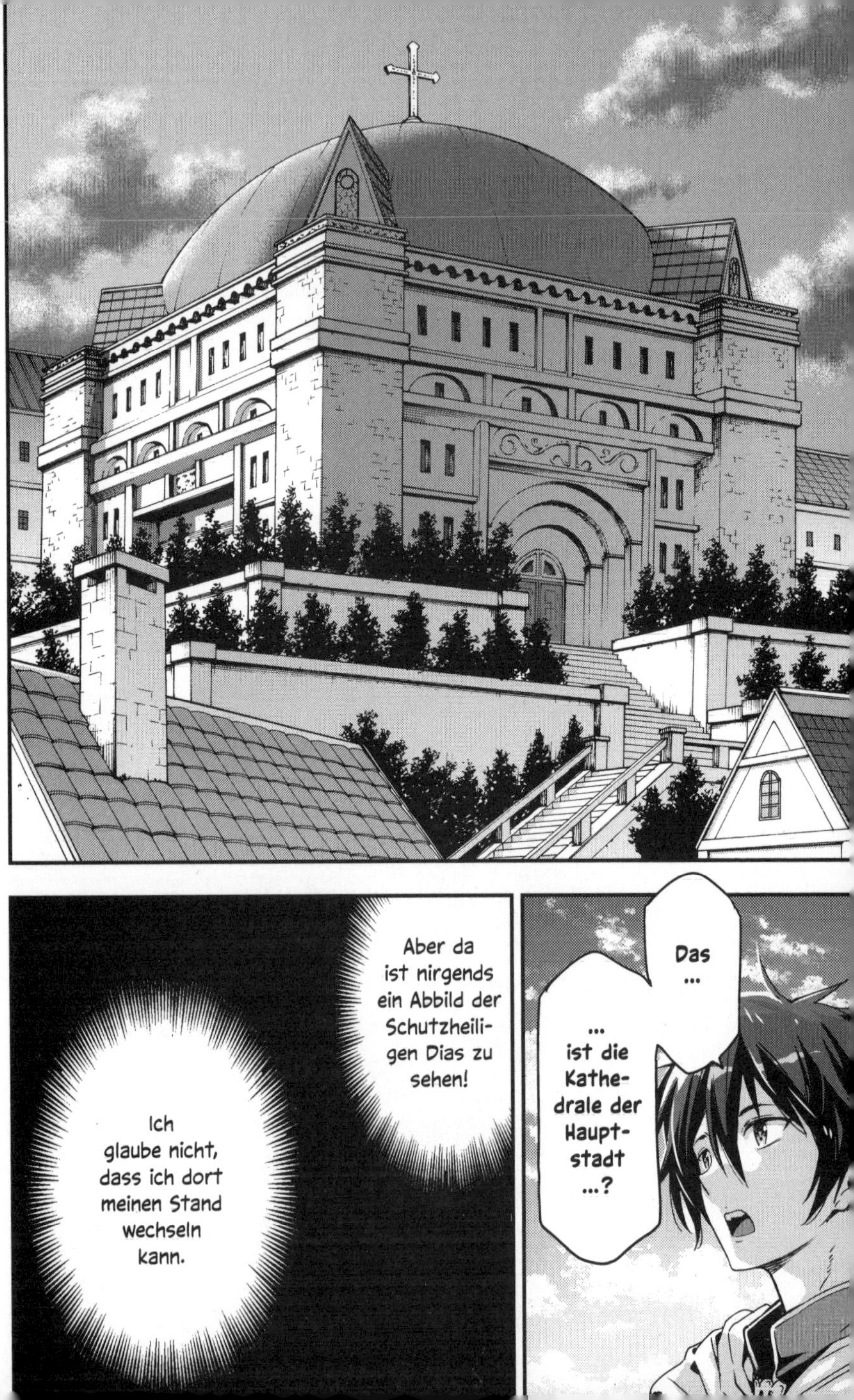
Das ...
... ist die Kathedrale der Hauptstadt ...?
Aber da ist nirgends ein Abbild der Schutzheiligen Dias zu sehen!
Ich glaube nicht, dass ich dort meinen Stand wechseln kann.

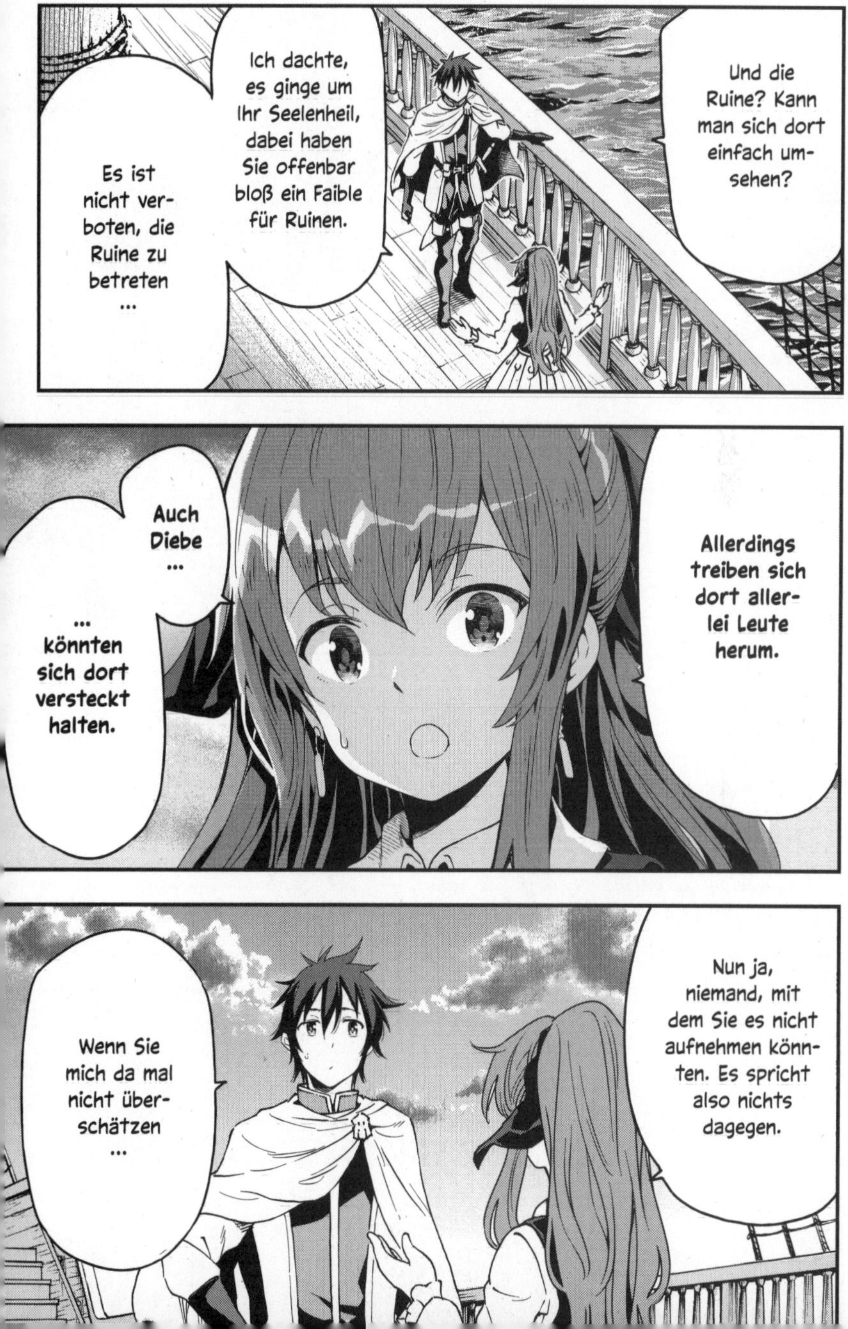
Und die Ruine? Kann man sich dort einfach umsehen?
Ich dachte, es ginge um Ihr Seelenheil, dabei haben Sie offenbar bloß ein Faible für Ruinen.
Es ist nicht verboten, die Ruine zu betreten ...
Allerdings treiben sich dort allerlei Leute herum.
Auch Diebe ...
... könnten sich dort versteckt halten.
Nun ja, niemand, mit dem Sie es nicht aufnehmen könnten. Es spricht also nichts dagegen.
Wenn Sie mich da mal nicht überschätzen ...

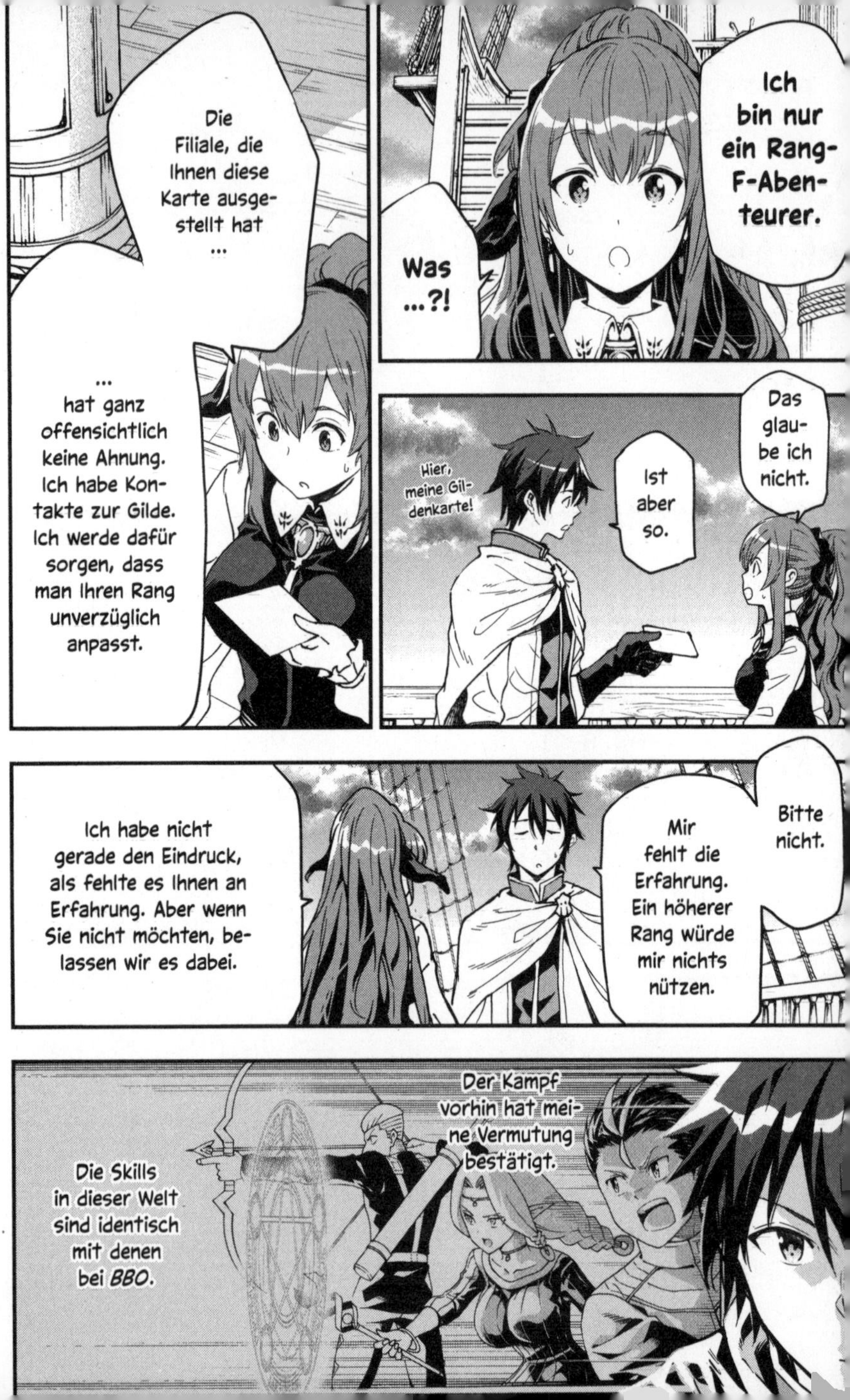

Ich bin nur ein Rang-F-Abenteurer.
Was ...?!
Das glaube ich nicht.
Ist aber so.
Hier, meine Gildenkarte!
Die Filiale, die Ihnen diese Karte ausgestellt hat ...
... hat ganz offensichtlich keine Ahnung. Ich habe Kontakte zur Gilde. Ich werde dafür sorgen, dass man Ihren Rang unverzüglich anpasst.
Bitte nicht.
Mir fehlt die Erfahrung. Ein höherer Rang würde mir nichts nützen.
Ich habe nicht gerade den Eindruck, als fehlte es Ihnen an Erfahrung. Aber wenn Sie nicht möchten, belassen wir es dabei.
Der Kampf vorhin hat meine Vermutung bestätigt.
Die Skills in dieser Welt sind identisch mit denen bei *BBO*.

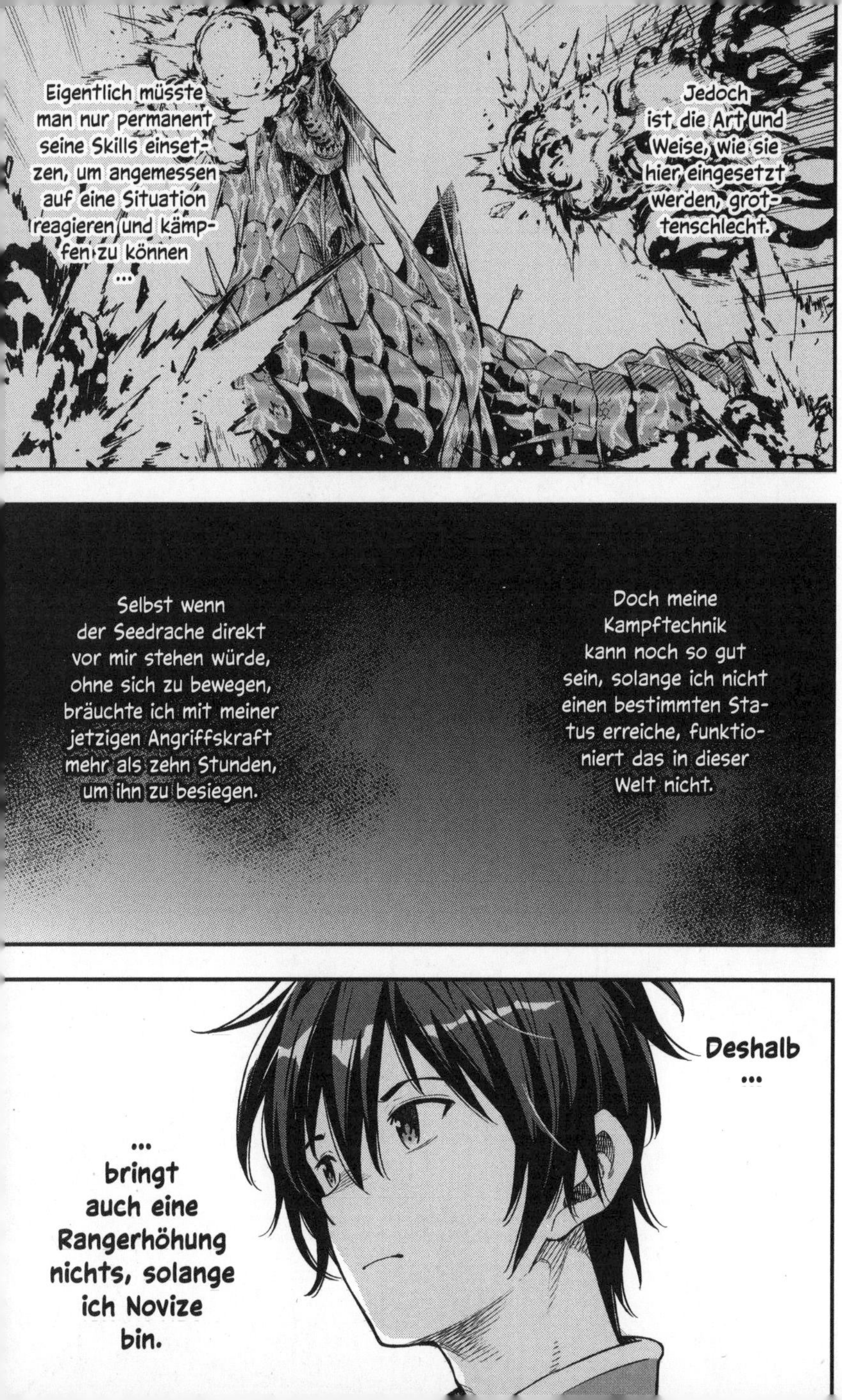
Jedoch ist die Art und Weise, wie sie hier eingesetzt werden, grottenschlecht.
Eigentlich müsste man nur permanent seine Skills einsetzen, um angemessen auf eine Situation reagieren und kämpfen zu können …
Doch meine Kampftechnik kann noch so gut sein, solange ich nicht einen bestimmten Status erreiche, funktioniert das in dieser Welt nicht.
Selbst wenn der Seedrache direkt vor mir stehen würde, ohne sich zu bewegen, bräuchte ich mit meiner jetzigen Angriffskraft mehr als zehn Stunden, um ihn zu besiegen.
Deshalb …
… bringt auch eine Rangerhöhung nichts, solange ich Novize bin.

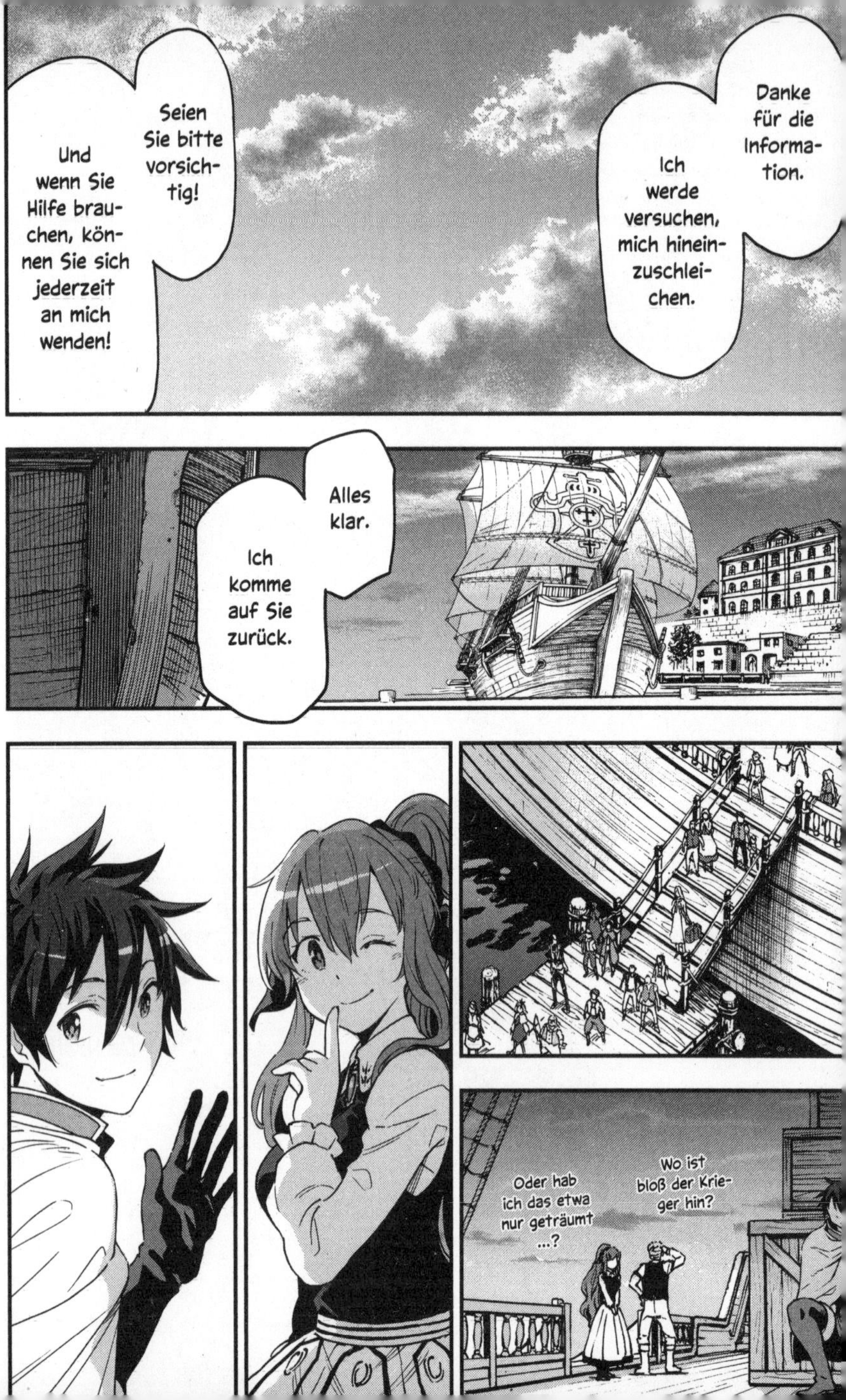
Danke für die Information.
Ich werde versuchen, mich hineinzuschleichen.
Seien Sie bitte vorsichtig!
Und wenn Sie Hilfe brauchen, können Sie sich jederzeit an mich wenden!
Alles klar.
Ich komme auf Sie zurück.
Wo ist bloß der Krieger hin?
Oder hab ich das etwa nur geträumt ...?

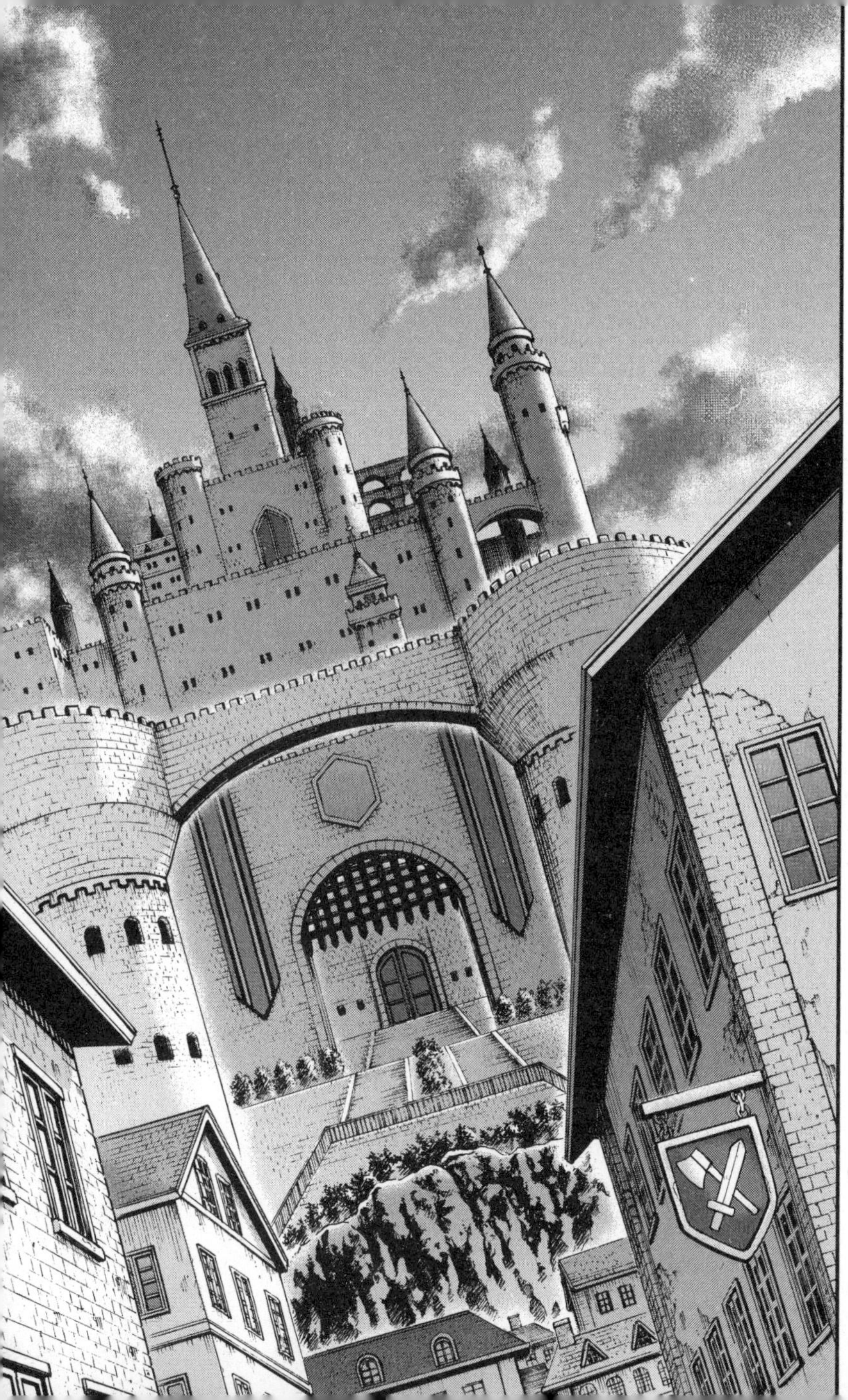

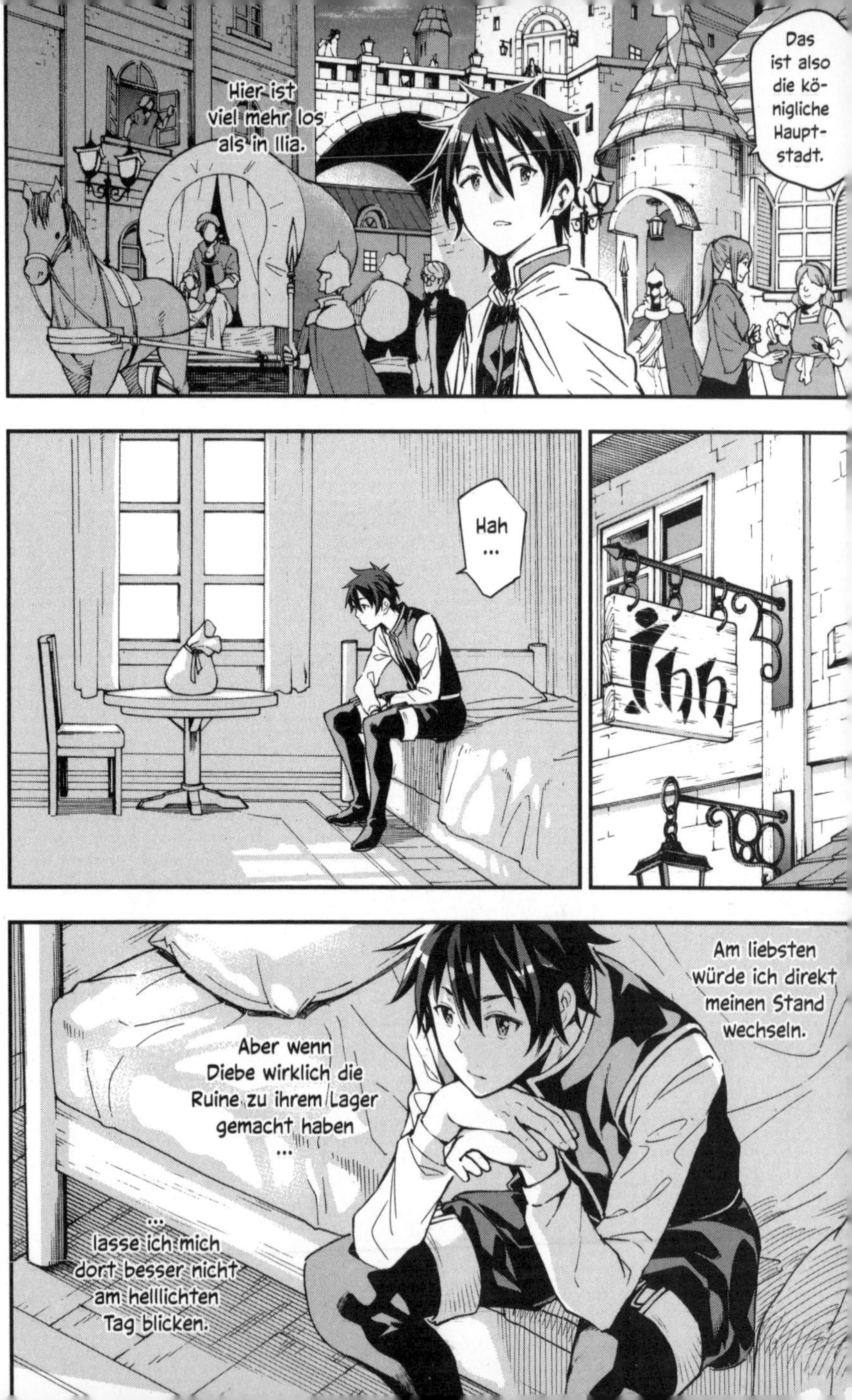

Das ist also die königliche Hauptstadt.
Hier ist viel mehr los als in Ilia.
Hah ...
Am liebsten würde ich direkt meinen Stand wechseln.
Aber wenn Diebe wirklich die Ruine zu ihrem Lager gemacht haben ...
... lasse ich mich dort besser nicht am helllichten Tag blicken.

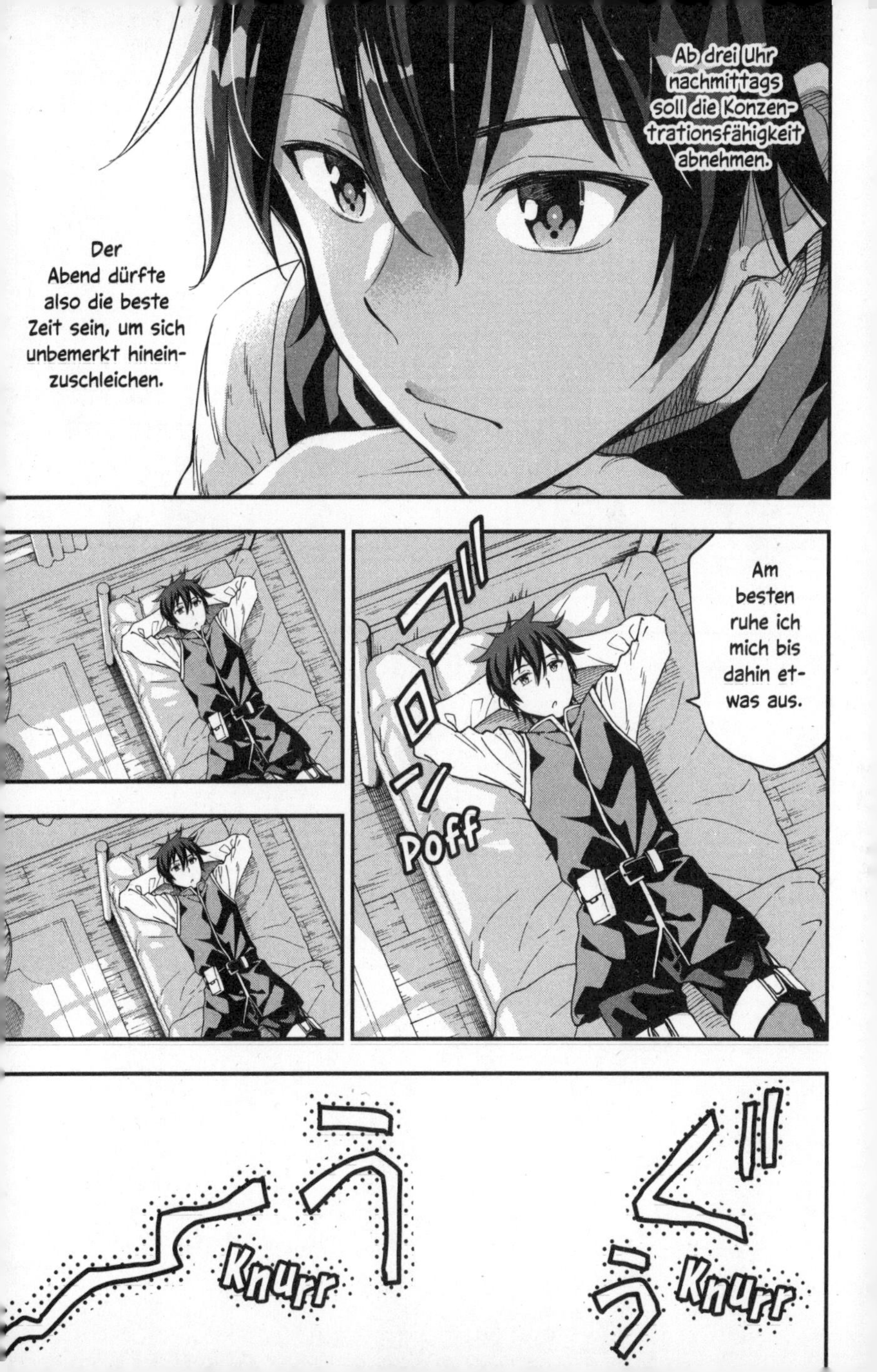
Ab drei Uhr nachmittags soll die Konzentrationsfähigkeit abnehmen.
Der Abend dürfte also die beste Zeit sein, um sich unbemerkt hineinzuschleichen.
Poff
Am besten ruhe ich mich bis dahin etwas aus.
Knurr
Knurr

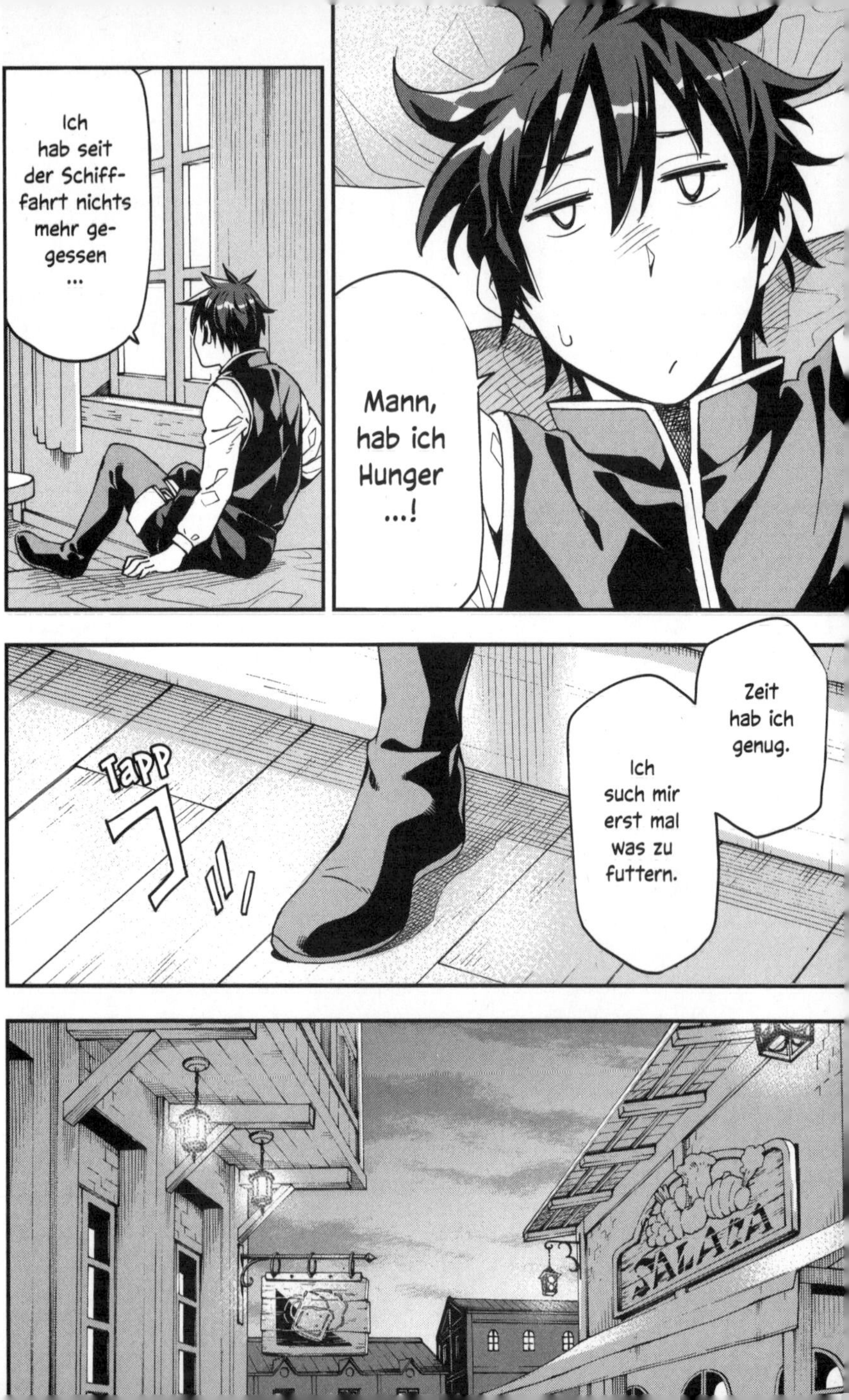

Mann, hab ich Hunger ...!
Ich hab seit der Schiff-fahrt nichts mehr ge-gessen ...
Zeit hab ich genug.
Ich such mir erst mal was zu futtern.
Tapp
SALAZA

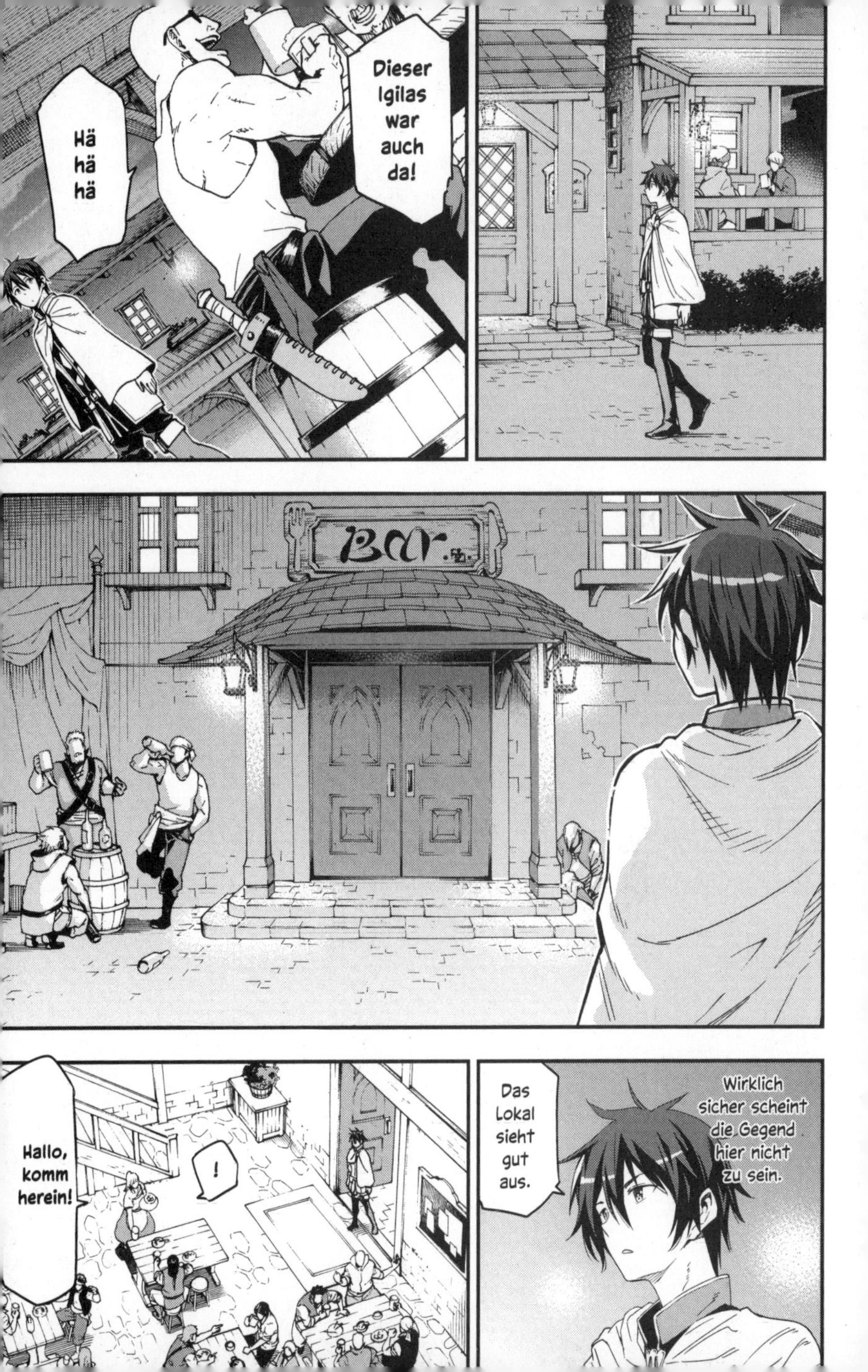
Dieser Igilas war auch da!
Hä hä hä
Bar
Wirklich sicher scheint die Gegend hier nicht zu sein.
Das Lokal sieht gut aus.
!
Hallo, komm herein!

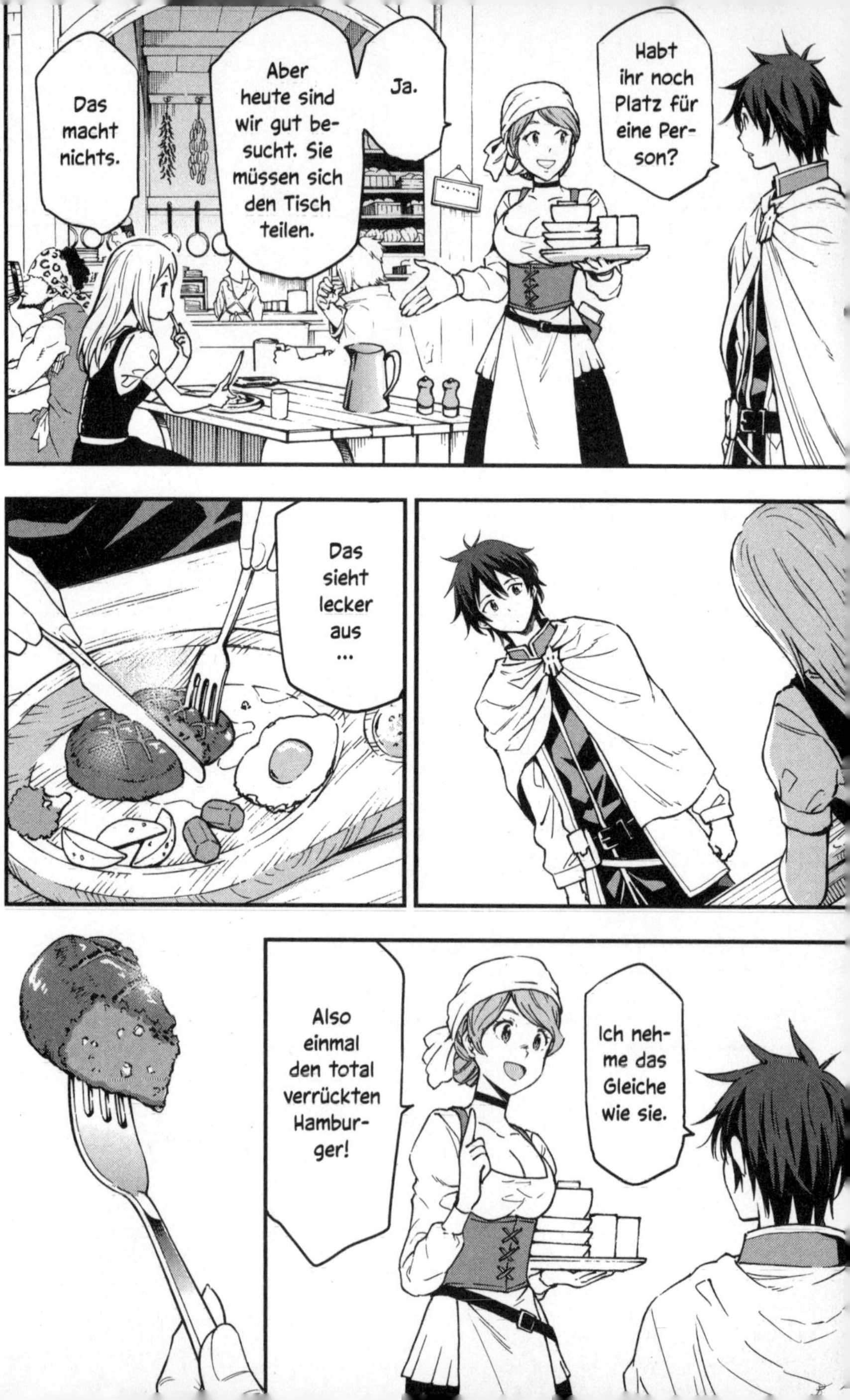
Habt ihr noch Platz für eine Person?
Ja.
Aber heute sind wir gut besucht. Sie müssen sich den Tisch teilen.
Das macht nichts.
Das sieht lecker aus ...
Ich nehme das Gleiche wie sie.
Also einmal den total verrückten Hamburger!

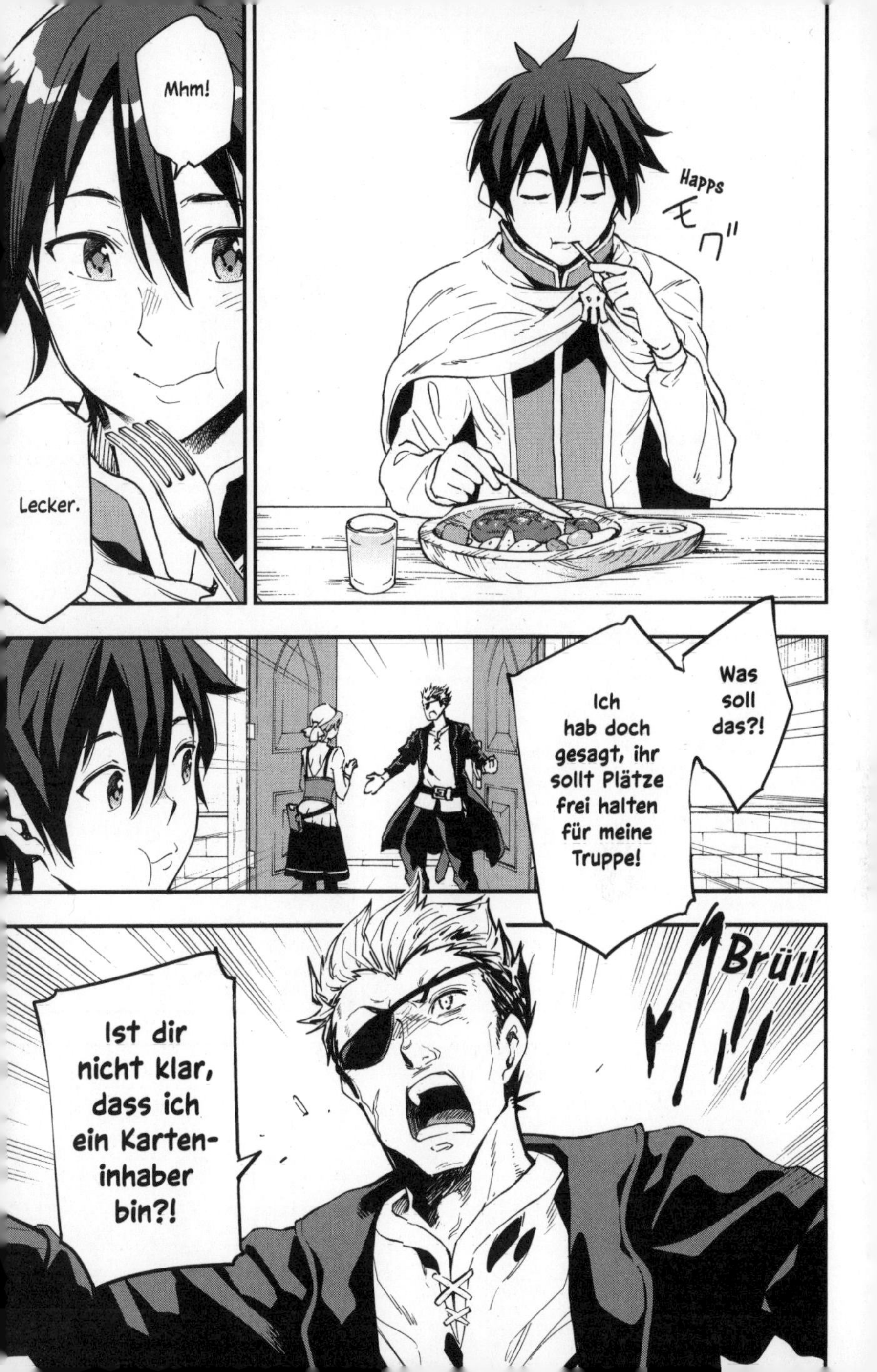
Mhm!
Happs
モグ
Lecker.
Was soll das?!
Ich hab doch gesagt, ihr sollt Plätze frei halten für meine Truppe!
Brüll
Ist dir nicht klar, dass ich ein Karten-inhaber bin?!

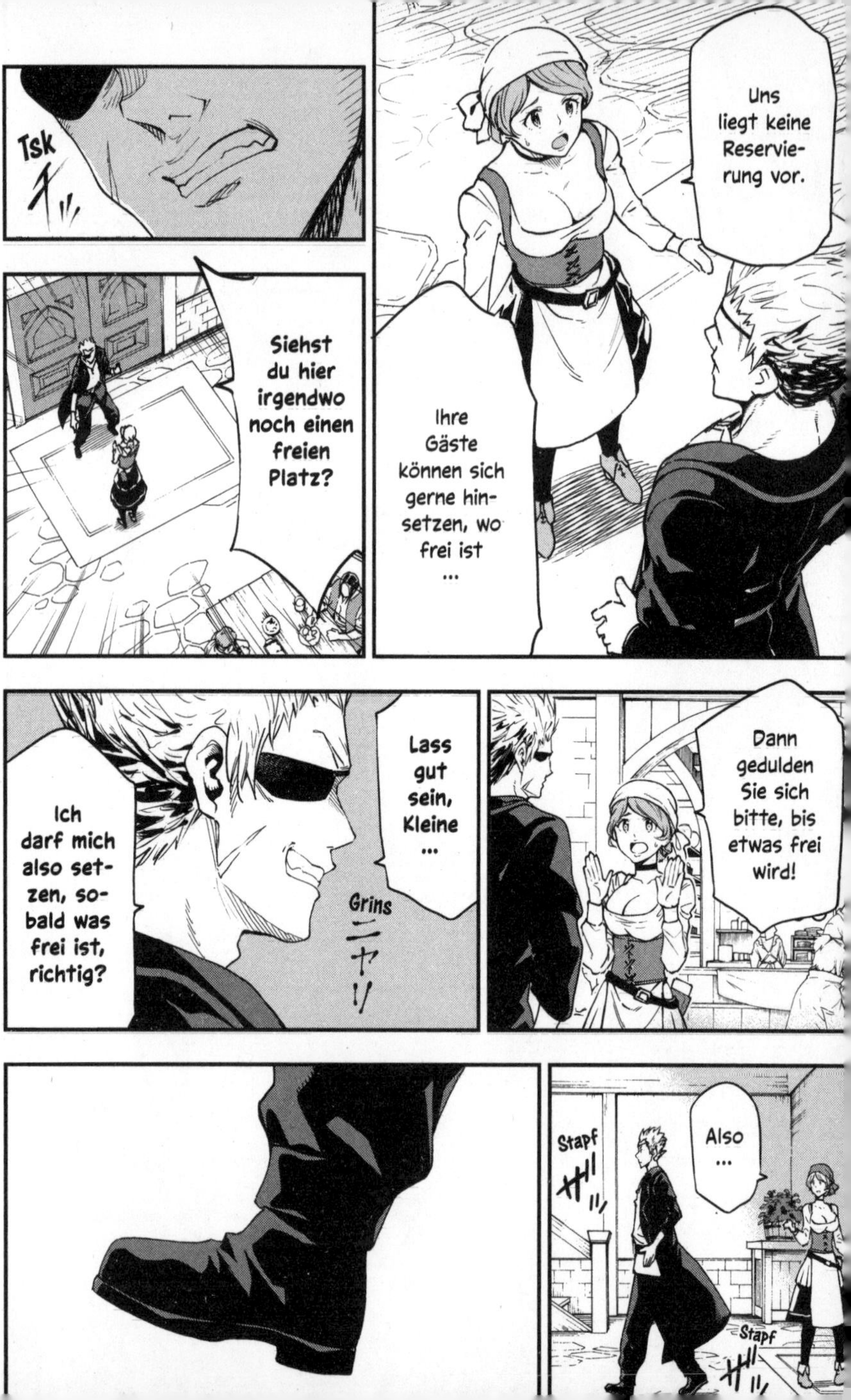

Uns liegt keine Reservierung vor.
Ihre Gäste können sich gerne hinsetzen, wo frei ist ...
Tsk
Siehst du hier irgendwo noch einen freien Platz?
Dann gedulden Sie sich bitte, bis etwas frei wird!
Lass gut sein, Kleine ...
Grins
Ich darf mich also setzen, sobald was frei ist, richtig?
Stapf
Also ...
Stapf

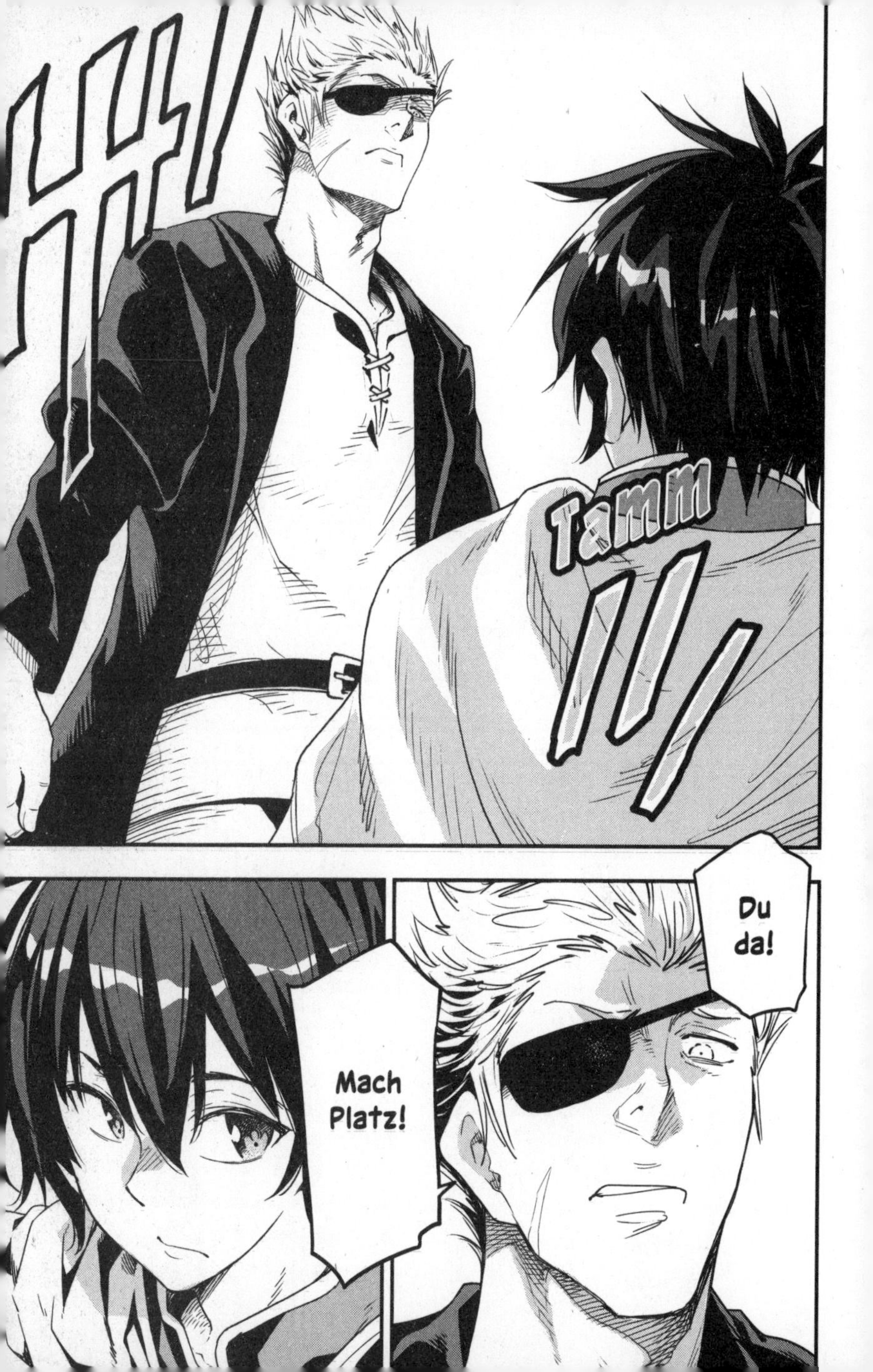
Tamm
Du da!
Mach Platz!

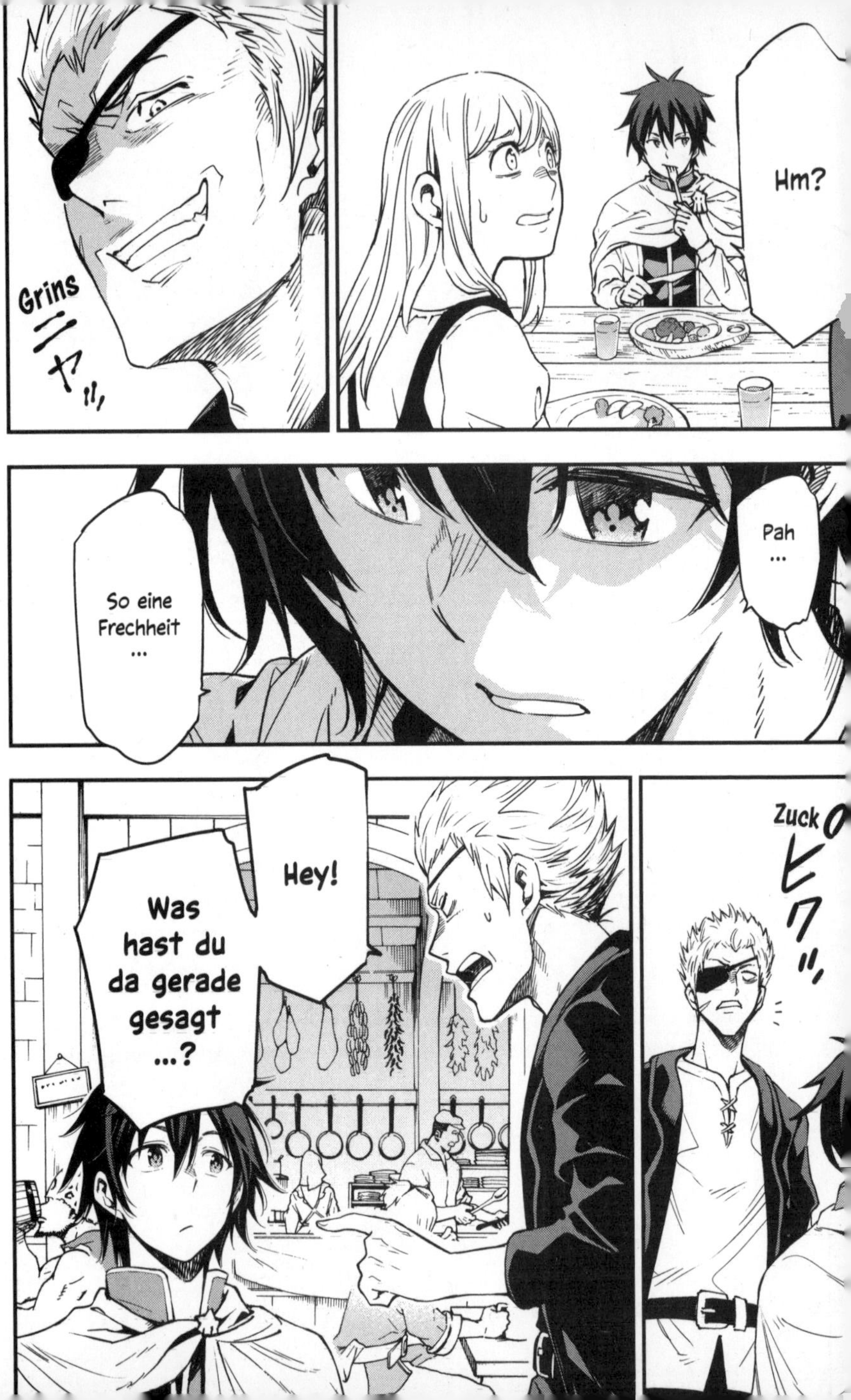
Hm?
Grins
ニヤッ
Pah ...
So eine Frechheit ...
Zuck
ビクッ
Hey!
Was hast du da gerade gesagt ...?

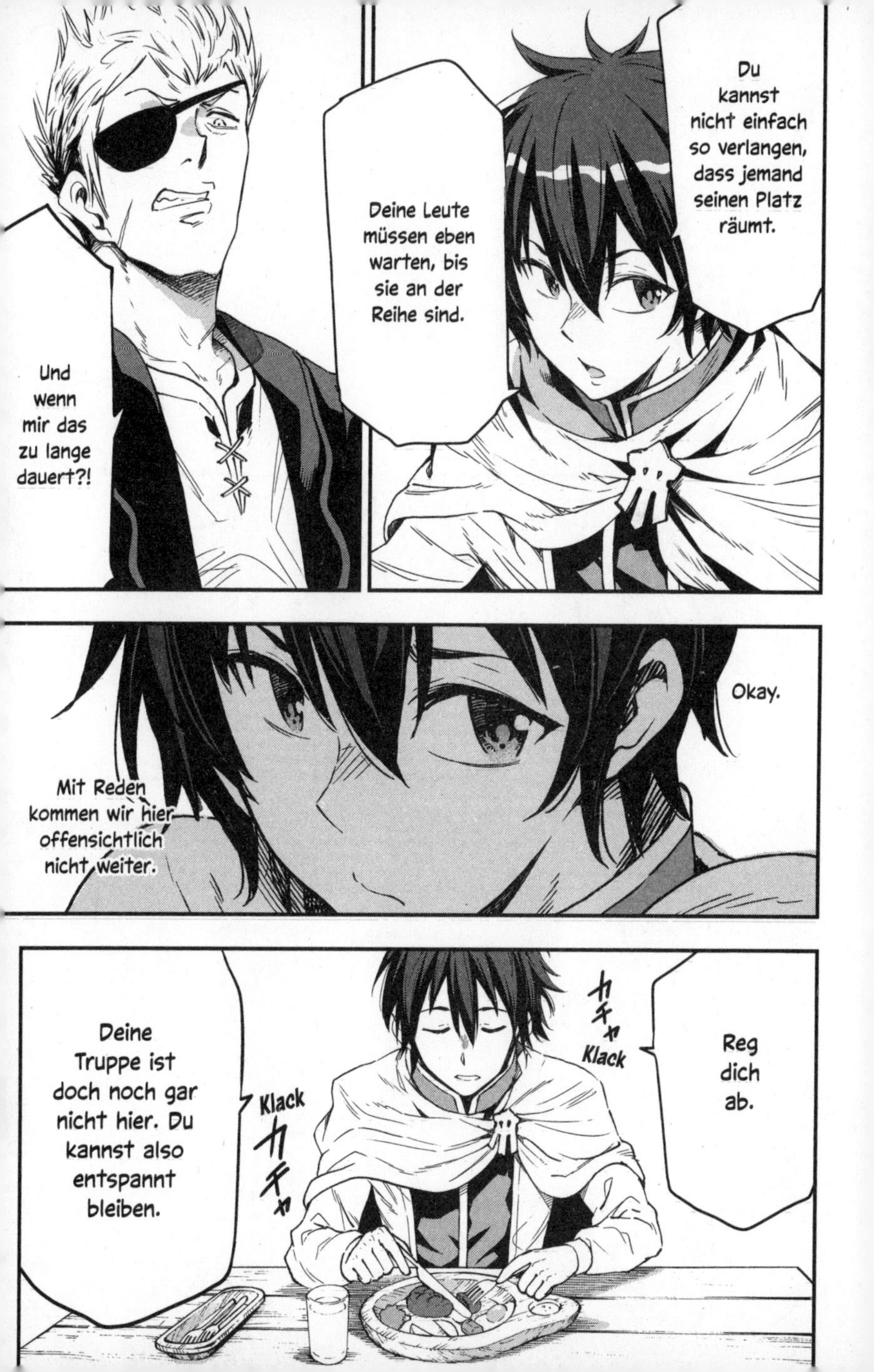
Du kannst nicht einfach so verlangen, dass jemand seinen Platz räumt.
Deine Leute müssen eben warten, bis sie an der Reihe sind.
Und wenn mir das zu lange dauert?!
Okay.
Mit Reden kommen wir hier offensichtlich nicht weiter.
Reg dich ab.
Klack
Klack
Deine Truppe ist doch noch gar nicht hier. Du kannst also entspannt bleiben.

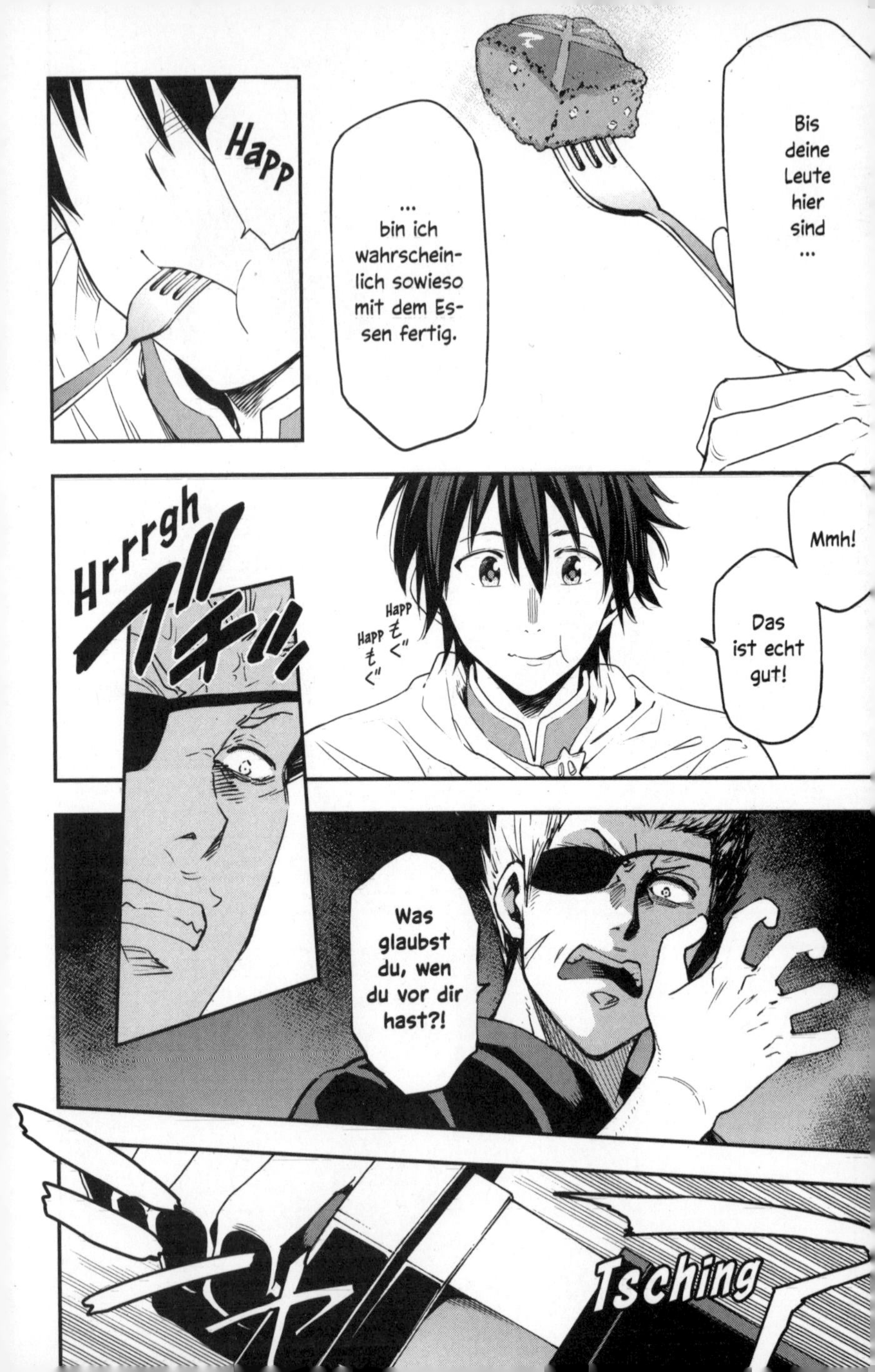
Bis deine Leute hier sind ...
... bin ich wahrscheinlich sowieso mit dem Essen fertig.
Happ
Mmh!
Das ist echt gut!
Happ
Happ
Hrrrgh
Was glaubst du, wen du vor dir hast?!
Tsching

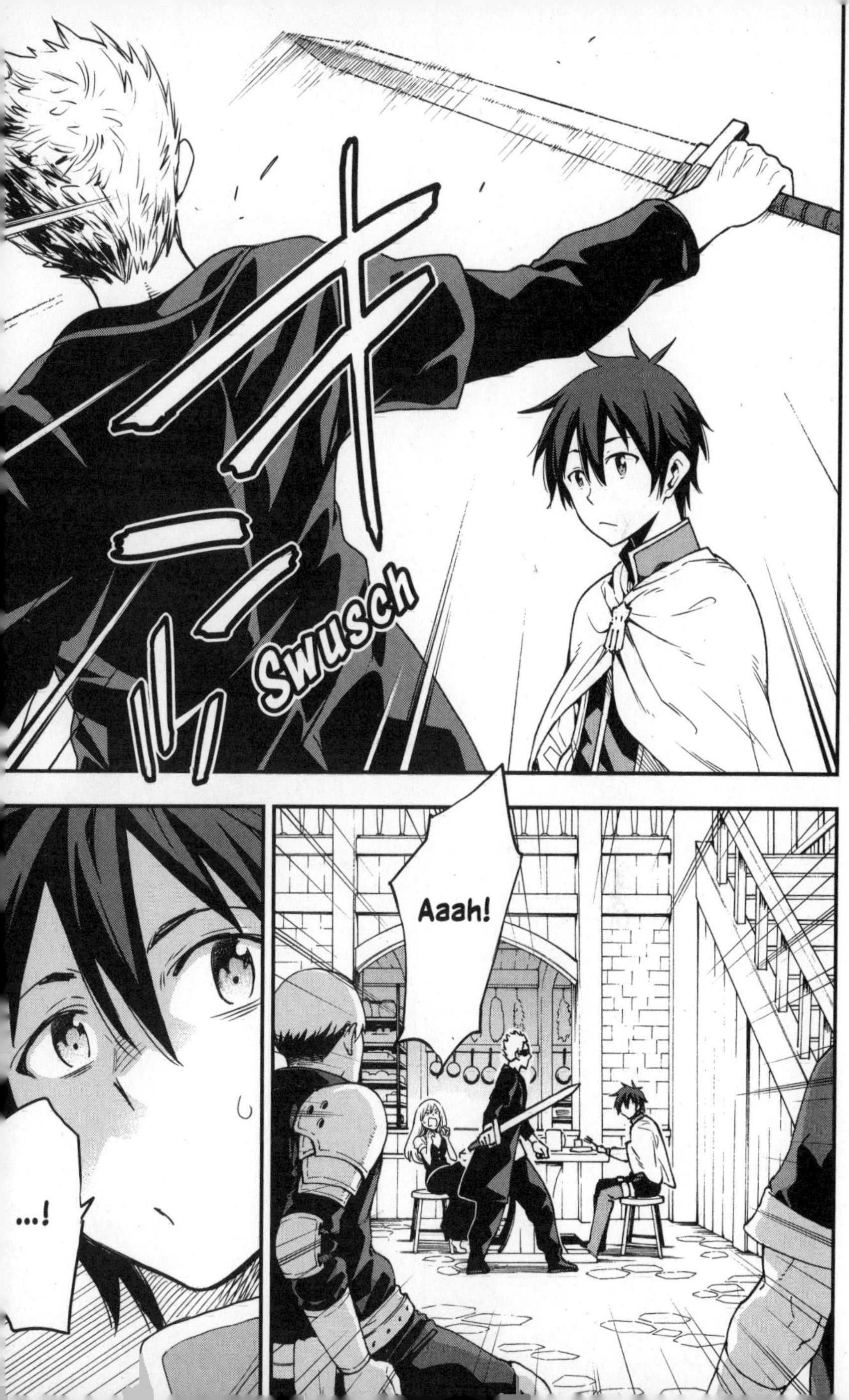
Swusch
Aaah!
...!

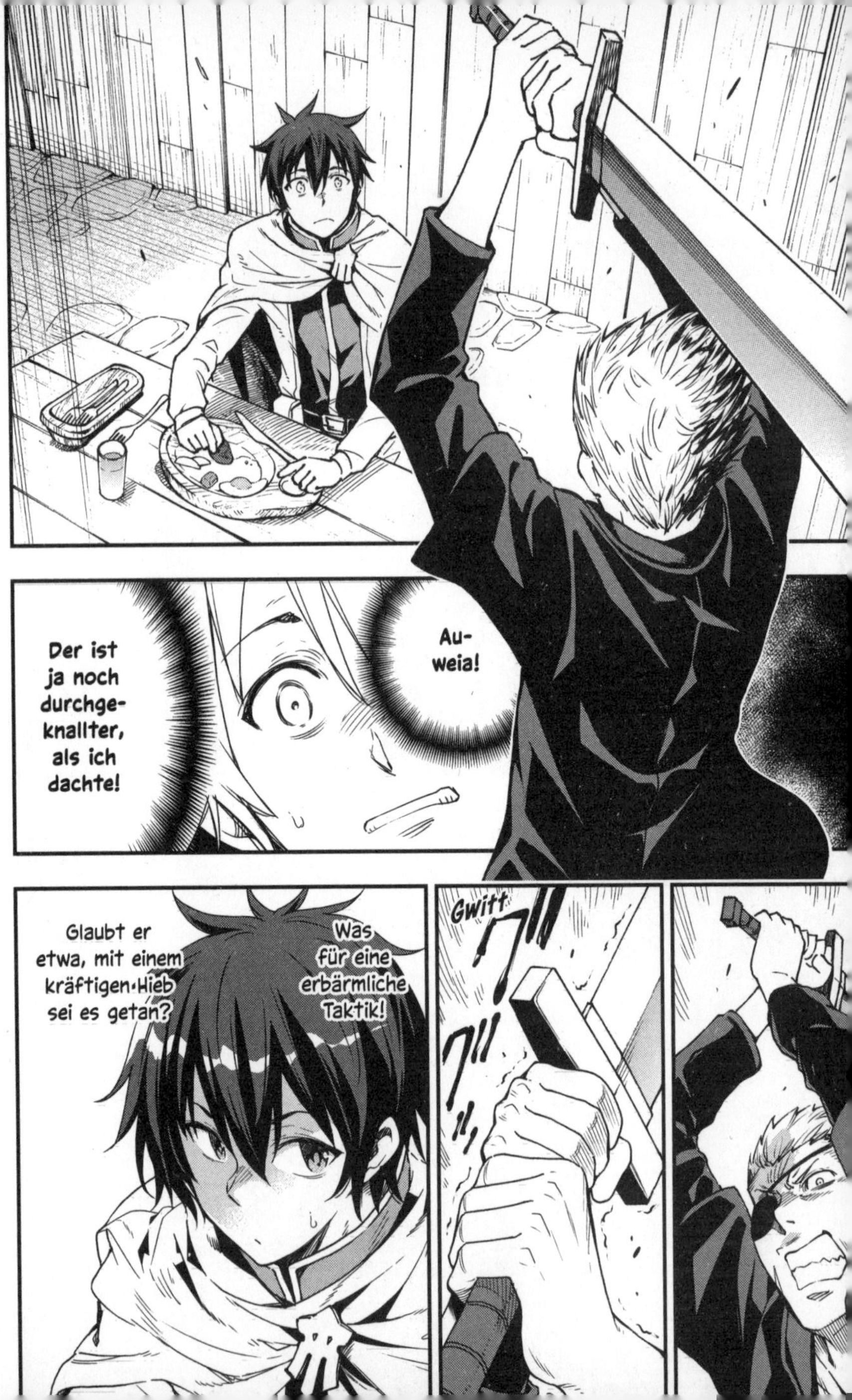
Au-
weia!
Der ist ja noch durchgeknallter, als ich dachte!
Gwitt
Was für eine erbärmliche Taktik!
Glaubt er etwa, mit einem kräftigen Hieb sei es getan?

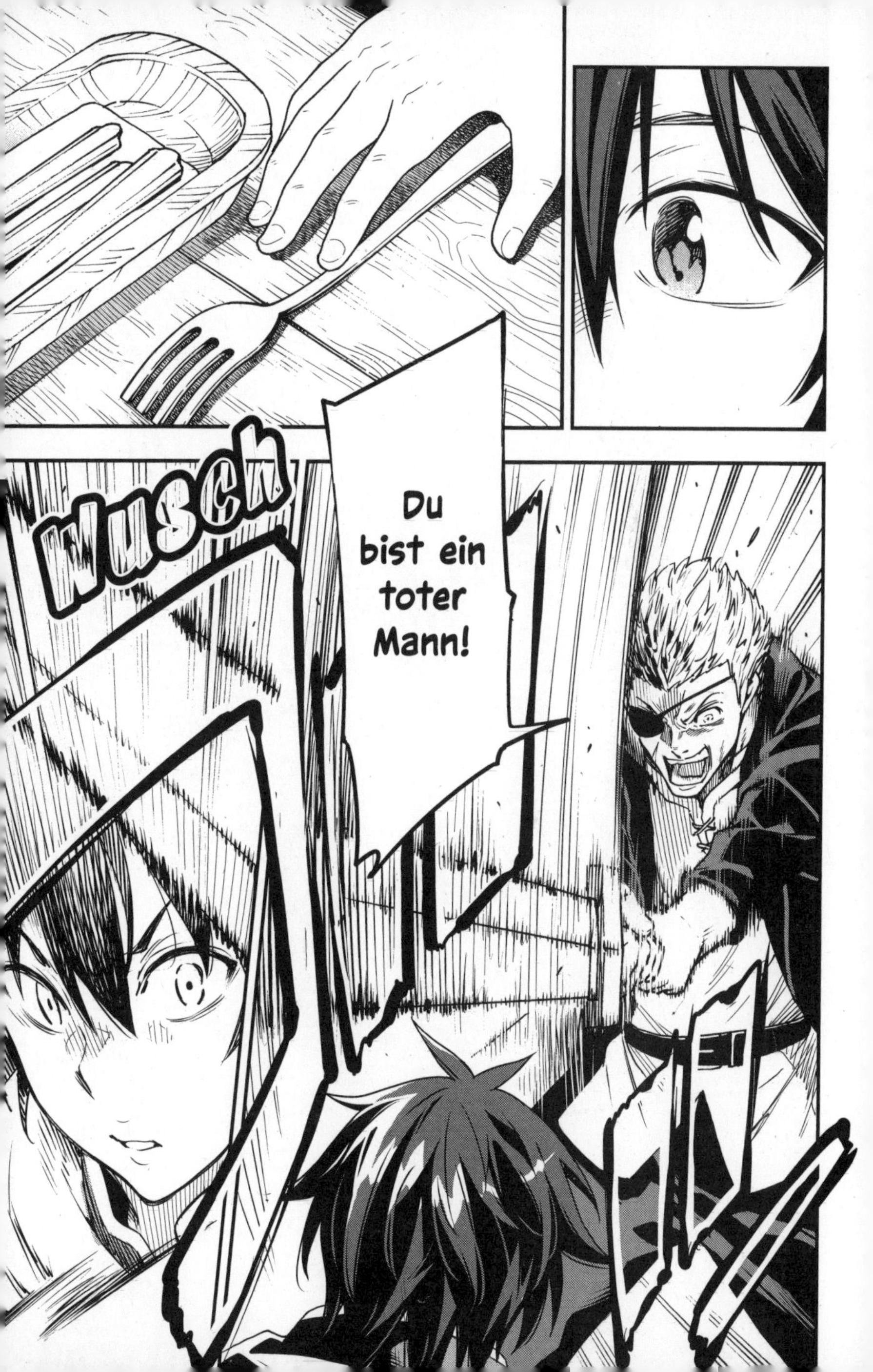
Du bist ein toter Mann!
Wusch

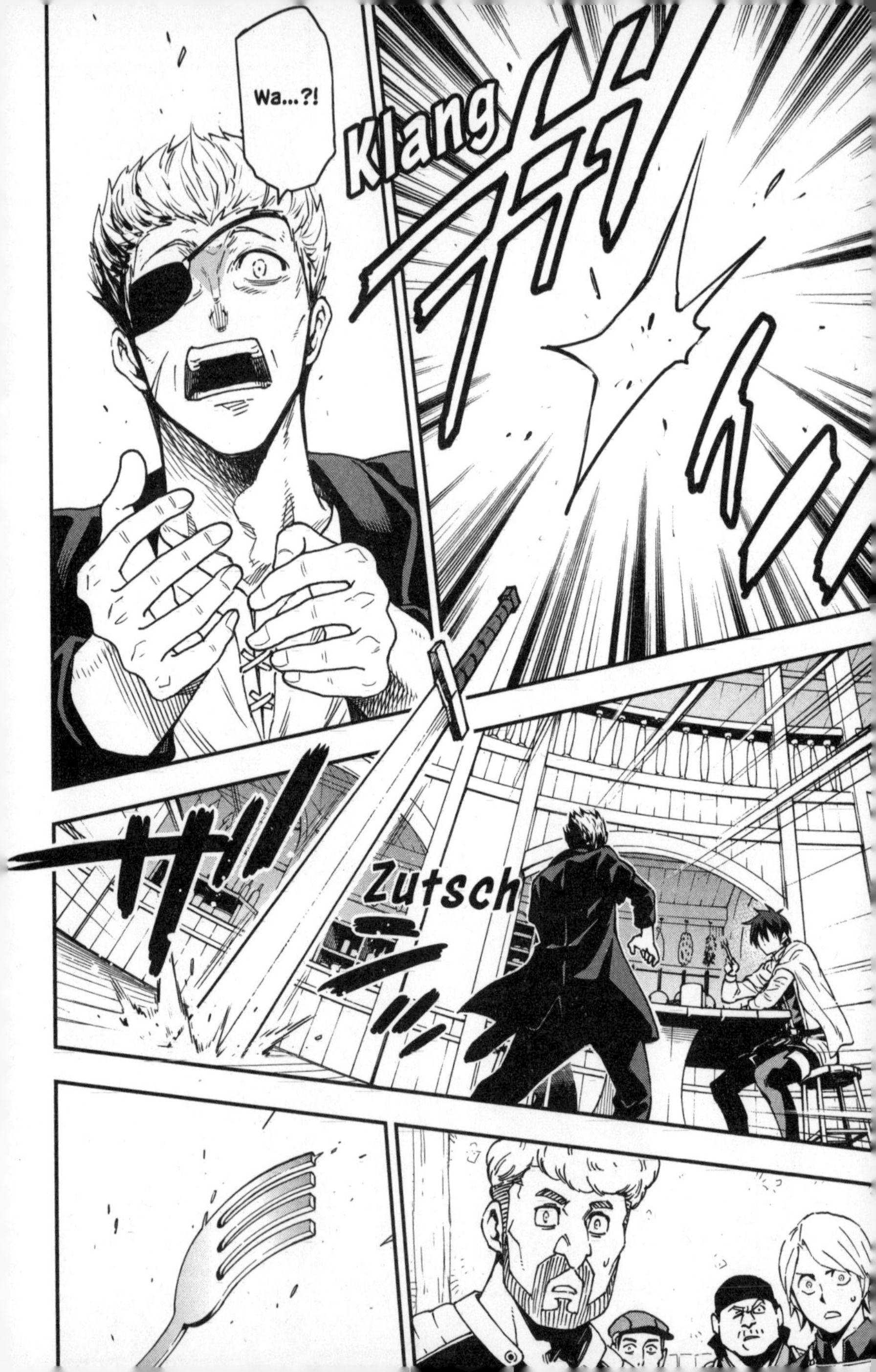
Wa...?!
Klang
Zutsch

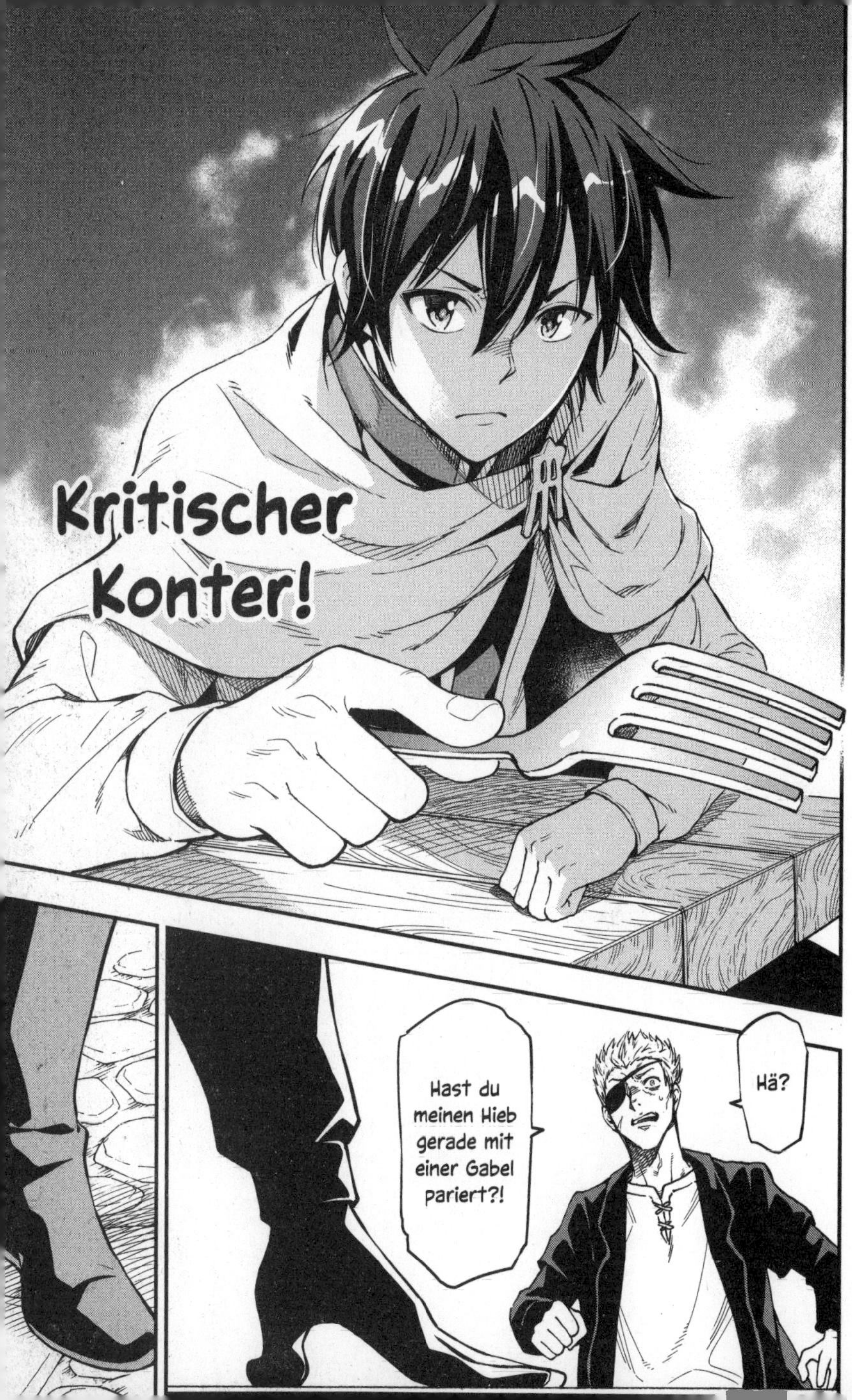
Kritischer Konter!
Hä?
Hast du meinen Hieb gerade mit einer Gabel pariert?!

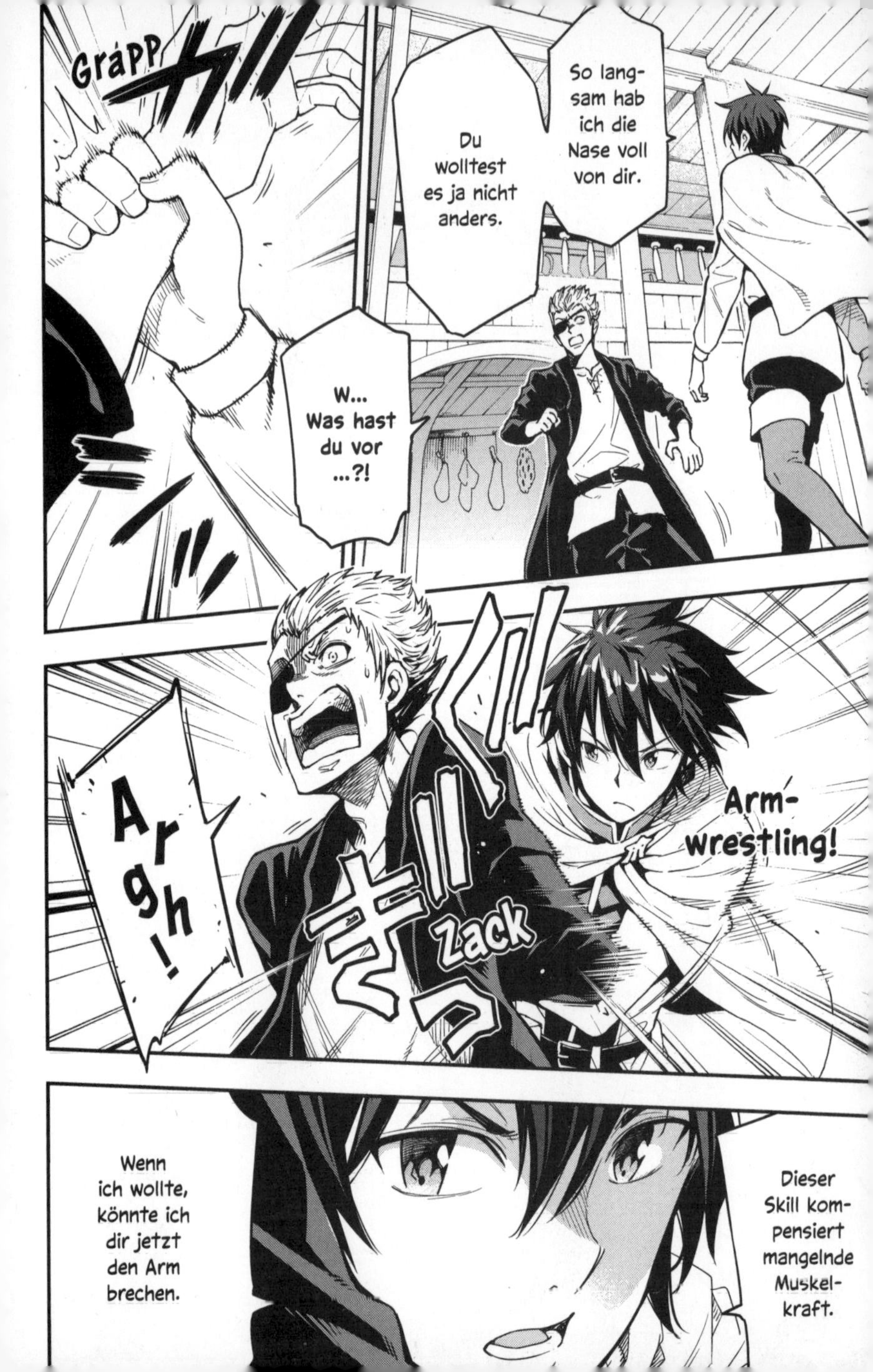
So langsam hab ich die Nase voll von dir.
Du wolltest es ja nicht anders.
GrAPP
W... Was hast du vor ...?!
Arm-wrestling!
きっ
Zack
Argh!
Dieser Skill kompensiert mangelnde Muskelkraft.
Wenn ich wollte, könnte ich dir jetzt den Arm brechen.

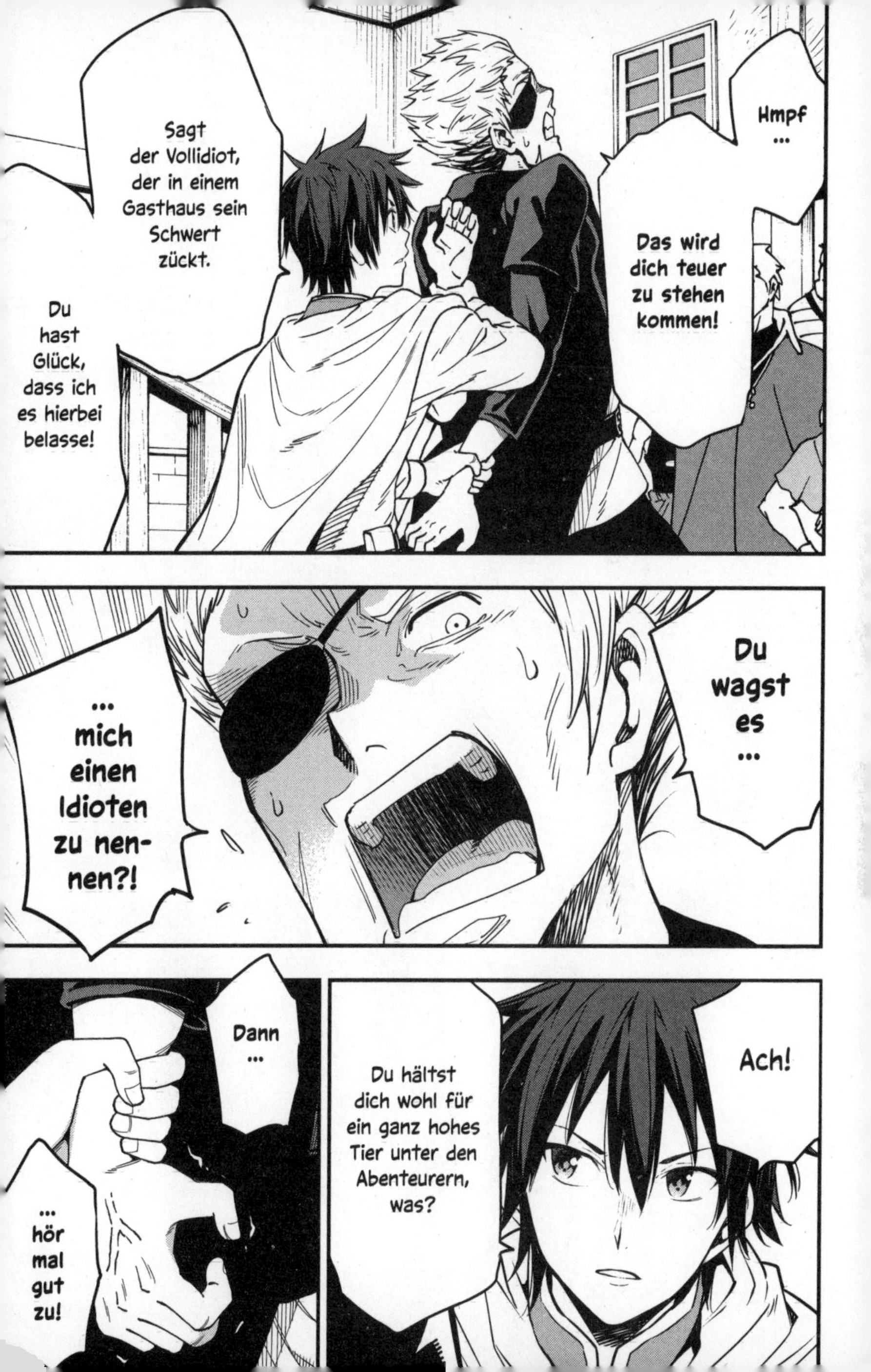
Hmpf ...
Das wird dich teuer zu stehen kommen!
Sagt der Vollidiot, der in einem Gasthaus sein Schwert zückt.
Du hast Glück, dass ich es hierbei belasse!
Du wagst es ...
... mich einen Idioten zu nennen?!
Ach!
Du hältst dich wohl für ein ganz hohes Tier unter den Abenteurern, was?
Dann ...
... hör mal gut zu!

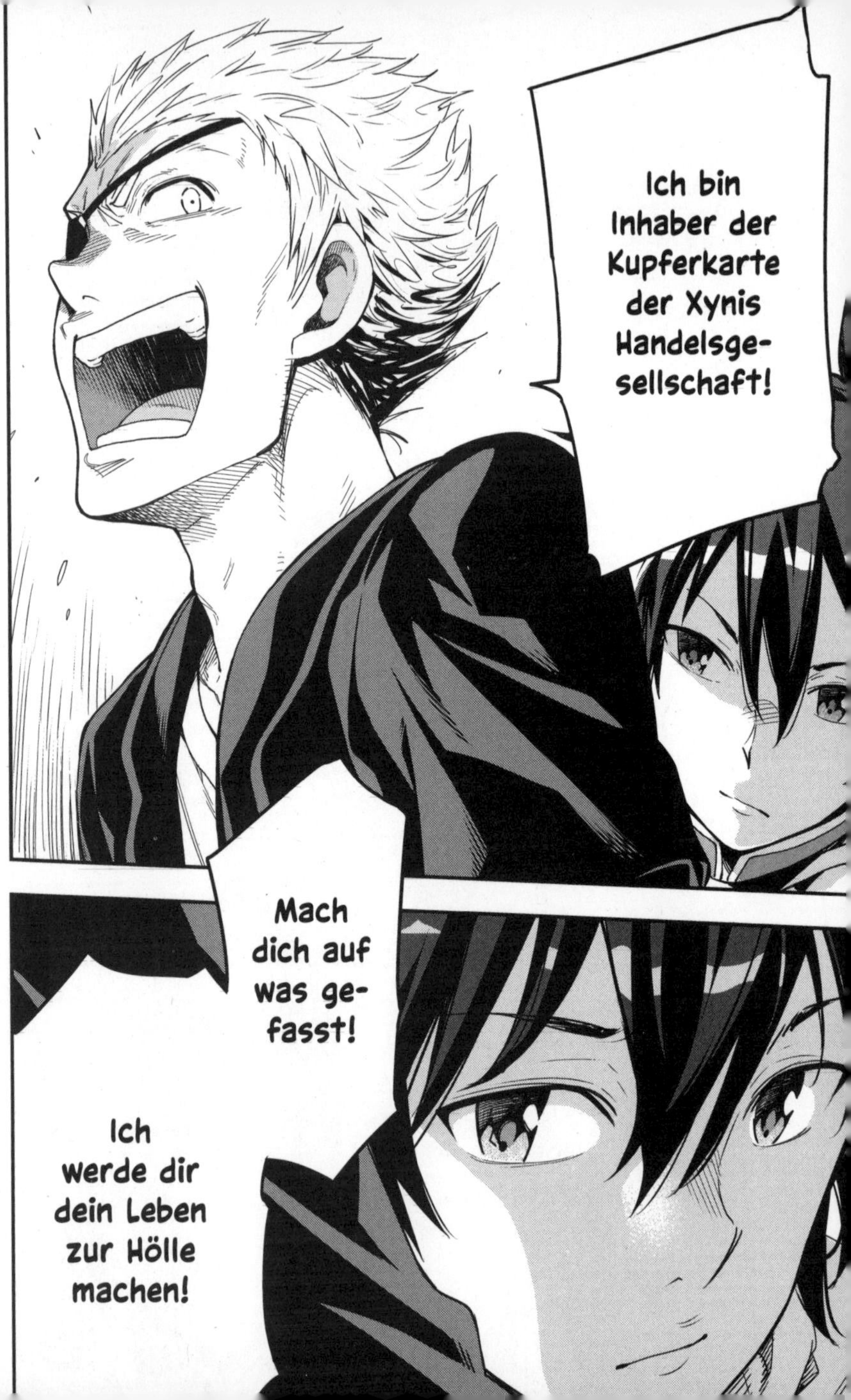
Ich bin Inhaber der Kupferkarte der Xynis Handelsge-sellschaft!
Mach dich auf was ge-fasst!
Ich werde dir dein Leben zur Hölle machen!

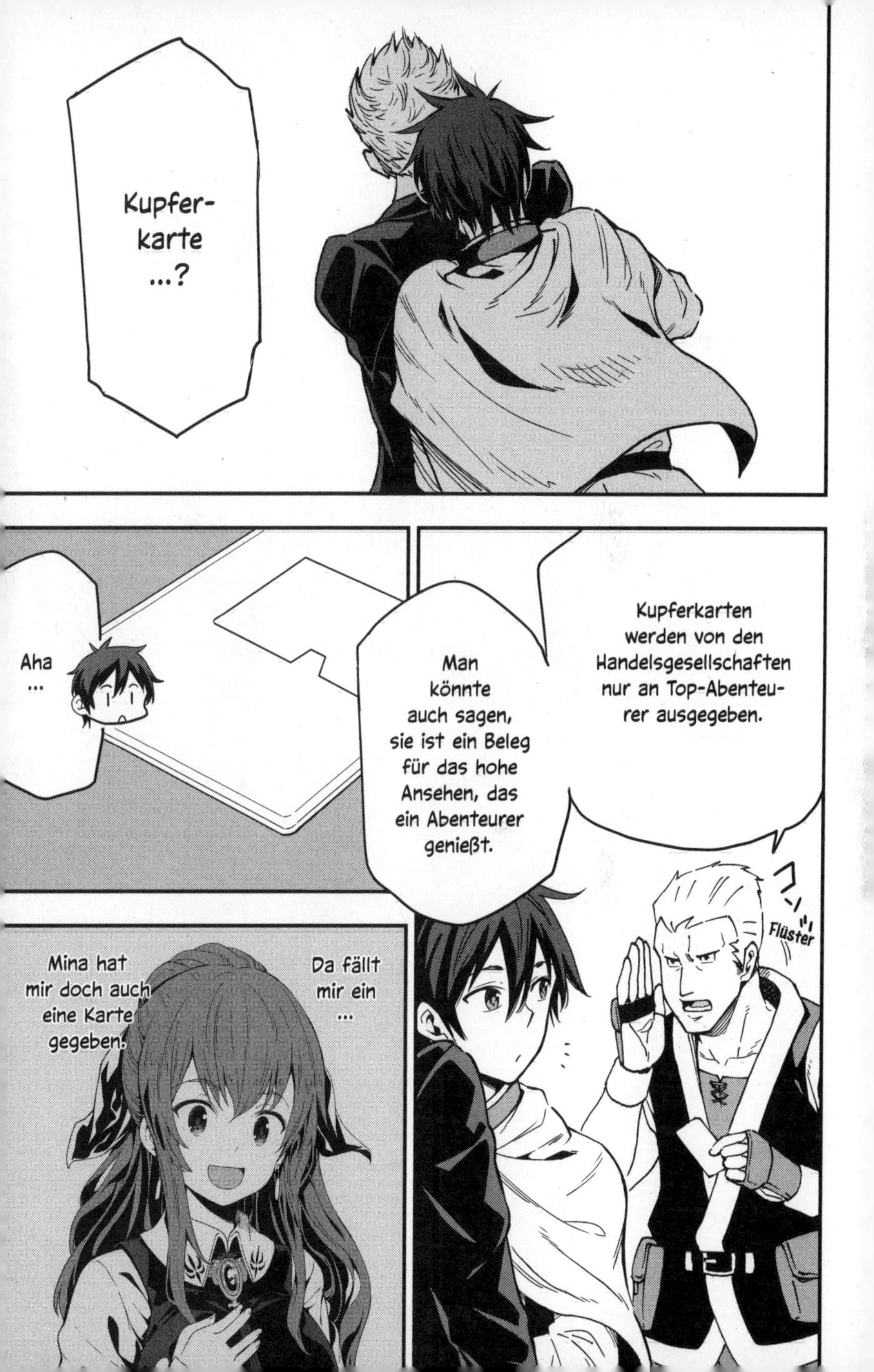

Kupfer-
karte
...?
Kupferkarten werden von den Handelsgesellschaften nur an Top-Abenteu-rer ausgegeben.
Man könnte auch sagen, sie ist ein Beleg für das hohe Ansehen, das ein Abenteurer genießt.
Aha ...
Flüster
Da fällt mir ein ...
Mina hat mir doch auch eine Karte gegeben.

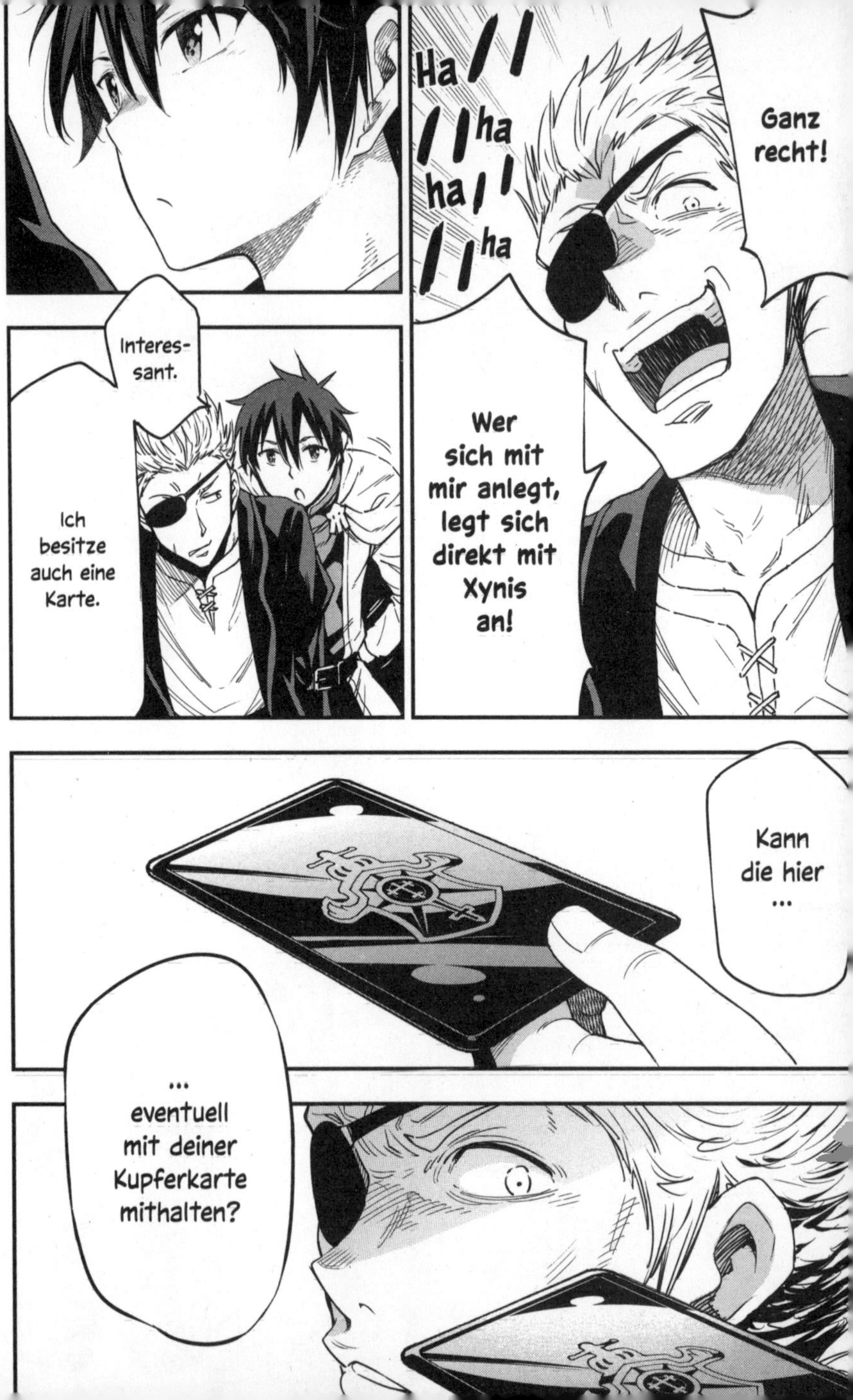

Ganz recht!
Ha ha ha ha
Wer sich mit mir anlegt, legt sich direkt mit Xynis an!
Interessant.
Ich besitze auch eine Karte.
Kann die hier ...
... eventuell mit deiner Kupferkarte mithalten?

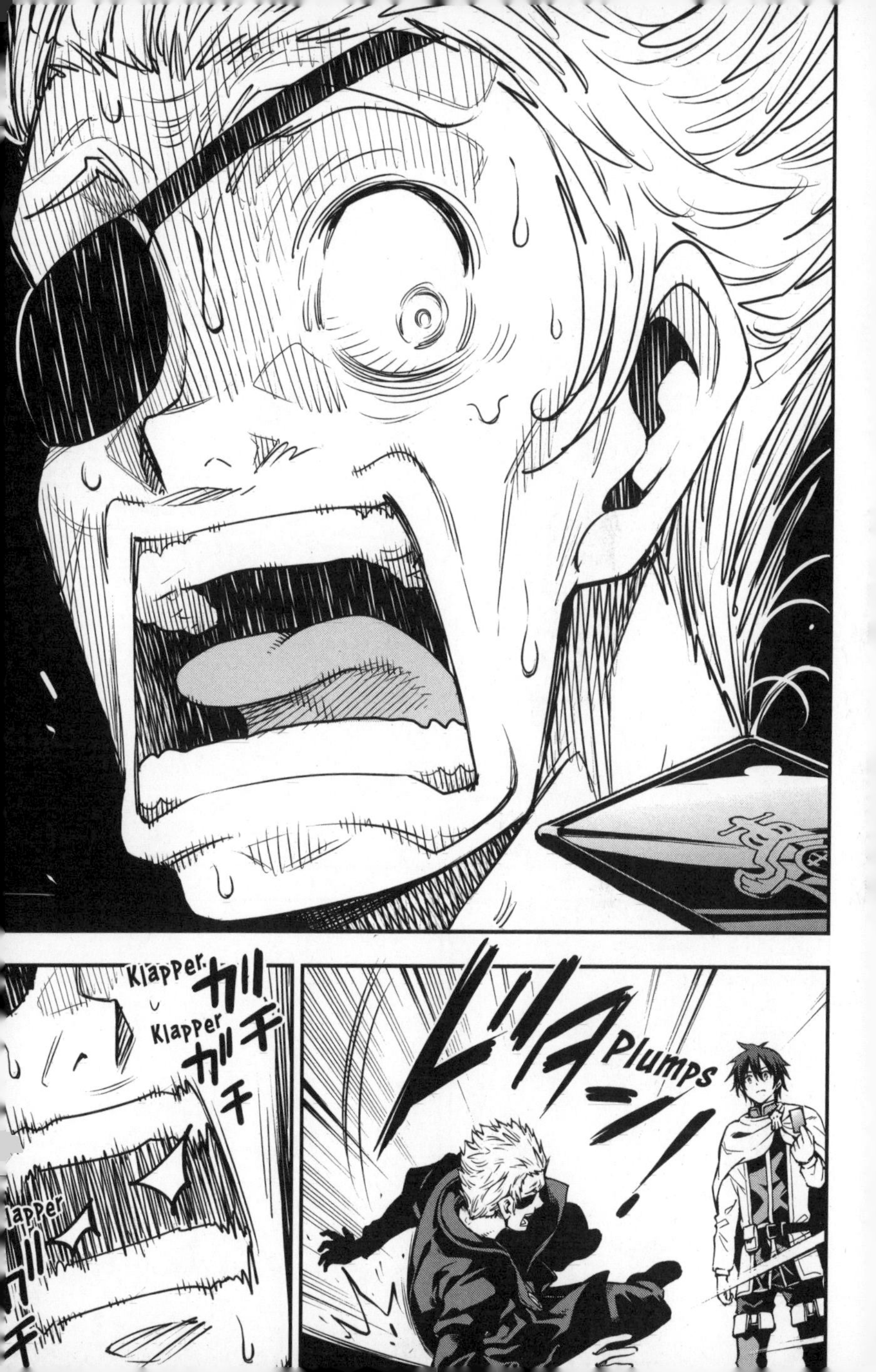
Plumps
Klapper.
Klapper

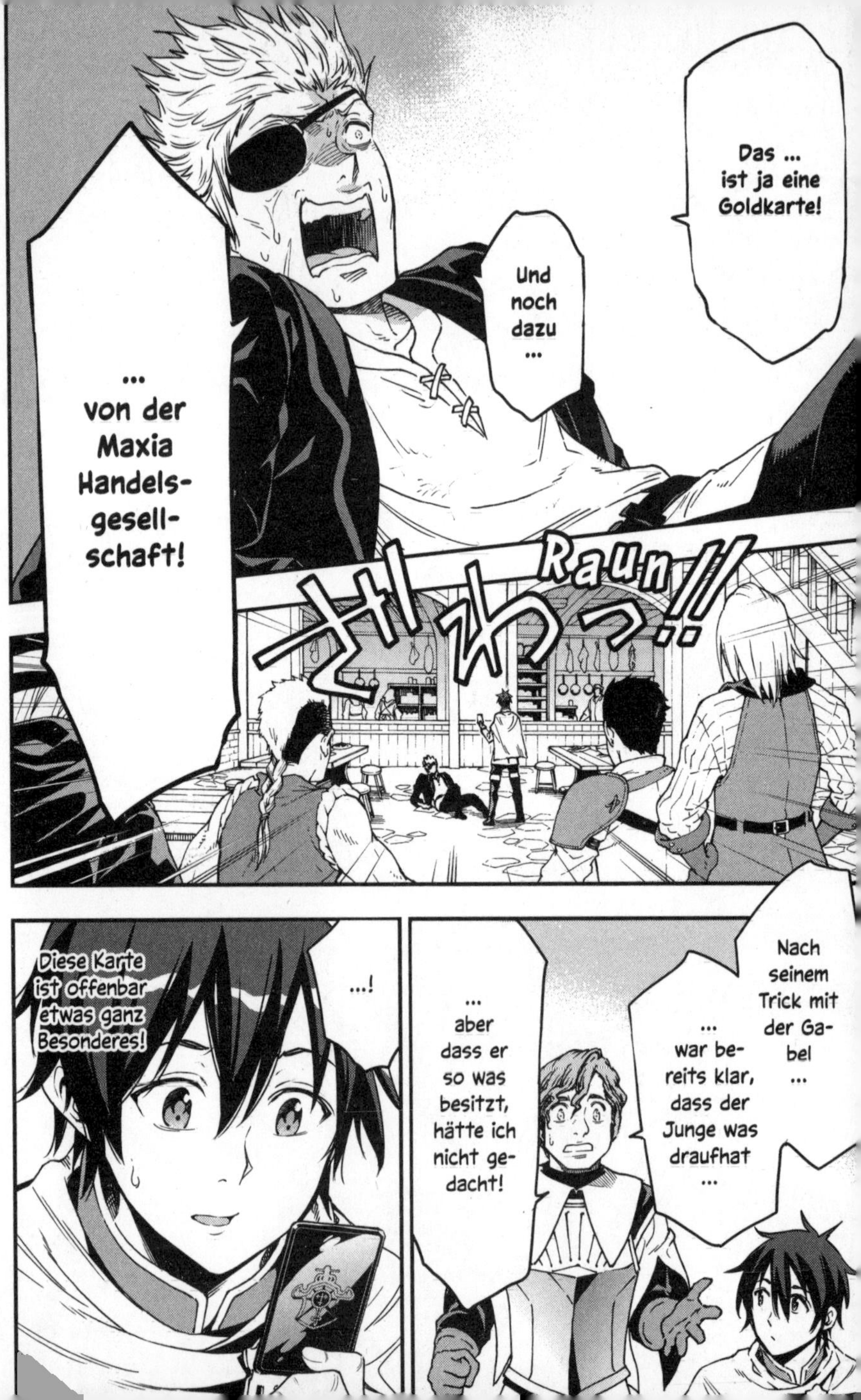
Das ... ist ja eine Goldkarte!
Und noch dazu ...
... von der Maxia Handels-gesell-schaft!
Raun!!
Nach seinem Trick mit der Ga-bel ...
... war be-reits klar, dass der Junge was draufhat ...
... aber dass er so was besitzt, hätte ich nicht ge-dacht!
...!
Diese Karte ist offenbar etwas ganz Besonderes!

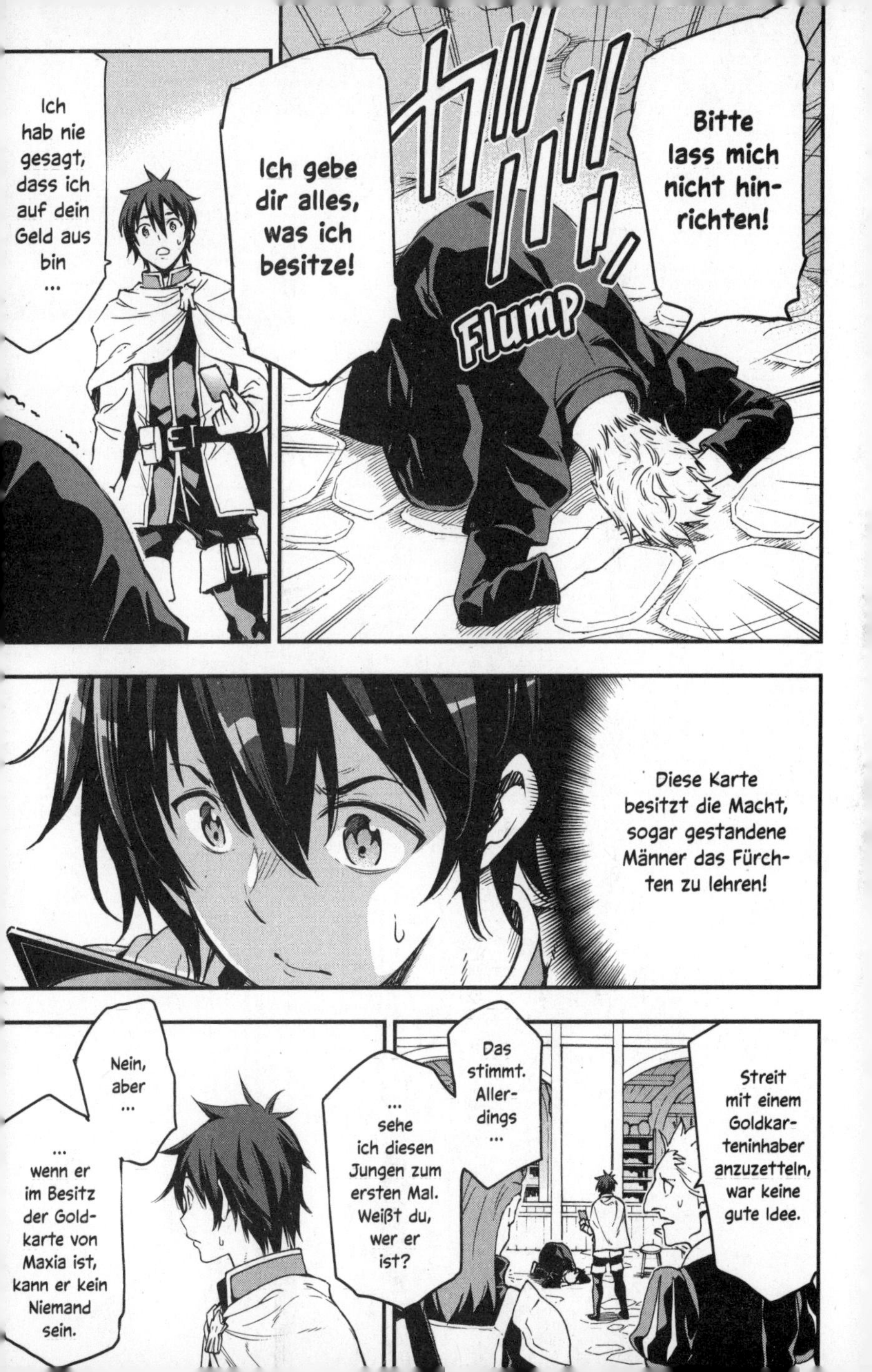
Bitte lass mich nicht hinrichten!
Flump
Ich gebe dir alles, was ich besitze!
Ich hab nie gesagt, dass ich auf dein Geld aus bin …
Diese Karte besitzt die Macht, sogar gestandene Männer das Fürchten zu lehren!
Streit mit einem Goldkarteninhaber anzuzetteln, war keine gute Idee.
Das stimmt. Allerdings …
… sehe ich diesen Jungen zum ersten Mal. Weißt du, wer er ist?
Nein, aber …
… wenn er im Besitz der Goldkarte von Maxia ist, kann er kein Niemand sein.

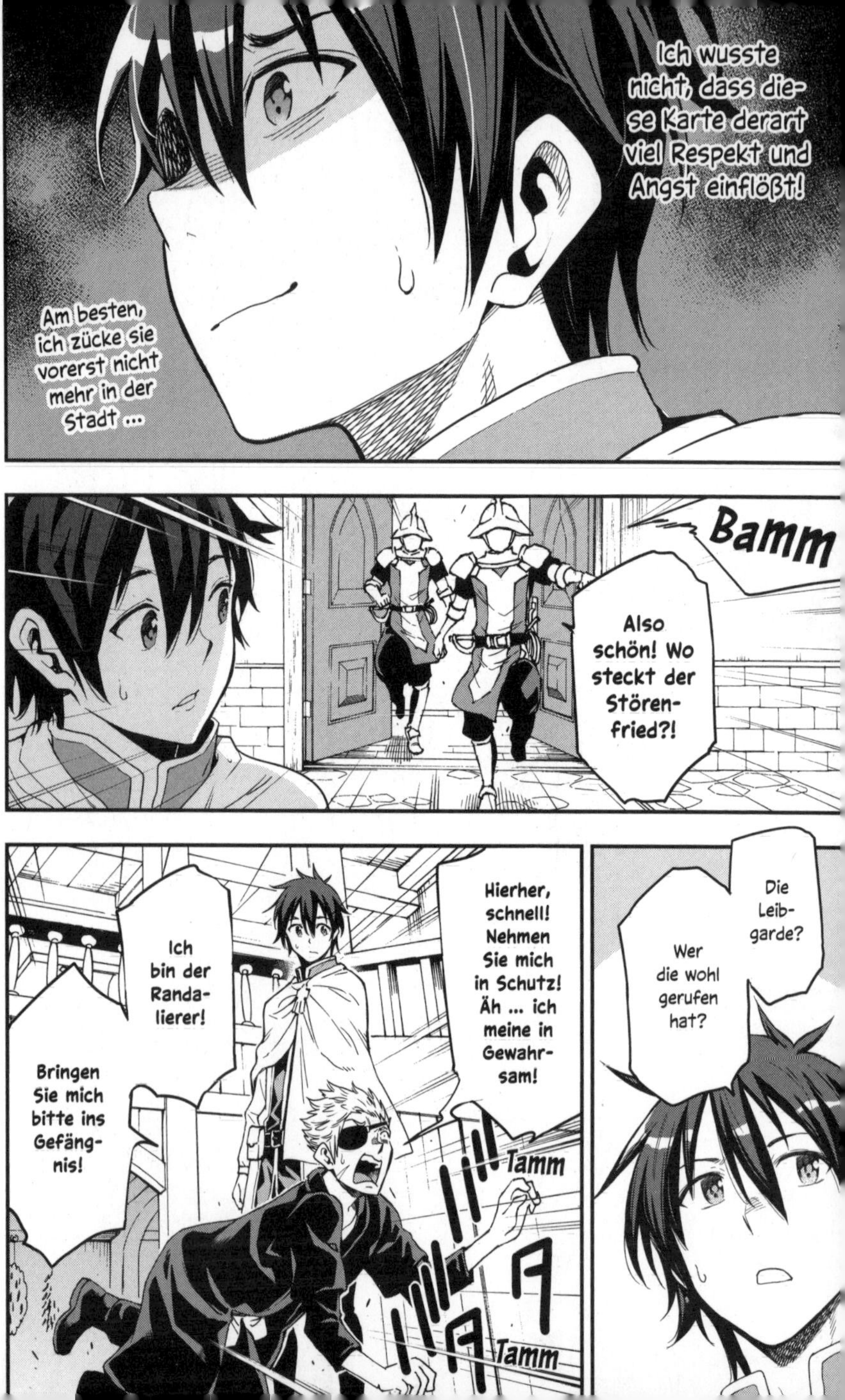

Ich wusste nicht, dass diese Karte derart viel Respekt und Angst einflößt!
Am besten, ich zücke sie vorerst nicht mehr in der Stadt ...
Bamm
Also schön! Wo steckt der Störenfried?!
Die Leibgarde?
Wer die wohl gerufen hat?
Hierher, schnell! Nehmen Sie mich in Schutz! Äh ... ich meine in Gewahrsam!
Ich bin der Randalierer!
Bringen Sie mich bitte ins Gefängnis!
Tamm
Tamm

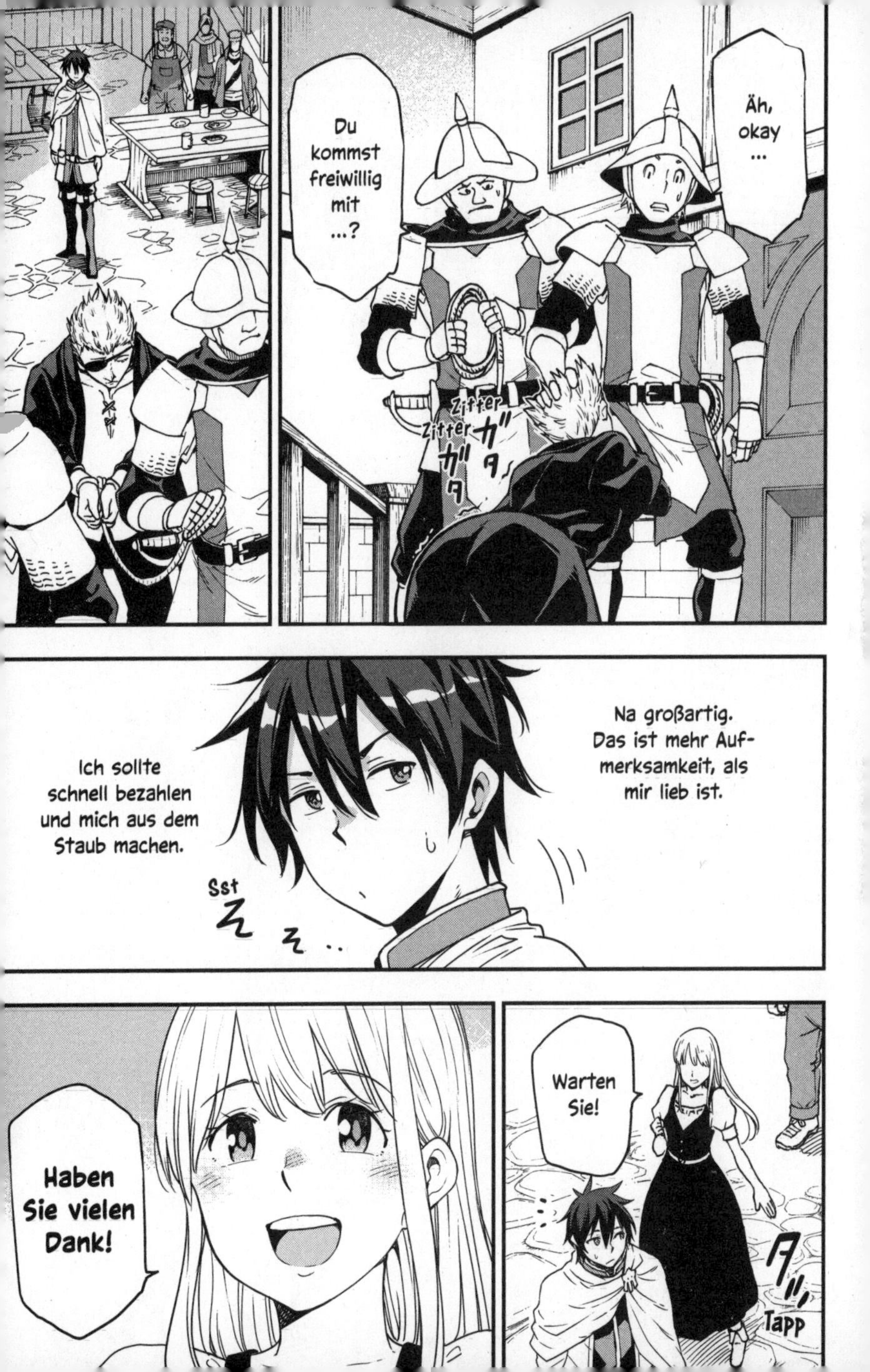

Äh, okay ...
Du kommst freiwillig mit ...?
Zitter Zitter
Na großartig. Das ist mehr Aufmerksamkeit, als mir lieb ist.
Ich sollte schnell bezahlen und mich aus dem Staub machen.
Sst
Warten Sie!
Tapp
Haben Sie vielen Dank!

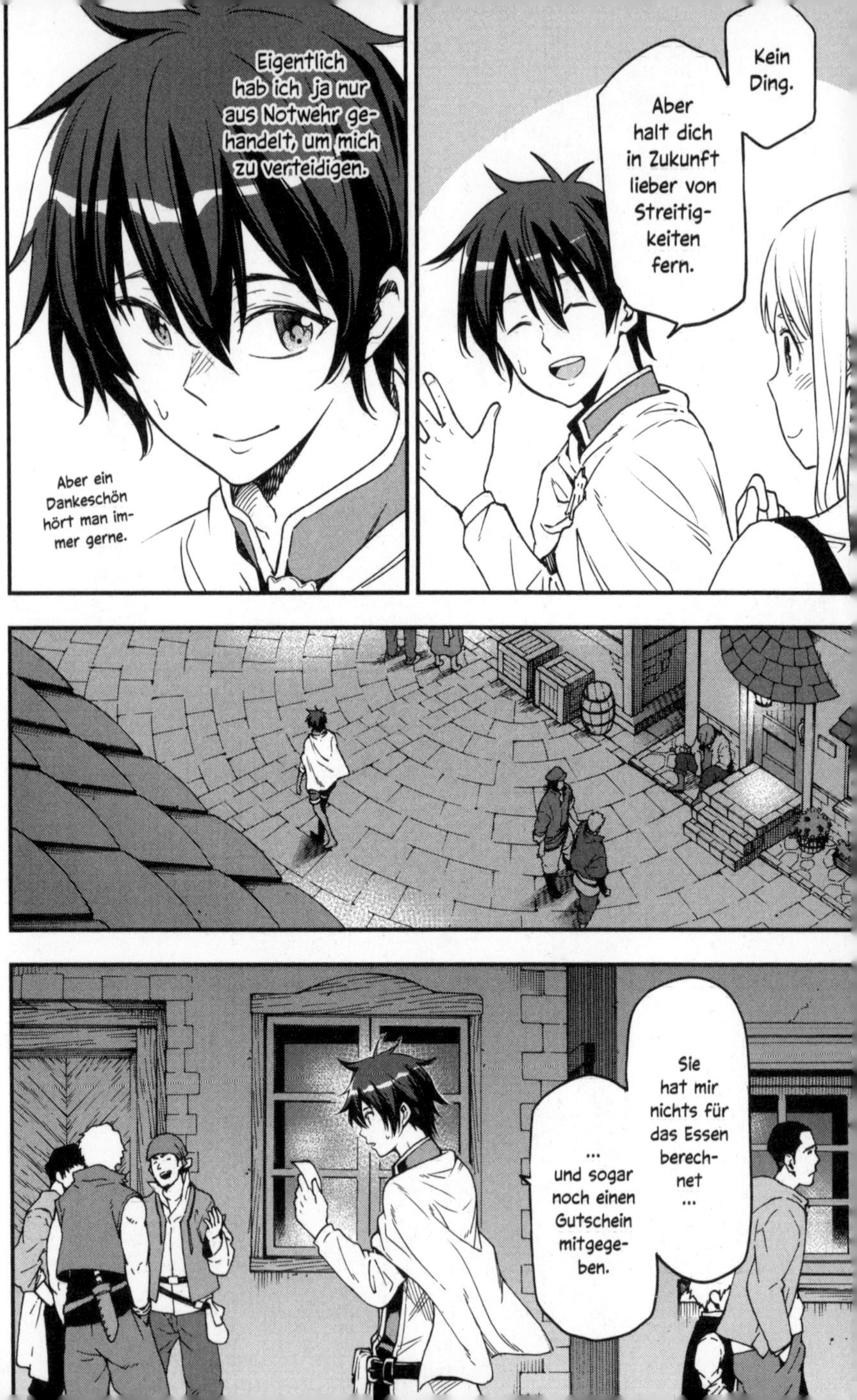
Kein Ding.
Aber halt dich in Zukunft lieber von Streitigkeiten fern.
Eigentlich hab ich ja nur aus Notwehr gehandelt, um mich zu verteidigen.
Aber ein Dankeschön hört man immer gerne.
Sie hat mir nichts für das Essen berechnet …
… und sogar noch einen Gutschein mitgegeben.

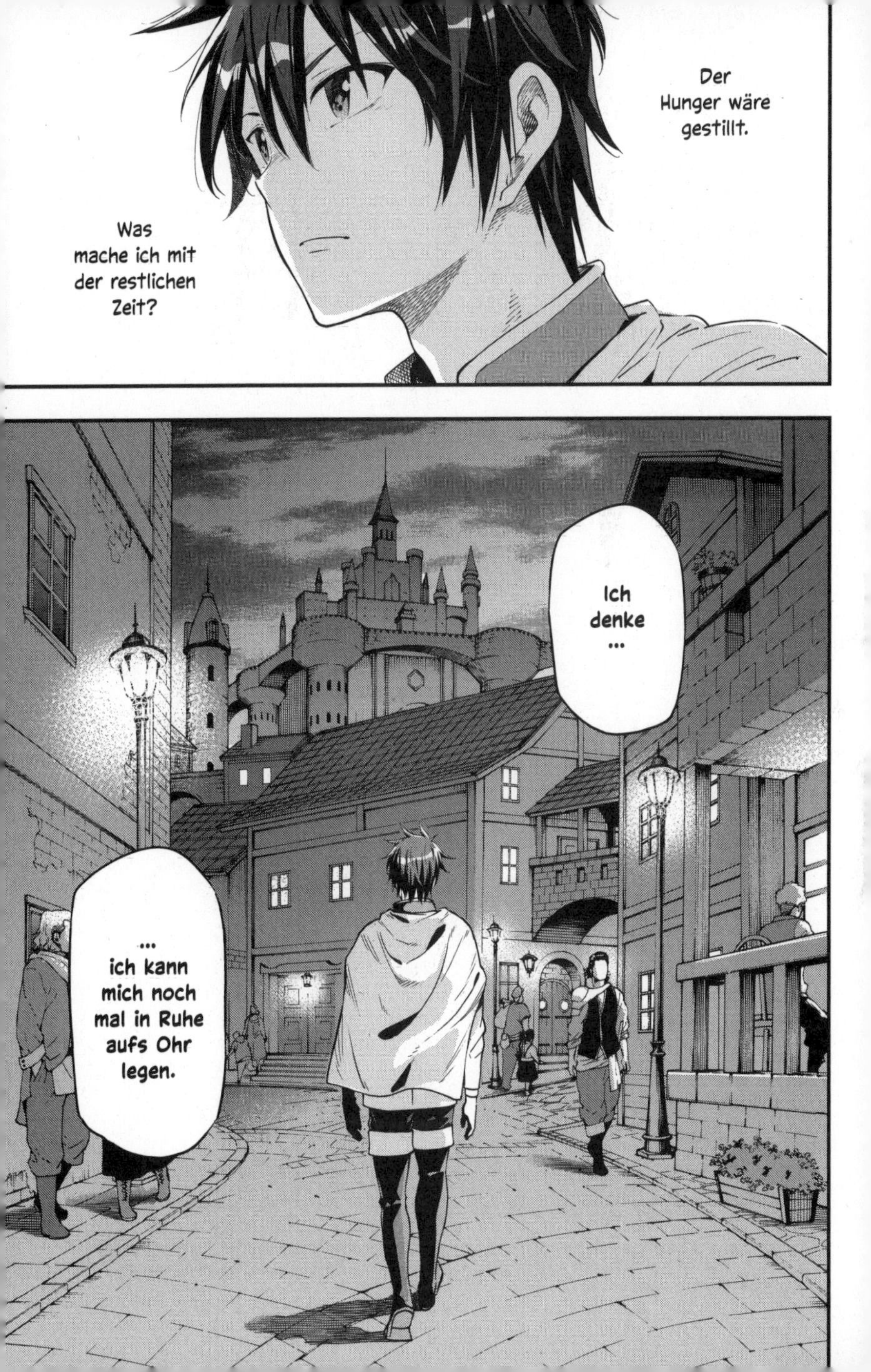

Der Hunger wäre gestillt.
Was mache ich mit der restlichen Zeit?
Ich denke ...
... ich kann mich noch mal in Ruhe aufs Ohr legen.

DER KONKURRENZLOSE WEISE

MIT DER HILFE VON GAMING-WISSEN ZUR NUMMER EINS EINER ANDEREN WELT

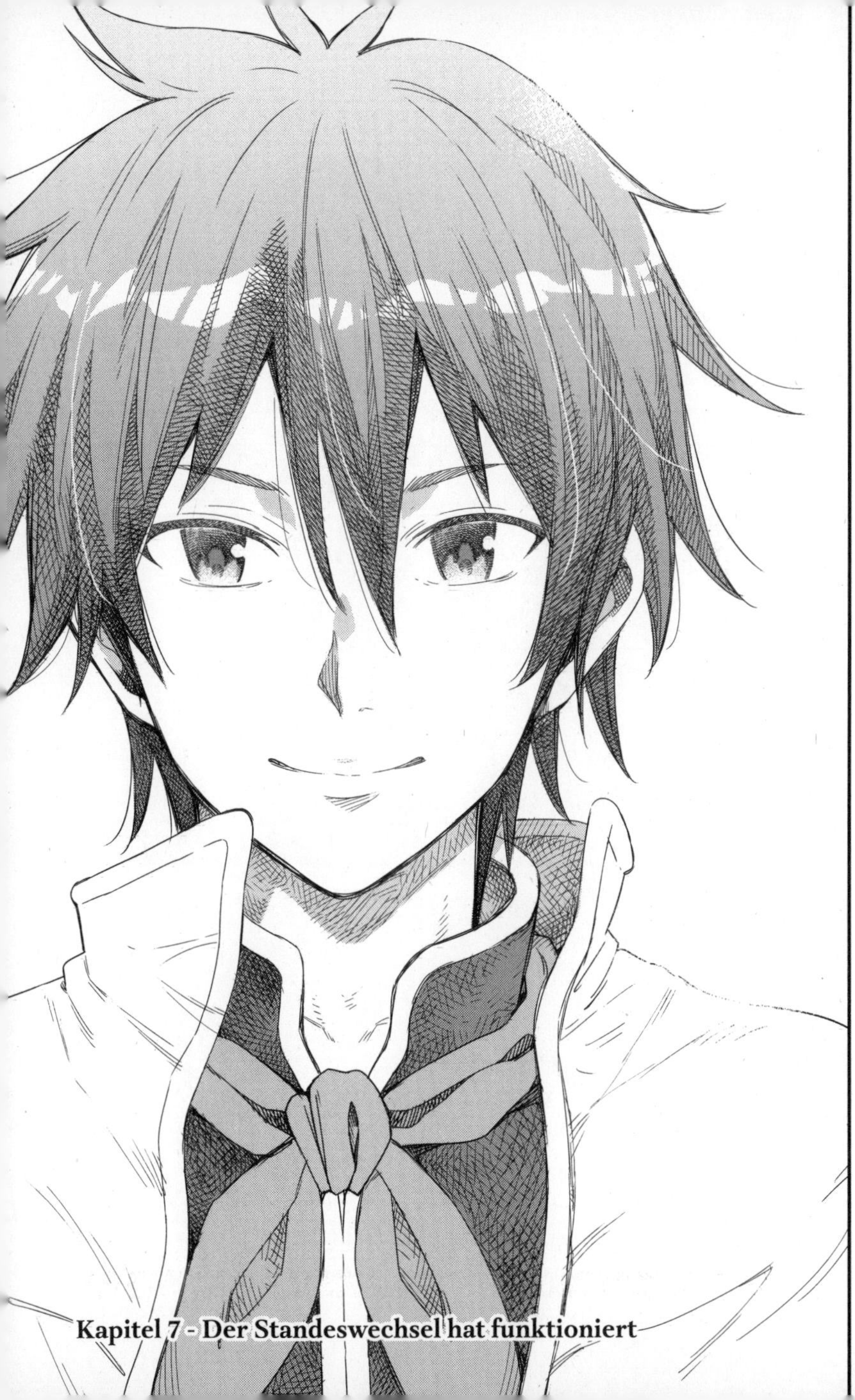

Kapitel 7 - Der Standeswechsel hat funktioniert

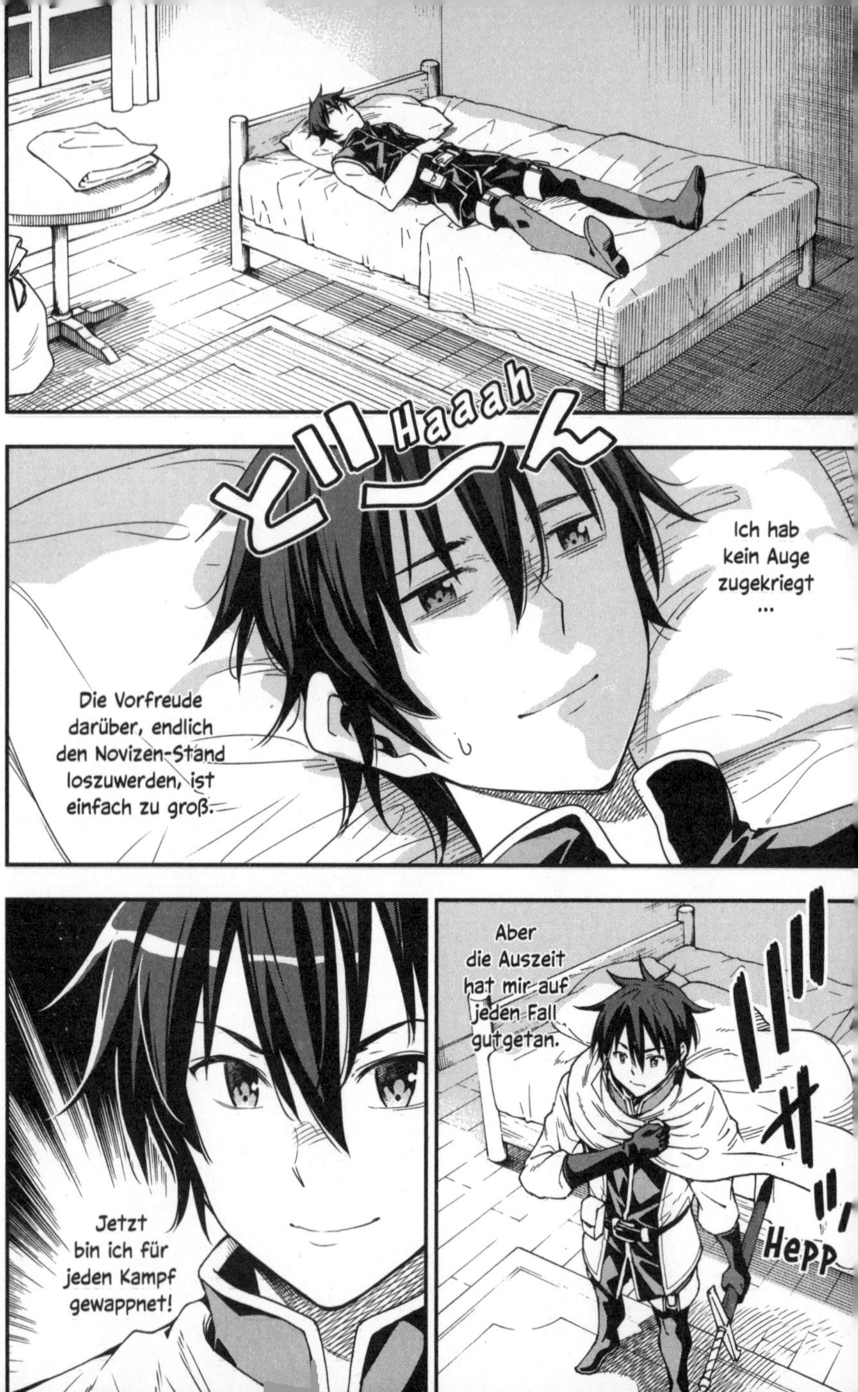
Haaaah
Ich hab kein Auge zugekriegt ...
Die Vorfreude darüber, endlich den Novizen-Stand loszuwerden, ist einfach zu groß.
Aber die Auszeit hat mir auf jeden Fall gutgetan.
Hepp
Jetzt bin ich für jeden Kampf gewappnet!

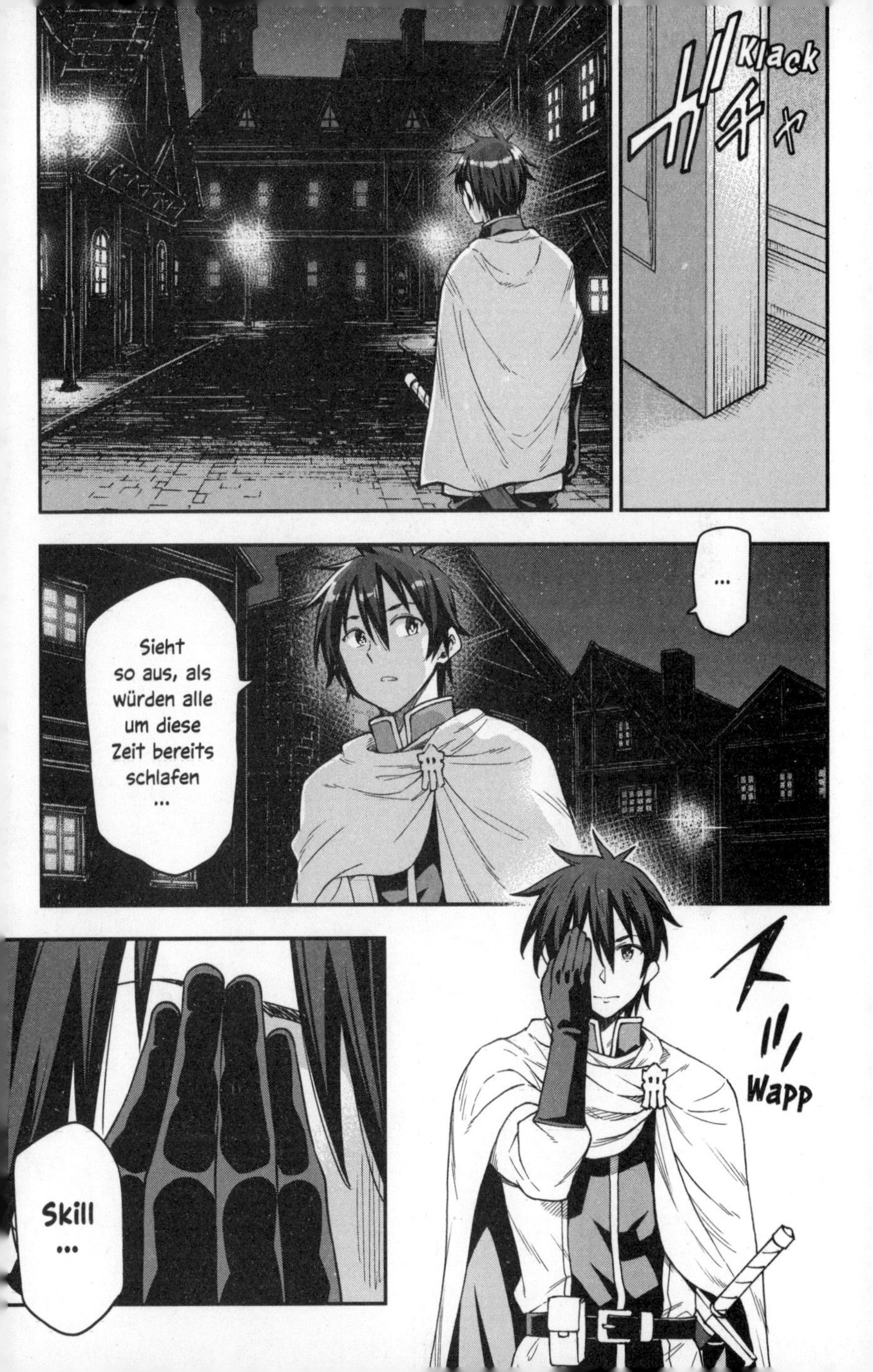

ガチャ
Klack
...
Sieht so aus, als würden alle um diese Zeit bereits schlafen ...
スッ
Wapp
Skill ...

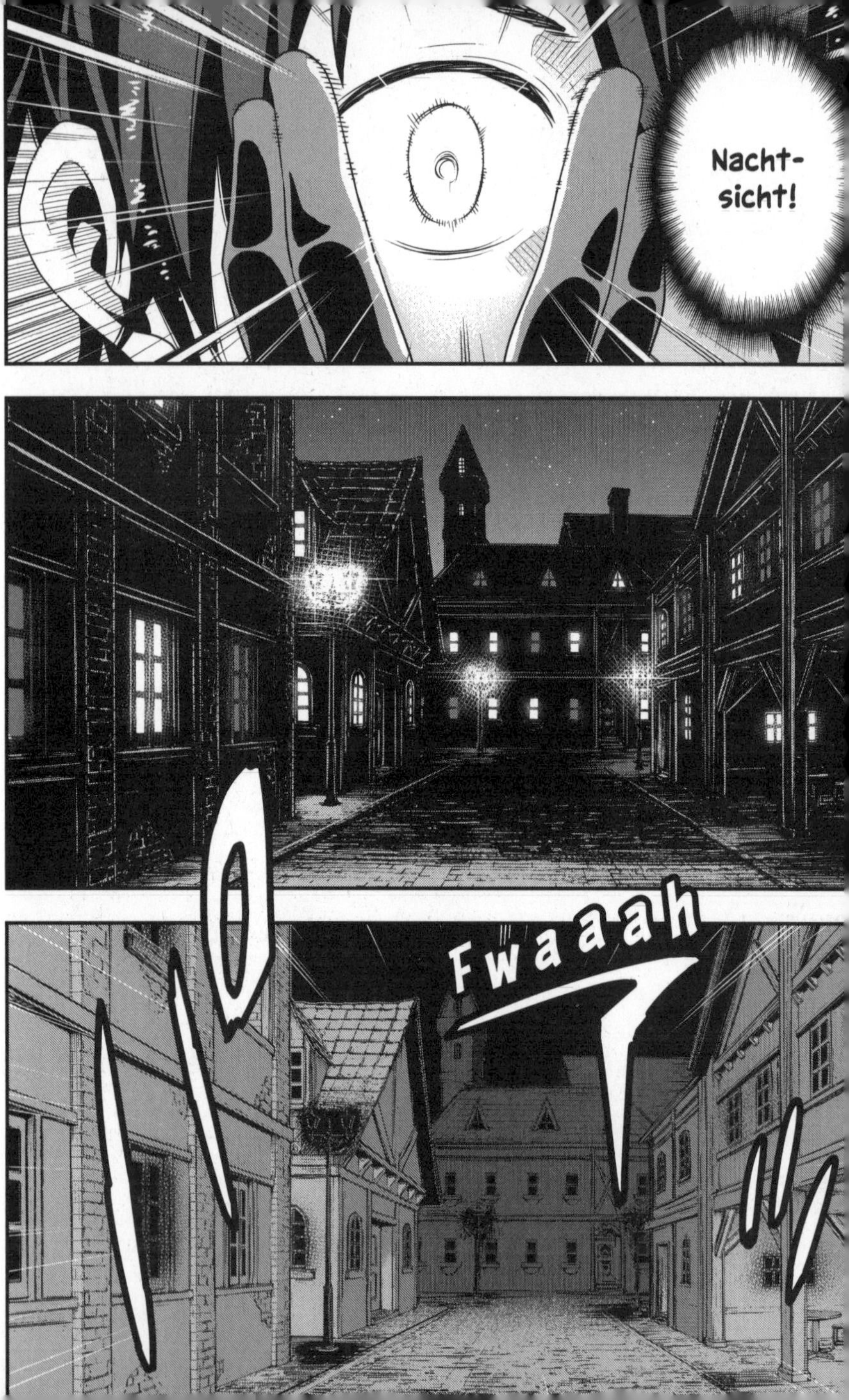
Nacht-
sicht!
Fwaaah

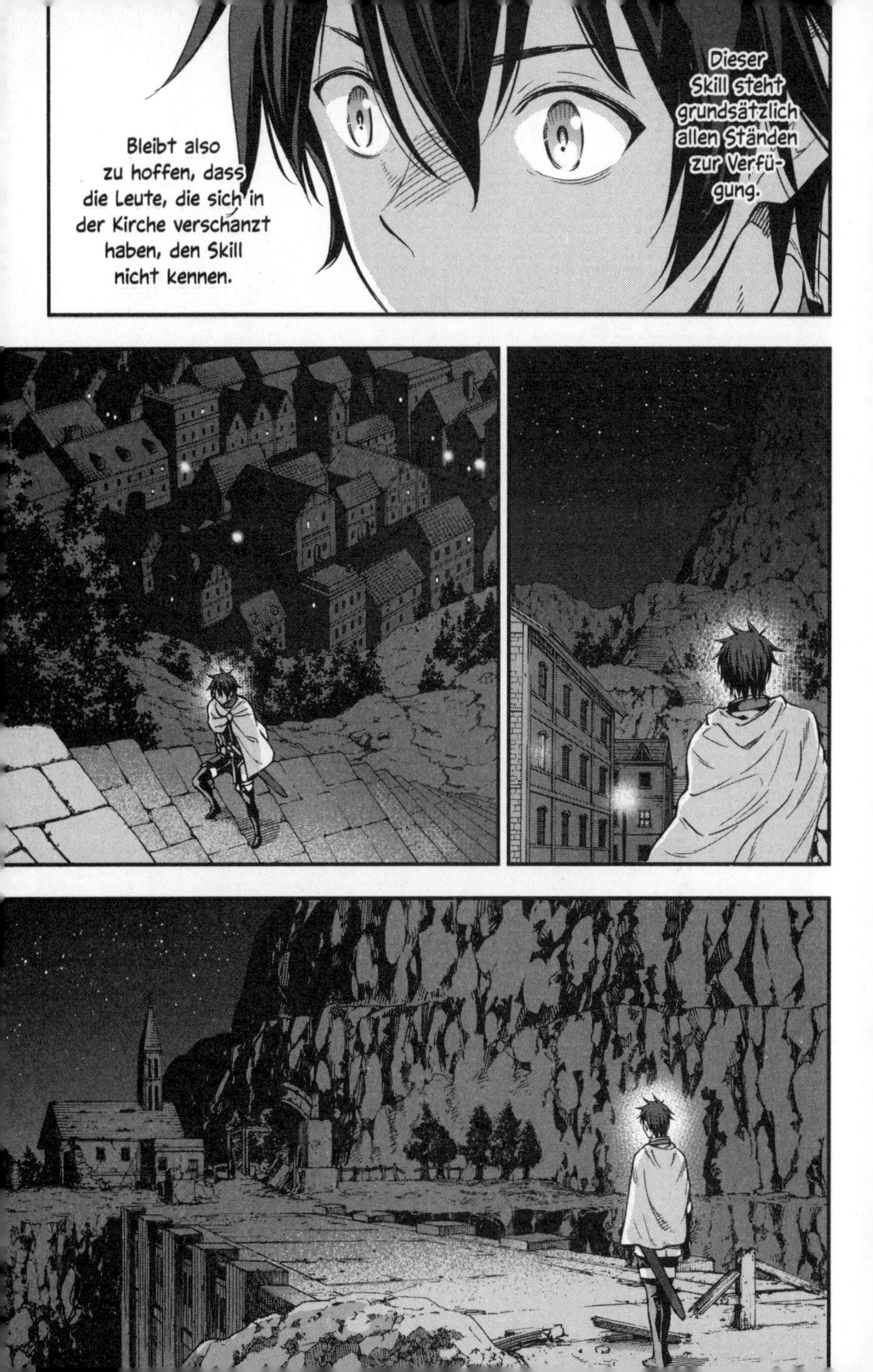
Dieser Skill steht grundsätzlich allen Ständen zur Verfügung.
Bleibt also zu hoffen, dass die Leute, die sich in der Kirche verschanzt haben, den Skill nicht kennen.

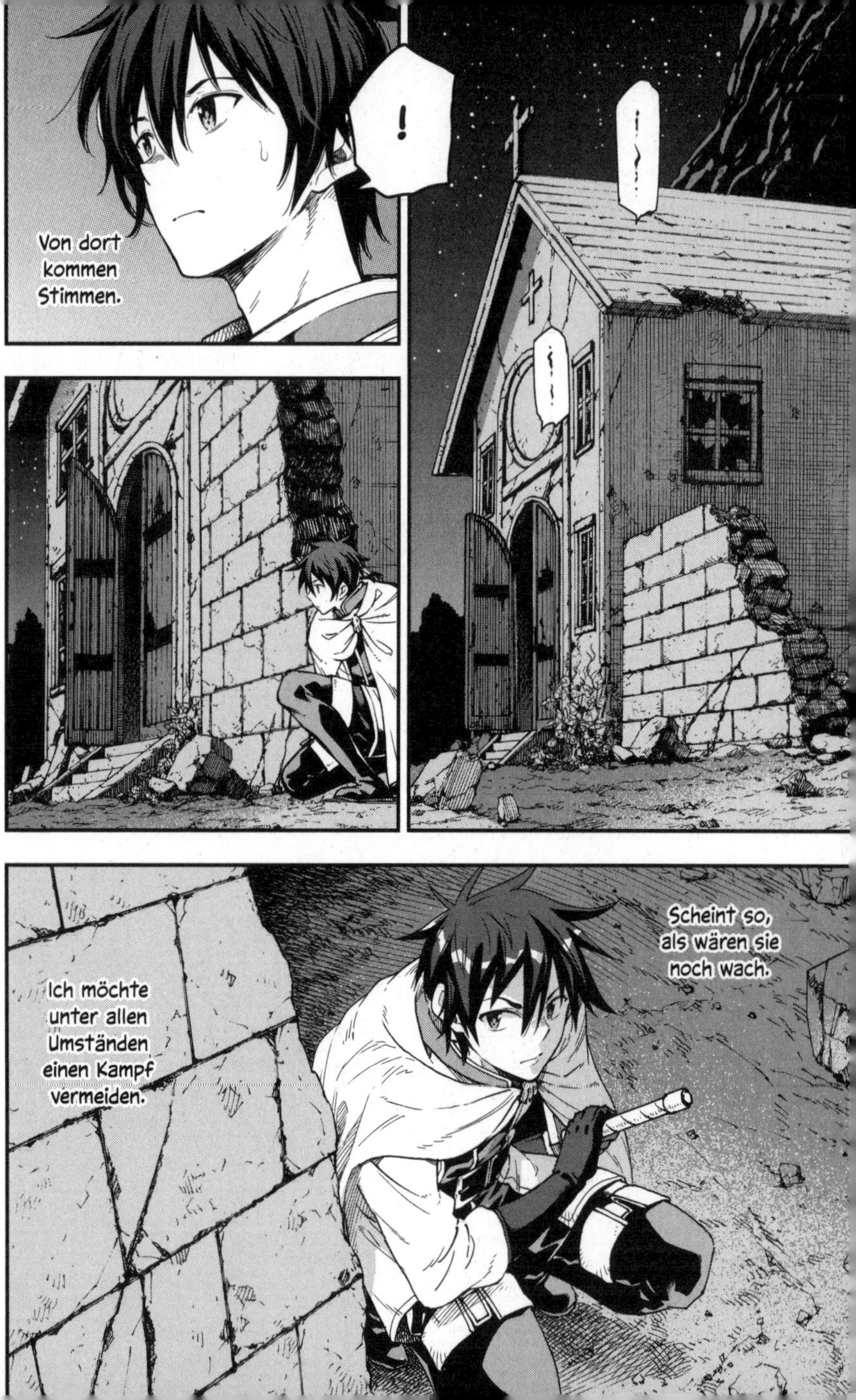
Von dort kommen Stimmen.
!
!~?
?~!
Scheint so, als wären sie noch wach.
Ich möchte unter allen Umständen einen Kampf vermeiden.

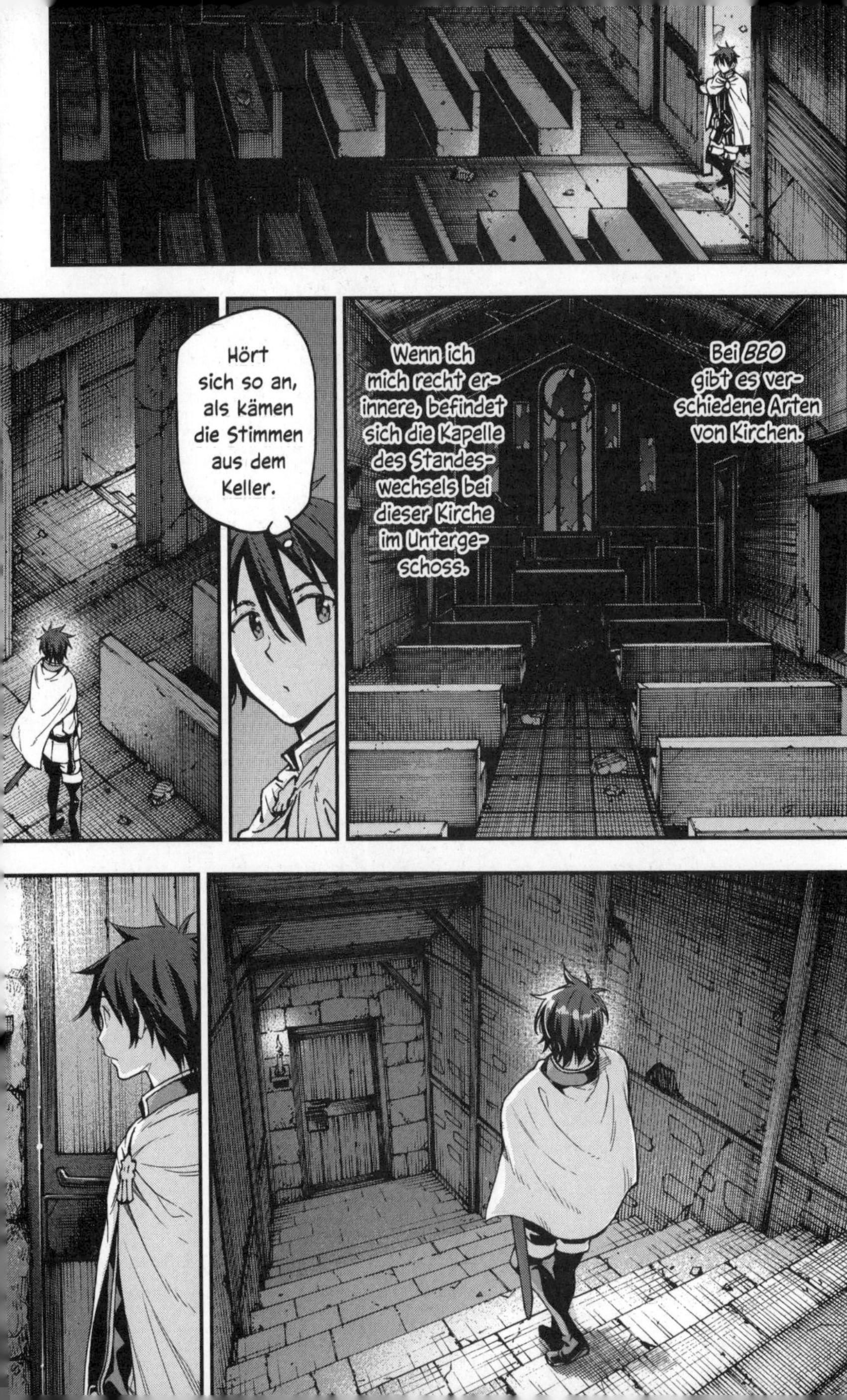
Bei BBO gibt es verschiedene Arten von Kirchen.
Wenn ich mich recht erinnere, befindet sich die Kapelle des Standeswechsels bei dieser Kirche im Untergeschoss.
Hört sich so an, als kämen die Stimmen aus dem Keller.

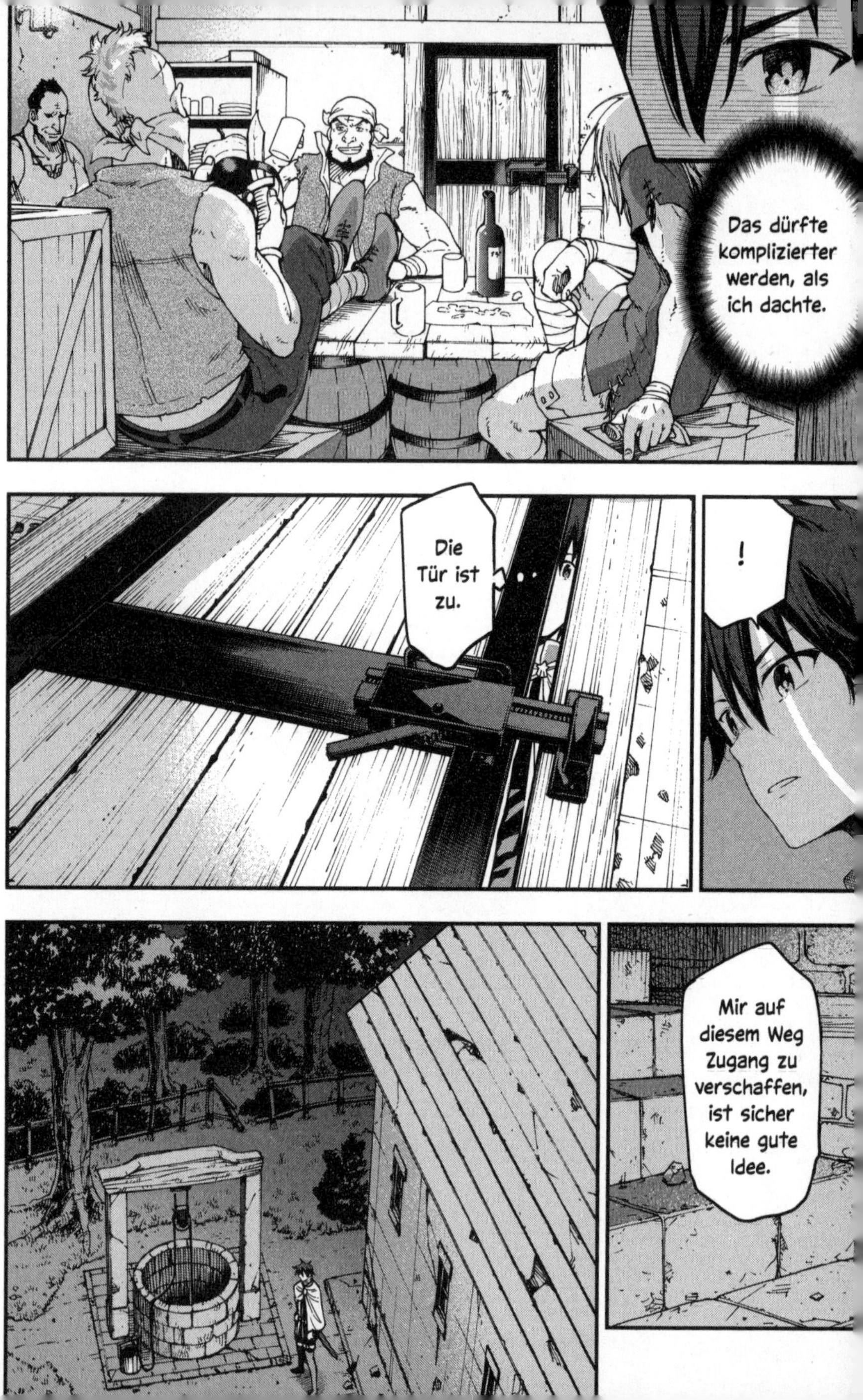

Das dürfte komplizierter werden, als ich dachte.
!
Die Tür ist zu.
Mir auf diesem Weg Zugang zu verschaffen, ist sicher keine gute Idee.

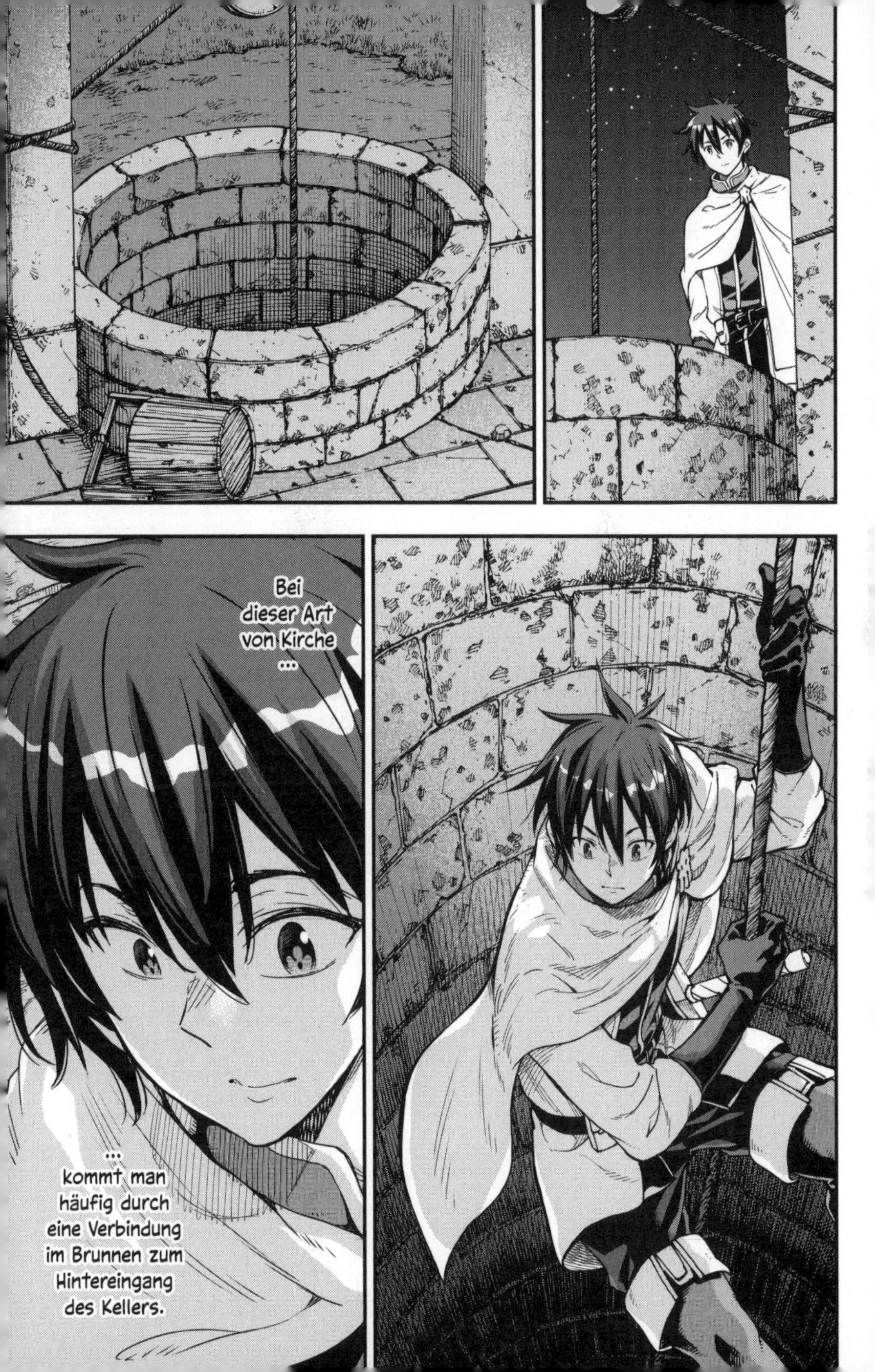
Bei dieser Art von Kirche ...
... kommt man häufig durch eine Verbindung im Brunnen zum Hintereingang des Kellers.

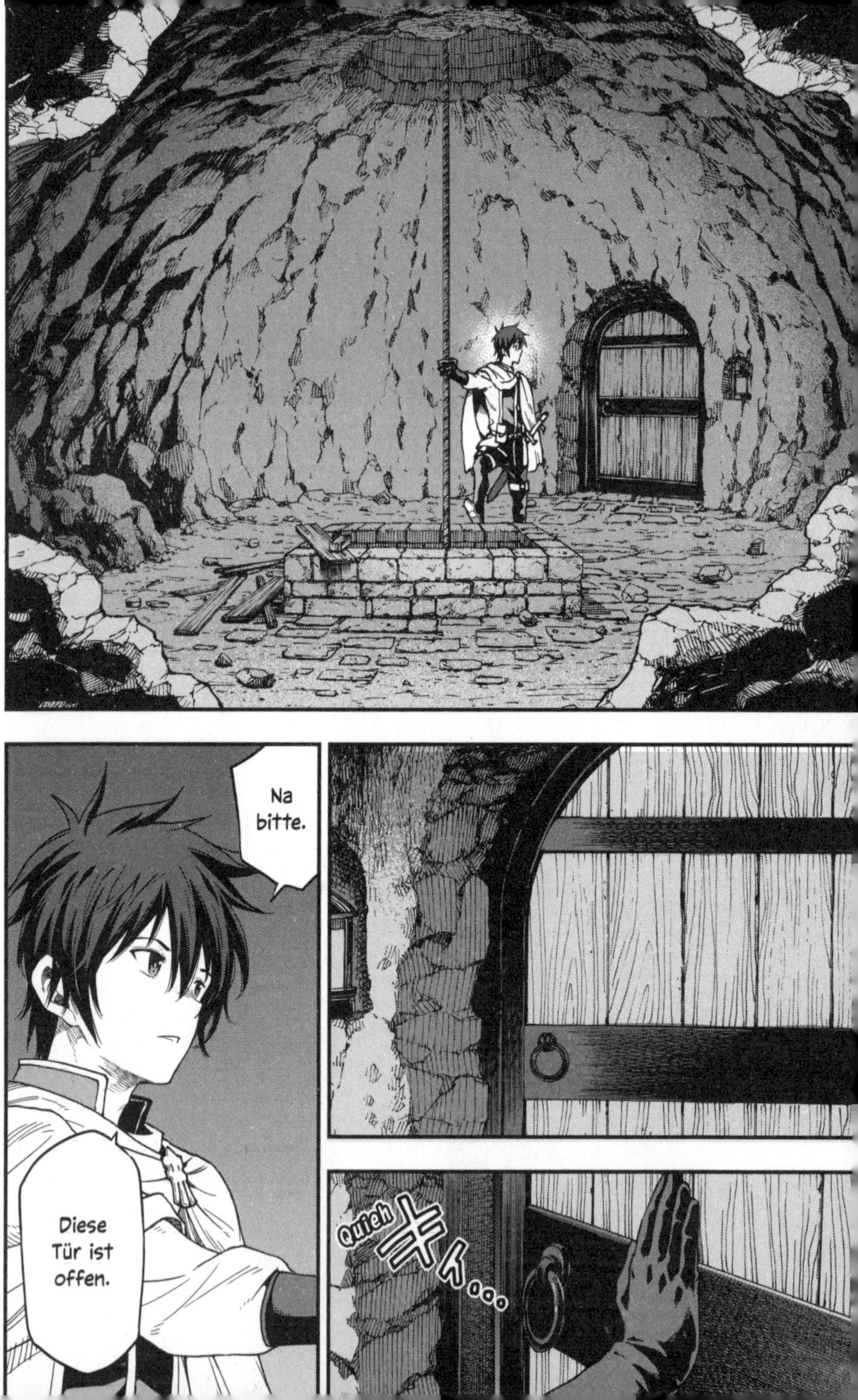
Na bitte.
Quietsch
Diese Tür ist offen.

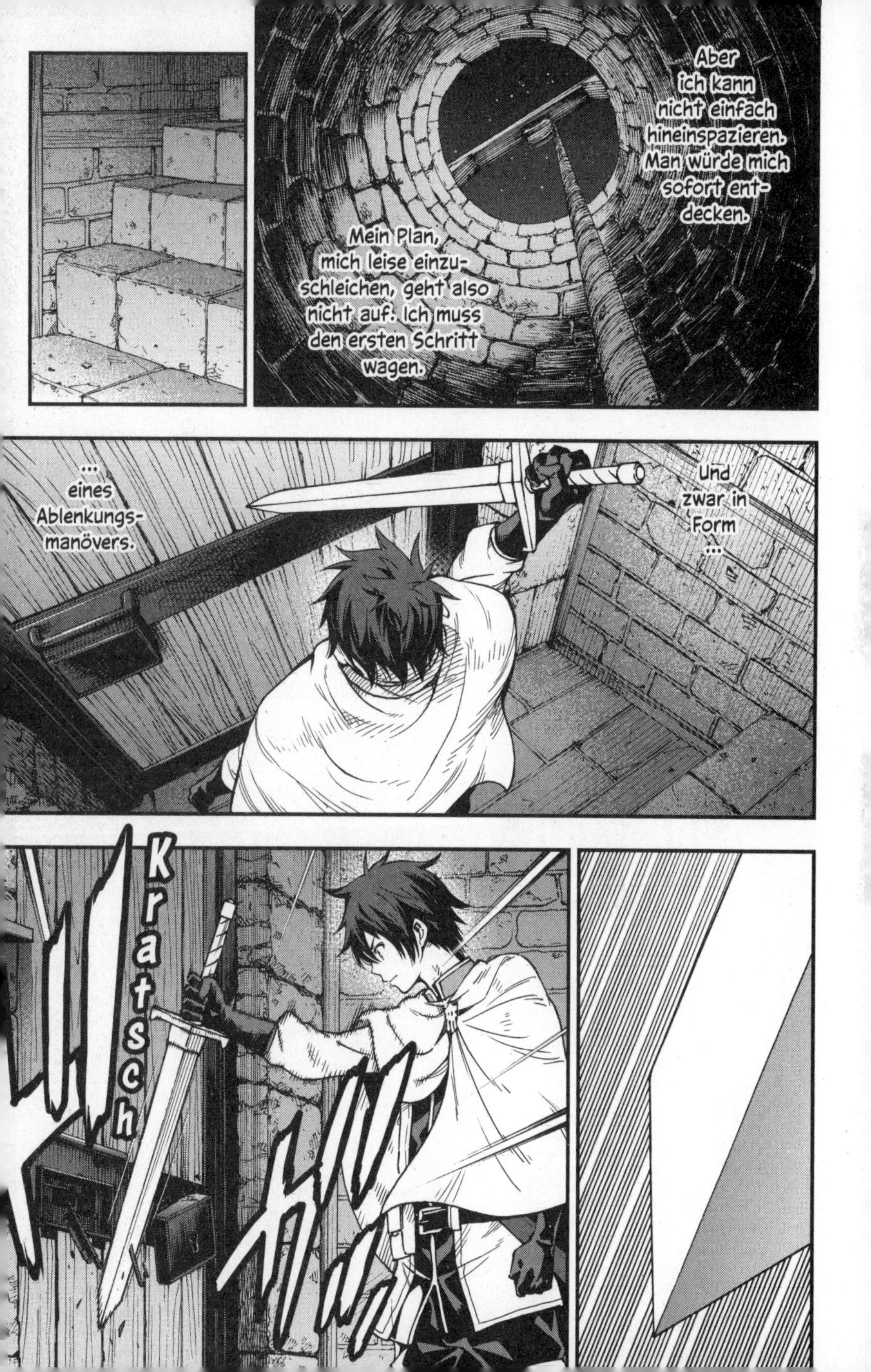
Aber ich kann nicht einfach hineinspazieren. Man würde mich sofort entdecken.
Mein Plan, mich leise einzuschleichen, geht also nicht auf. Ich muss den ersten Schritt wagen.
Und zwar in Form ...
... eines Ablenkungsmanövers.
Kratsch

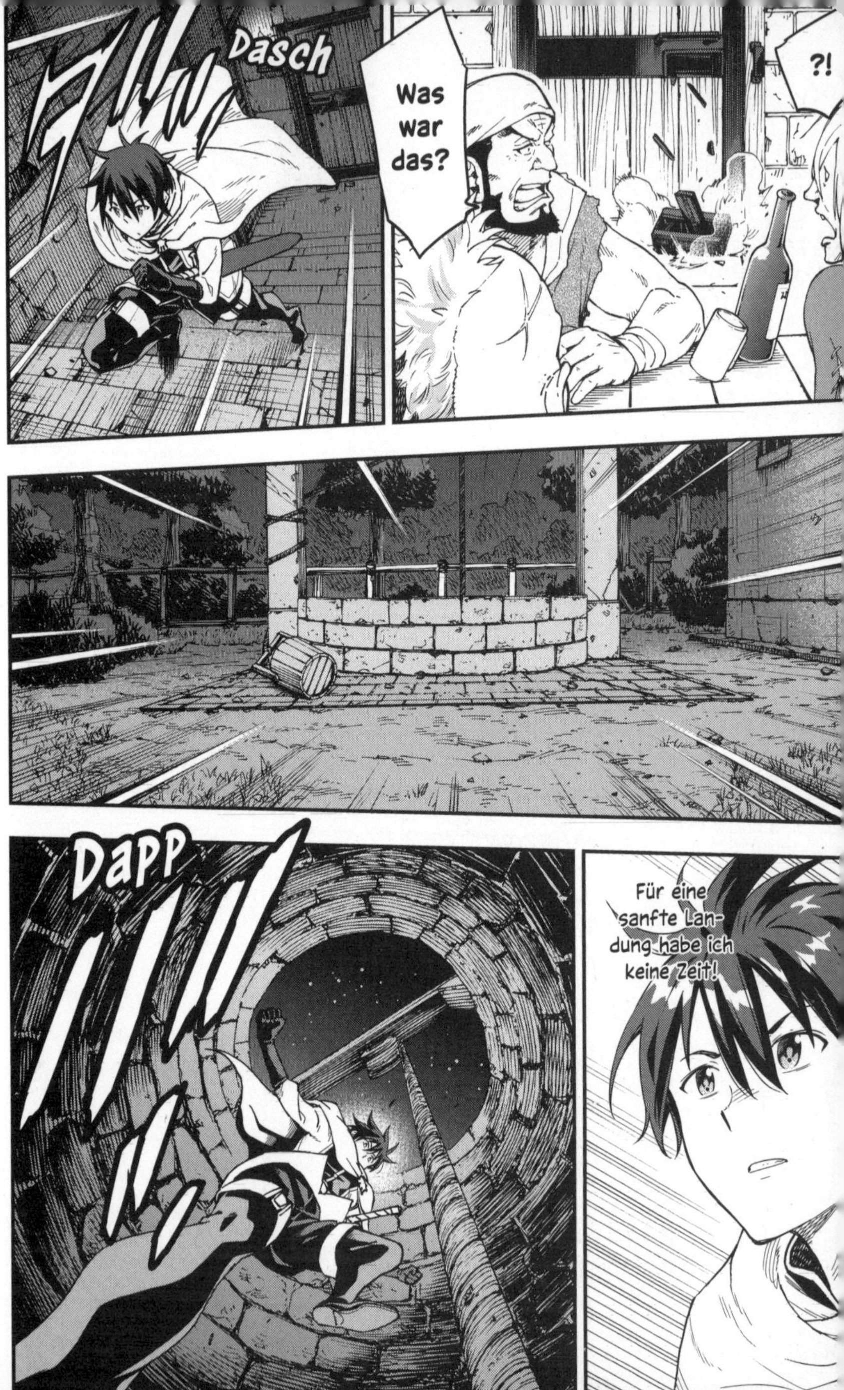

?!
Was war das?
Dasch
Für eine sanfte Landung habe ich keine Zeit!
Dapp

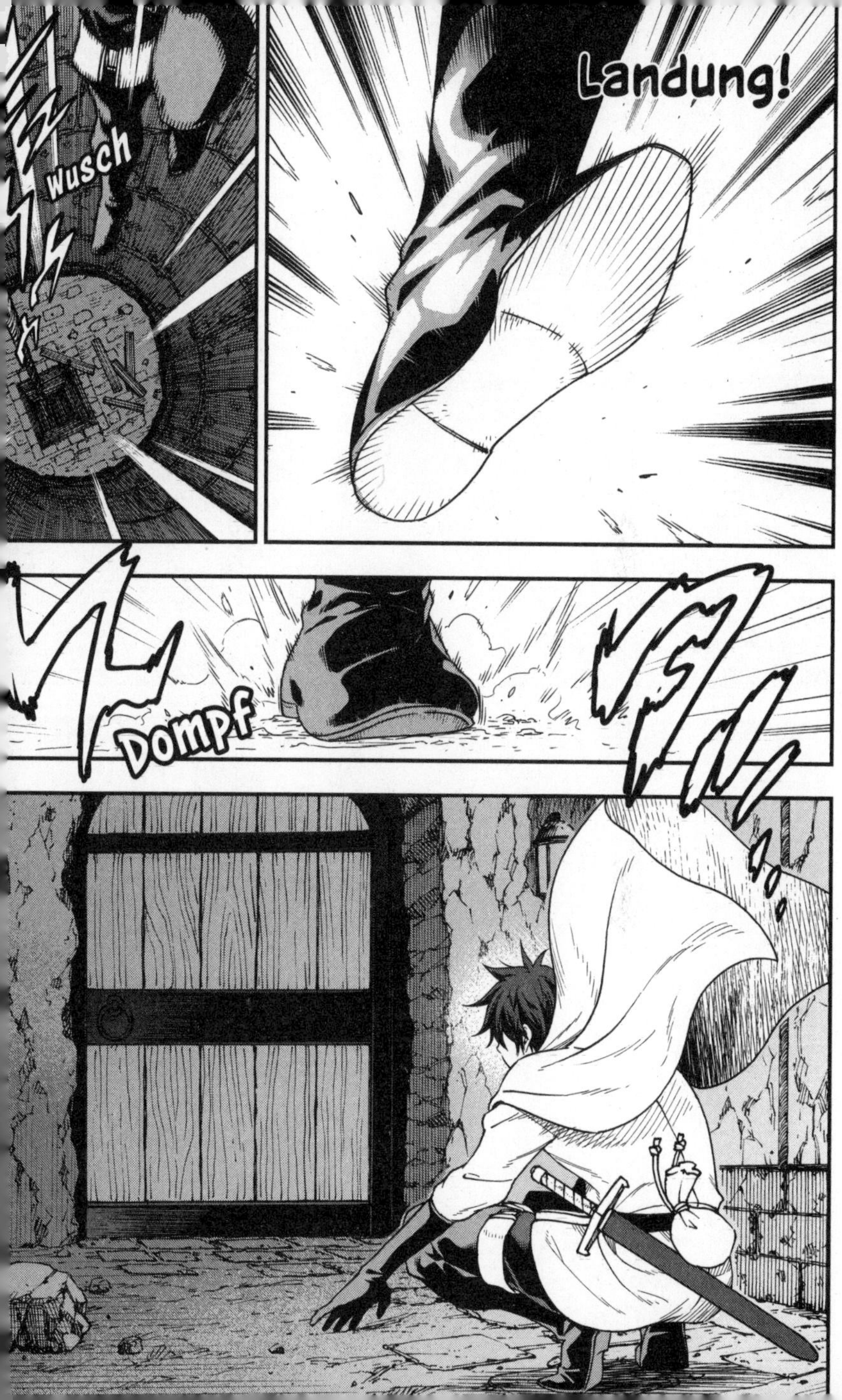

Landung!
Wusch
Dompf

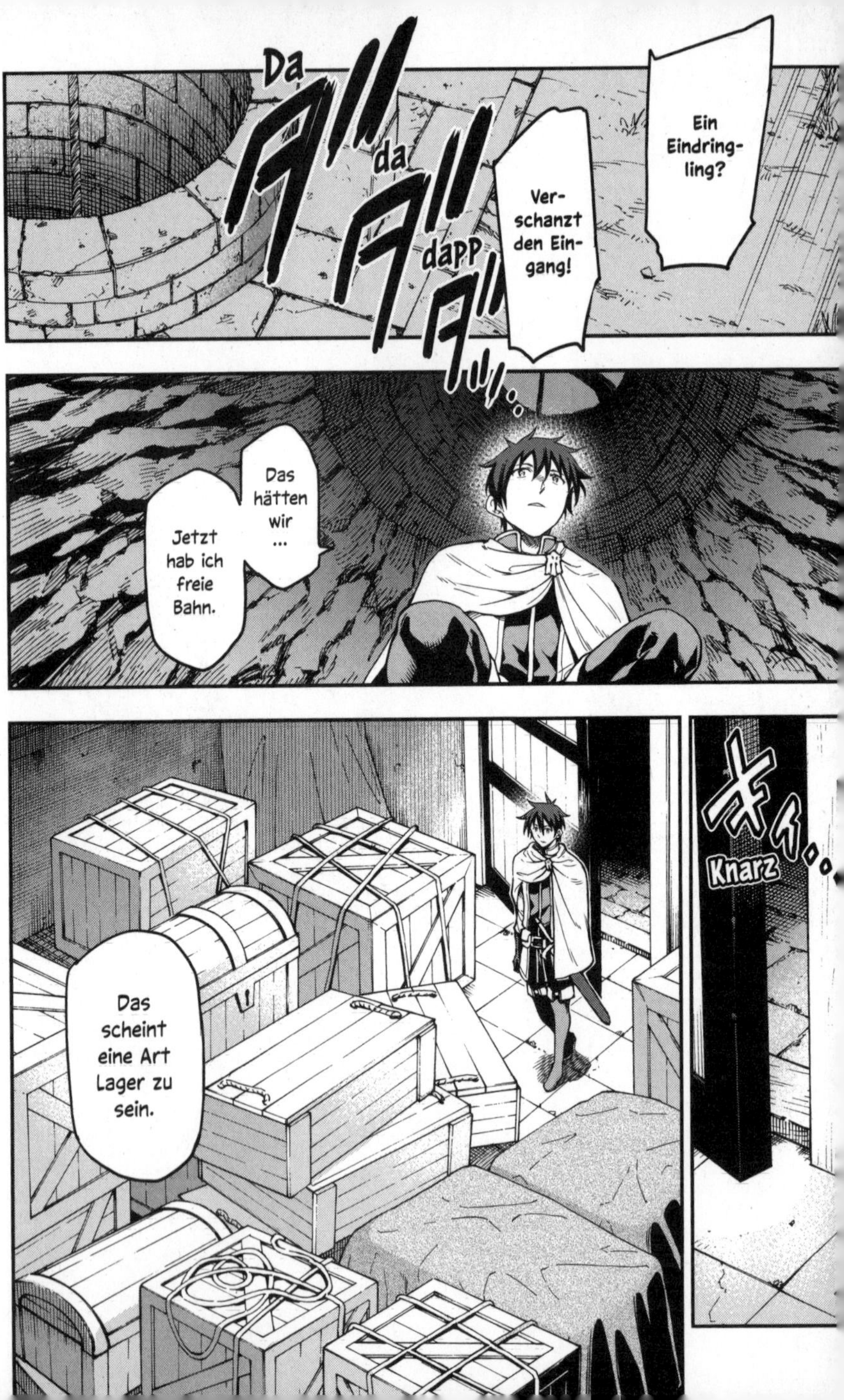
Ein Eindring-ling?
Ver-schanzt den Ein-gang!
Da
da
dapp
Das hätten wir ...
Jetzt hab ich freie Bahn.
Knarz
Das scheint eine Art Lager zu sein.

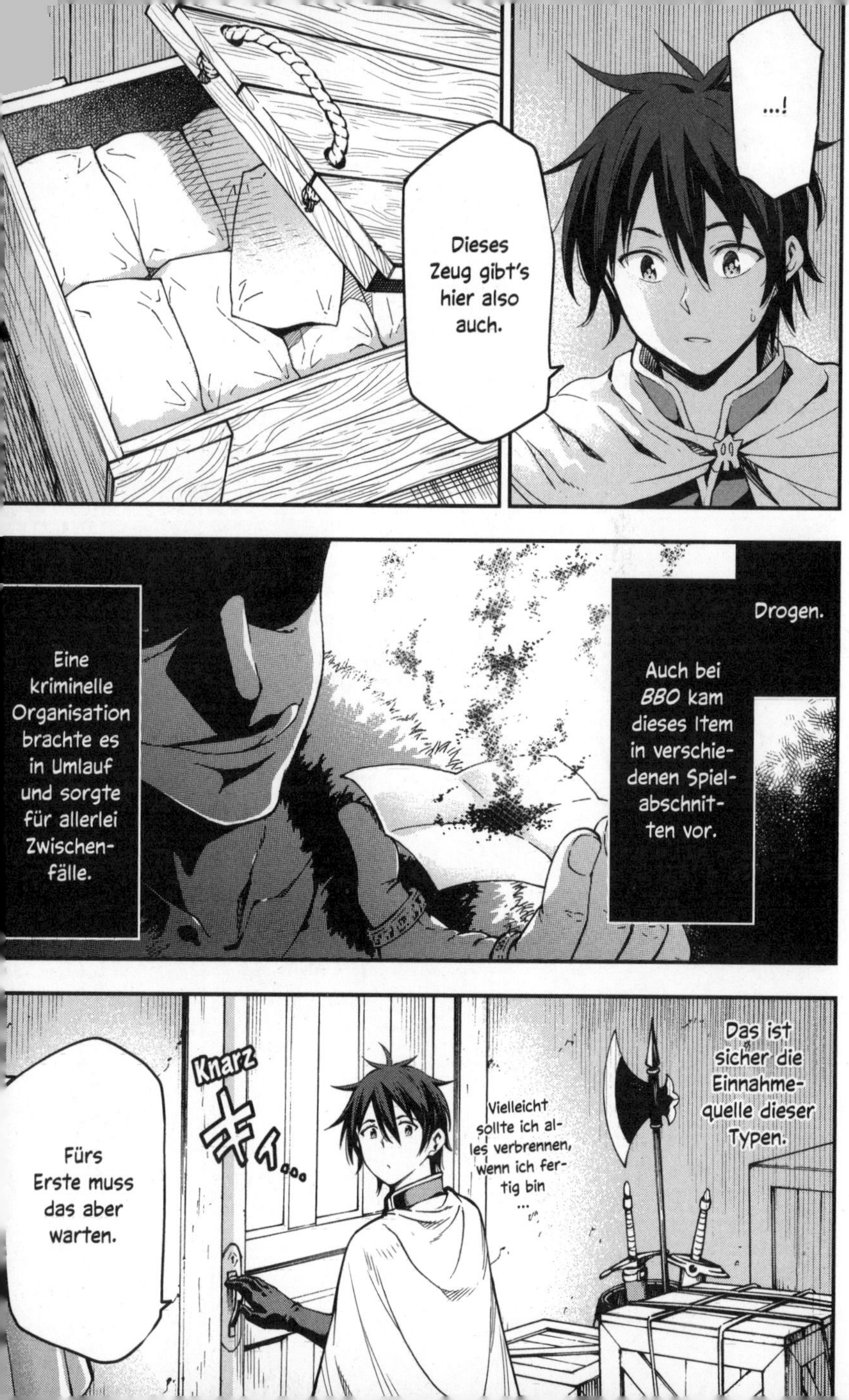
...!
Dieses Zeug gibt's hier also auch.
Drogen.
Auch bei *BBO* kam dieses Item in verschiedenen Spielabschnitten vor.
Eine kriminelle Organisation brachte es in Umlauf und sorgte für allerlei Zwischenfälle.
Das ist sicher die Einnahmequelle dieser Typen.
Vielleicht sollte ich alles verbrennen, wenn ich fertig bin ...
Knarz
Fürs Erste muss das aber warten.

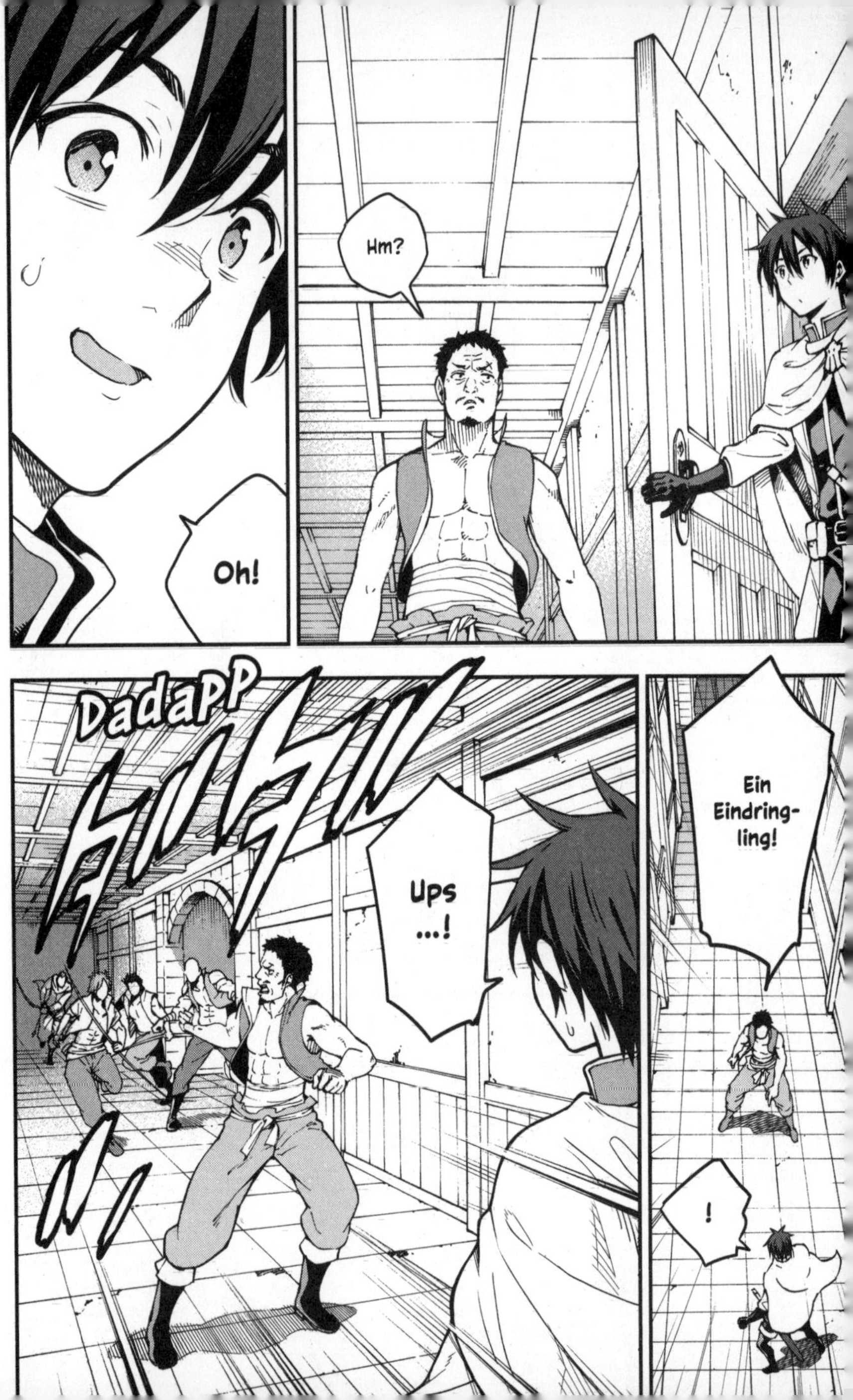
Hm?
Oh!
Ein Eindring-ling!
!
DadaPP
Ups ...!

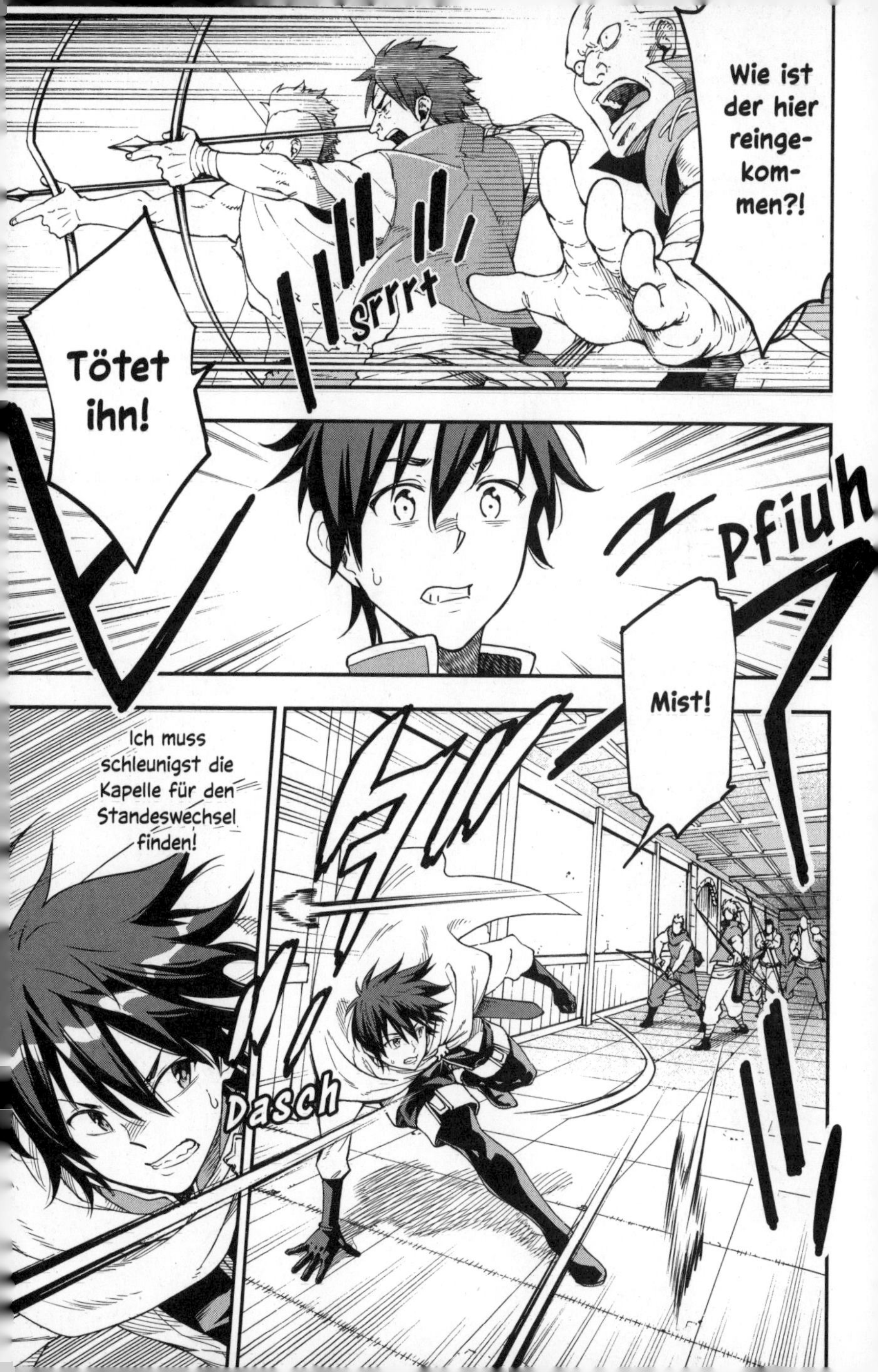
Wie ist der hier reingekommen?!
Srrrt
Tötet ihn!
Pfiuh
Mist!
Ich muss schleunigst die Kapelle für den Standeswechsel finden!
Dasch

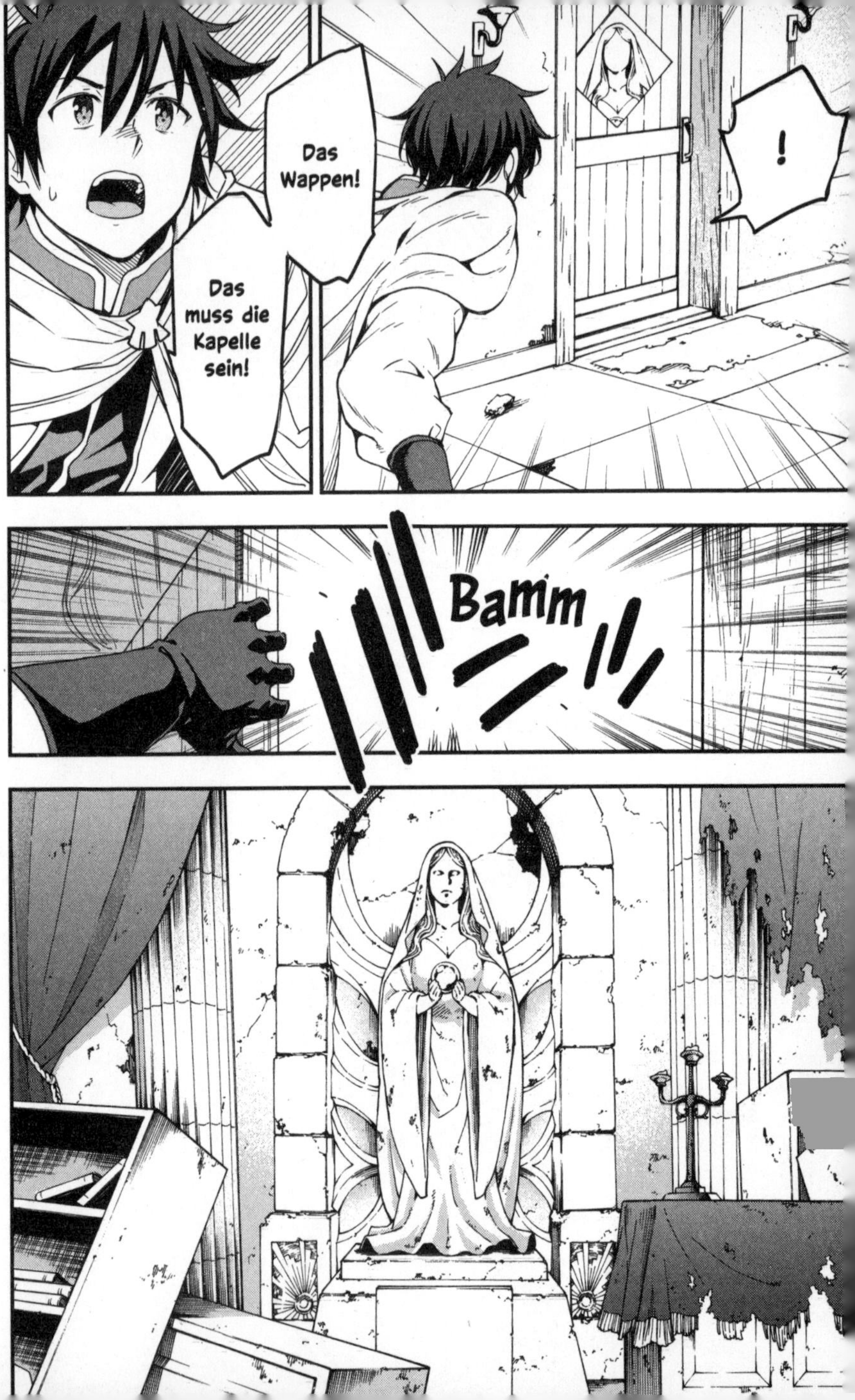
!
Das Wappen!
Das muss die Kapelle sein!
Bamm

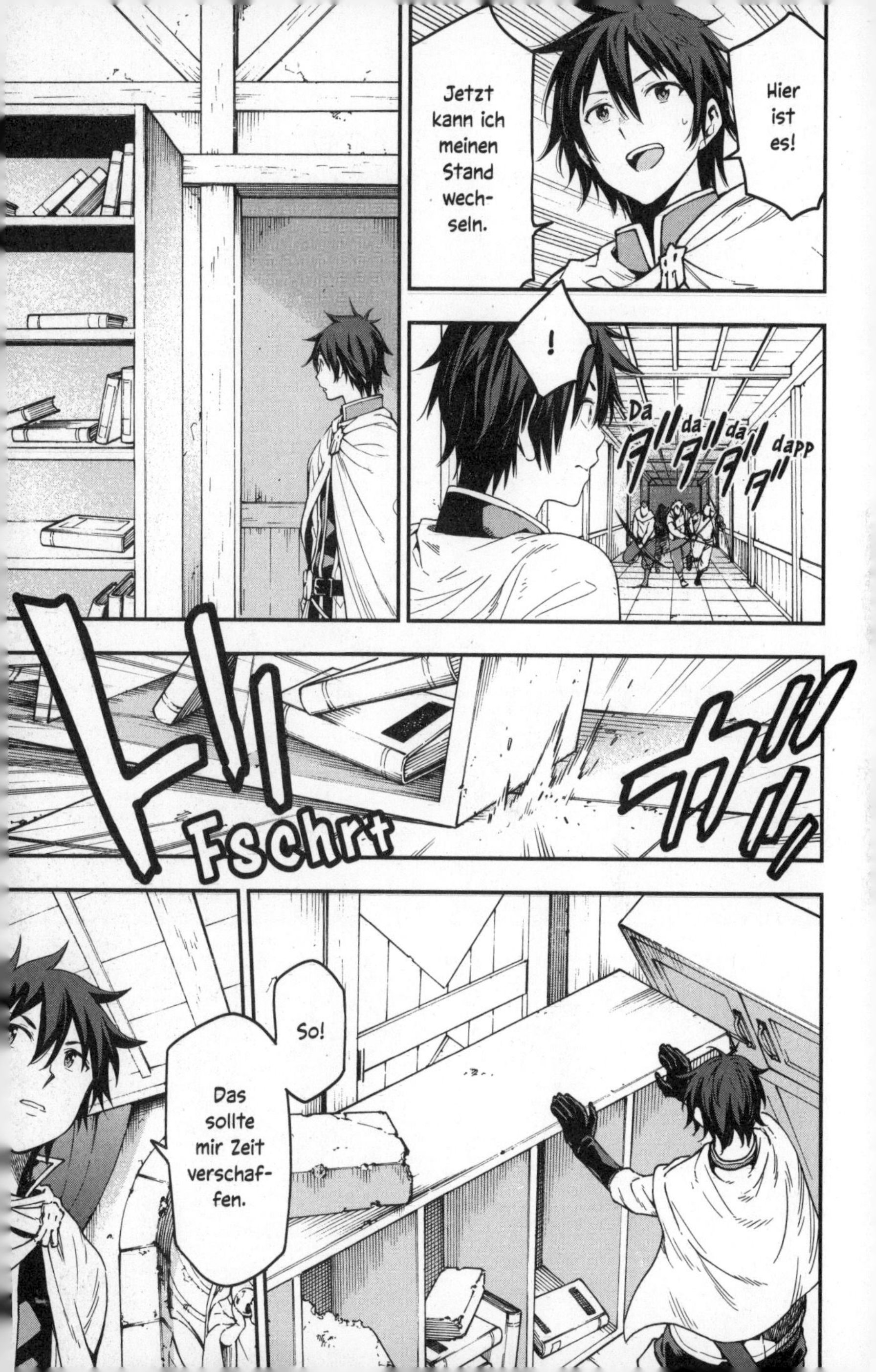
Hier ist es!
Jetzt kann ich meinen Stand wechseln.
!
Da da da dapp
Fschrt
So!
Das sollte mir Zeit verschaffen.

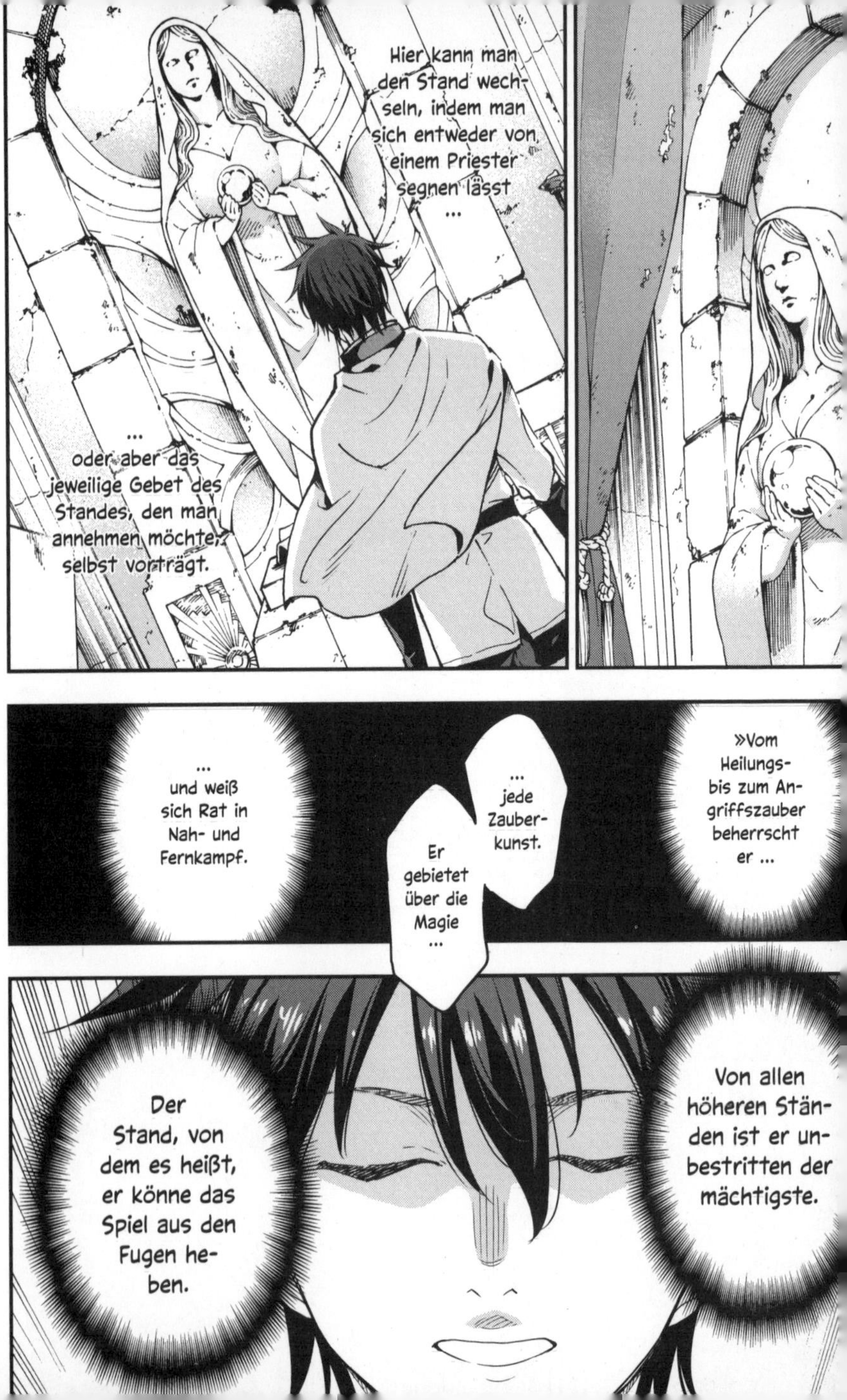
Hier kann man den Stand wechseln, indem man sich entweder von einem Priester segnen lässt ...
... oder aber das jeweilige Gebet des Standes, den man annehmen möchte, selbst vorträgt.
»Vom Heilungs- bis zum Angriffszauber beherrscht er ...
... jede Zauberkunst.
Er gebietet über die Magie ...
... und weiß sich Rat in Nah- und Fernkampf.
Von allen höheren Ständen ist er unbestritten der mächtigste.
Der Stand, von dem es heißt, er könne das Spiel aus den Fugen heben.

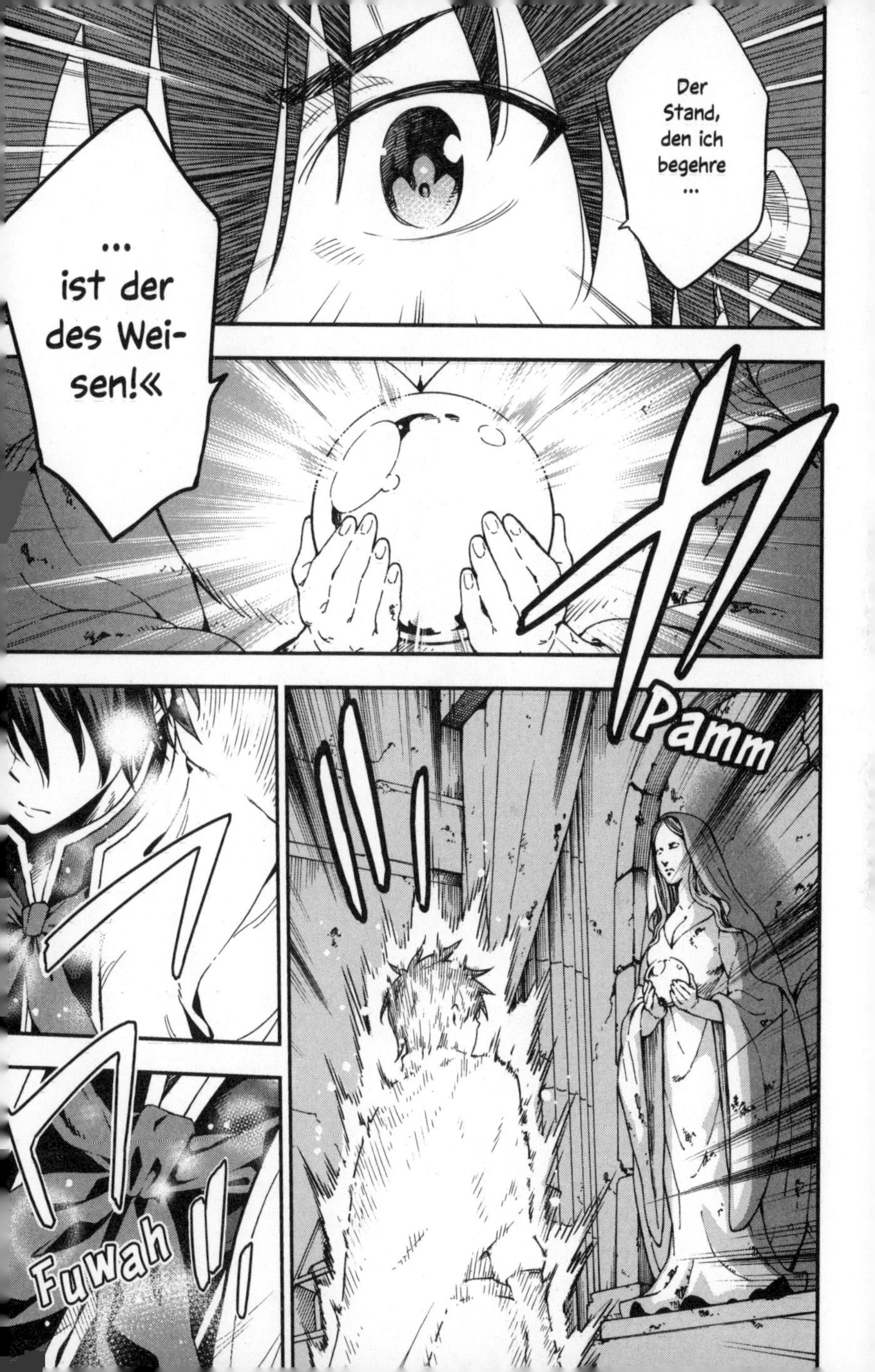

Der Stand, den ich begehre ...
... ist der des Wei-sen!«
Pamm
Fuwah

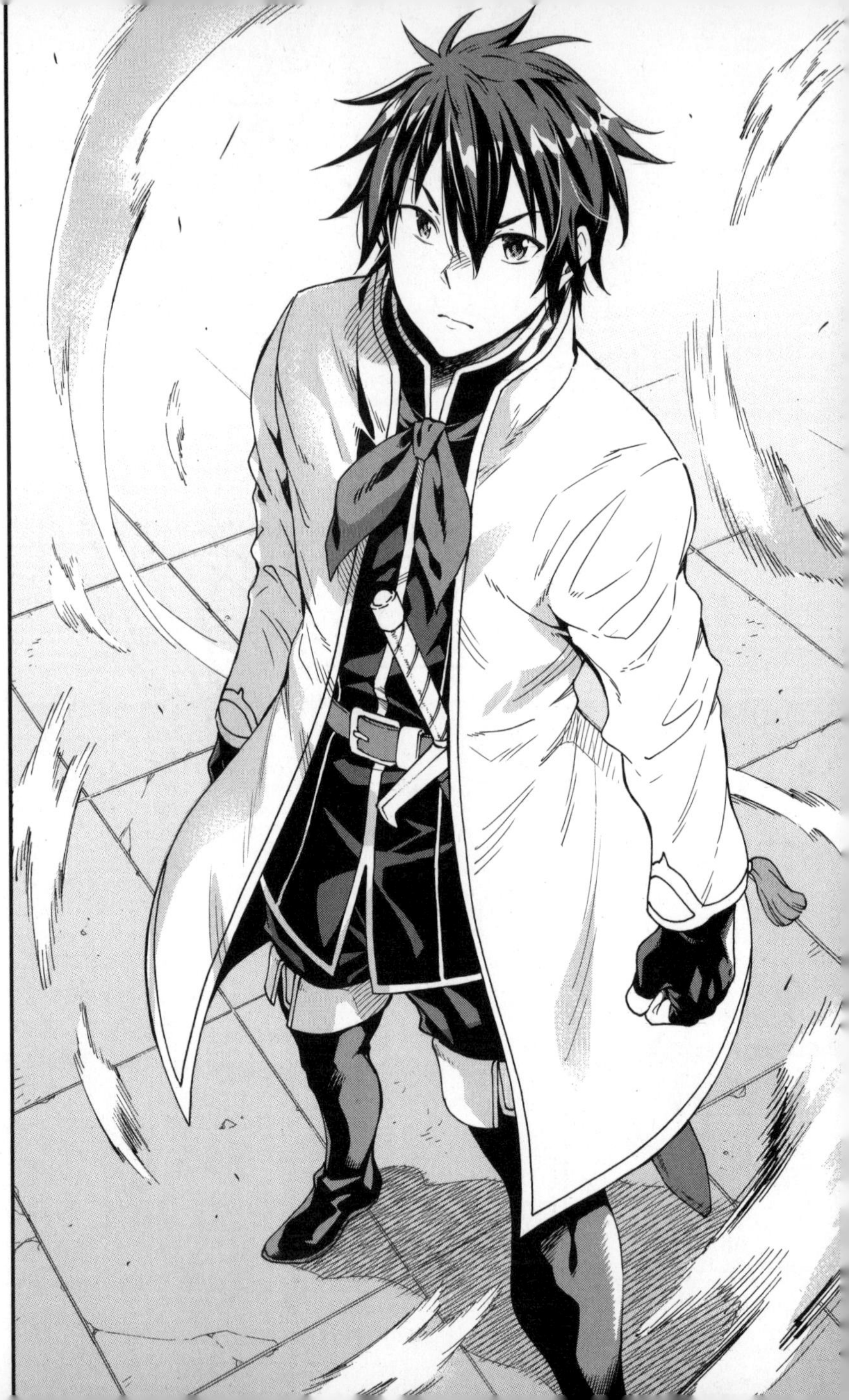

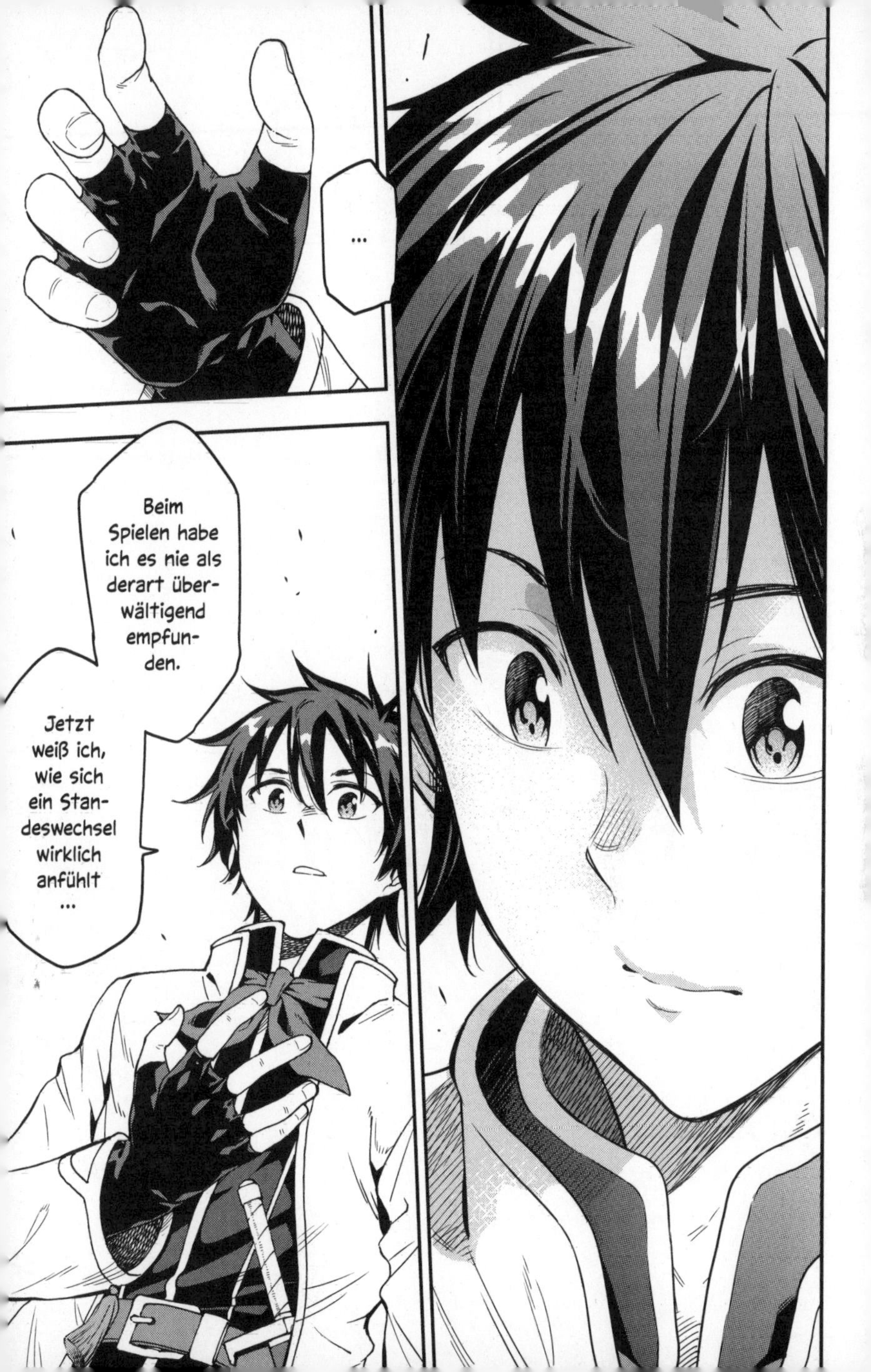
...
Beim Spielen habe ich es nie als derart über- wältigend empfun- den.
Jetzt weiß ich, wie sich ein Stan- deswechsel wirklich anfühlt ...

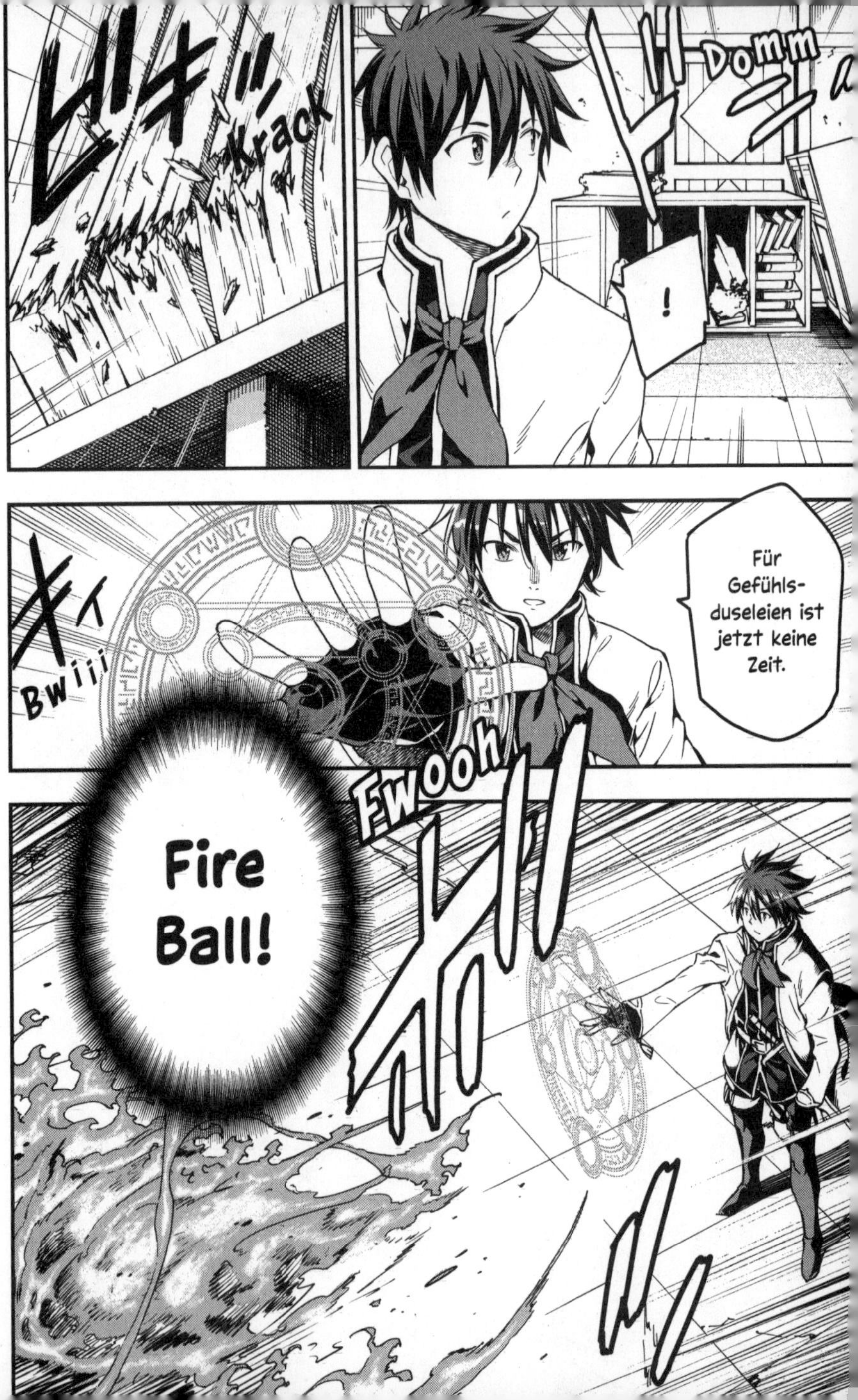

Domm
!
Krack
Bwiii
Für Gefühlsduseleien ist jetzt keine Zeit.
Fwooh
Fire Ball!

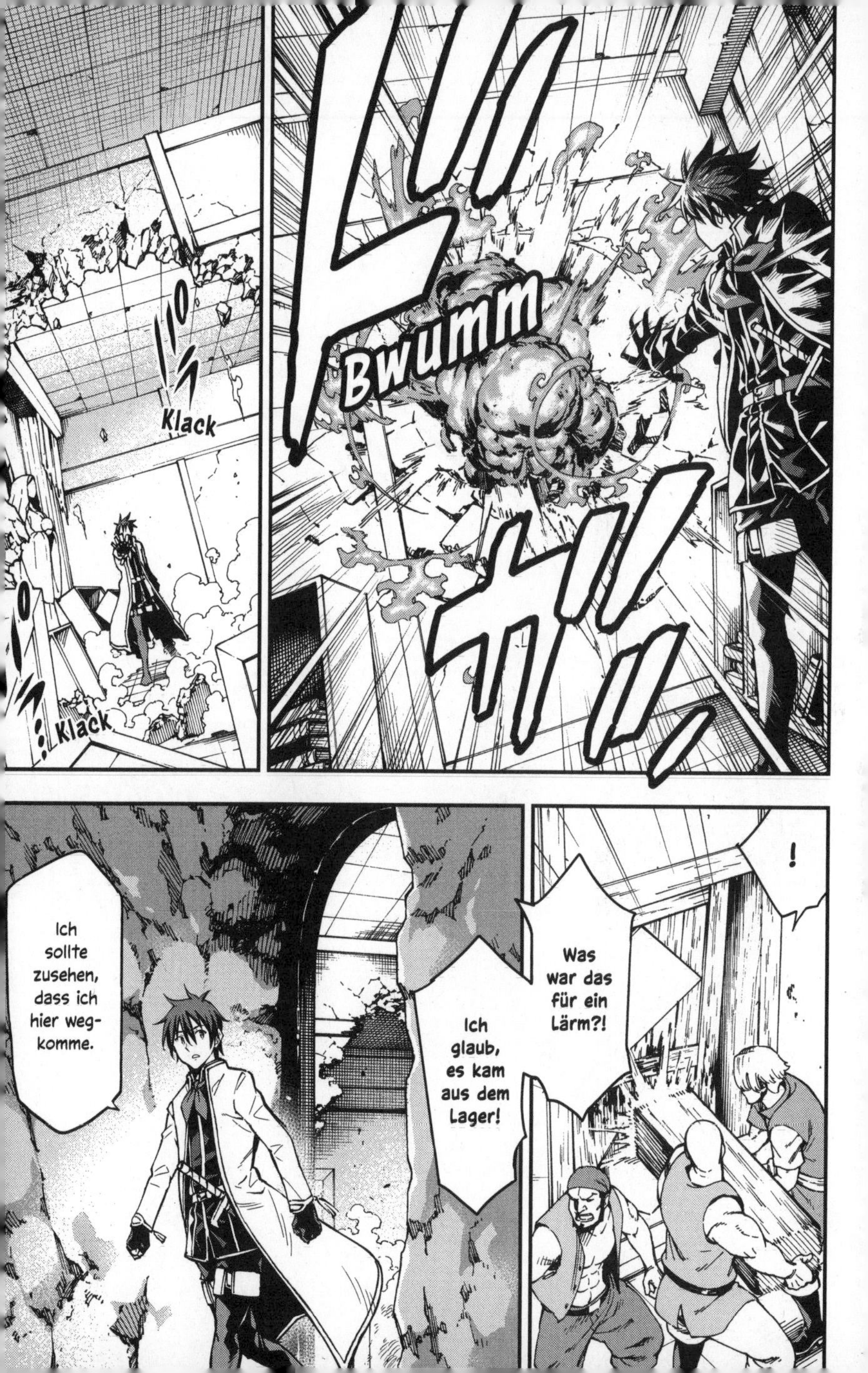
Bwumm
Klack
Klack
!
Was war das für ein Lärm?!
Ich glaub, es kam aus dem Lager!
Ich sollte zusehen, dass ich hier weg-komme.

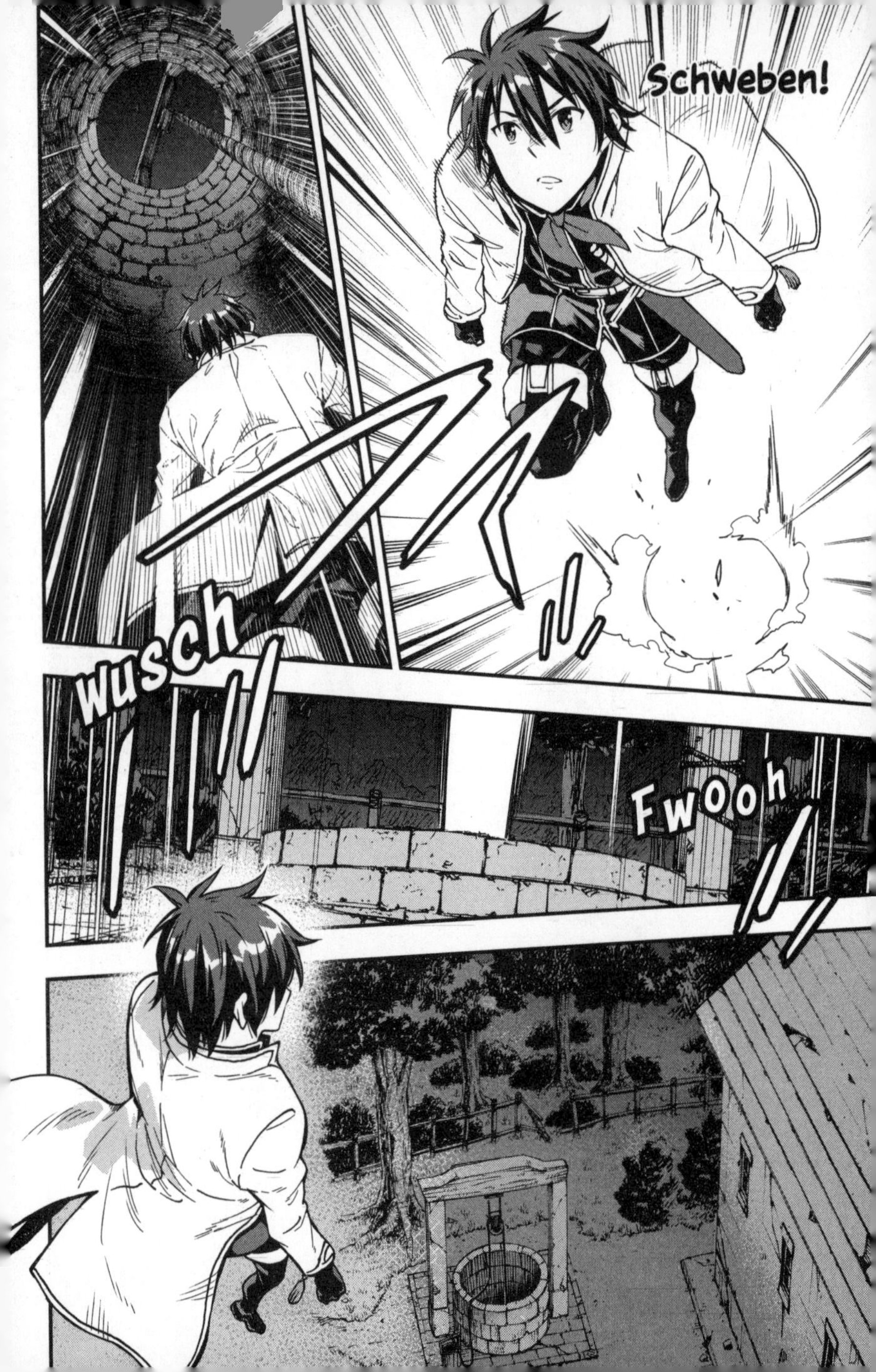
Schweben!
wusch
Fwooh

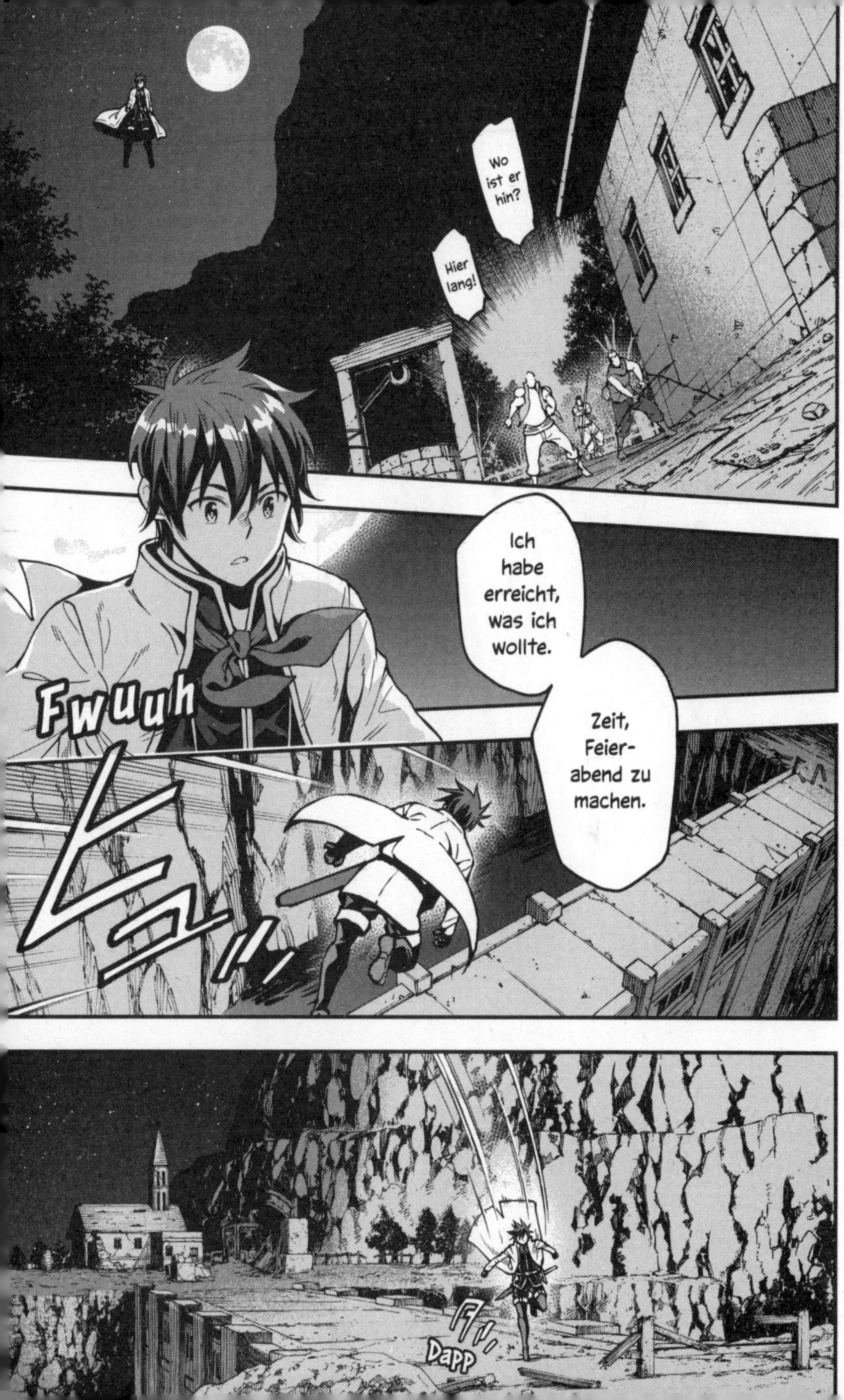
Wo ist er hin?
Hier lang!
Ich habe erreicht, was ich wollte.
Fwuuh
Zeit, Feierabend zu machen.
Dapp

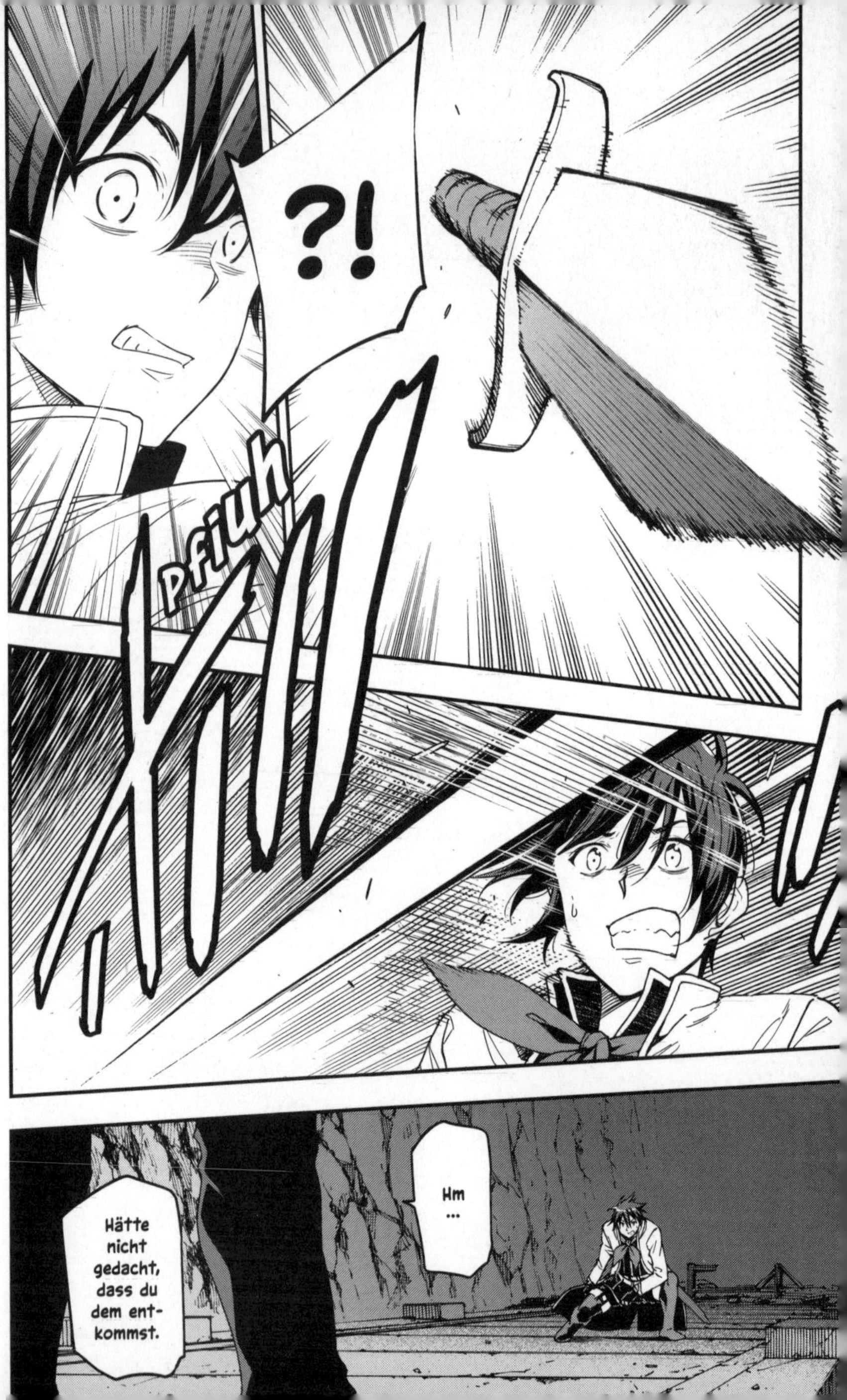
?!
Pfiuh
Hm ...
Hätte nicht gedacht, dass du dem entkommst.

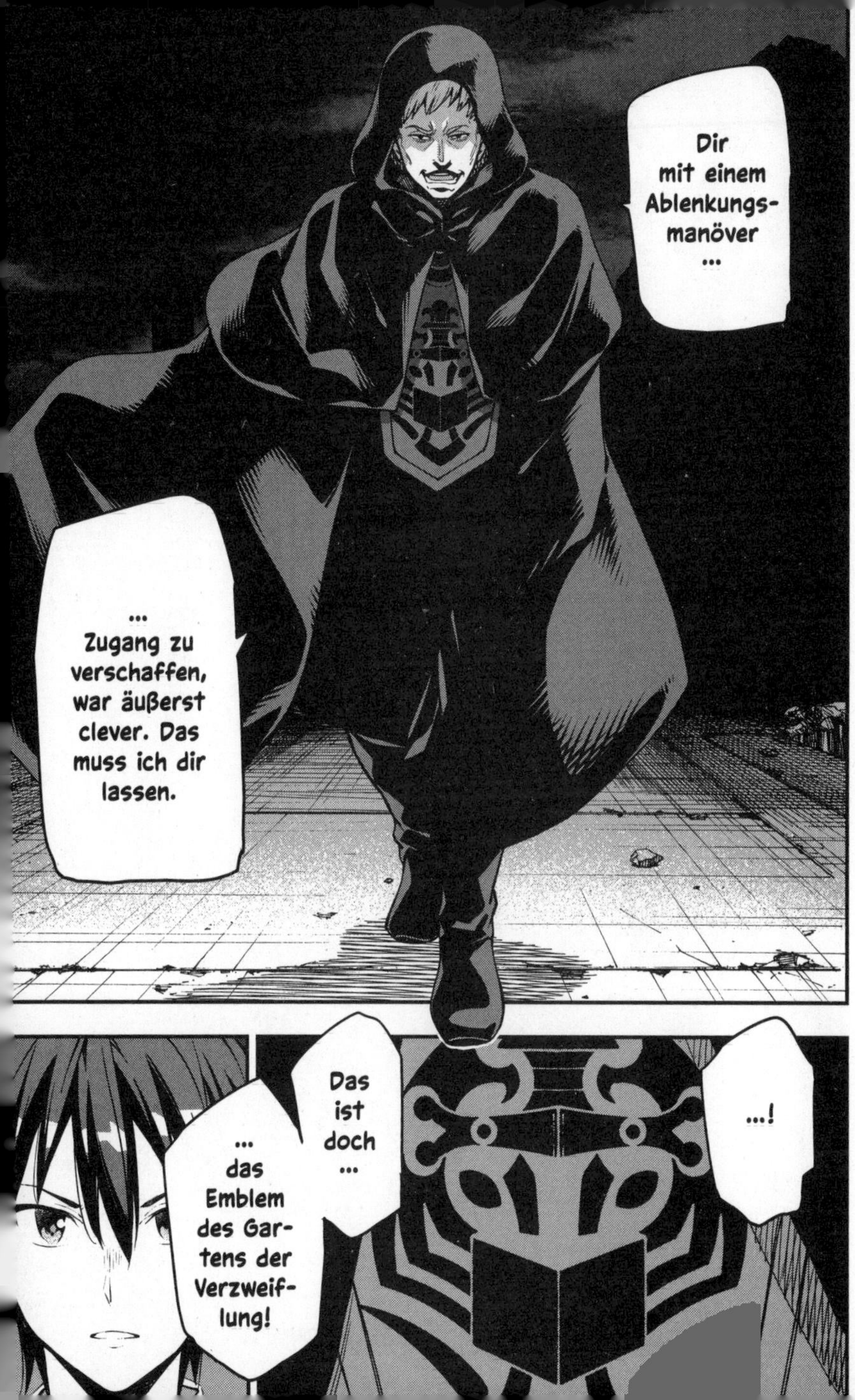
Dir mit einem Ablenkungs-manöver ...
... Zugang zu verschaffen, war äußerst clever. Das muss ich dir lassen.
...!
Das ist doch ...
... das Emblem des Gar-tens der Verzweif-lung!

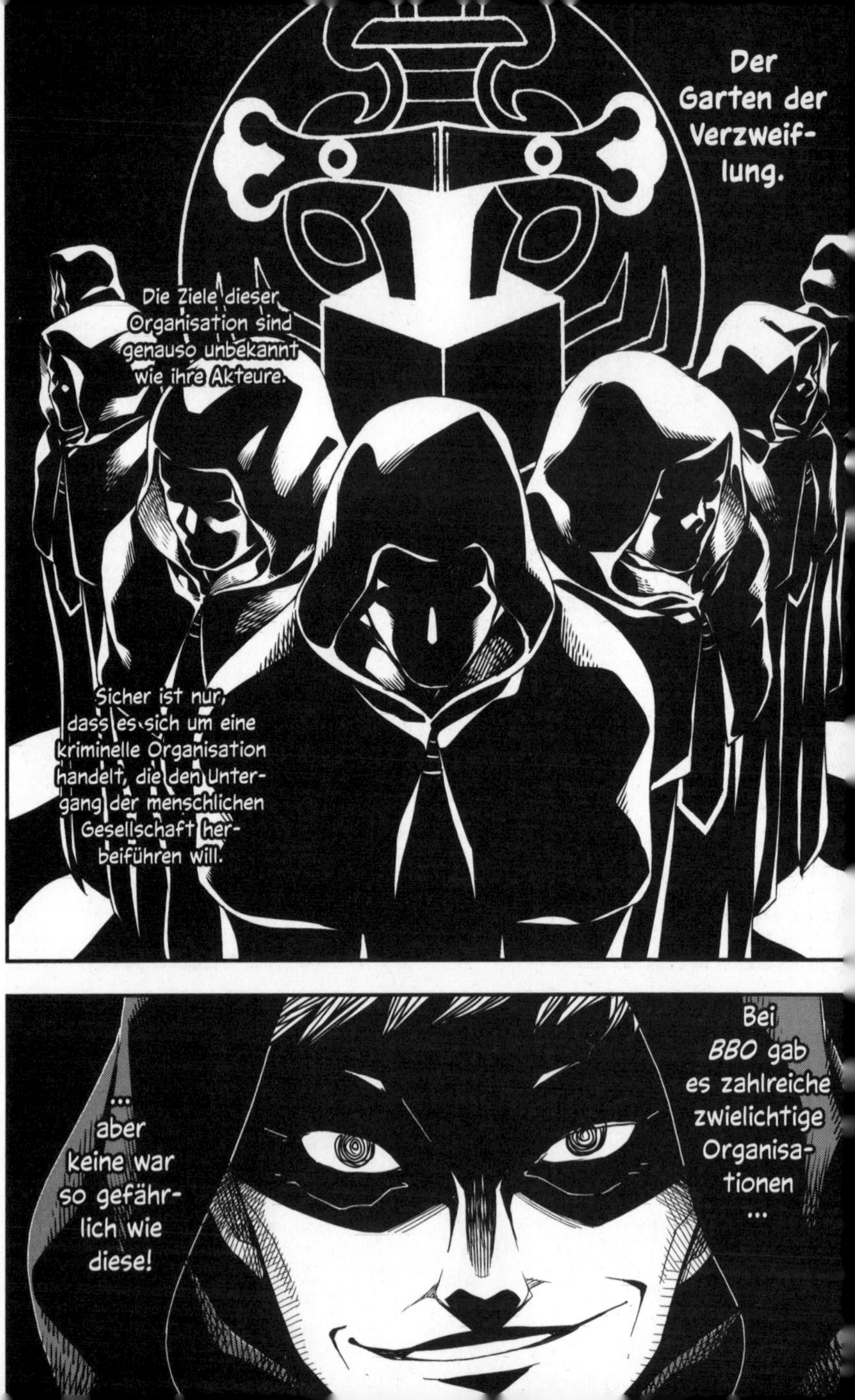
Der Garten der Verzweiflung.
Die Ziele dieser Organisation sind genauso unbekannt wie ihre Akteure.
Sicher ist nur, dass es sich um eine kriminelle Organisation handelt, die den Untergang der menschlichen Gesellschaft herbeiführen will.
Bei *BBO* gab es zahlreiche zwielichtige Organisationen …
… aber keine war so gefährlich wie diese!

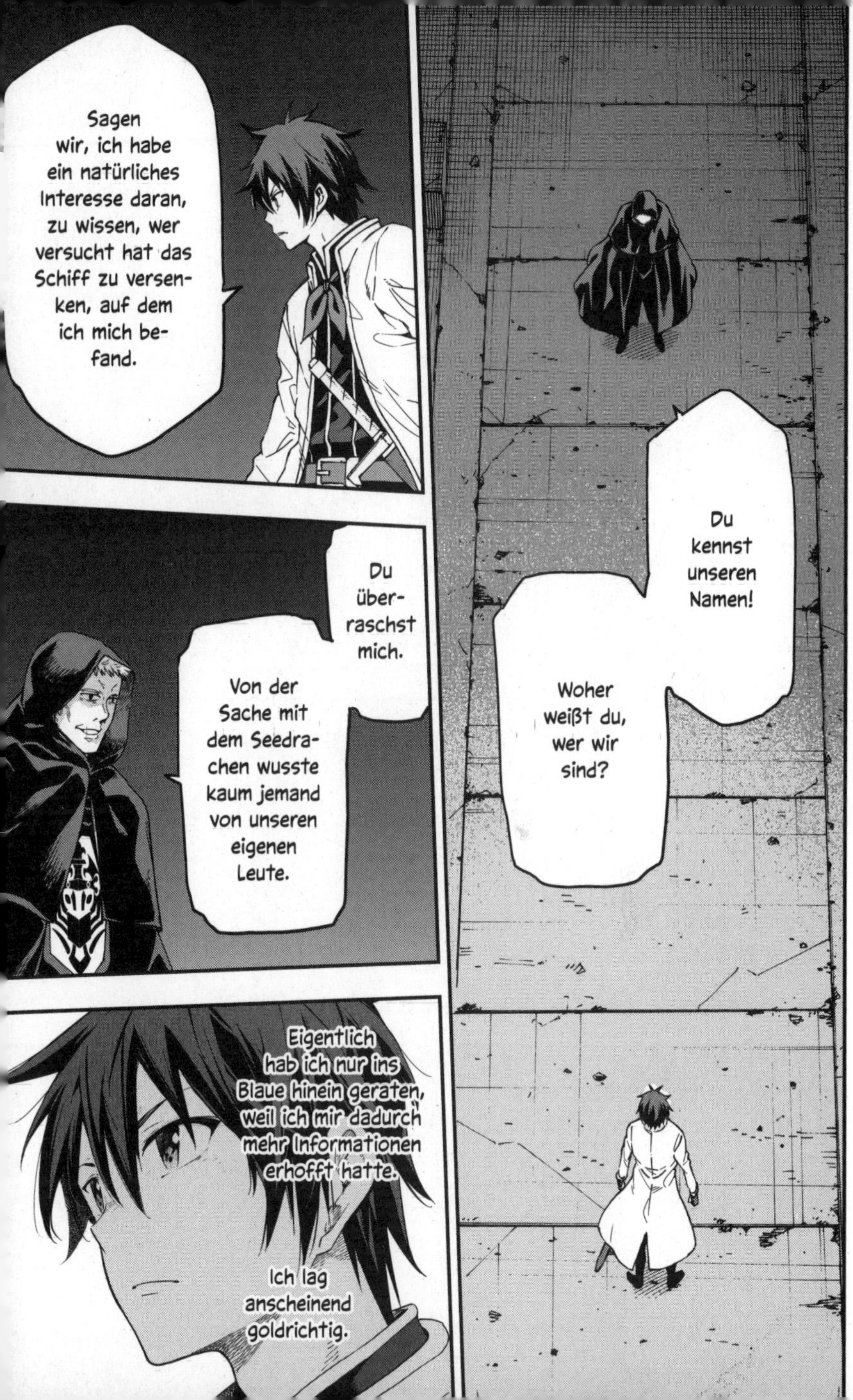
Du kennst unseren Namen!
Woher weißt du, wer wir sind?
Sagen wir, ich habe ein natürliches Interesse daran, zu wissen, wer versucht hat das Schiff zu versenken, auf dem ich mich befand.
Du überraschst mich.
Von der Sache mit dem Seedrachen wusste kaum jemand von unseren eigenen Leute.
Eigentlich hab ich nur ins Blaue hinein geraten, weil ich mir dadurch mehr Informationen erhofft hatte.
Ich lag anscheinend goldrichtig.

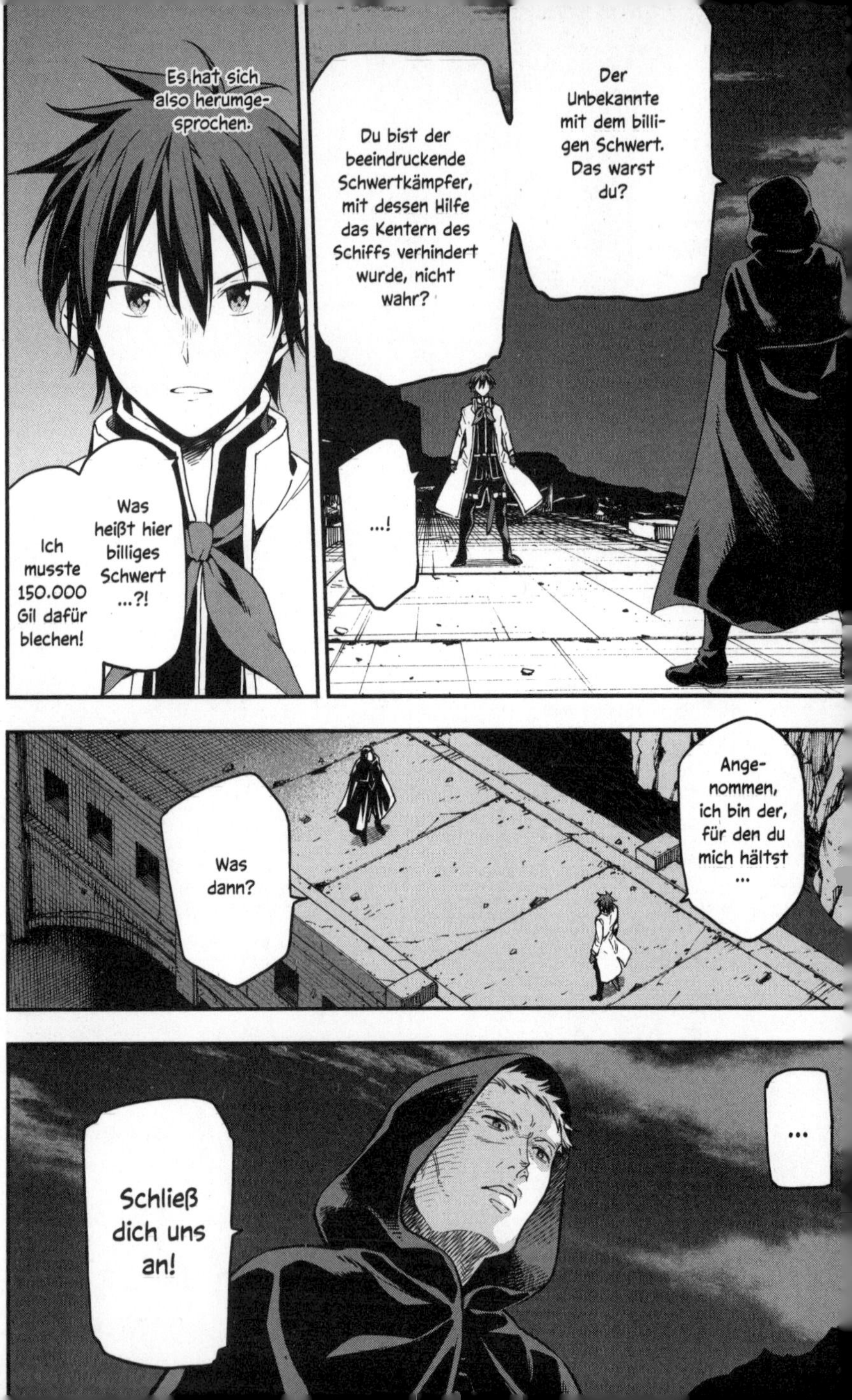
Der Unbekannte mit dem billigen Schwert. Das warst du?
Du bist der beeindruckende Schwertkämpfer, mit dessen Hilfe das Kentern des Schiffs verhindert wurde, nicht wahr?
Es hat sich also herumgesprochen.
...!
Was heißt hier billiges Schwert ...?!
Ich musste 150.000 Gil dafür blechen!
Angenommen, ich bin der, für den du mich hältst ...
Was dann?
...
Schließ dich uns an!

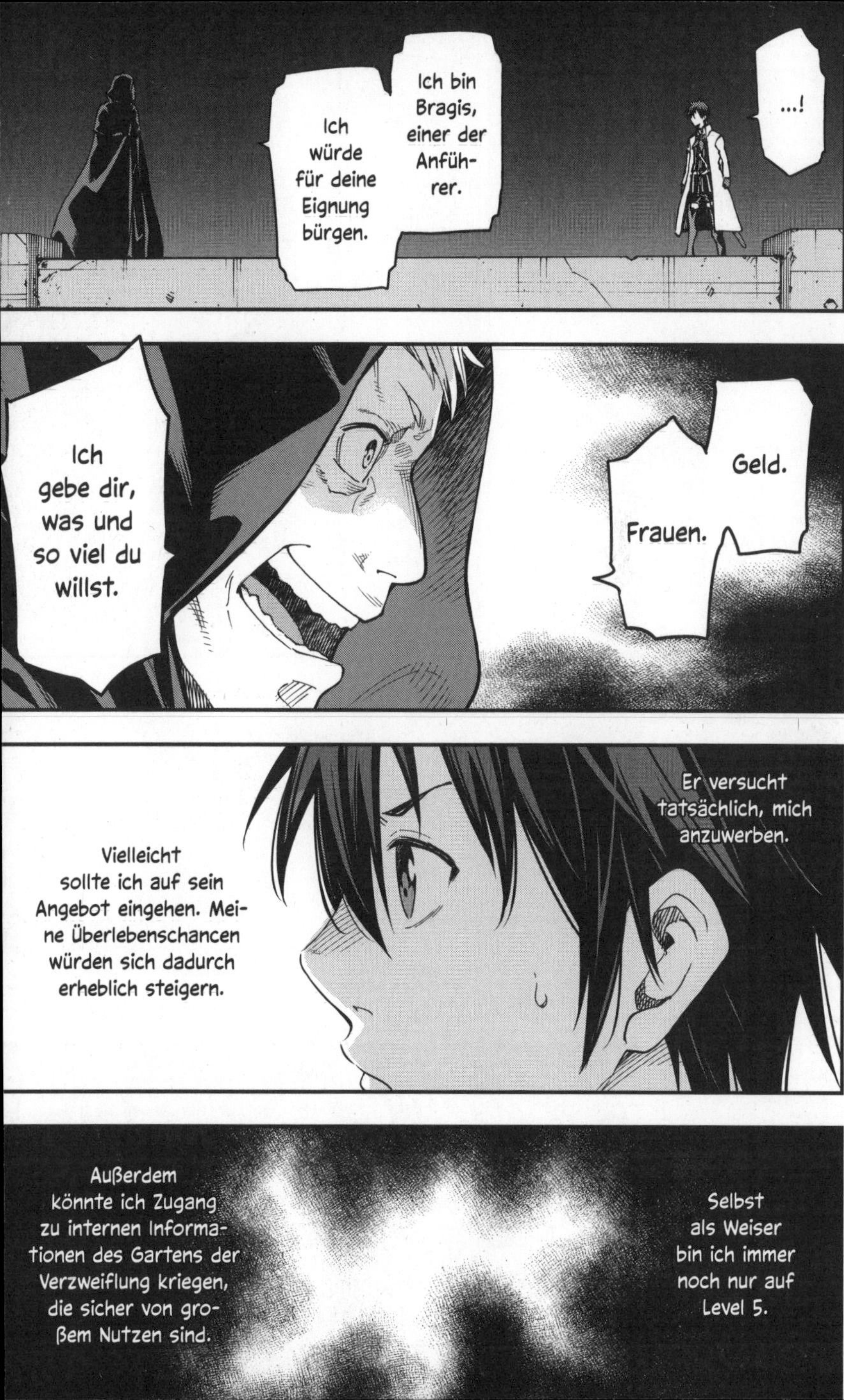
...!
Ich bin Bragis, einer der Anführer.
Ich würde für deine Eignung bürgen.
Geld.
Frauen.
Ich gebe dir, was und so viel du willst.
Er versucht tatsächlich, mich anzuwerben.
Vielleicht sollte ich auf sein Angebot eingehen. Meine Überlebenschancen würden sich dadurch erheblich steigern.
Selbst als Weiser bin ich immer noch nur auf Level 5.
Außerdem könnte ich Zugang zu internen Informationen des Gartens der Verzweiflung kriegen, die sicher von großem Nutzen sind.

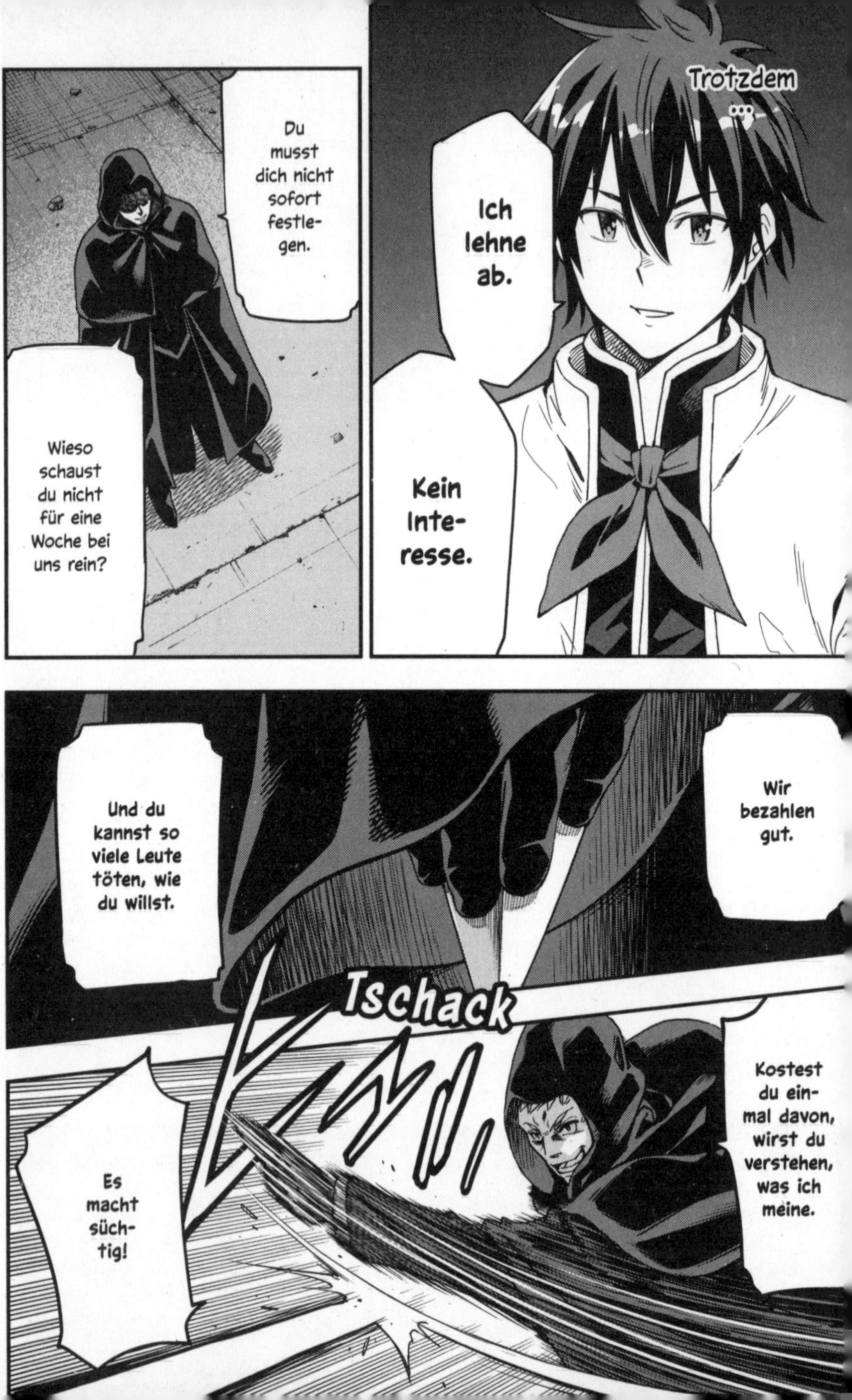
Trotzdem ...
Ich lehne ab.
Kein Interesse.
Du musst dich nicht sofort festlegen.
Wieso schaust du nicht für eine Woche bei uns rein?
Wir bezahlen gut.
Und du kannst so viele Leute töten, wie du willst.
Tschack
Kostest du einmal davon, wirst du verstehen, was ich meine.
Es macht süchtig!

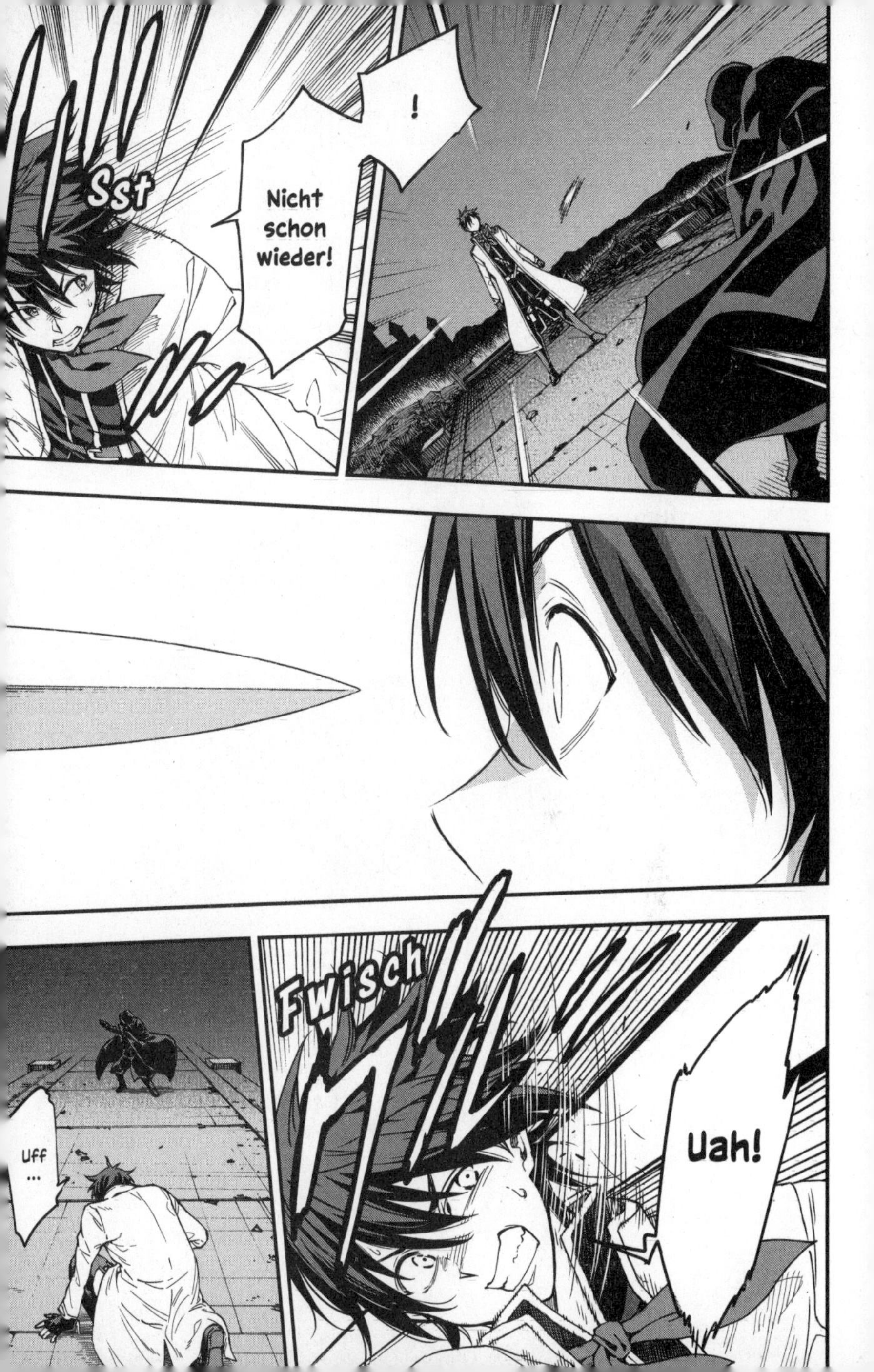
!
Nicht schon wieder!
Sst
Fwisch
Uah!
Uff …

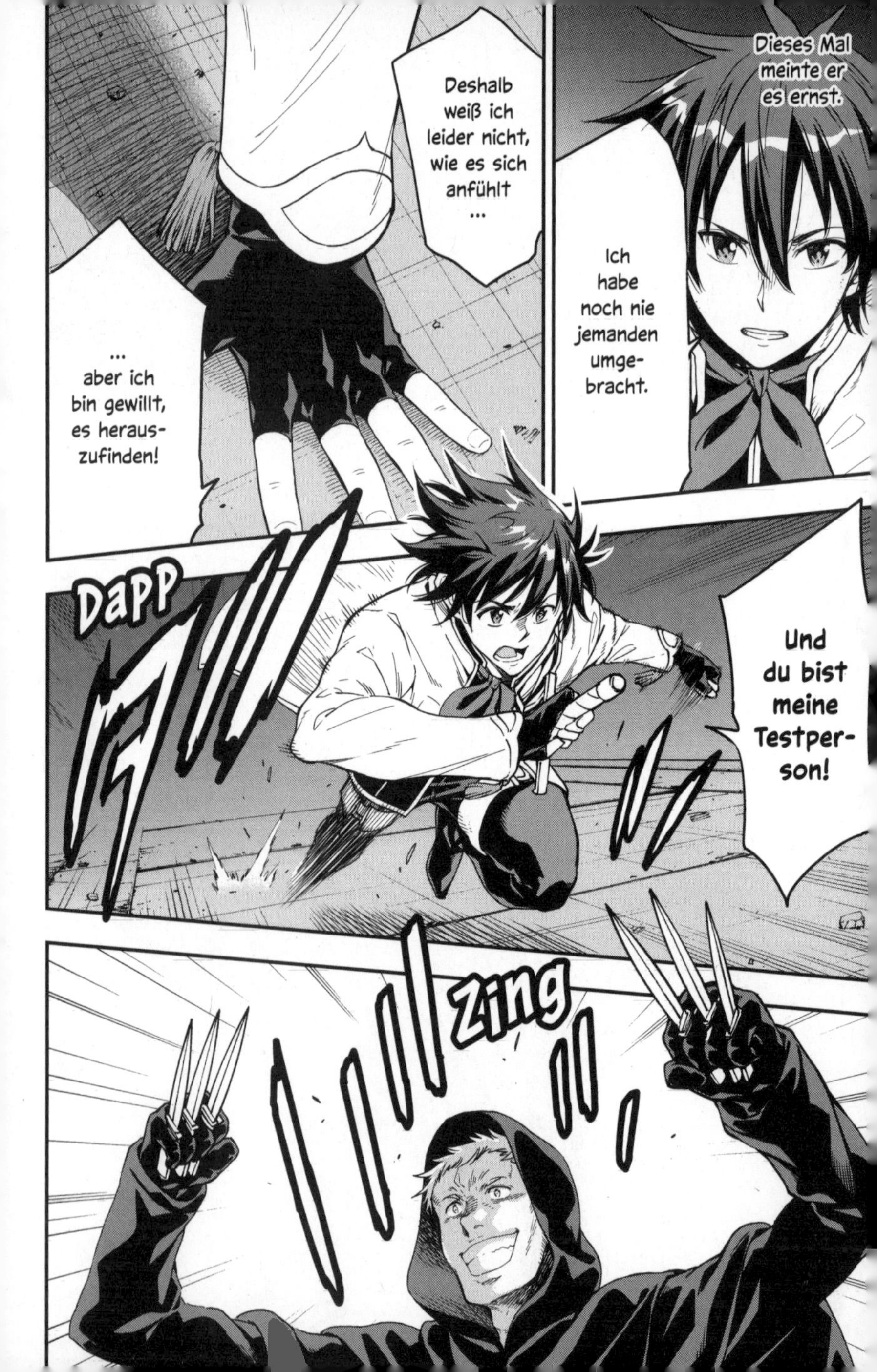
Dieses Mal meinte er es ernst.
Ich habe noch nie jemanden umgebracht.
Deshalb weiß ich leider nicht, wie es sich anfühlt ...
... aber ich bin gewillt, es herauszufinden!
Und du bist meine Testperson!
Dapp
Zing

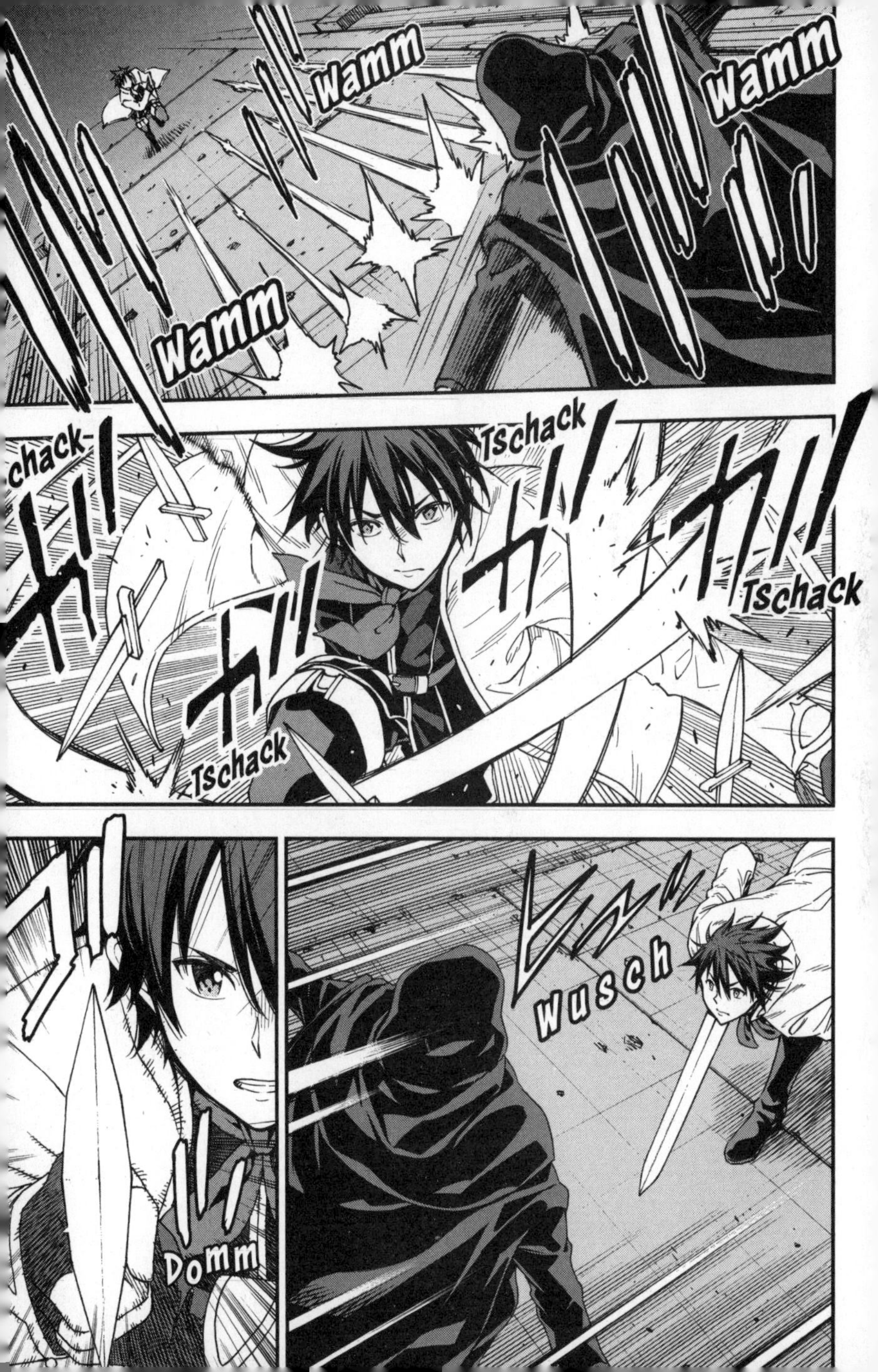

Wamm
Wamm
Wamm
Tschack
Tschack
Tschack
chack
Wusch
Domm

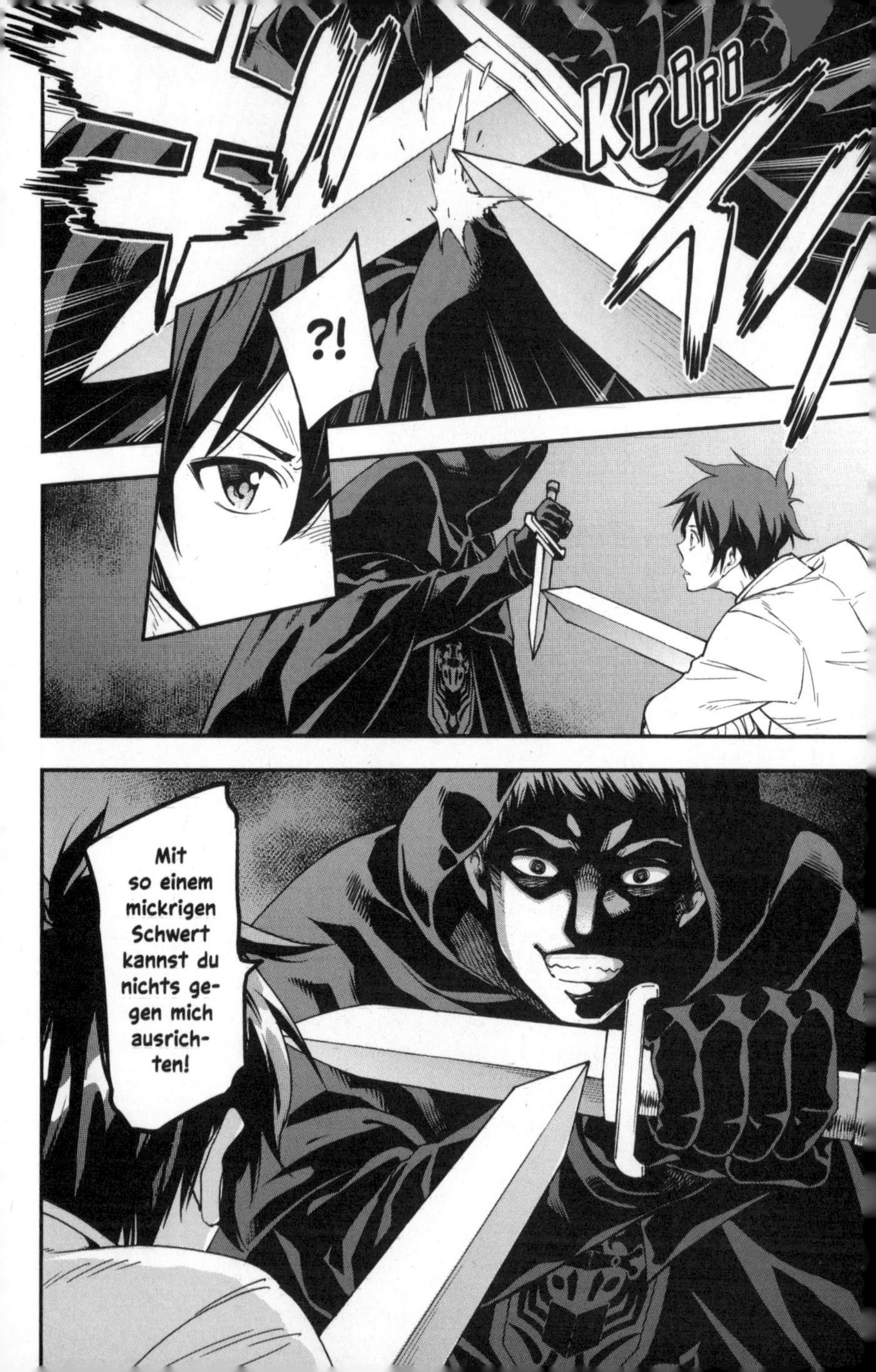
Kriii
?!
Mit so einem mickrigen Schwert kannst du nichts ge- gen mich ausrich- ten!

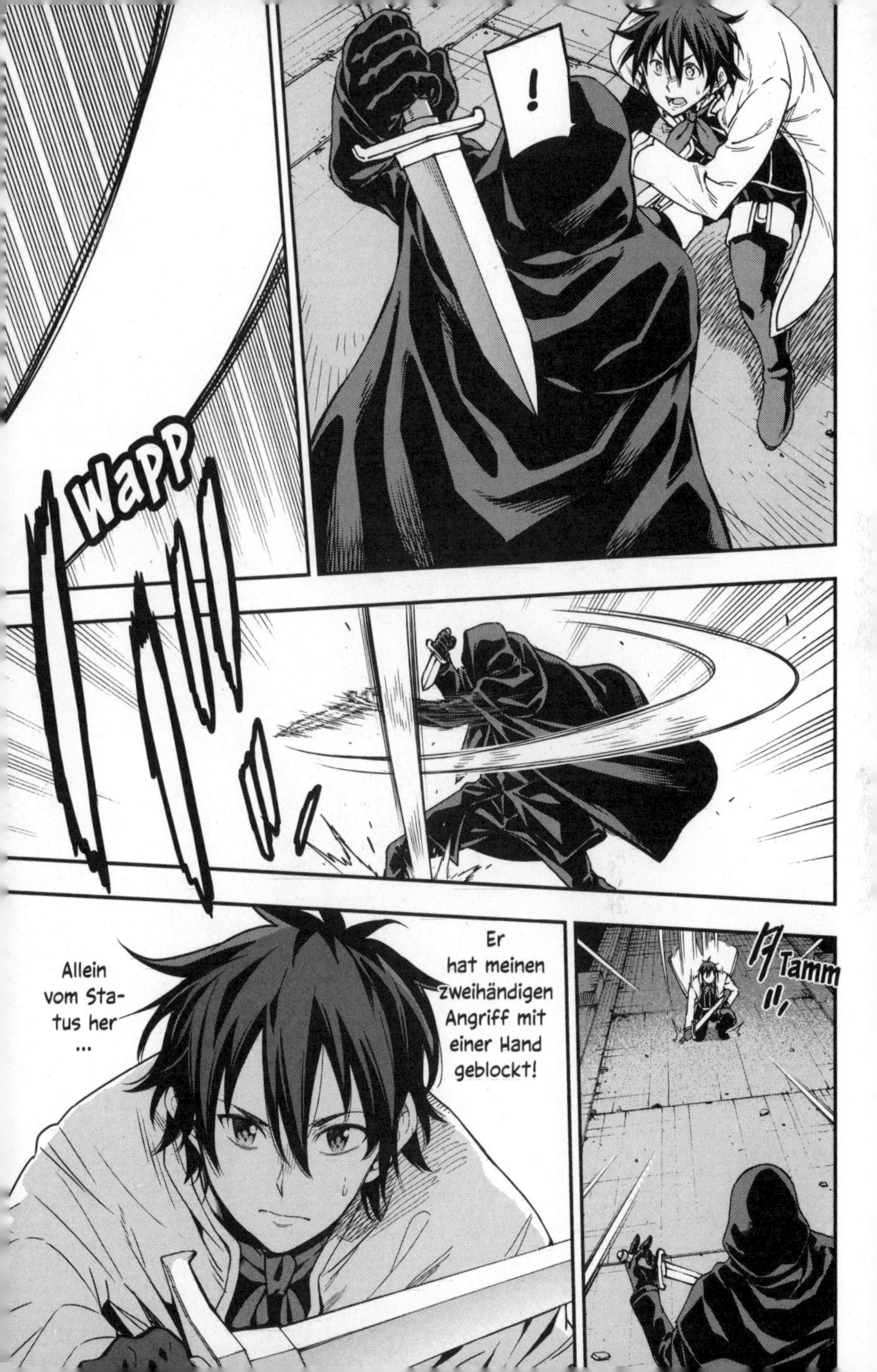
!
Wapp
Tamm
Er hat meinen zweihändigen Angriff mit einer Hand geblockt!
Allein vom Status her ...

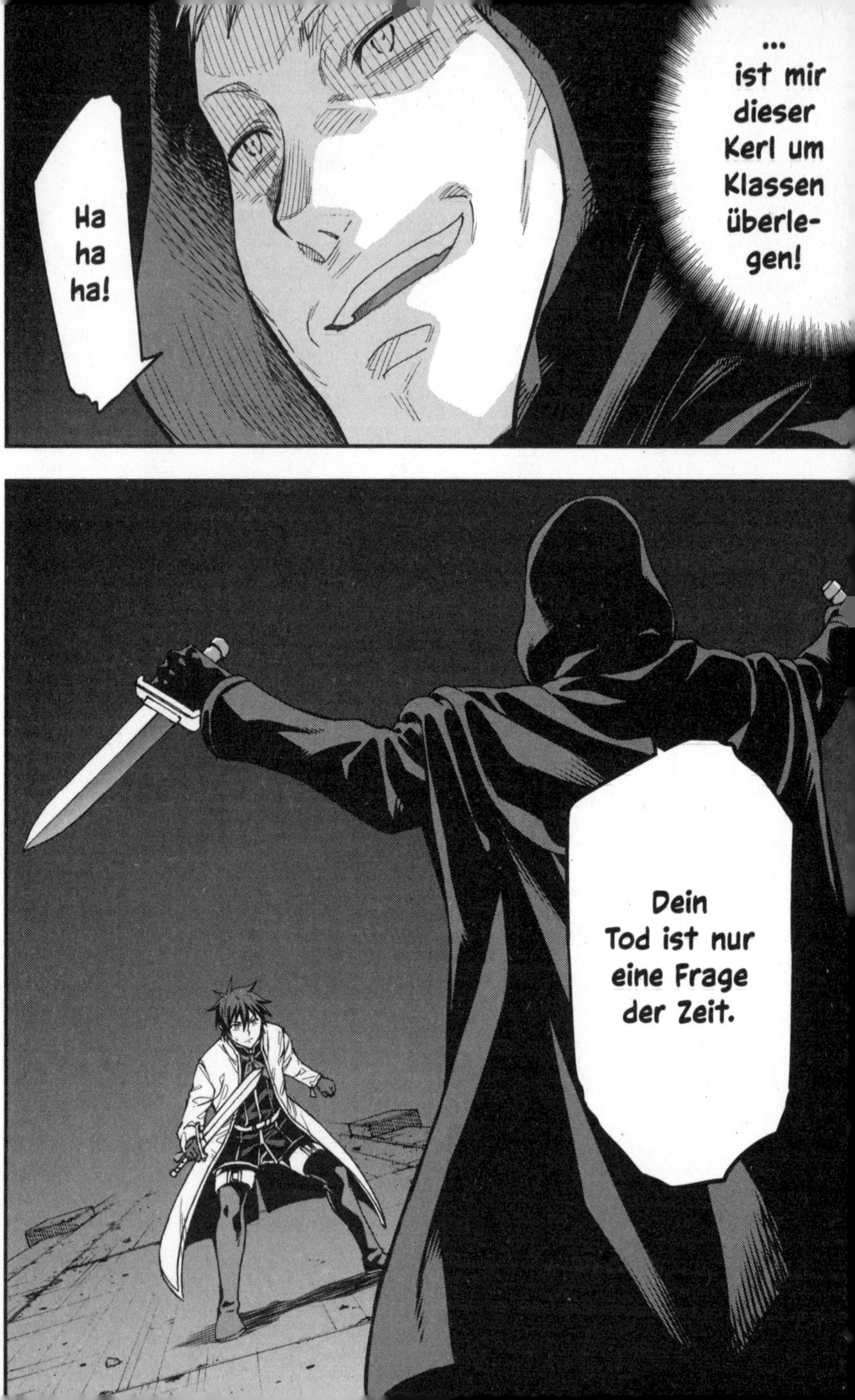
... ist mir dieser Kerl um Klassen überlegen!
Ha ha ha!
Dein Tod ist nur eine Frage der Zeit.

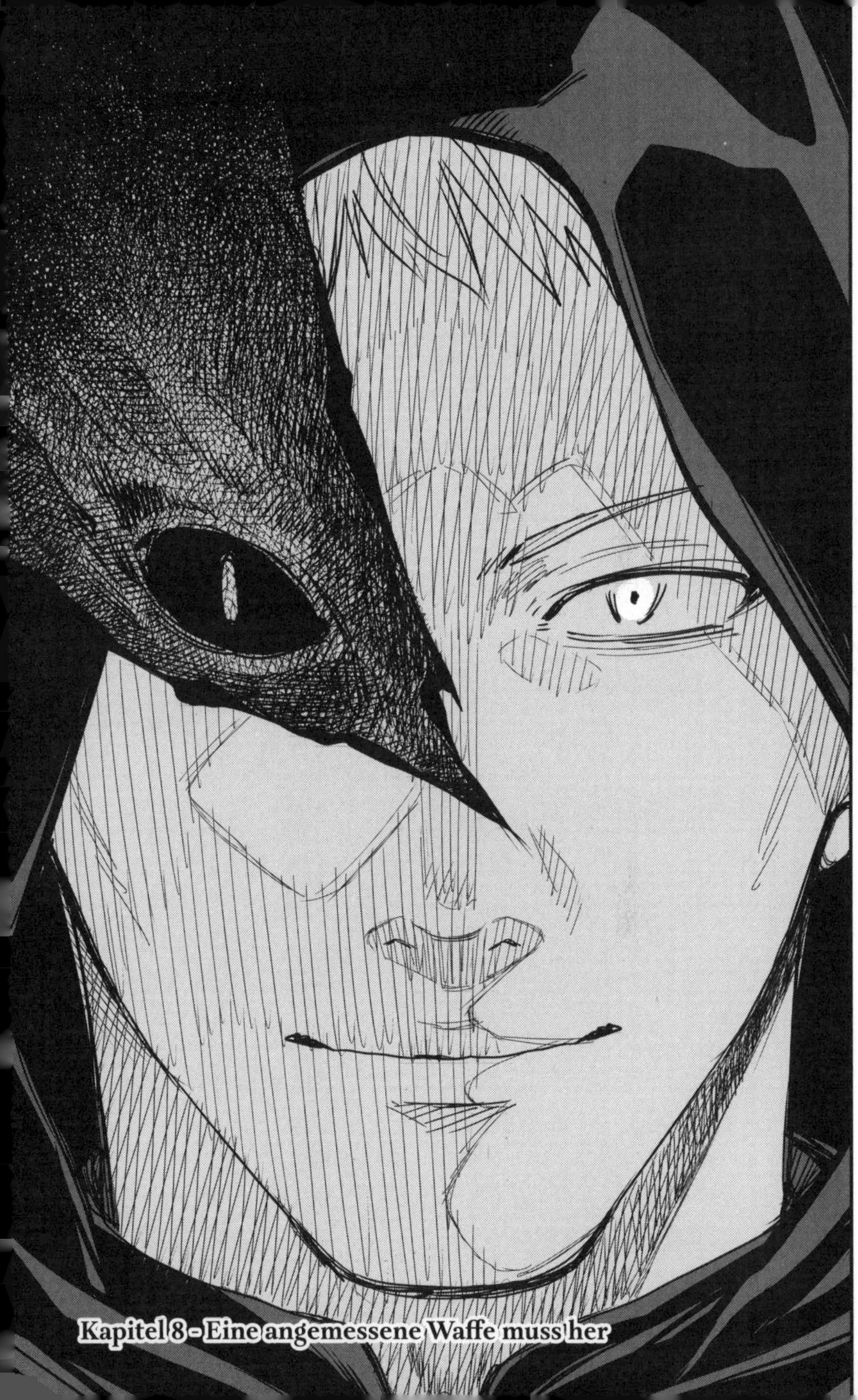
Kapitel 8 - Eine angemessene Waffe muss her

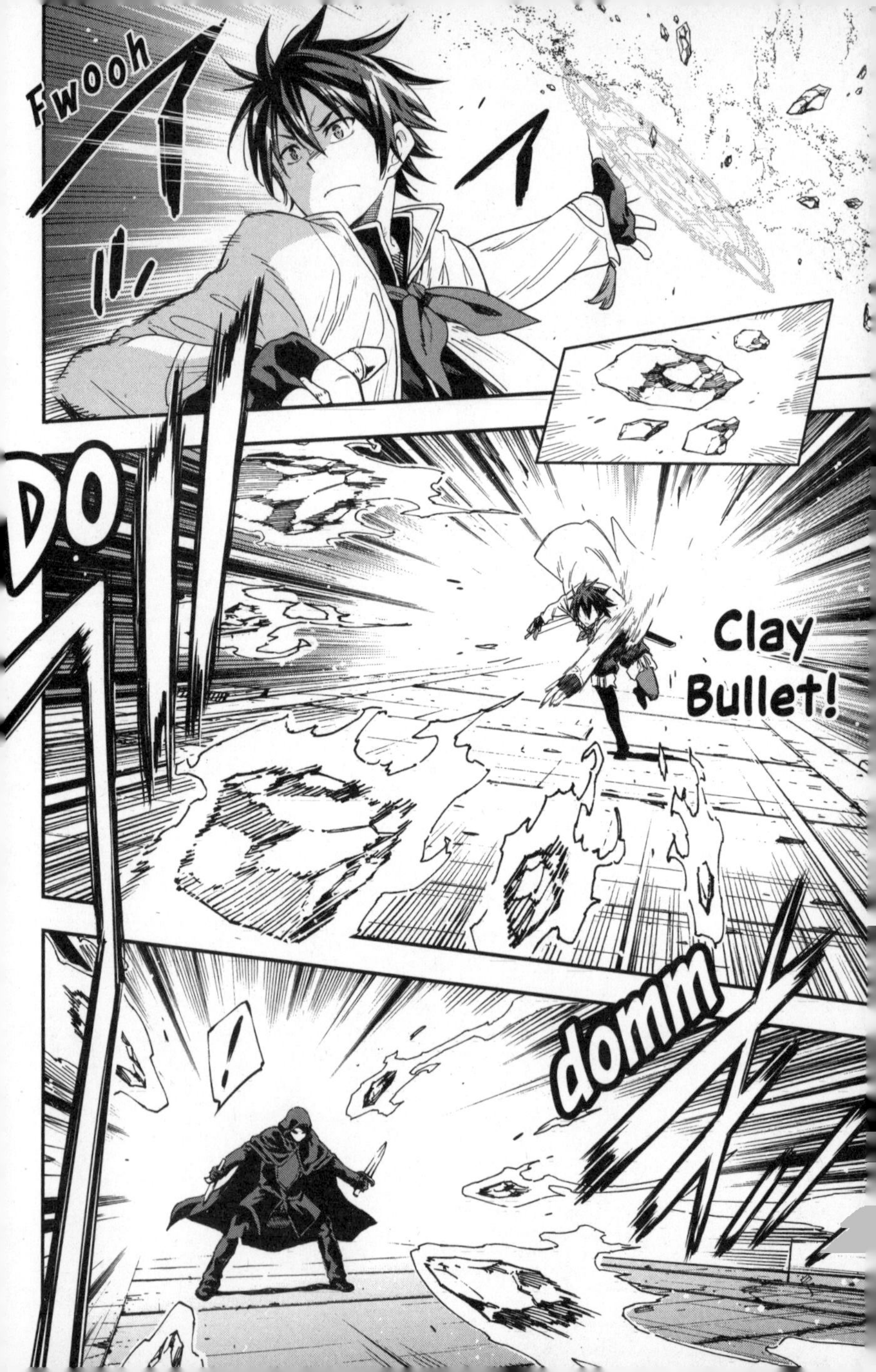
Fwooh
DO
Clay
Bullet!
domm
!

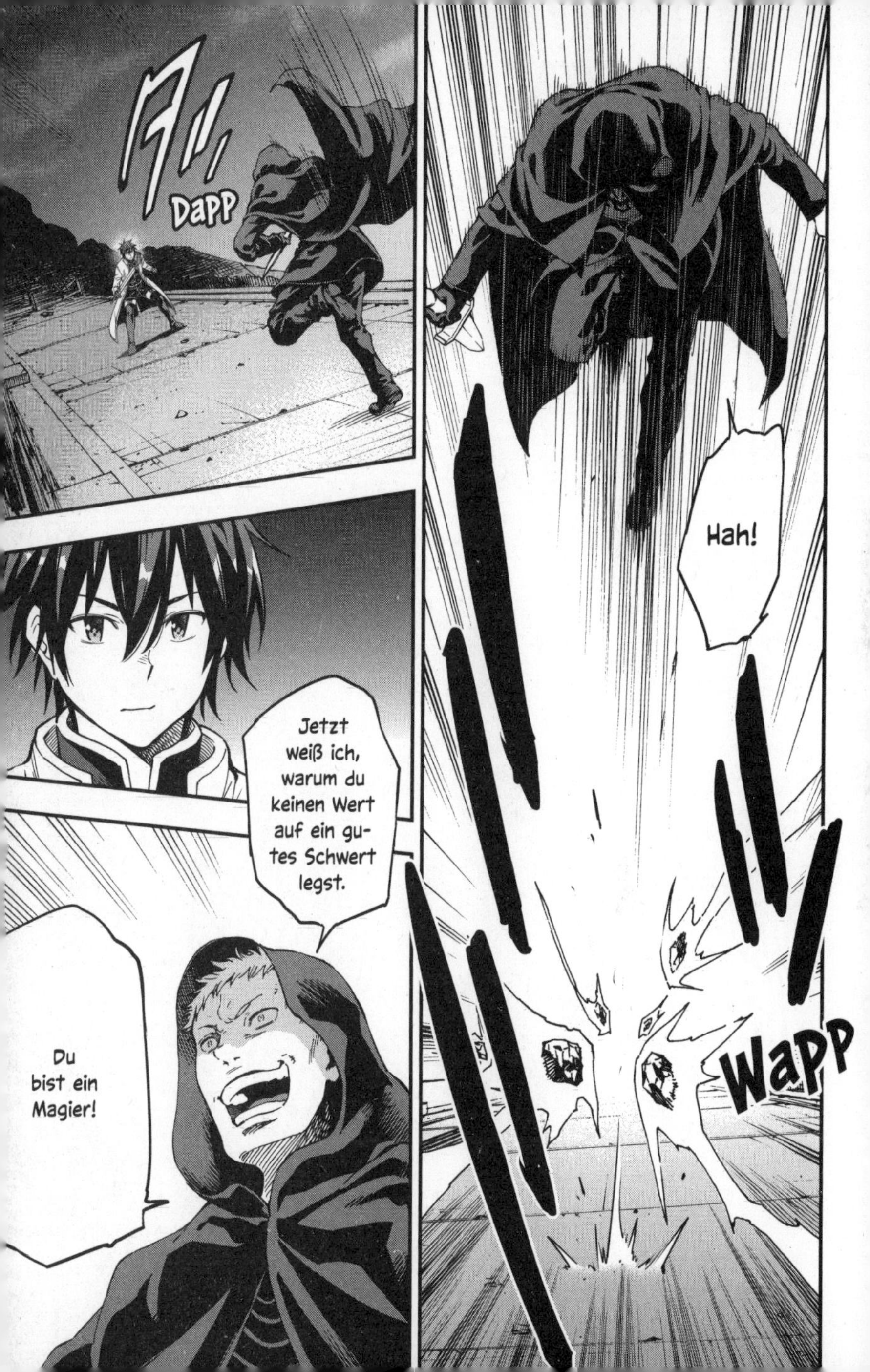

Hah!
Wapp
Dapp
Jetzt weiß ich, warum du keinen Wert auf ein gutes Schwert legst.
Du bist ein Magier!

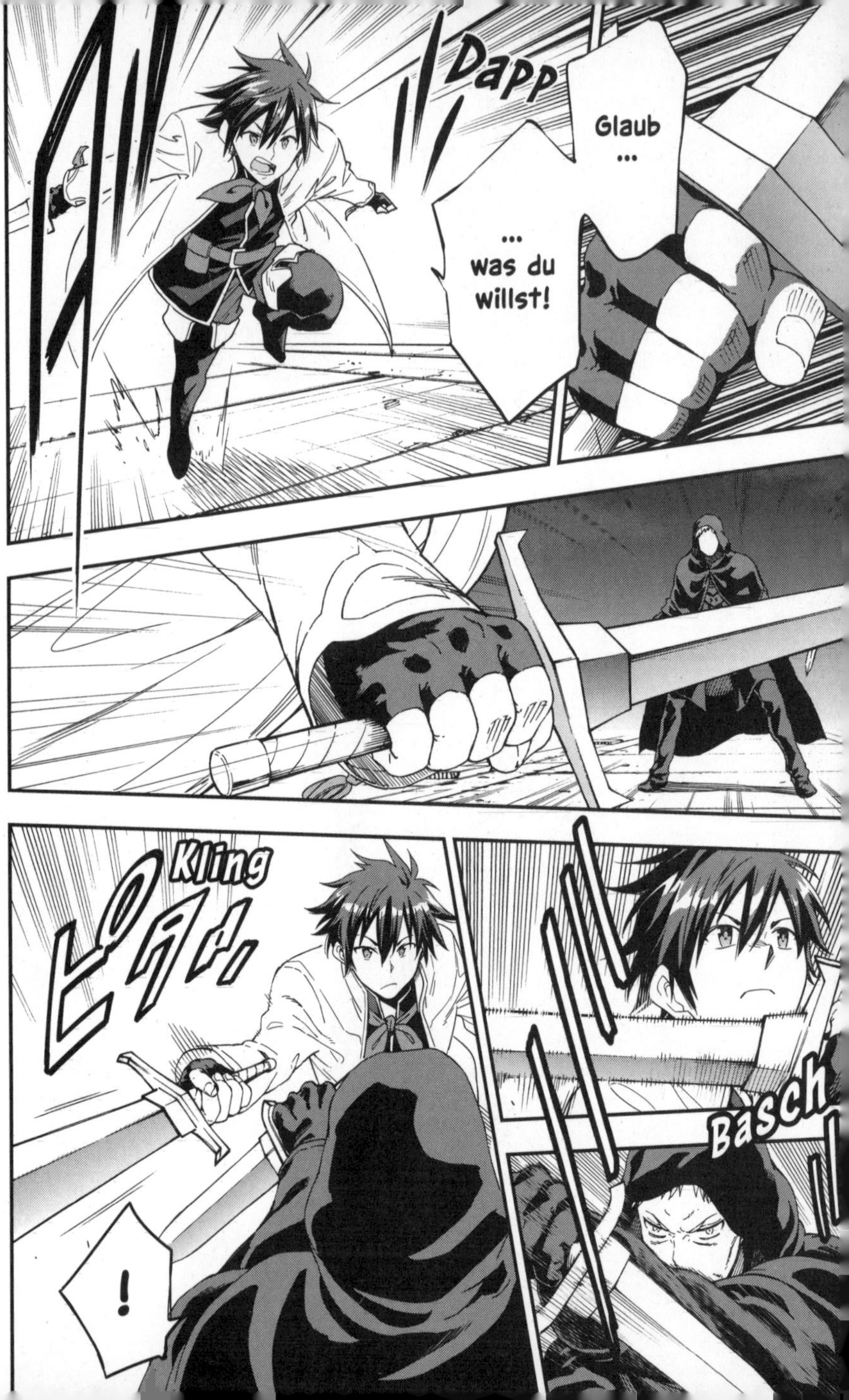
Dapp
Glaub ...
... was du willst!
Kling
Basch
!

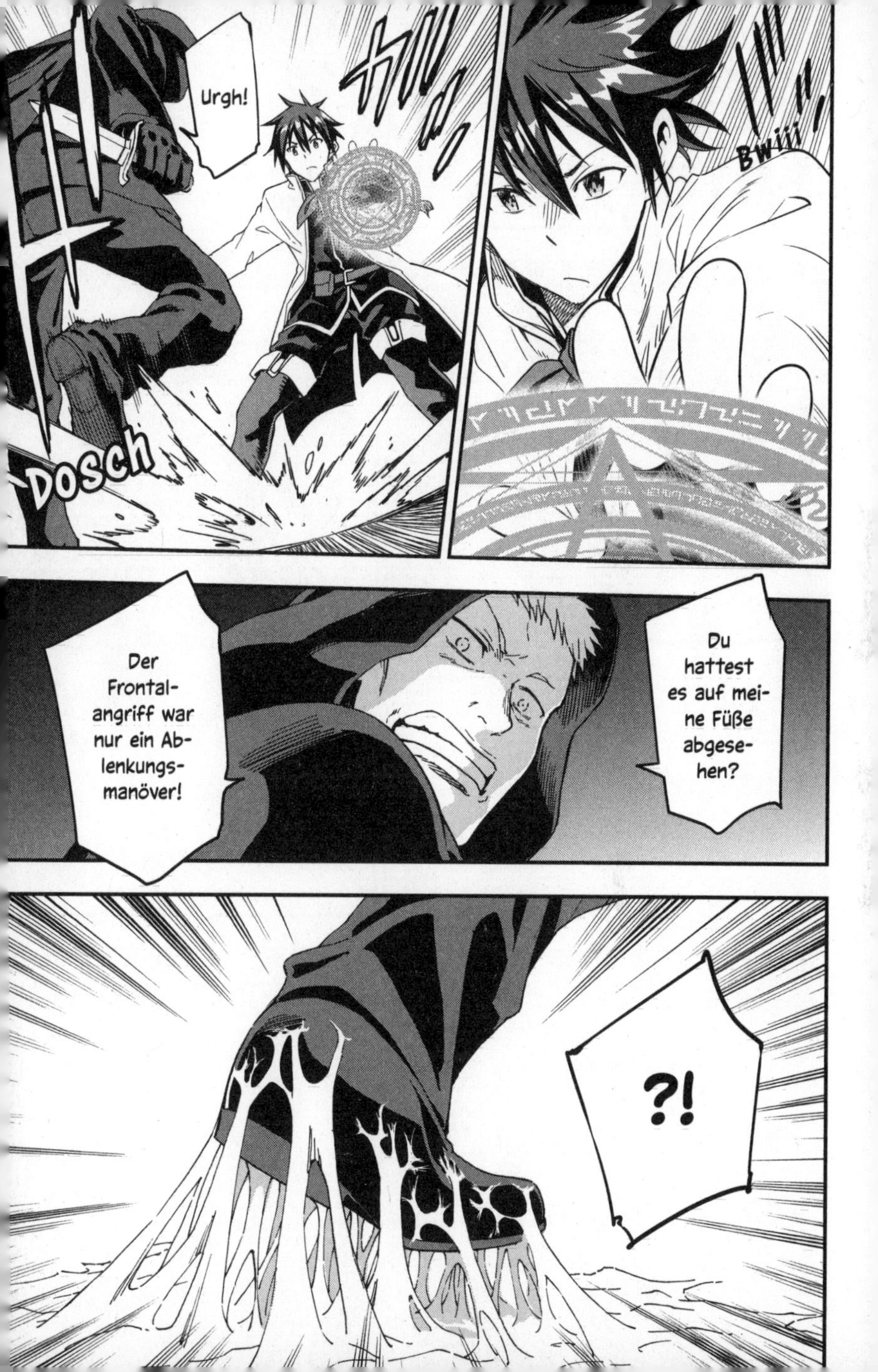
Bwiii
Urgh!
Dosch
Du hattest es auf meine Füße abgesehen?
Der Frontalangriff war nur ein Ablenkungsmanöver!
?!

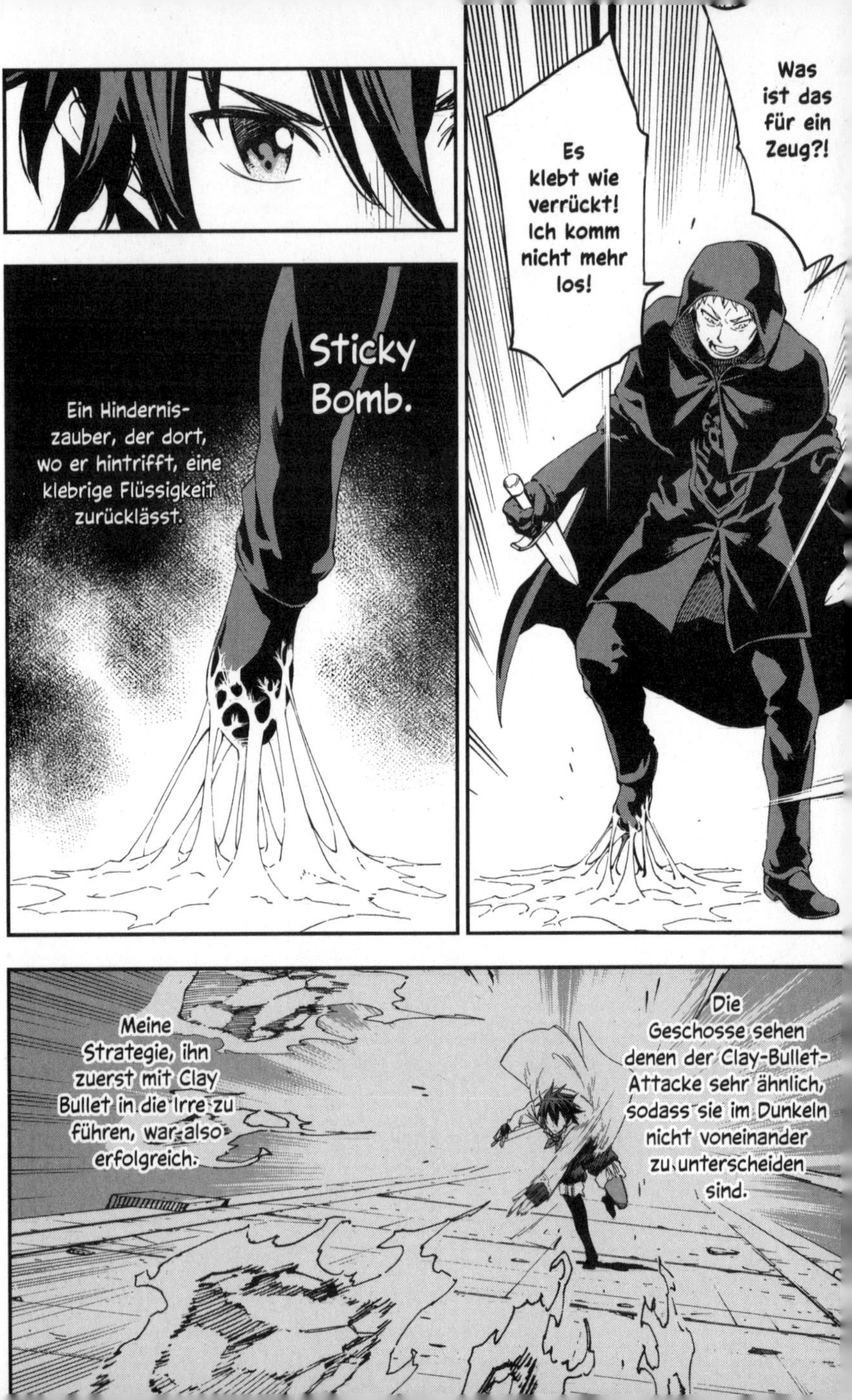
Was ist das für ein Zeug?!
Es klebt wie verrückt! Ich komm nicht mehr los!
Sticky Bomb.
Ein Hindernis-zauber, der dort, wo er hintrifft, eine klebrige Flüssigkeit zurücklässt.
Die Geschosse sehen denen der Clay-Bullet-Attacke sehr ähnlich, sodass sie im Dunkeln nicht voneinander zu unterscheiden sind.
Meine Strategie, ihn zuerst mit Clay Bullet in die Irre zu führen, war also erfolgreich.

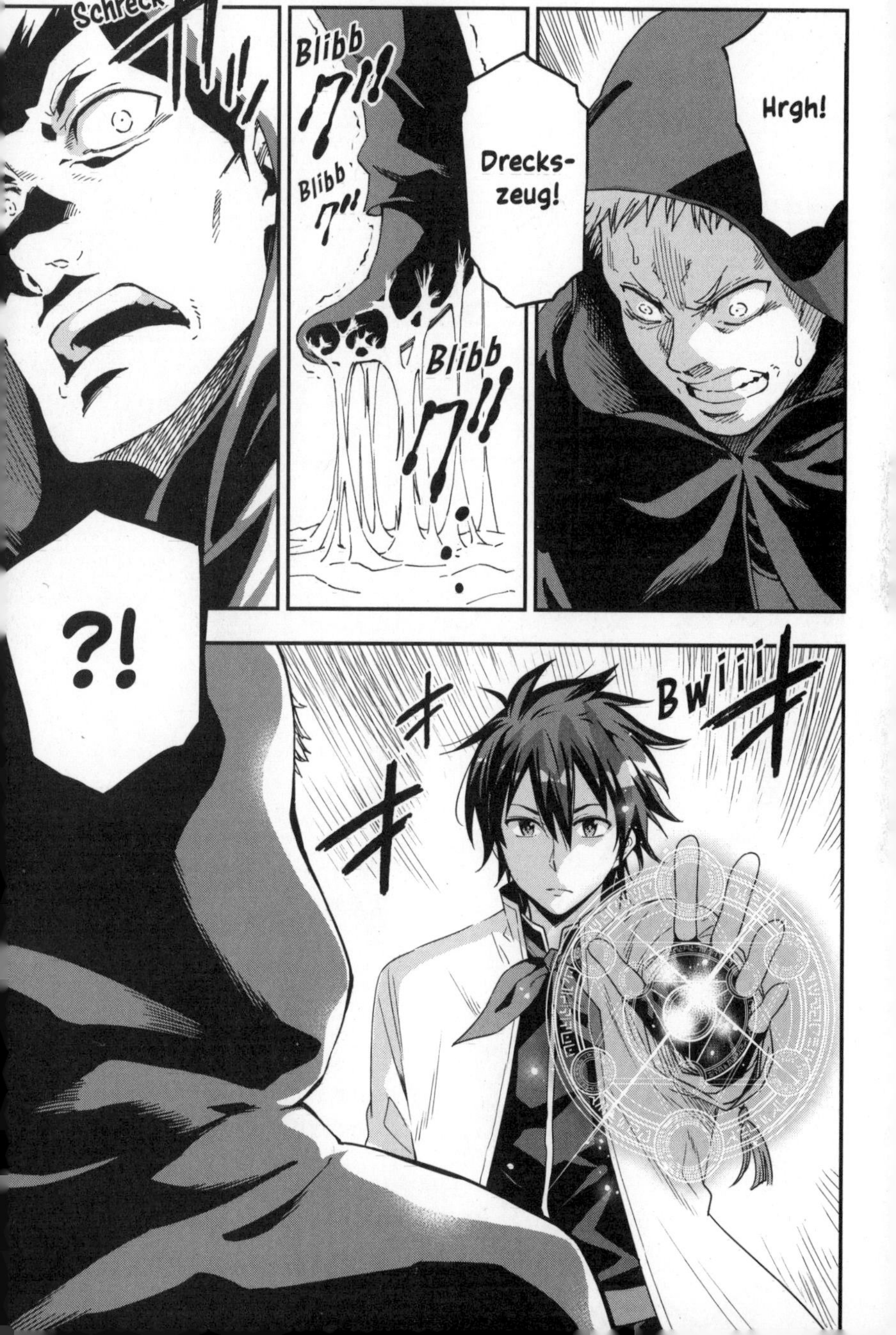
Hrgh!
Drecks-
zeug!
Blibb
Blibb
Blibb
Schreck
Bwiii
?!

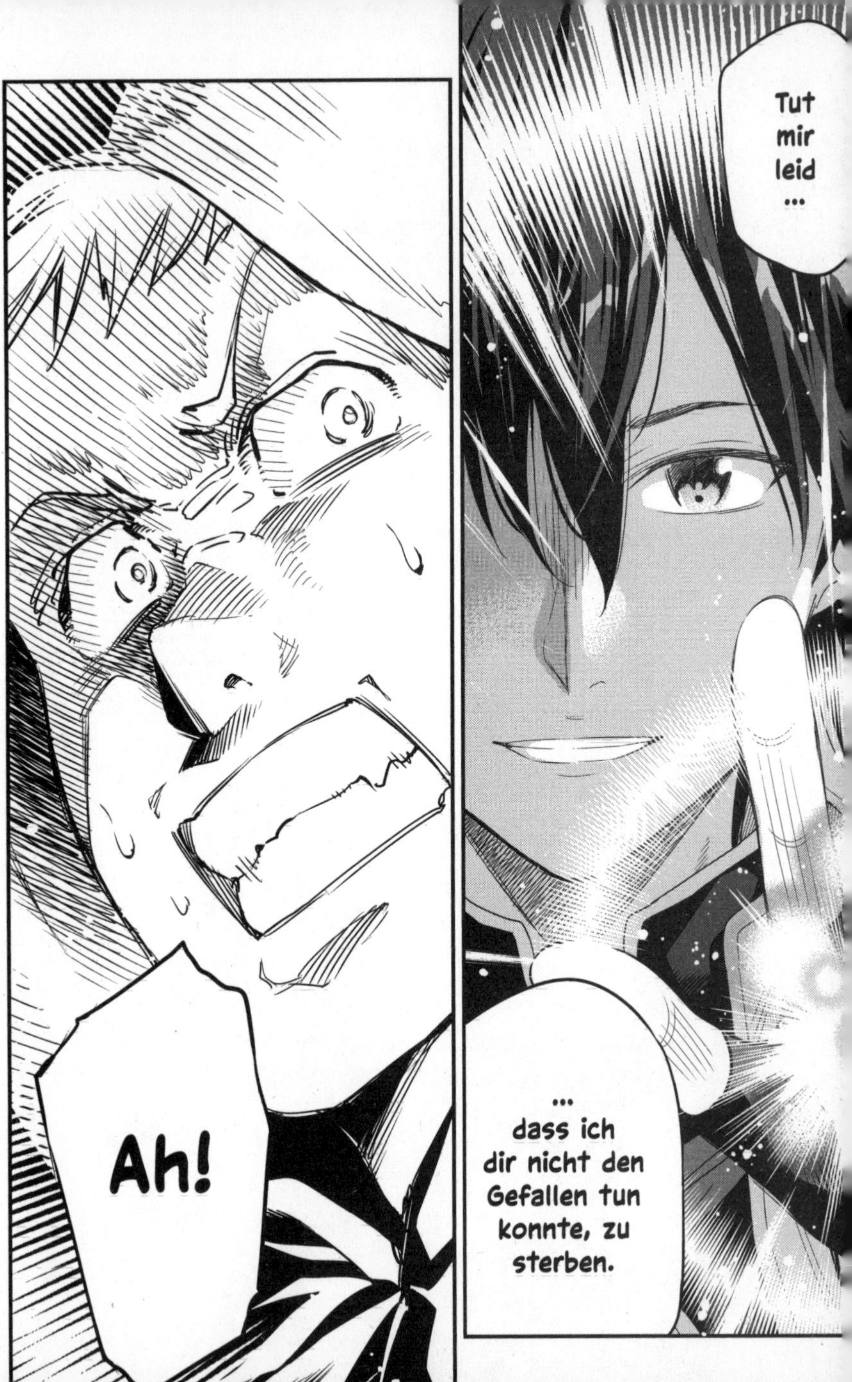
Tut mir leid ...
... dass ich dir nicht den Gefallen tun konnte, zu sterben.
Ah!

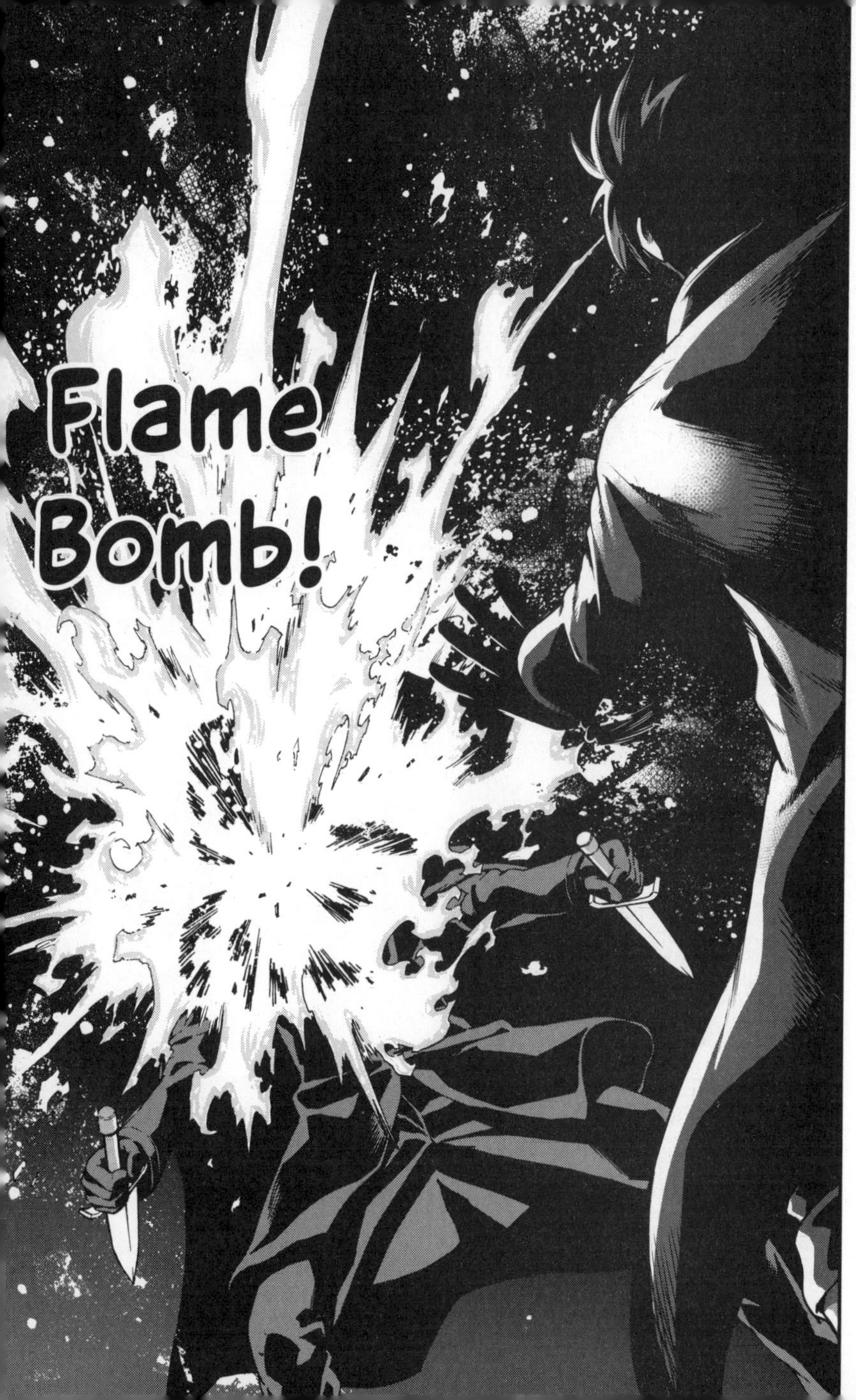
Flame Bomb!

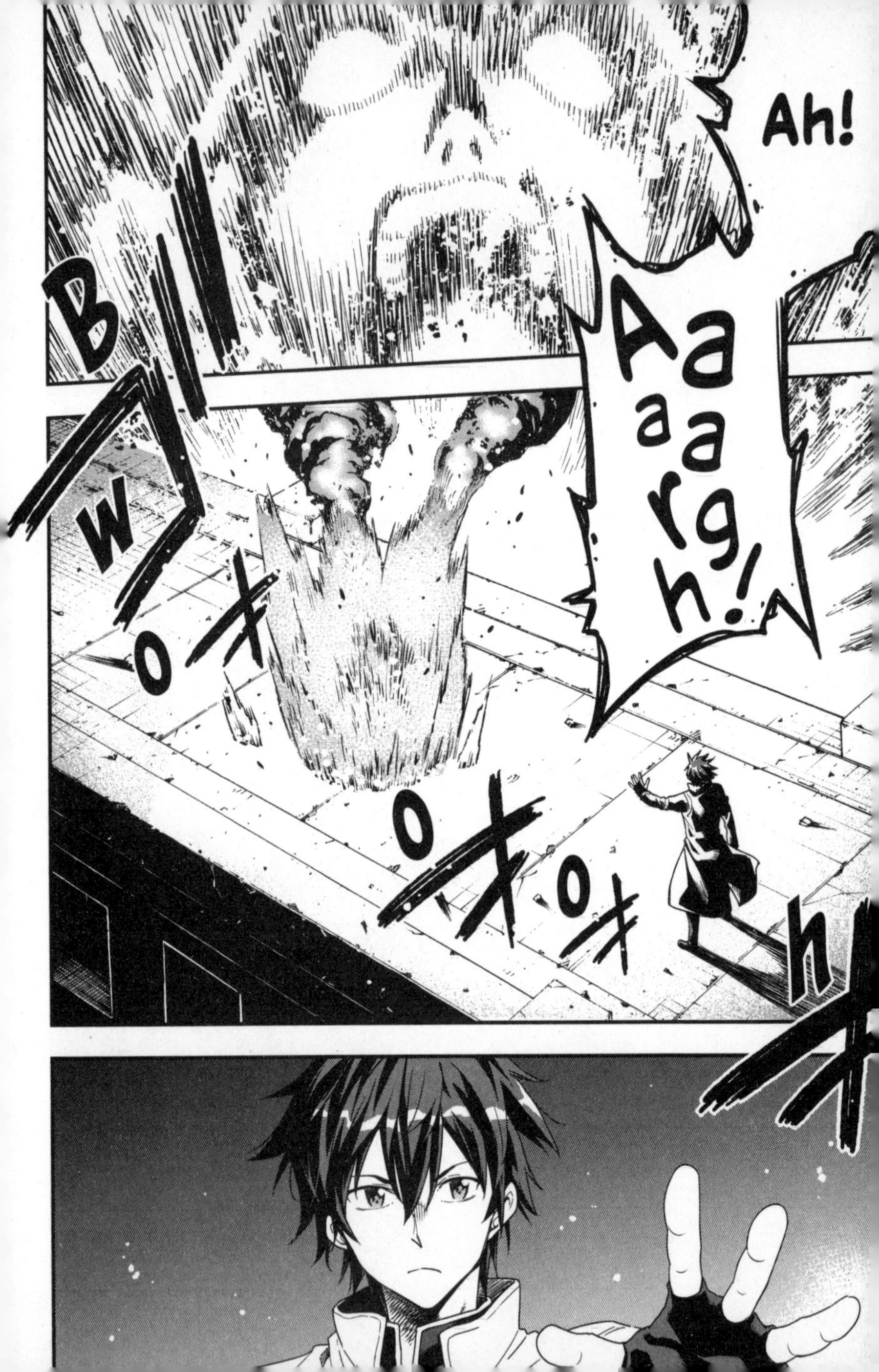

Ah!
Aaaargh!!
Bwoooh

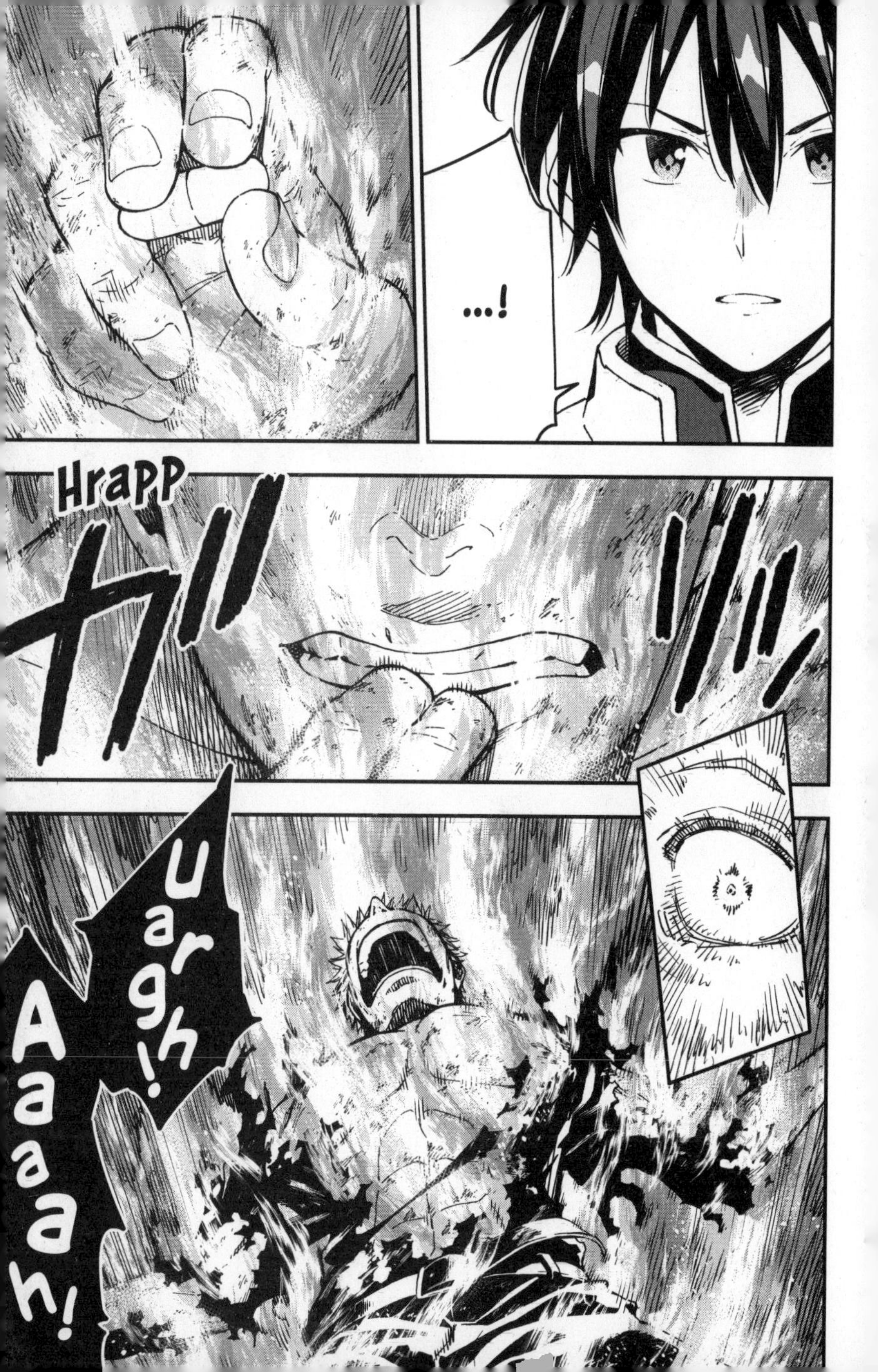
...!
Hrapp
Uargh!
Aaaah!

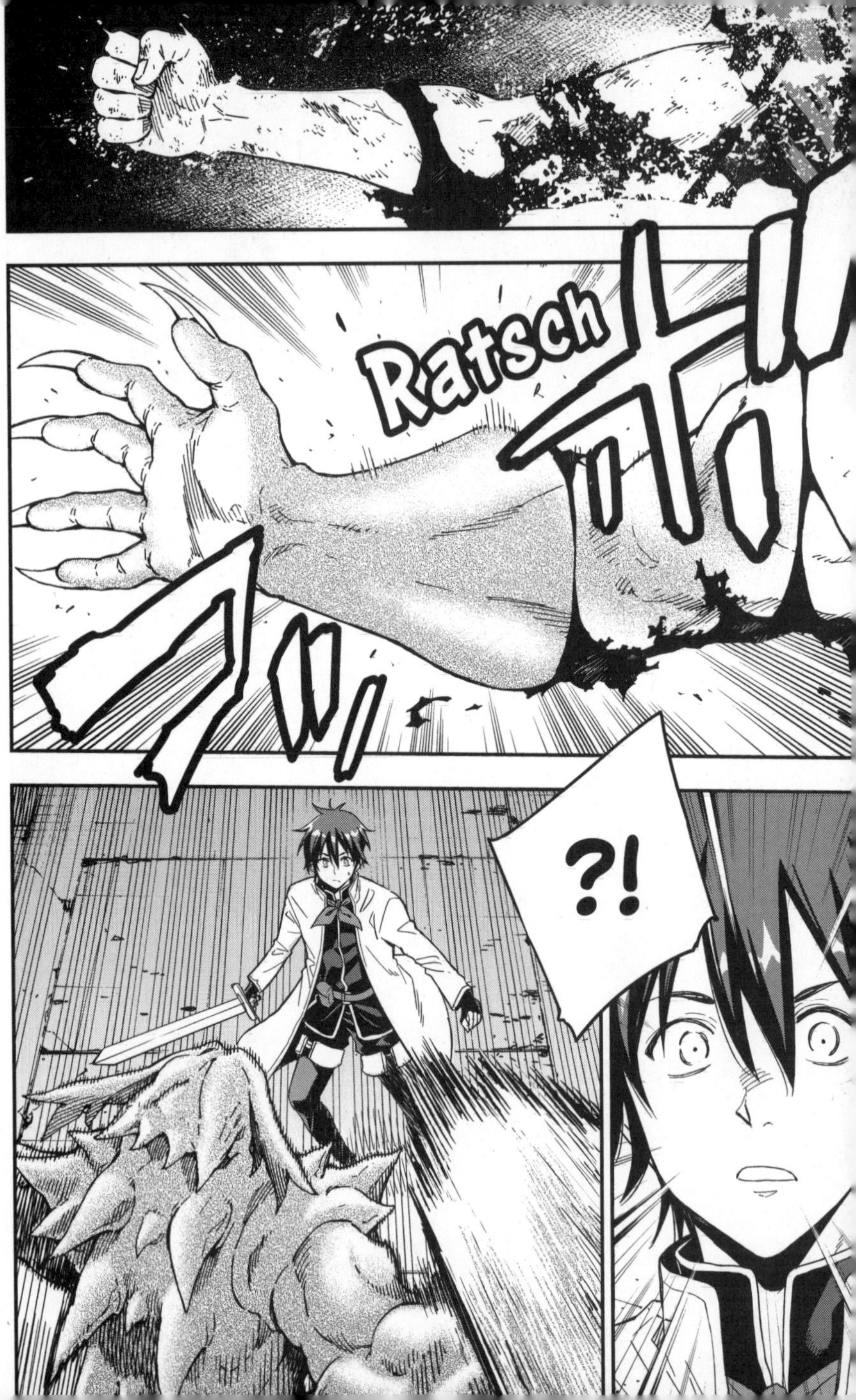
Ratsch
?!

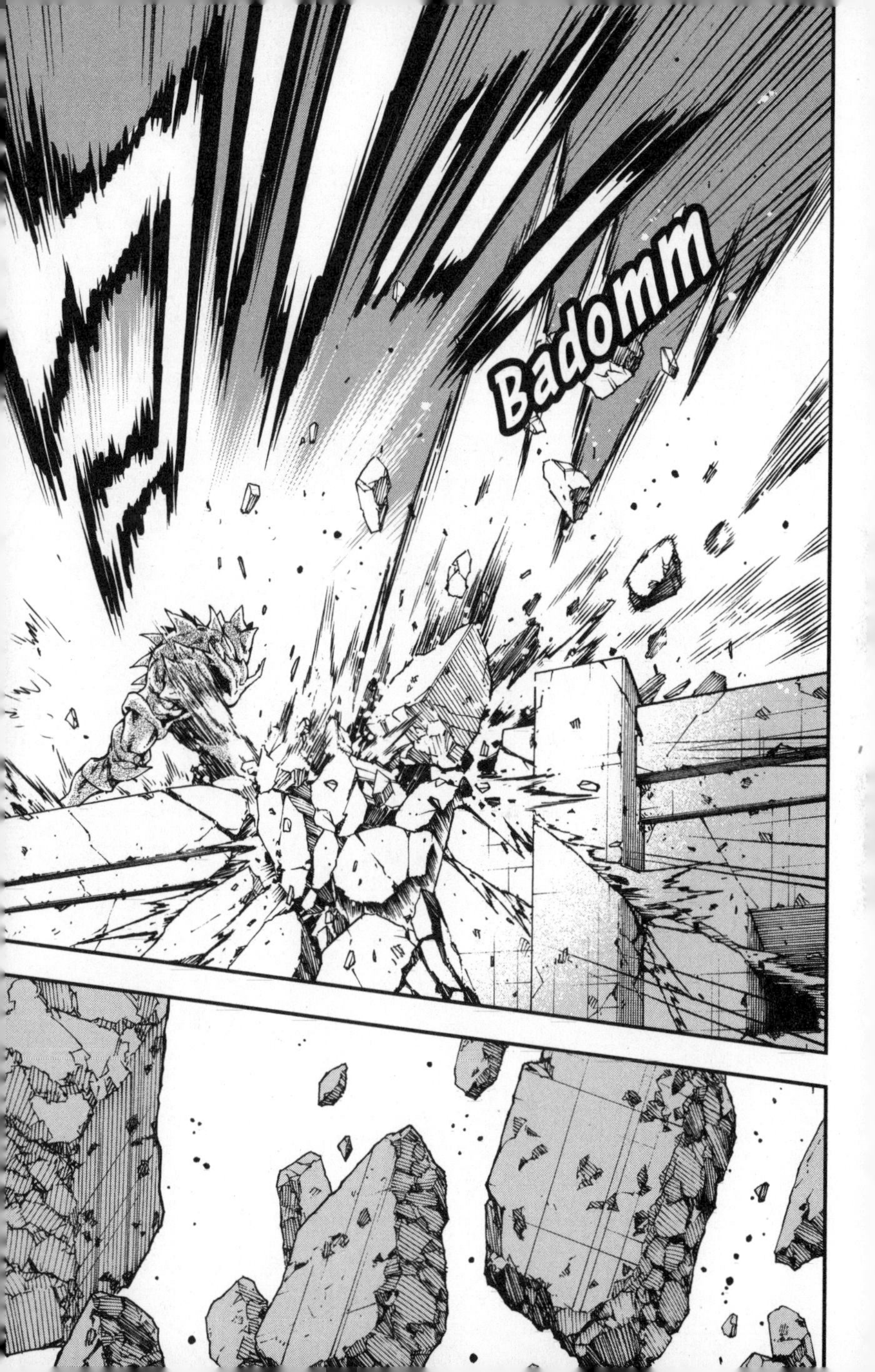
Badomm

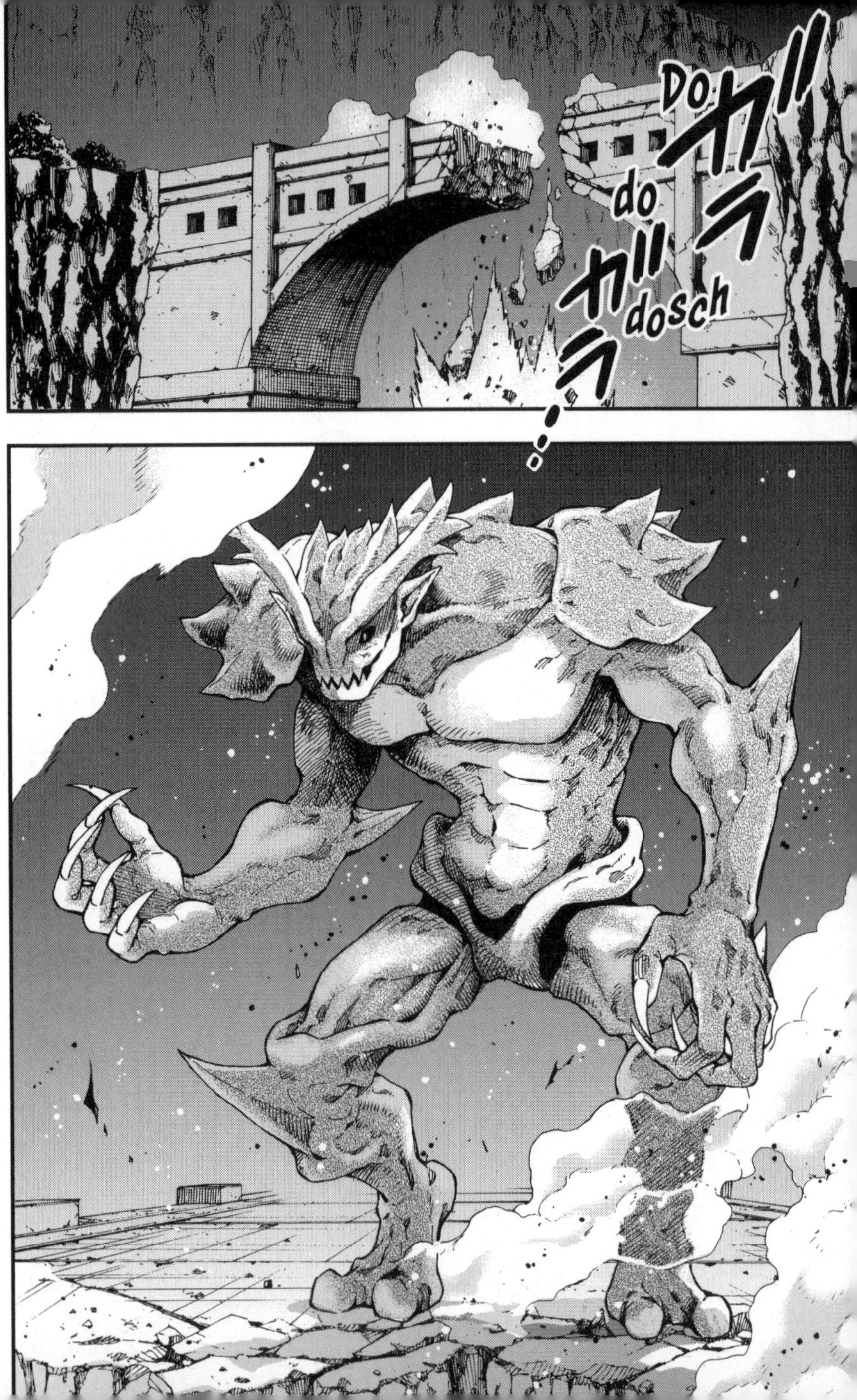
DO
do
dosch

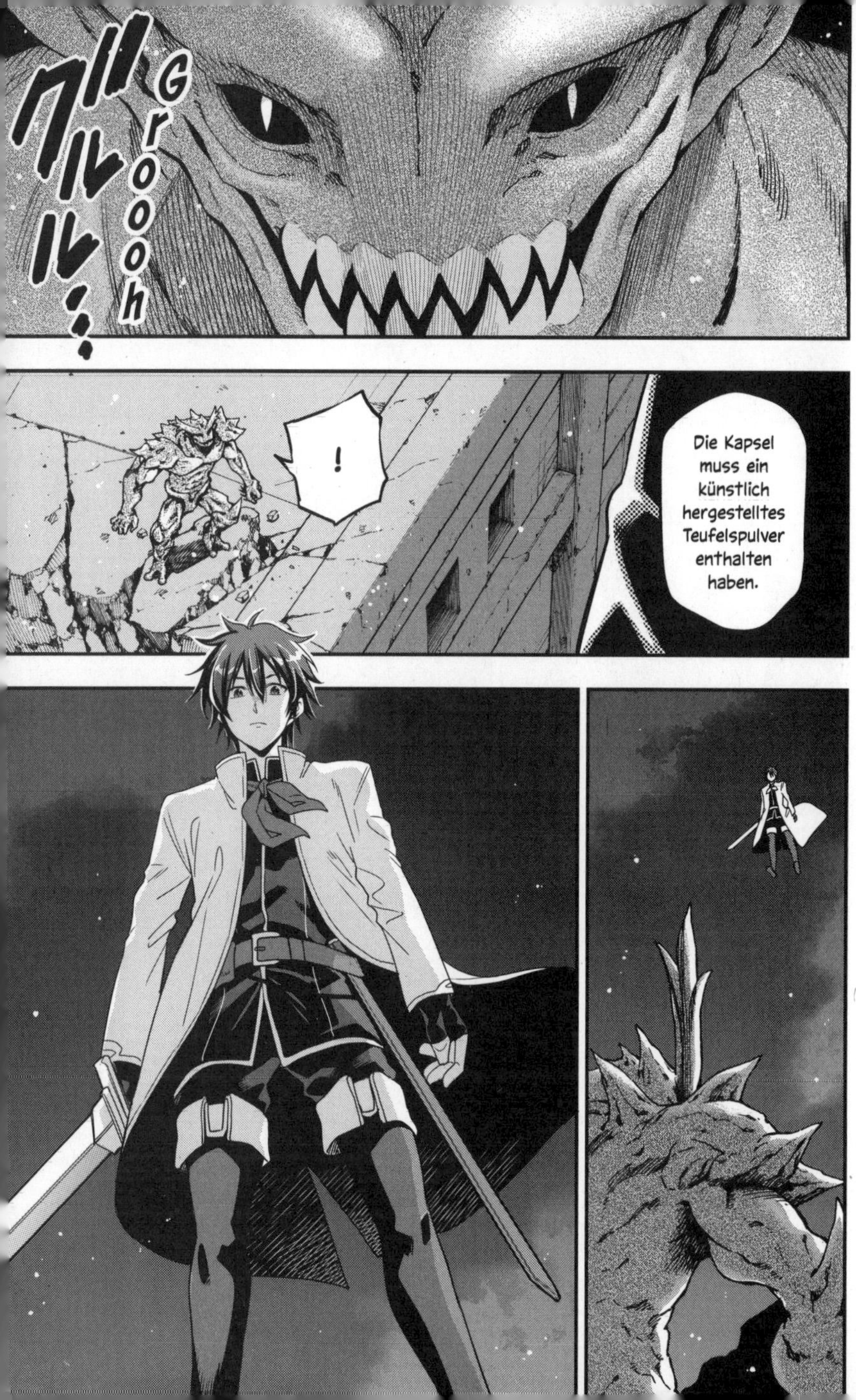

グルルル…
Grooooh
!
Die Kapsel muss ein künstlich hergestelltes Teufelspulver enthalten haben.

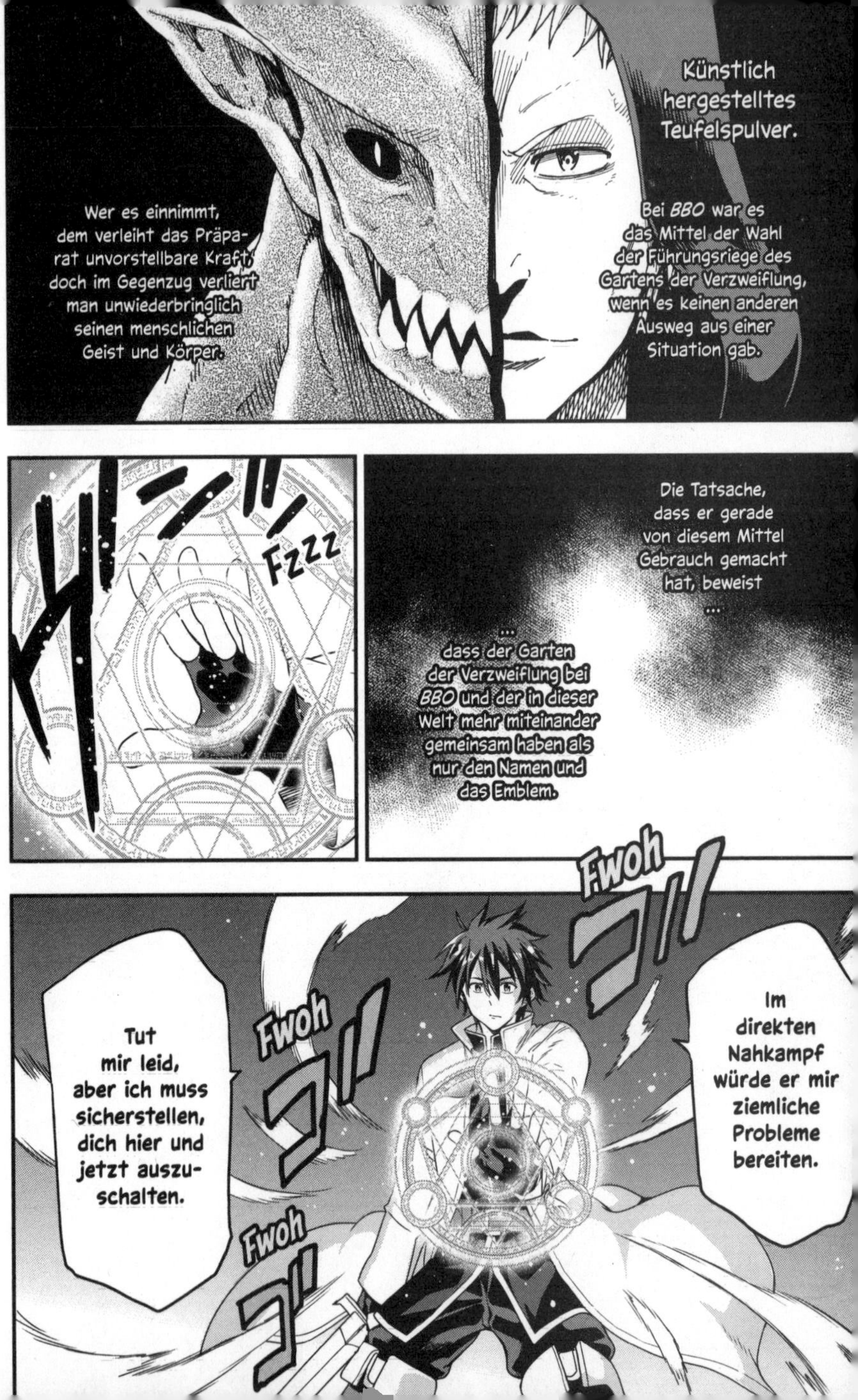
Künstlich hergestelltes Teufelspulver.
Bei BBO war es das Mittel der Wahl der Führungsriege des Gartens der Verzweiflung, wenn es keinen anderen Ausweg aus einer Situation gab.
Wer es einnimmt, dem verleiht das Präparat unvorstellbare Kraft, doch im Gegenzug verliert man unwiederbringlich seinen menschlichen Geist und Körper.
Fzzz
Die Tatsache, dass er gerade von diesem Mittel Gebrauch gemacht hat, beweist ...
... dass der Garten der Verzweiflung bei BBO und der in dieser Welt mehr miteinander gemeinsam haben als nur den Namen und das Emblem.
Fwoh
Im direkten Nahkampf würde er mir ziemliche Probleme bereiten.
Fwoh
Tut mir leid, aber ich muss sicherstellen, dich hier und jetzt auszuschalten.
Fwoh

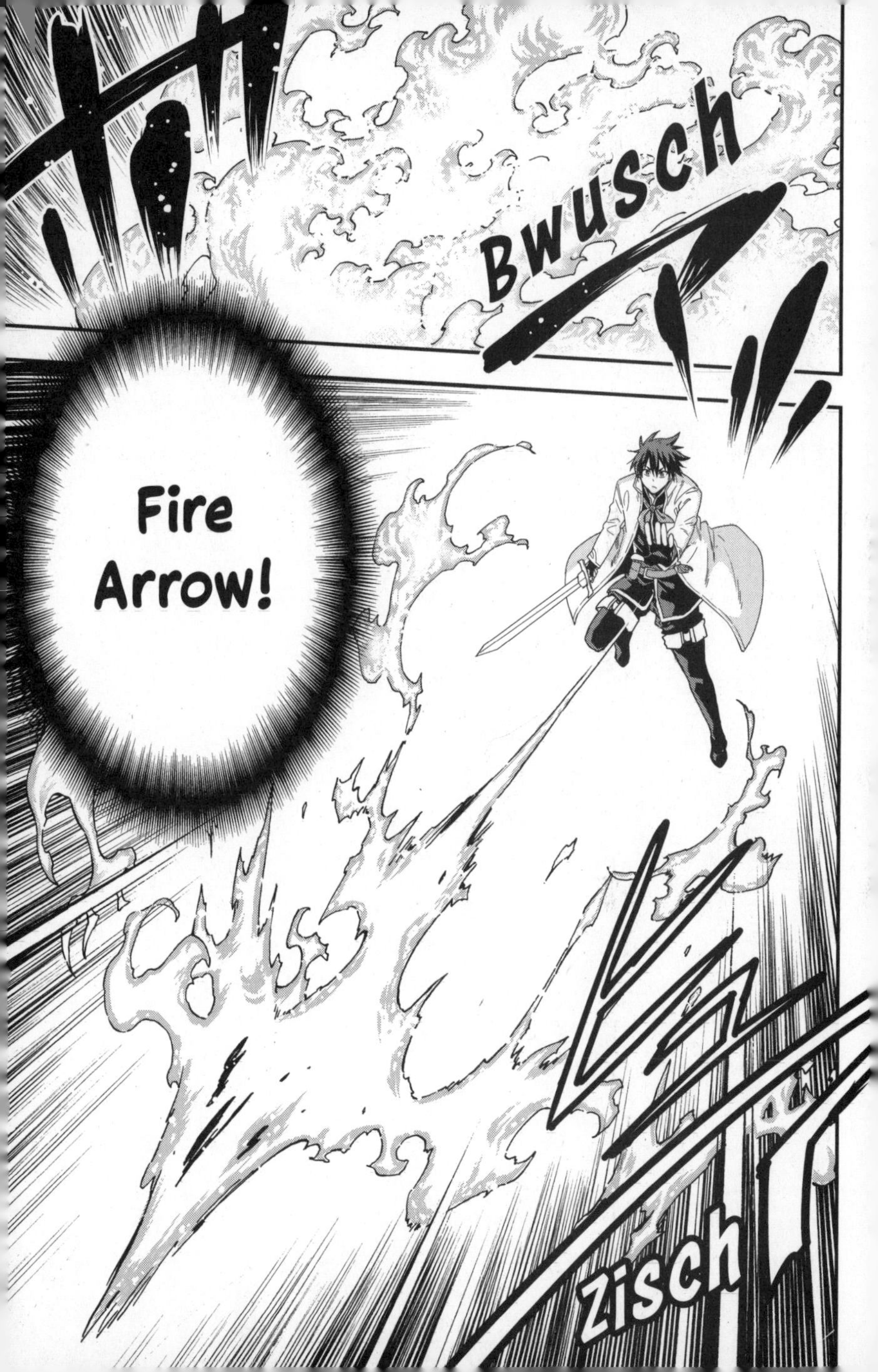
Bwusch
Fire Arrow!
Zisch

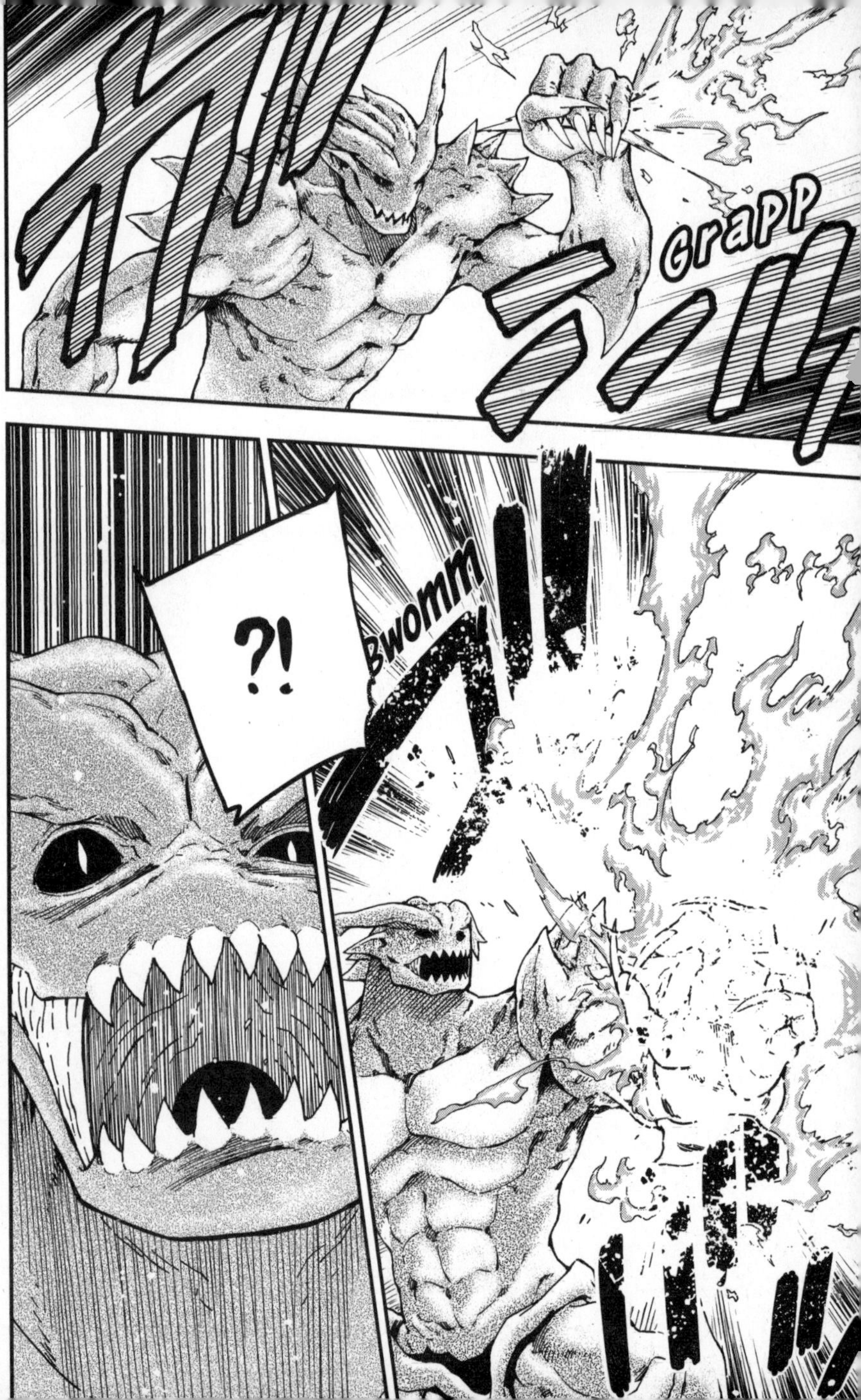
GraPP
?!
Bwomm

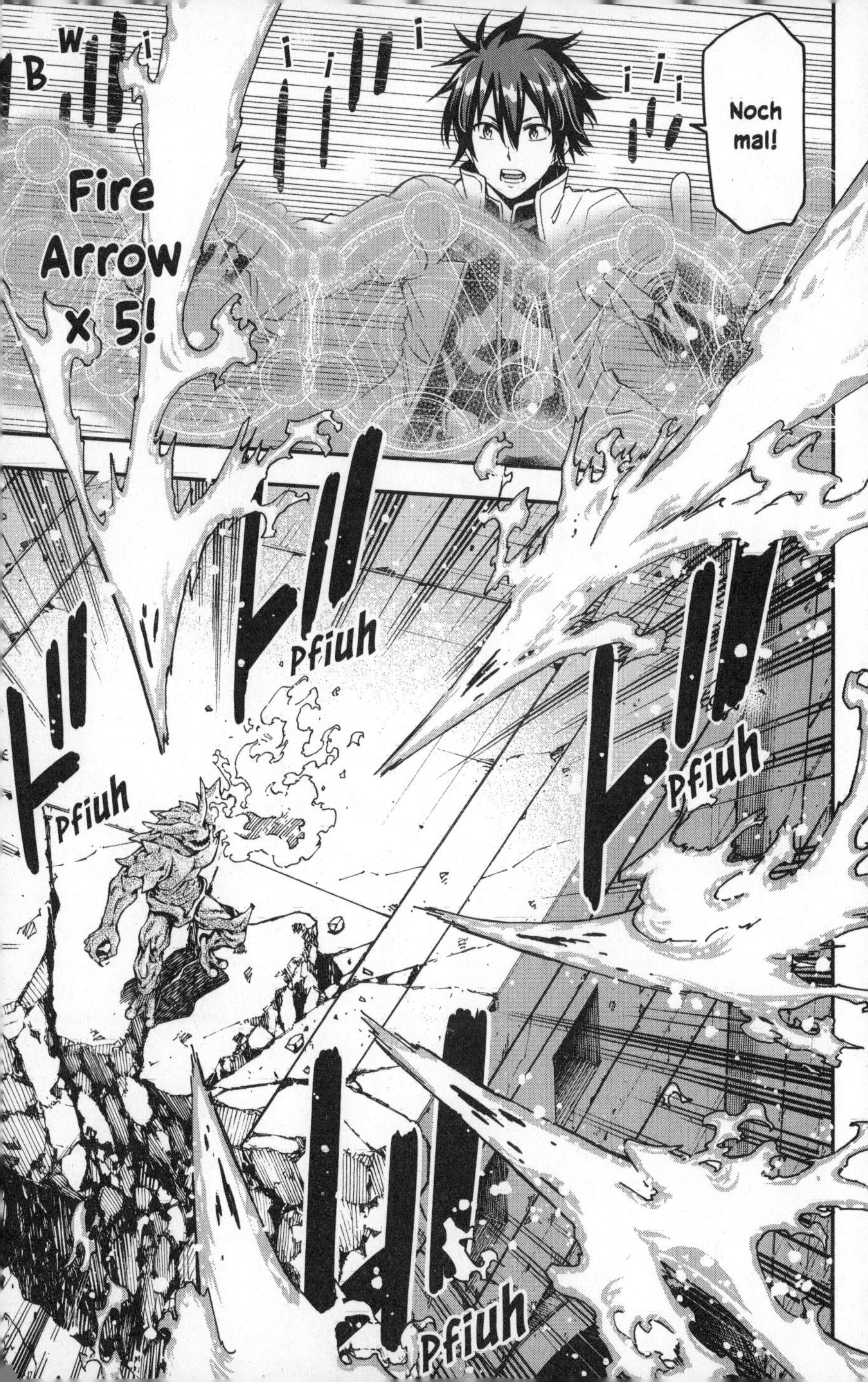
Noch mal!
Fire Arrow x 5!
Bwiiiiiii
Pfiuh
Pfiuh
Pfiuh
Pfiuh

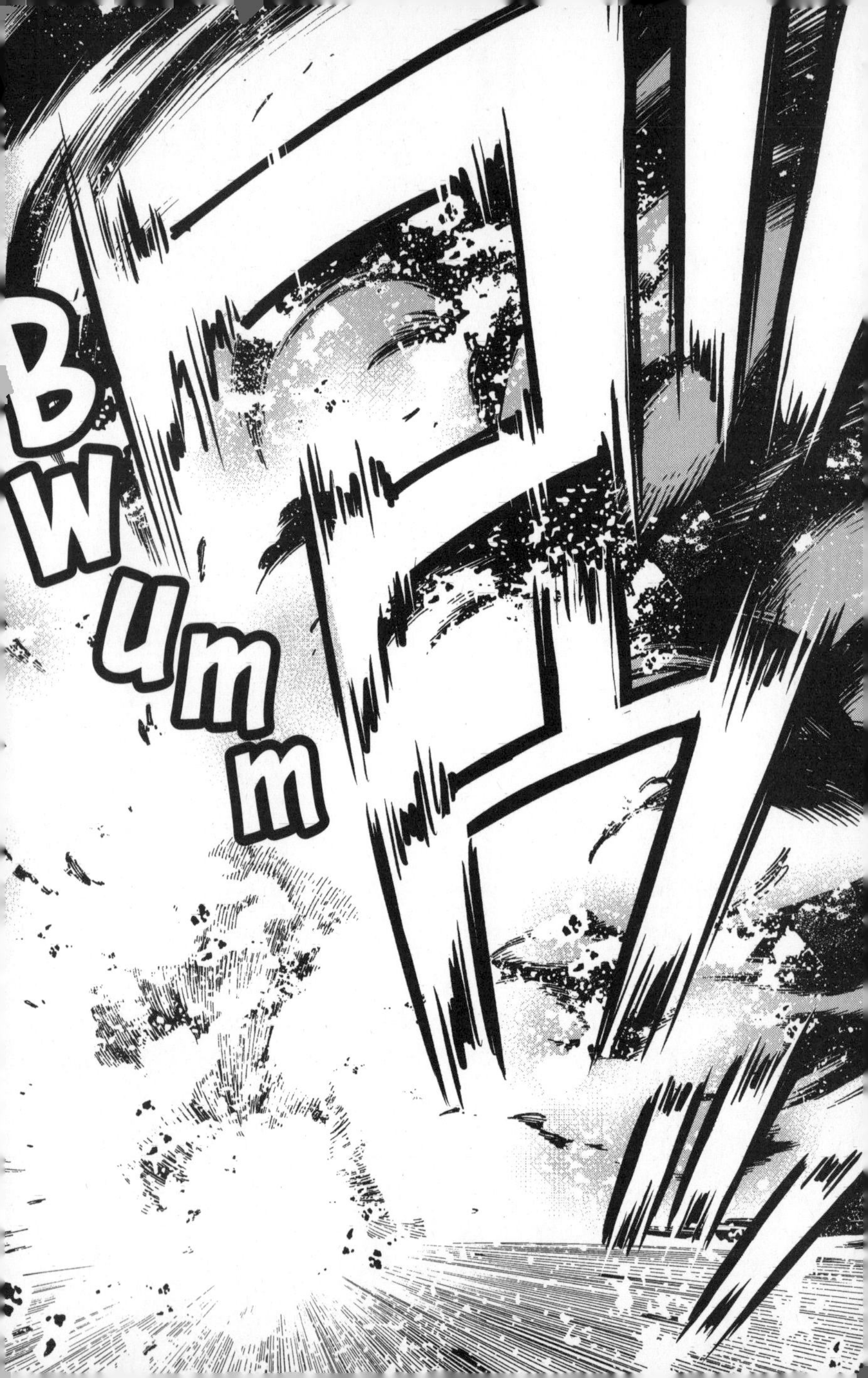
BWUMM

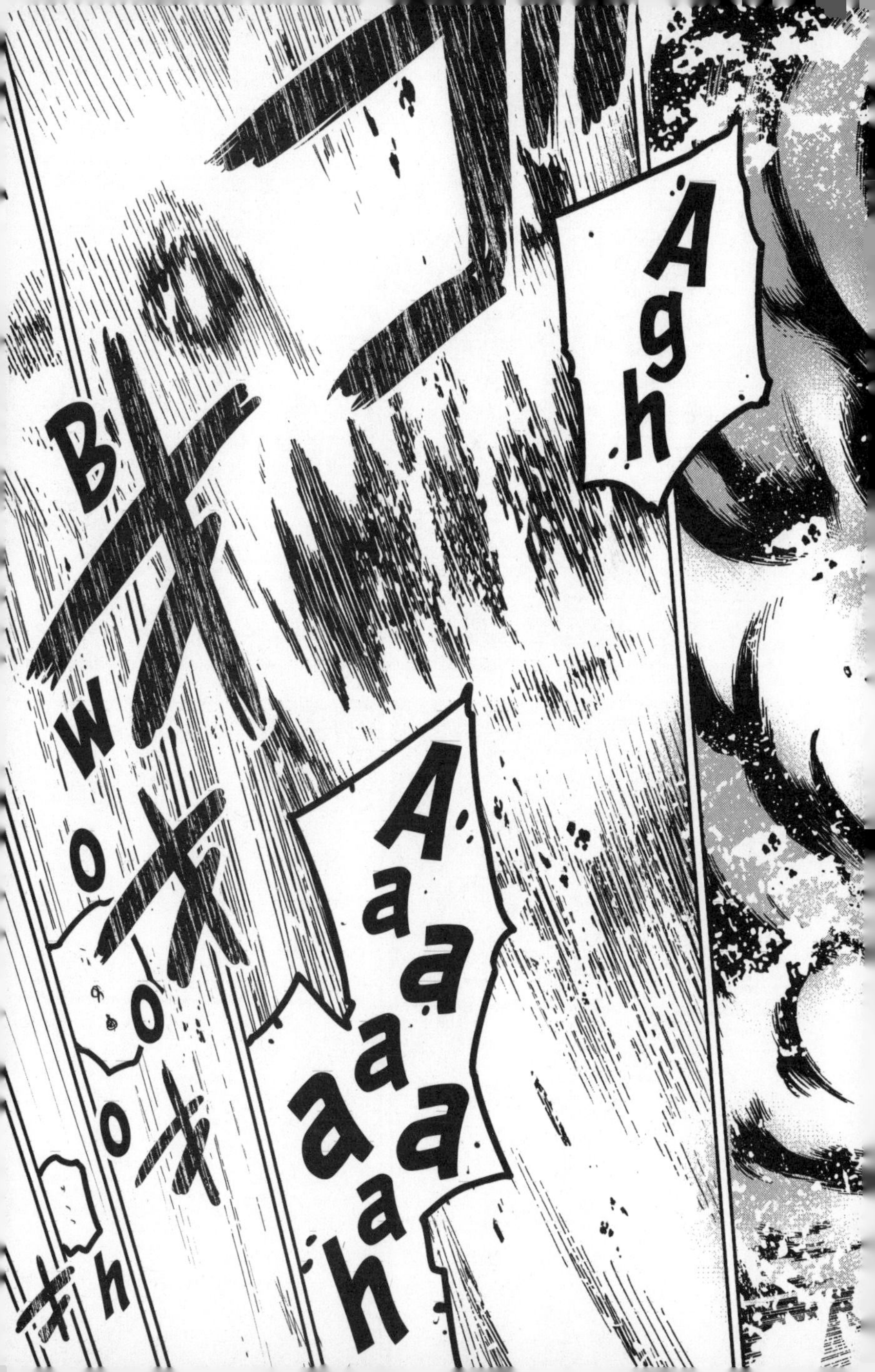
Agh
Aaaaaaah
Bwoooh

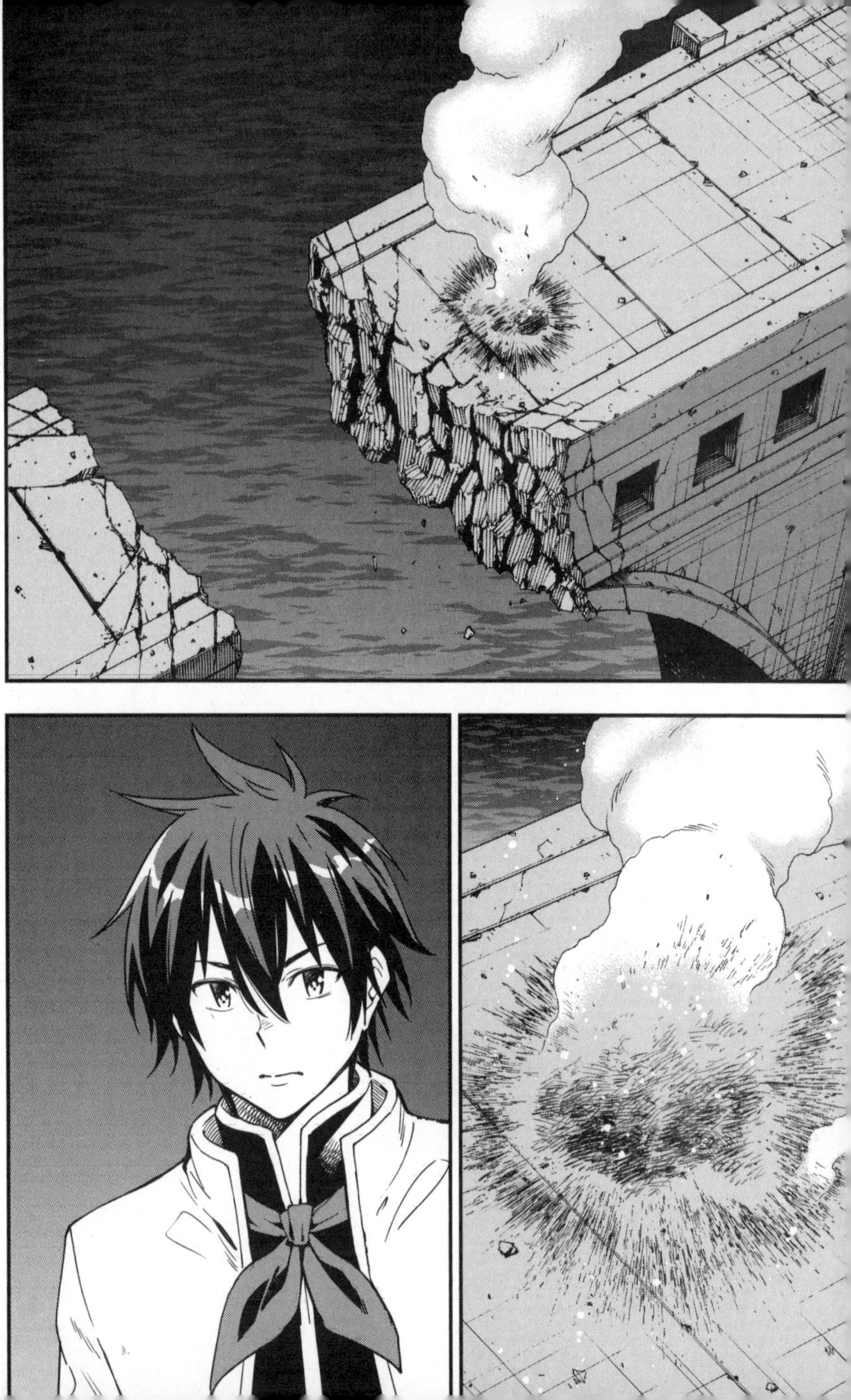

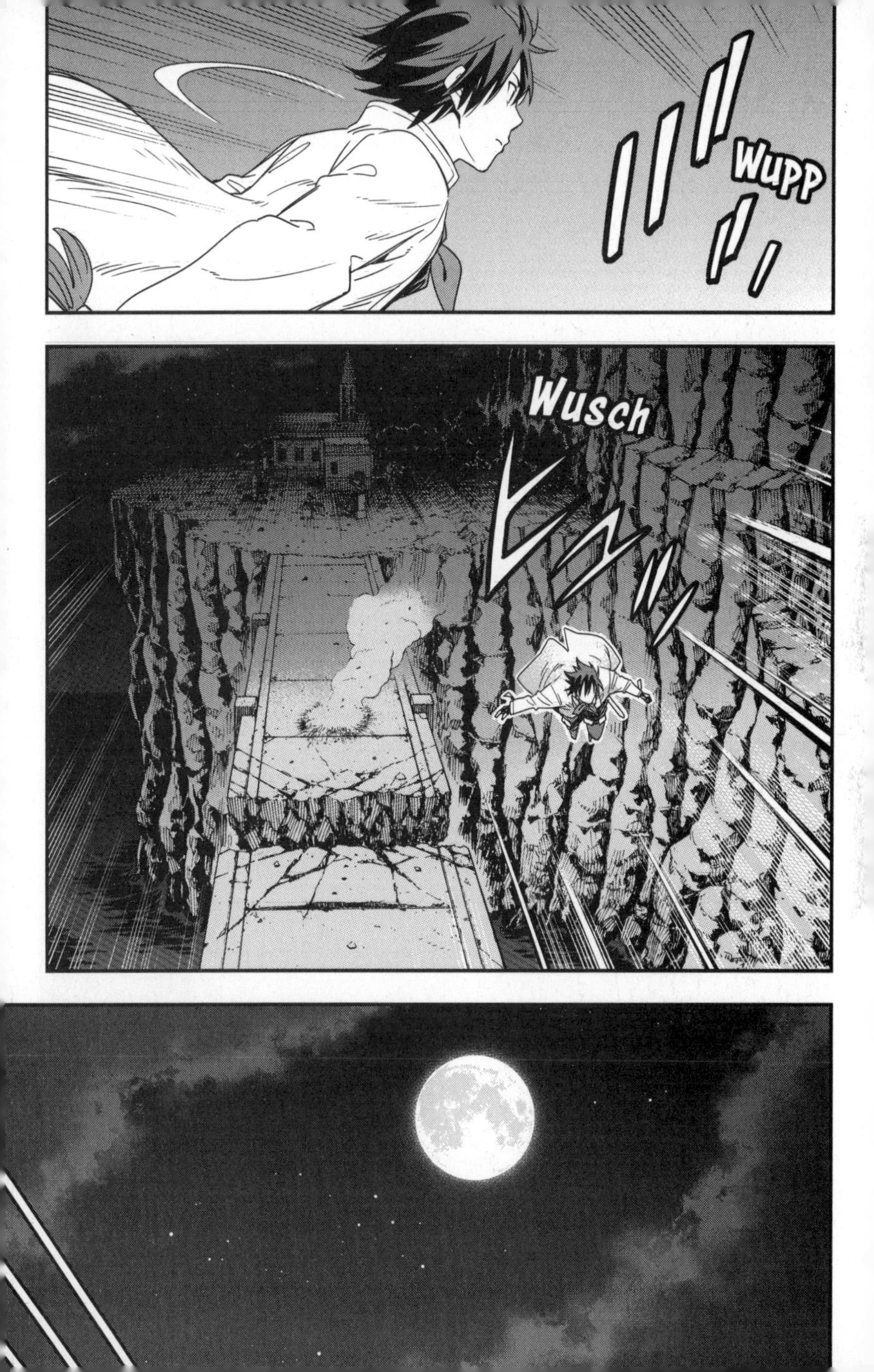
Wupp
Wusch

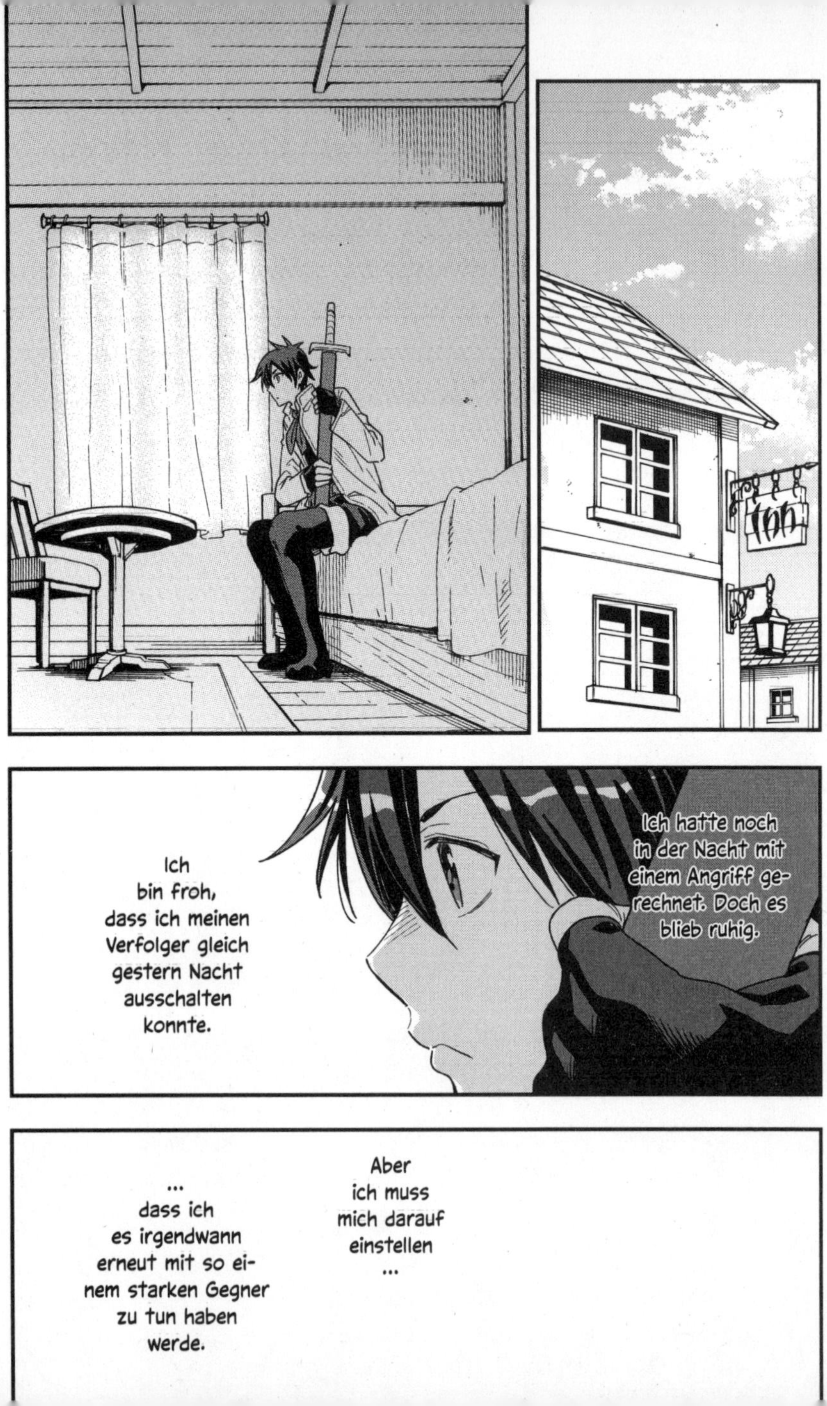

Ich hatte noch in der Nacht mit einem Angriff gerechnet. Doch es blieb ruhig.
Ich bin froh, dass ich meinen Verfolger gleich gestern Nacht ausschalten konnte.
Aber ich muss mich darauf einstellen ...
... dass ich es irgendwann erneut mit so einem starken Gegner zu tun haben werde.

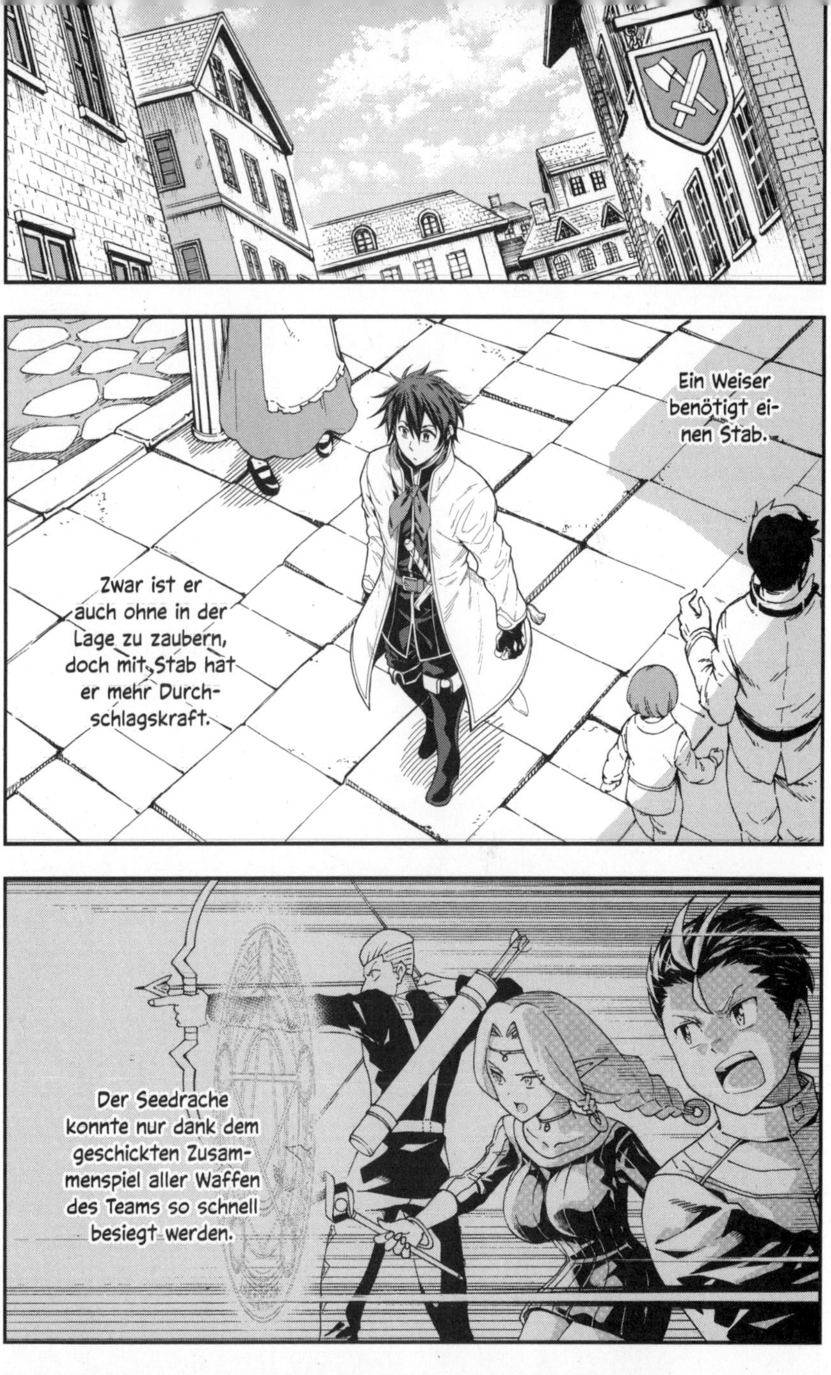
Ein Weiser
benötigt ei-
nen Stab.
Zwar ist er
auch ohne in der
Lage zu zaubern,
doch mit Stab hat
er mehr Durch-
schlagskraft.
Der Seedrache
konnte nur dank dem
geschickten Zusam-
menspiel aller Waffen
des Teams so schnell
besiegt werden.

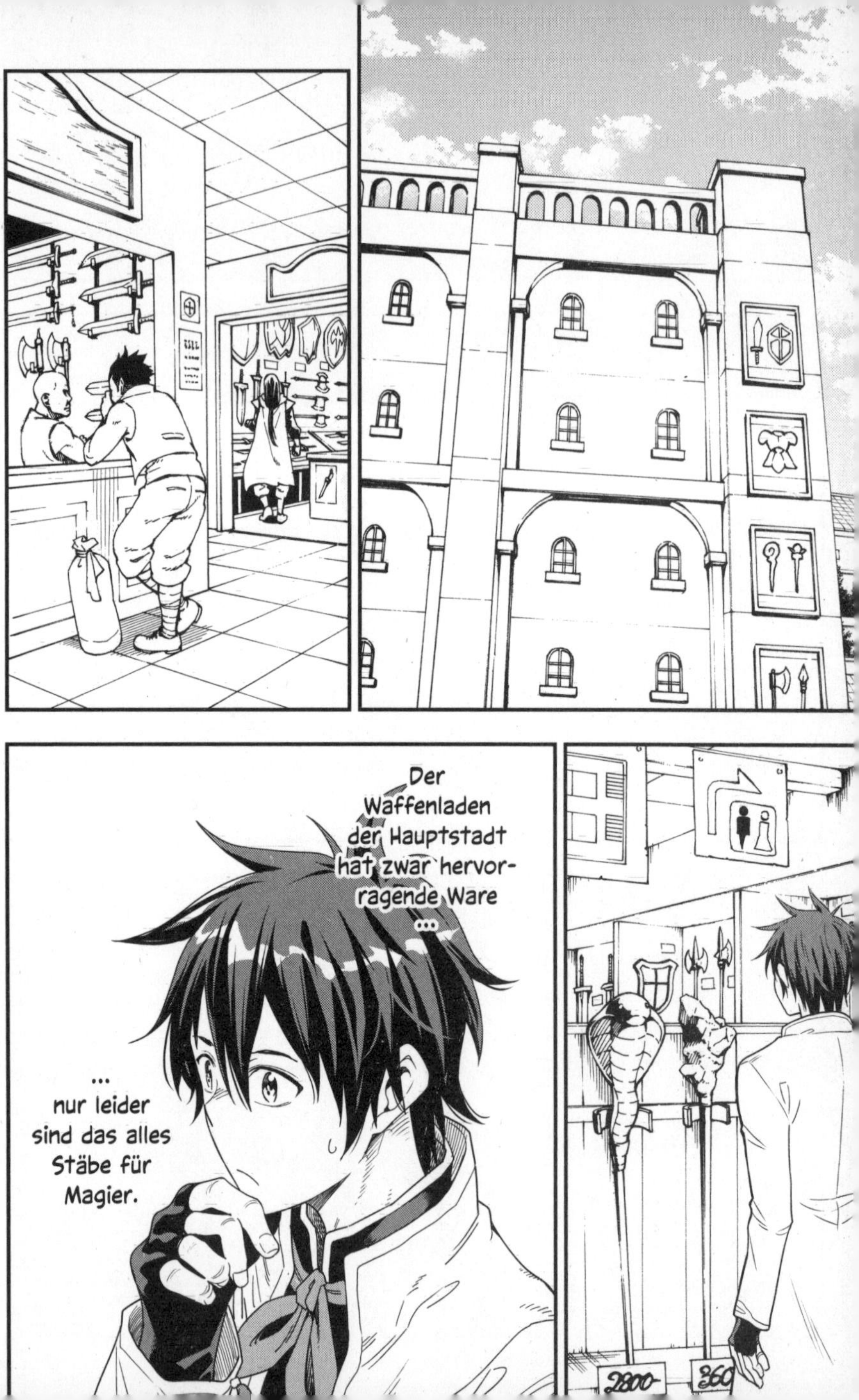
Der Waffenladen der Hauptstadt hat zwar hervorragende Ware ...
... nur leider sind das alles Stäbe für Magier.

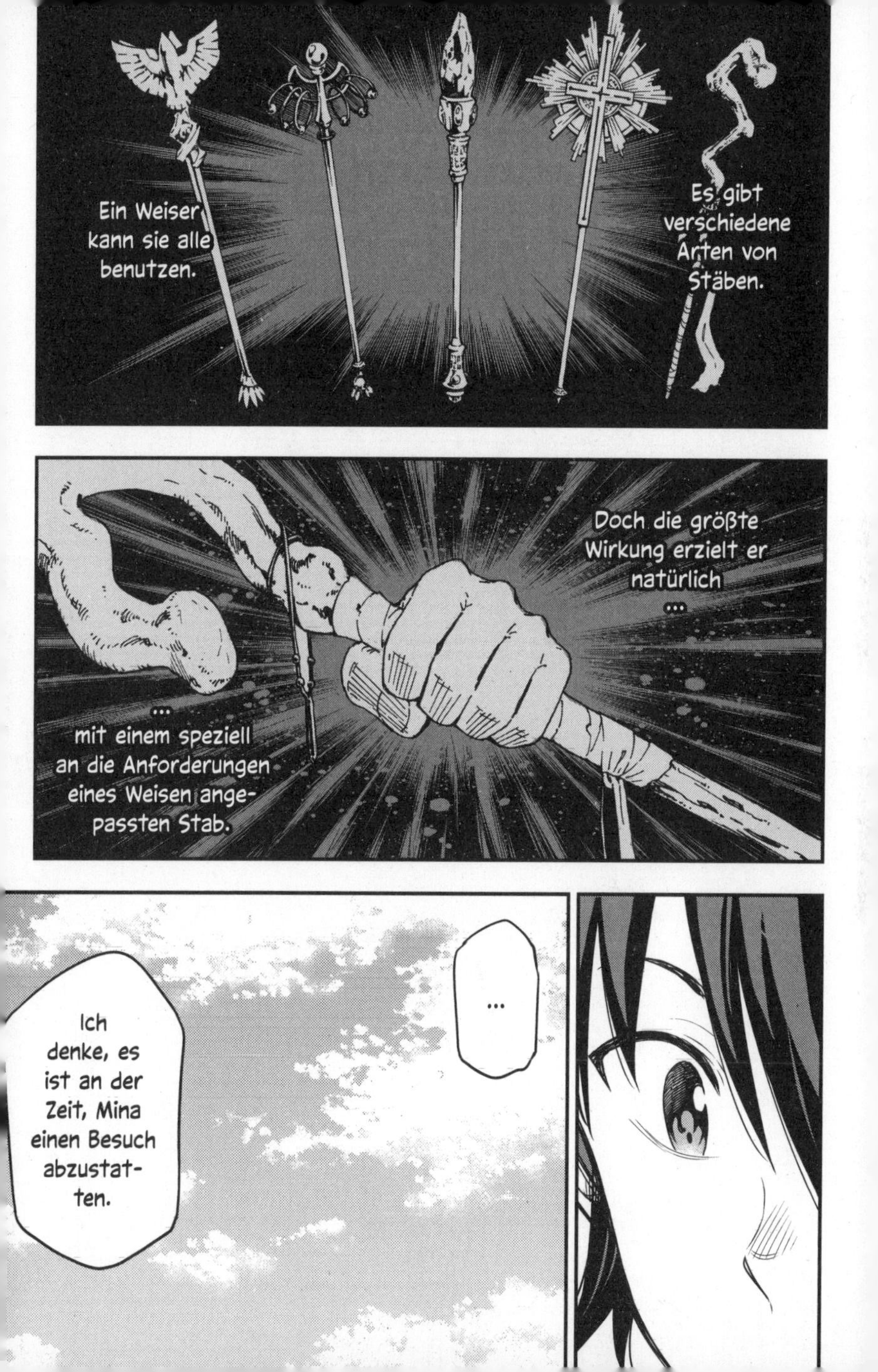

Es gibt verschiedene Arten von Stäben.
Ein Weiser kann sie alle benutzen.
Doch die größte Wirkung erzielt er natürlich …
… mit einem speziell an die Anforderungen eines Weisen angepassten Stab.
…
Ich denke, es ist an der Zeit, Mina einen Besuch abzustatten.

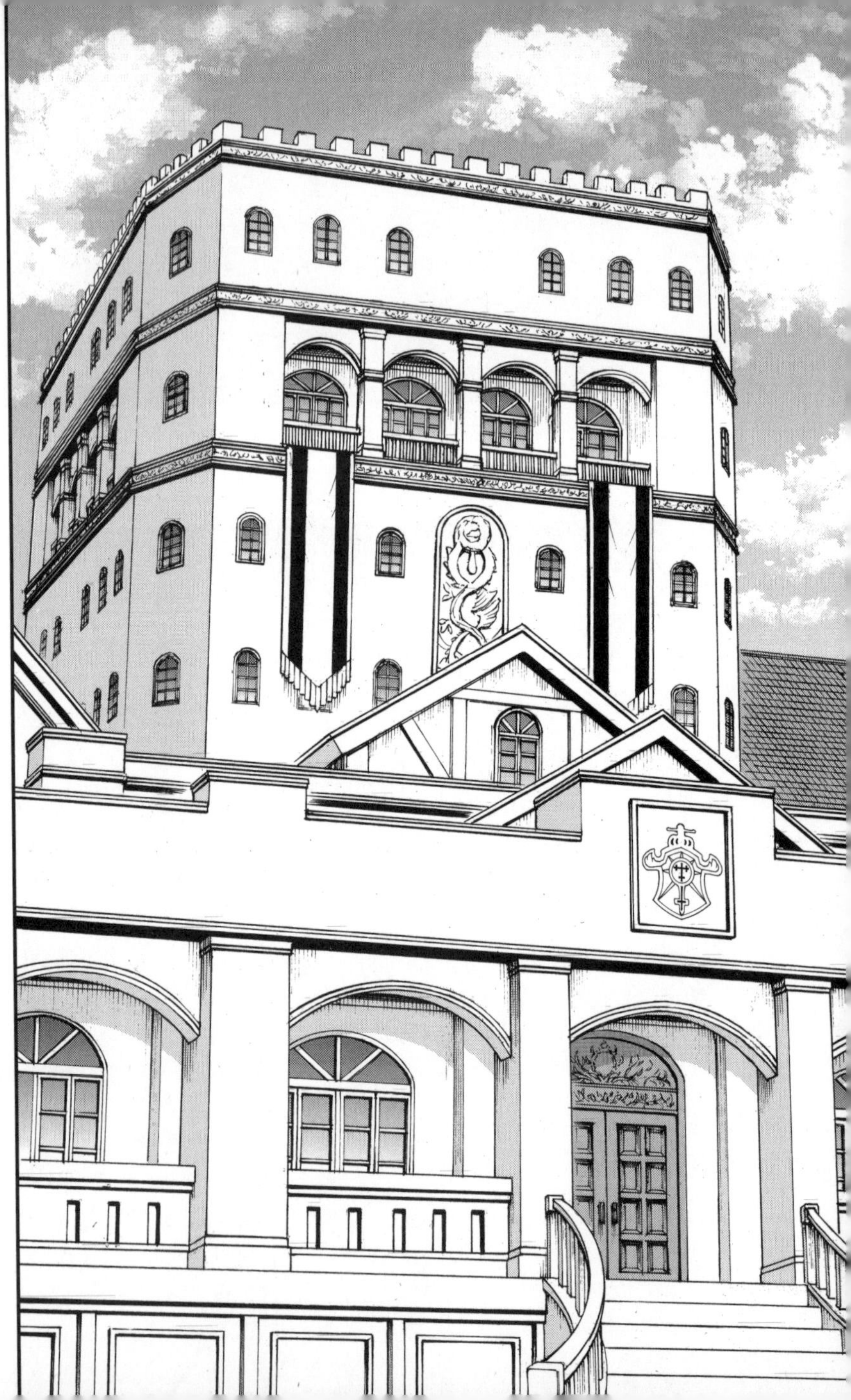

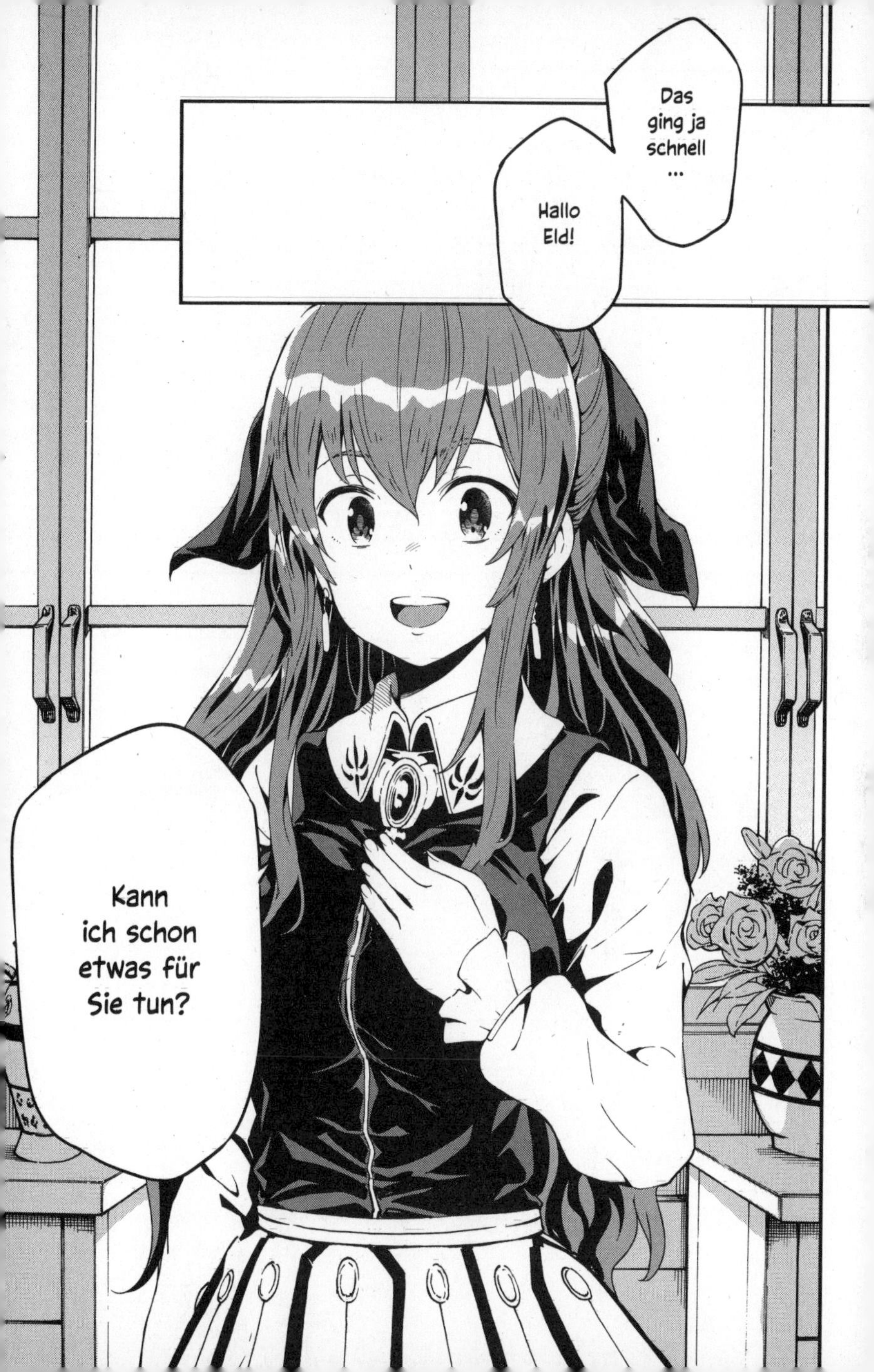
Das ging ja schnell ...
Hallo Eld!
Kann ich schon etwas für Sie tun?

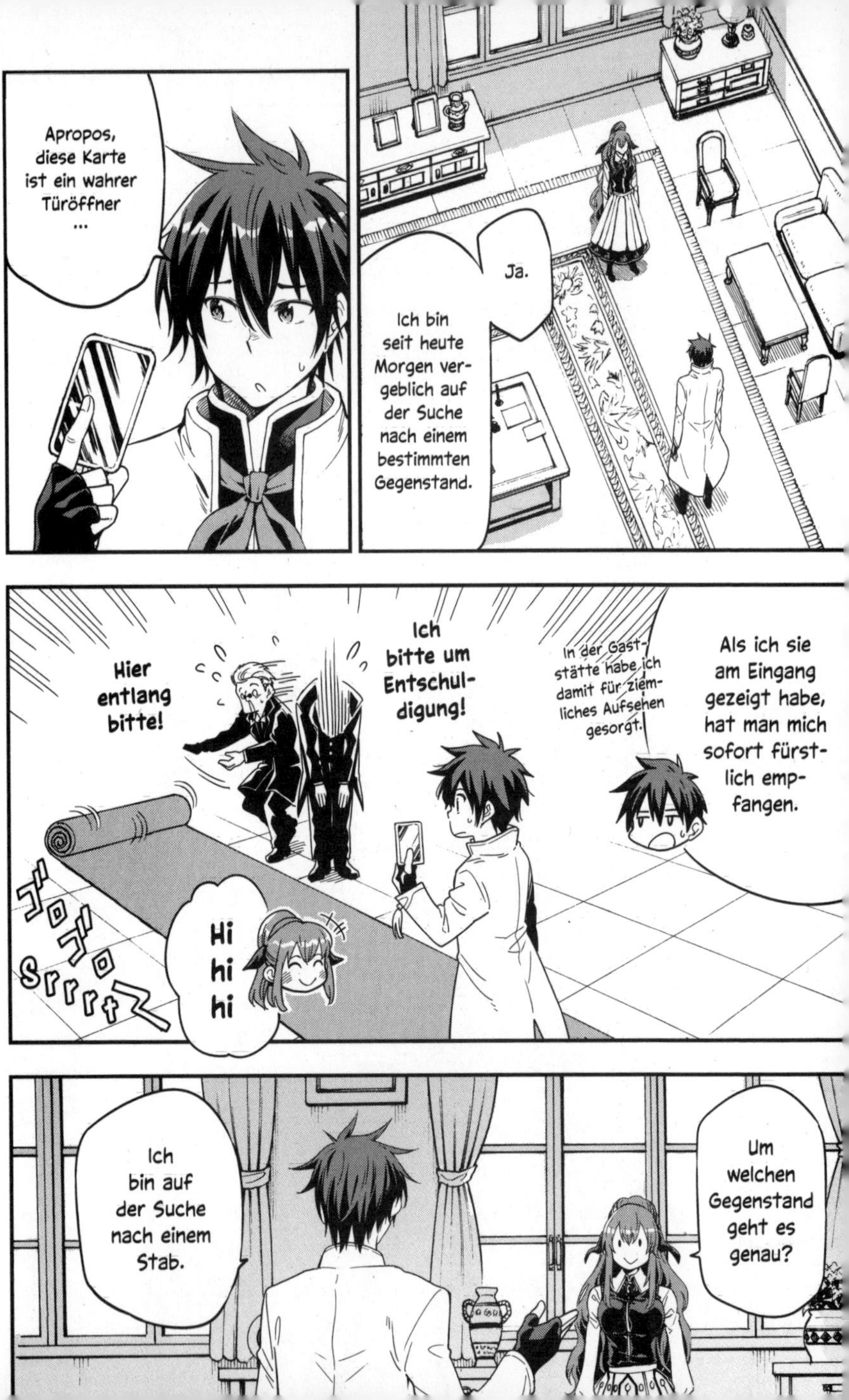

Ja.
Ich bin seit heute Morgen vergeblich auf der Suche nach einem bestimmten Gegenstand.
Apropos, diese Karte ist ein wahrer Türöffner ...
Als ich sie am Eingang gezeigt habe, hat man mich sofort fürstlich empfangen.
In der Gaststätte habe ich damit für ziemliches Aufsehen gesorgt.
Ich bitte um Entschuldigung!
Hier entlang bitte!
Hi hi hi
ゴロゴロ
Srrrrt
Um welchen Gegenstand geht es genau?
Ich bin auf der Suche nach einem Stab.

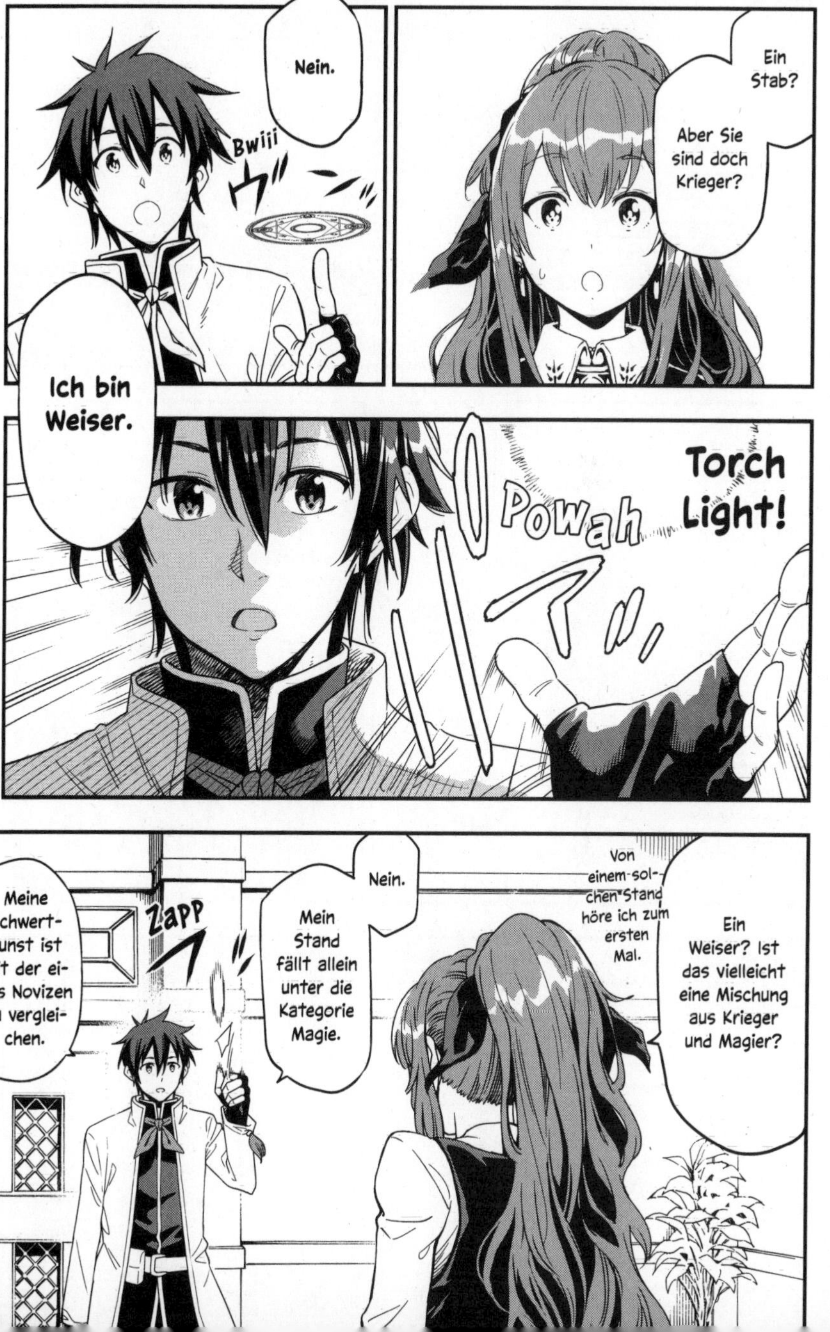

Ein Stab?
Aber Sie sind doch Krieger?
Nein.
Bwiii
Ich bin Weiser.
Torch Light!
Powah
Ein Weiser? Ist das vielleicht eine Mischung aus Krieger und Magier?
Von einem solchen Stand höre ich zum ersten Mal.
Nein.
Mein Stand fällt allein unter die Kategorie Magie.
Zapp
Meine Schwertkunst ist mit der eines Novizen zu vergleichen.

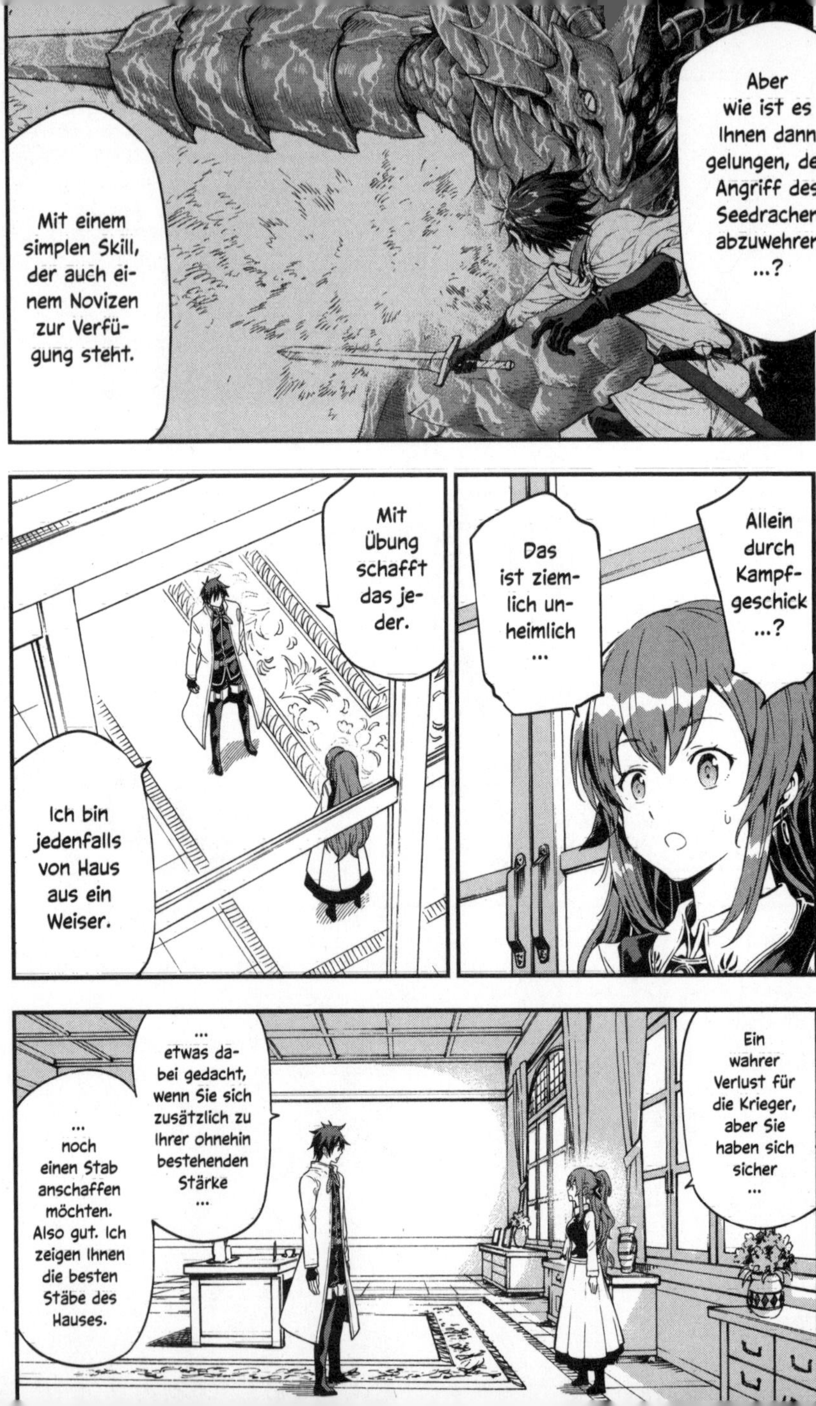
Aber wie ist es Ihnen dann gelungen, den Angriff des Seedrachen abzuwehren ...?
Mit einem simplen Skill, der auch einem Novizen zur Verfügung steht.
Allein durch Kampfgeschick ...?
Das ist ziemlich unheimlich ...
Mit Übung schafft das jeder.
Ich bin jedenfalls von Haus aus ein Weiser.
Ein wahrer Verlust für die Krieger, aber Sie haben sich sicher ...
... etwas dabei gedacht, wenn Sie sich zusätzlich zu Ihrer ohnehin bestehenden Stärke ...
... noch einen Stab anschaffen möchten. Also gut. Ich zeigen Ihnen die besten Stäbe des Hauses.

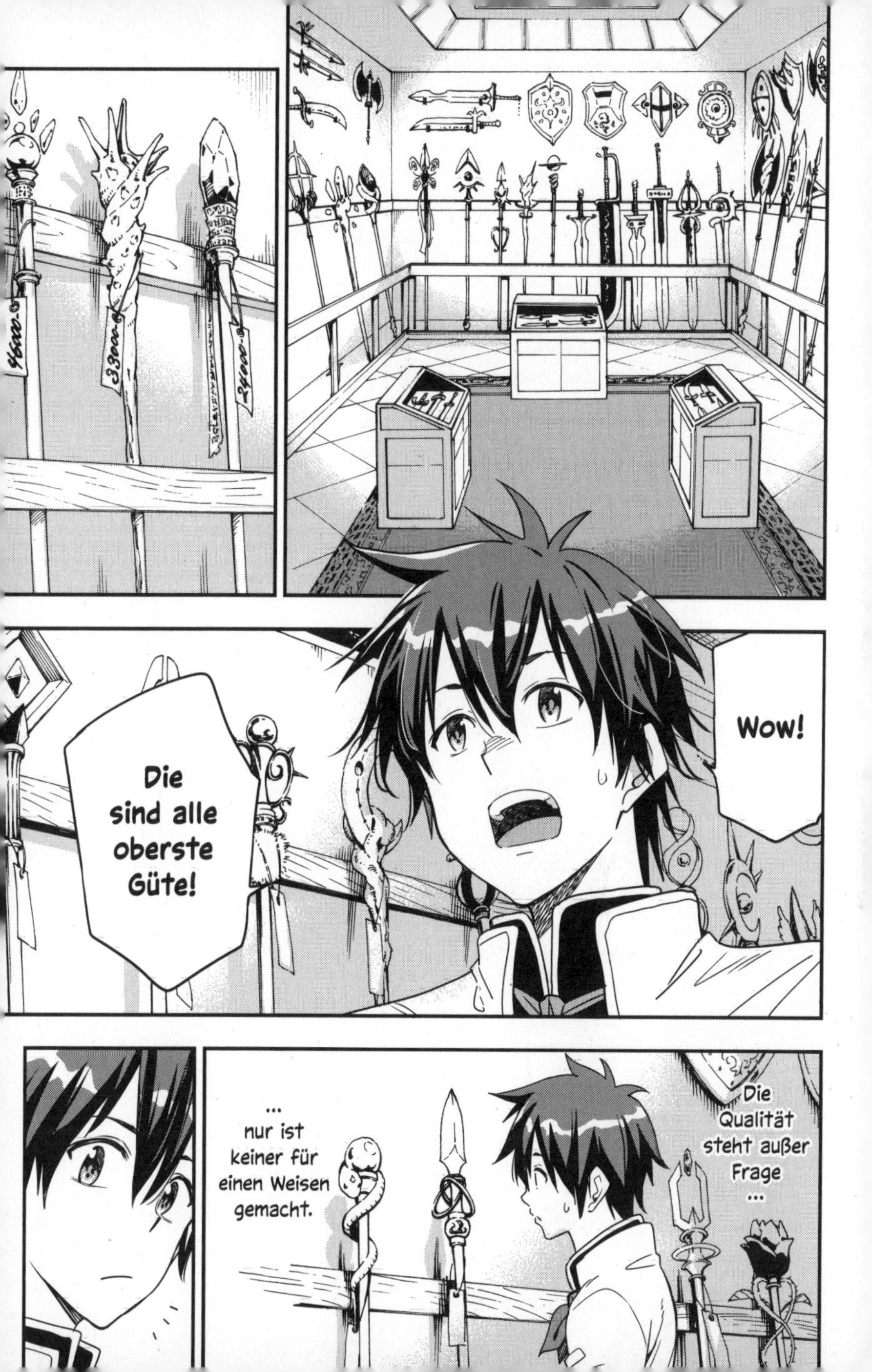

46000-G
33000-G
24000-G
Wow!
Die sind alle oberste Güte!
Die Qualität steht außer Frage ...
... nur ist keiner für einen Weisen gemacht.

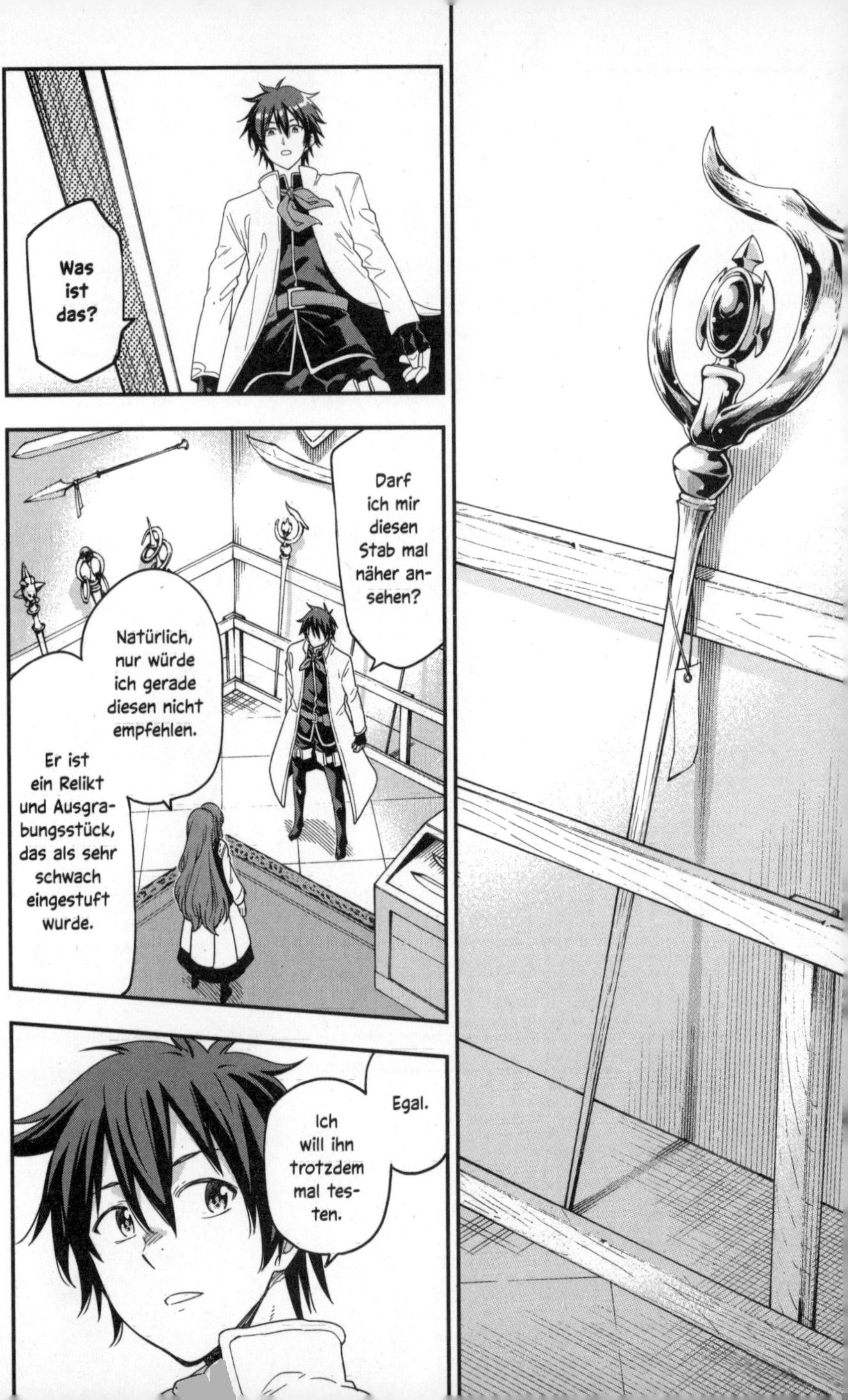
Was ist das?
Darf ich mir diesen Stab mal näher an-sehen?
Natürlich, nur würde ich gerade diesen nicht empfehlen.
Er ist ein Relikt und Ausgra-bungsstück, das als sehr schwach eingestuft wurde.
Egal.
Ich will ihn trotzdem mal tes-ten.

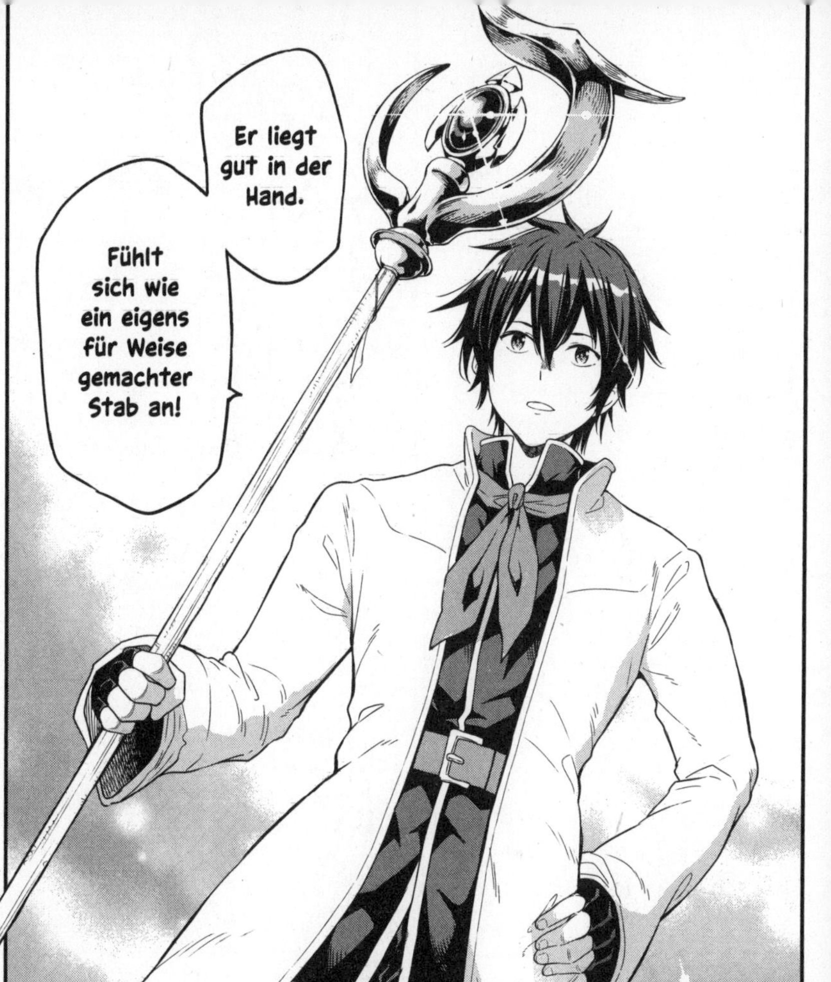
Er liegt gut in der Hand.
Fühlt sich wie ein eigens für Weise gemachter Stab an!

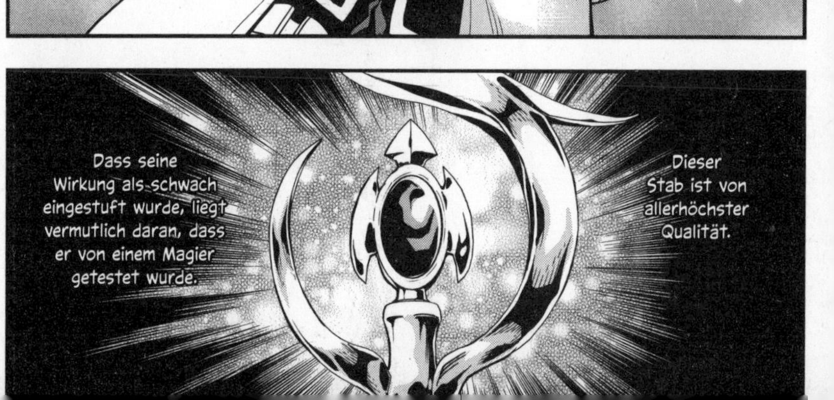
Dieser Stab ist von allerhöchster Qualität.
Dass seine Wirkung als schwach eingestuft wurde, liegt vermutlich daran, dass er von einem Magier getestet wurde.

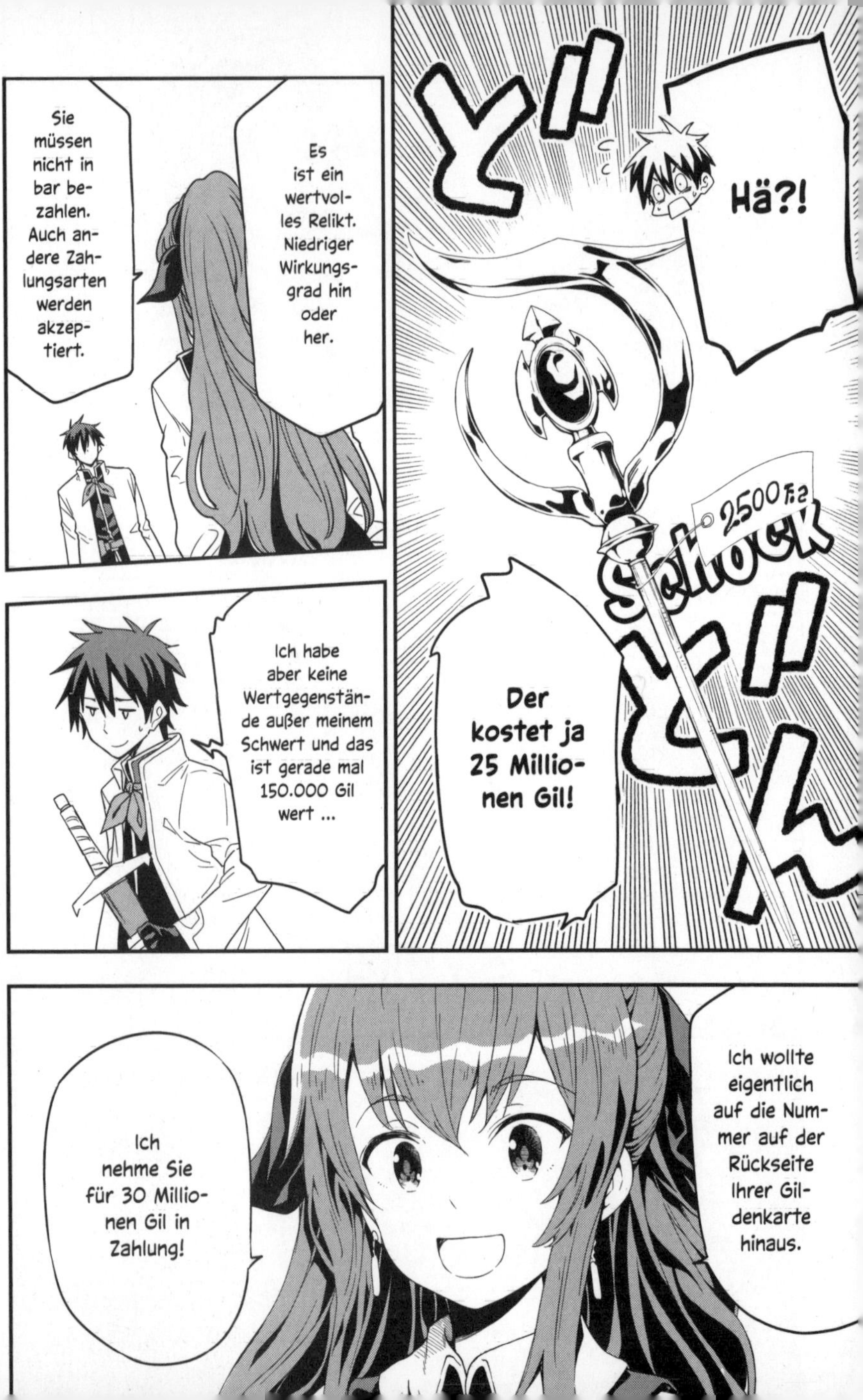
Hä?!
Der kostet ja 25 Millionen Gil!
Schock
Es ist ein wertvolles Relikt. Niedriger Wirkungsgrad hin oder her.
Sie müssen nicht in bar bezahlen. Auch andere Zahlungsarten werden akzeptiert.
Ich habe aber keine Wertgegenstände außer meinem Schwert und das ist gerade mal 150.000 Gil wert …
Ich wollte eigentlich auf die Nummer auf der Rückseite Ihrer Gildenkarte hinaus.
Ich nehme Sie für 30 Millionen Gil in Zahlung!

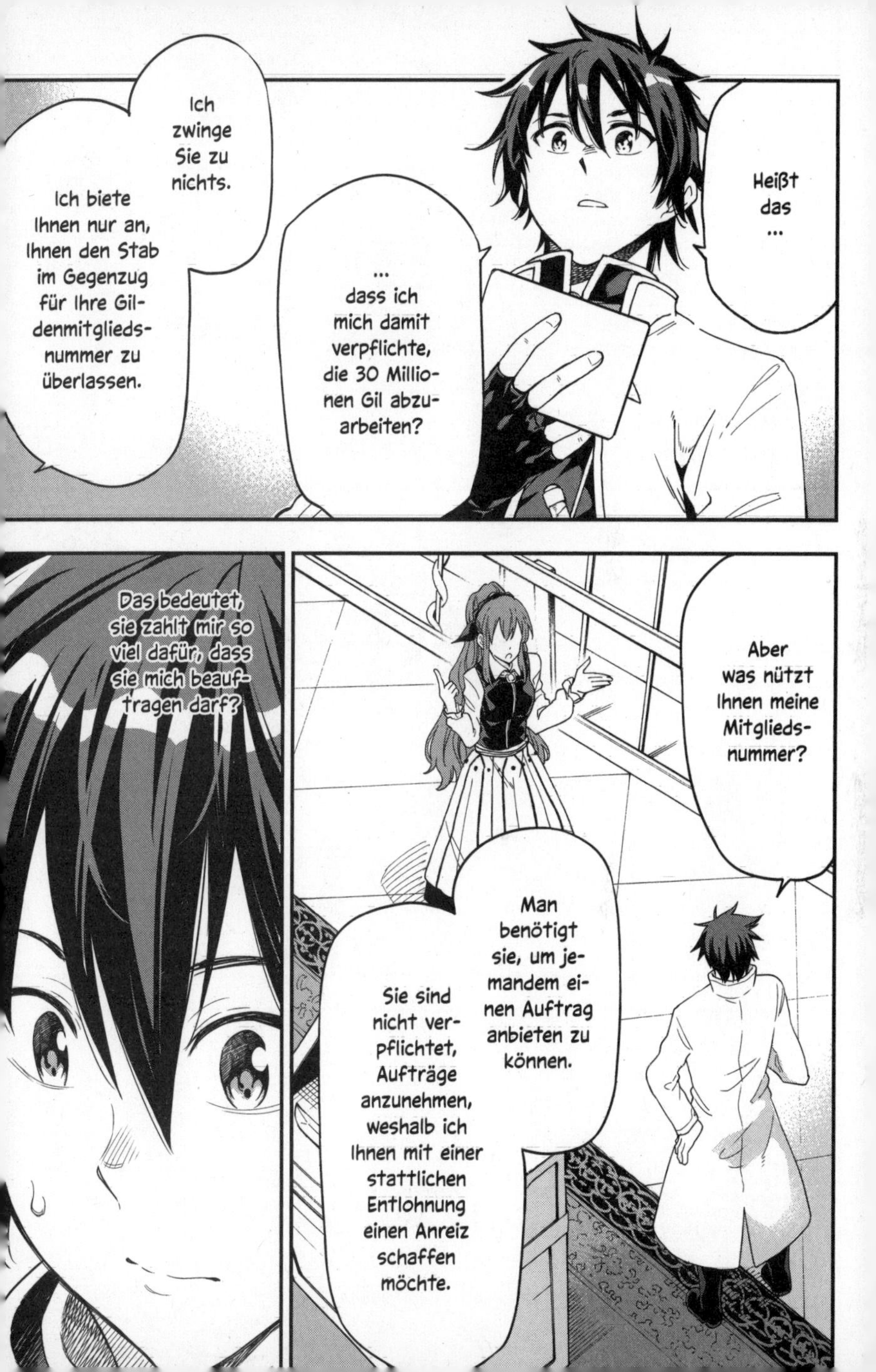

Heißt das ...
... dass ich mich damit verpflichte, die 30 Millionen Gil abzuarbeiten?
Ich zwinge Sie zu nichts.
Ich biete Ihnen nur an, Ihnen den Stab im Gegenzug für Ihre Gildenmitgliedsnummer zu überlassen.
Aber was nützt Ihnen meine Mitgliedsnummer?
Man benötigt sie, um jemandem einen Auftrag anbieten zu können.
Sie sind nicht verpflichtet, Aufträge anzunehmen, weshalb ich Ihnen mit einer stattlichen Entlohnung einen Anreiz schaffen möchte.
Das bedeutet, sie zahlt mir so viel dafür, dass sie mich beauftragen darf?

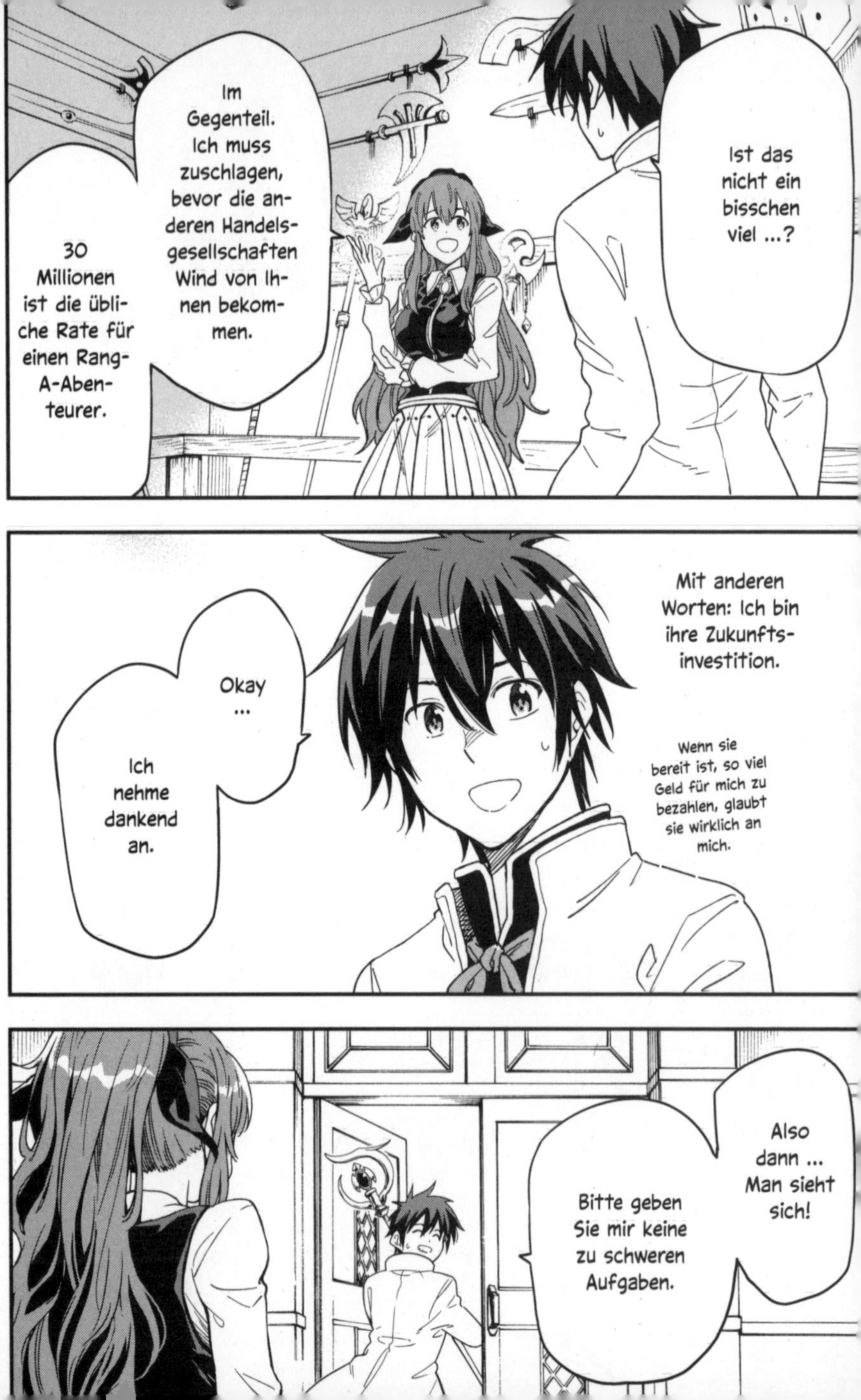
Ist das nicht ein bisschen viel ...?
Im Gegenteil. Ich muss zuschlagen, bevor die anderen Handelsgesellschaften Wind von Ihnen bekommen.
30 Millionen ist die übliche Rate für einen Rang-A-Abenteurer.
Mit anderen Worten: Ich bin ihre Zukunftsinvestition.
Wenn sie bereit ist, so viel Geld für mich zu bezahlen, glaubt sie wirklich an mich.
Okay ...
Ich nehme dankend an.
Also dann ... Man sieht sich!
Bitte geben Sie mir keine zu schweren Aufgaben.

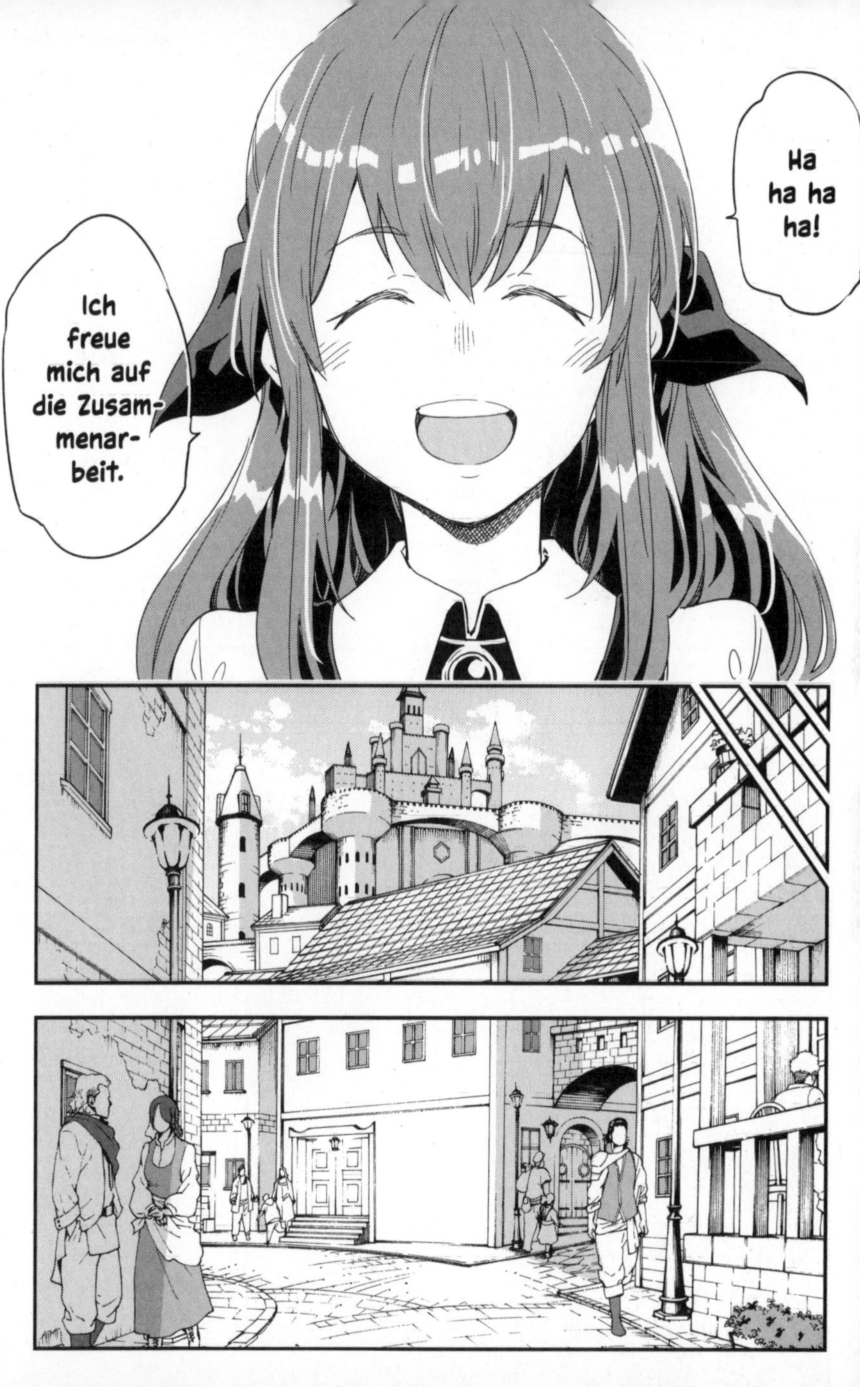
Ha ha ha ha!
Ich freue mich auf die Zusammenarbeit.

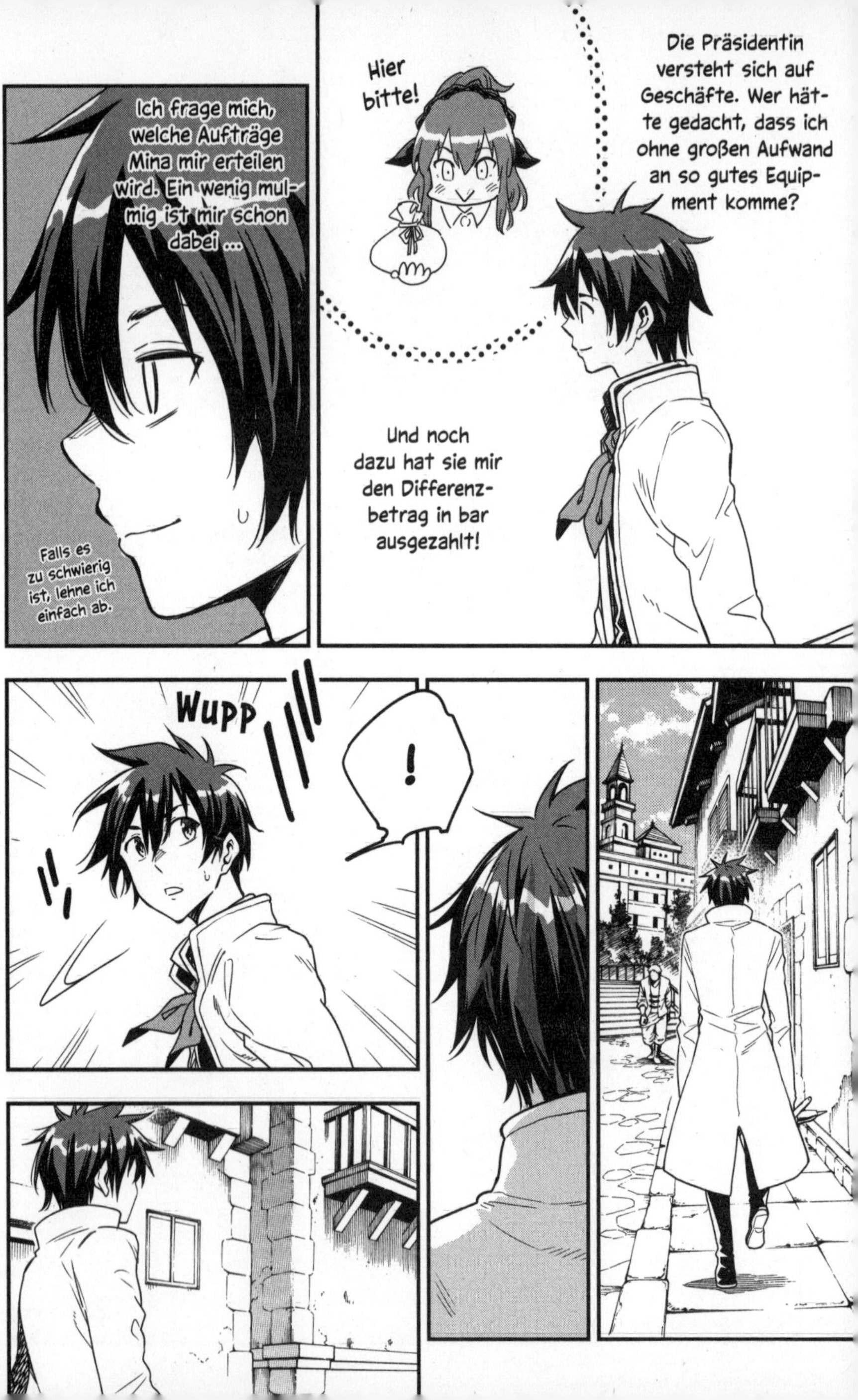
Die Präsidentin versteht sich auf Geschäfte. Wer hätte gedacht, dass ich ohne großen Aufwand an so gutes Equipment komme?
Hier bitte!
Und noch dazu hat sie mir den Differenzbetrag in bar ausgezahlt!
Ich frage mich, welche Aufträge Mina mir erteilen wird. Ein wenig mulmig ist mir schon dabei ...
Falls es zu schwierig ist, lehne ich einfach ab.
!
Wupp

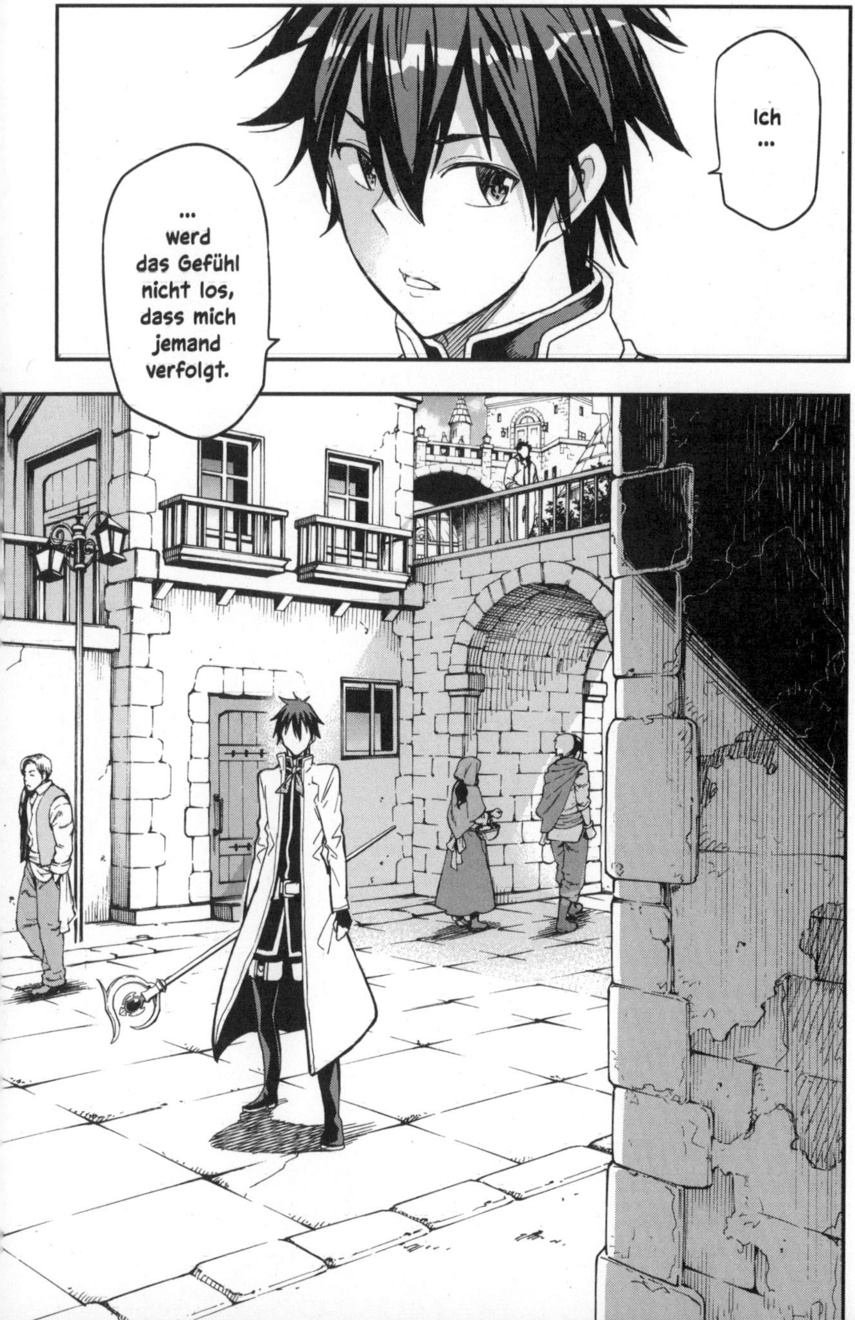
Ich ...
... werd das Gefühl nicht los, dass mich jemand verfolgt.

DER KONKURRENZLOSE WEISE

MIT DER HILFE VON GAMING-WISSEN ZUR NUMMER EINS EINER ANDEREN WELT

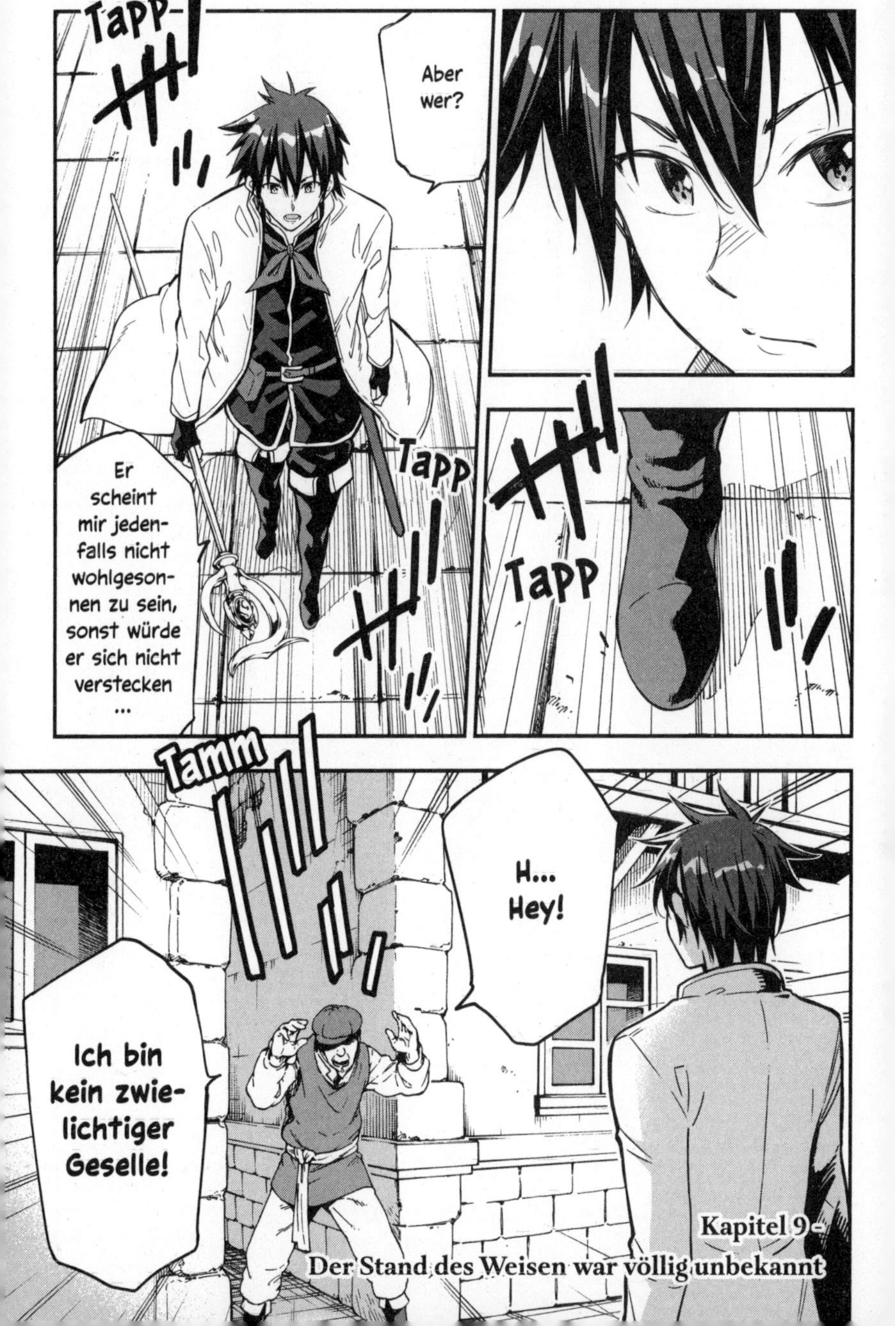
Tapp
Tapp
Aber wer?
Tapp
Er scheint mir jedenfalls nicht wohlgesonnen zu sein, sonst würde er sich nicht verstecken ...
Tamm
H... Hey!
Ich bin kein zwielichtiger Geselle!
Kapitel 9 -
Der Stand des Weisen war völlig unbekannt

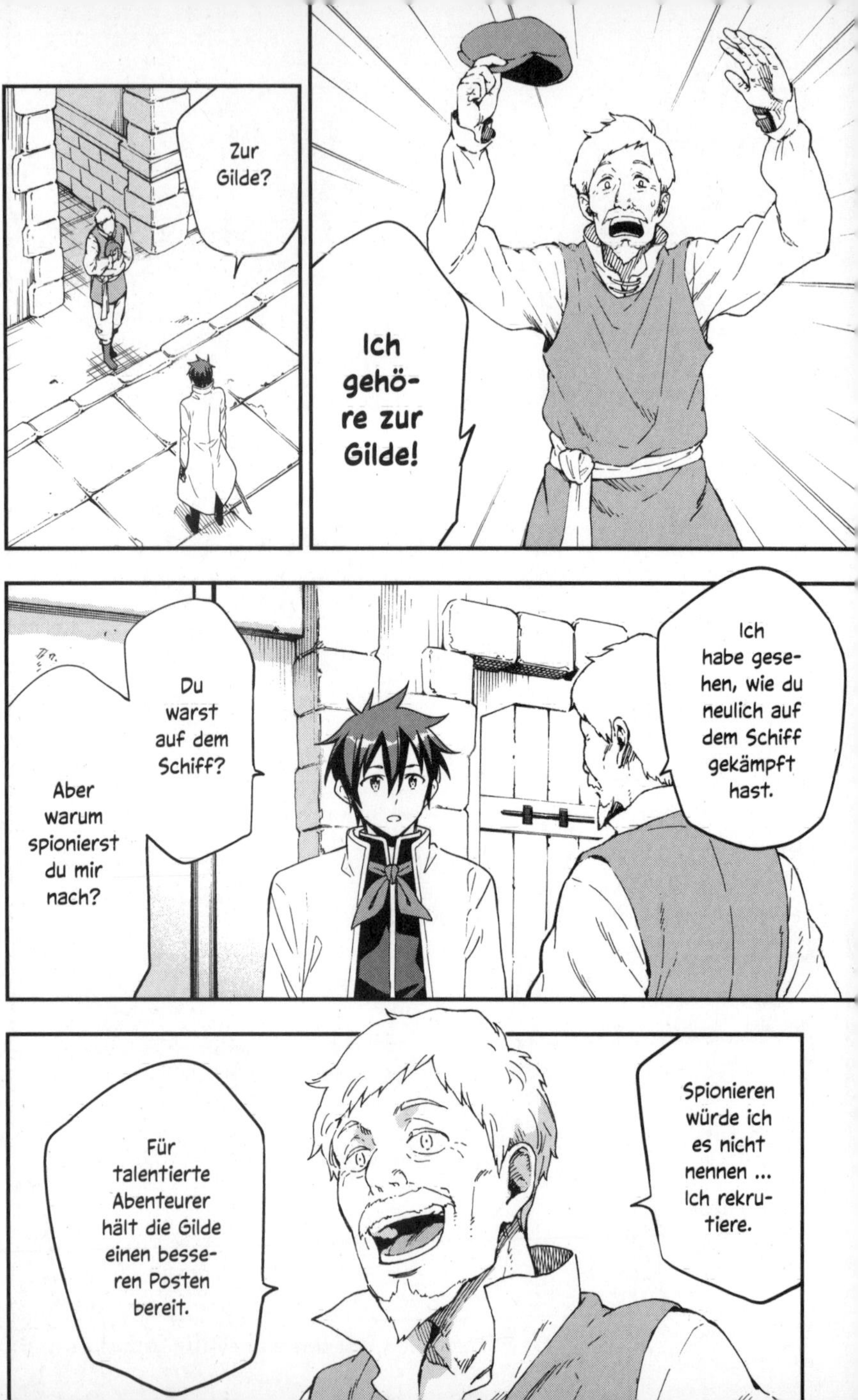
Ich gehöre zur Gilde!
Zur Gilde?
Ich habe gesehen, wie du neulich auf dem Schiff gekämpft hast.
Du warst auf dem Schiff?
Aber warum spionierst du mir nach?
Spionieren würde ich es nicht nennen ... Ich rekrutiere.
Für talentierte Abenteurer hält die Gilde einen besseren Posten bereit.

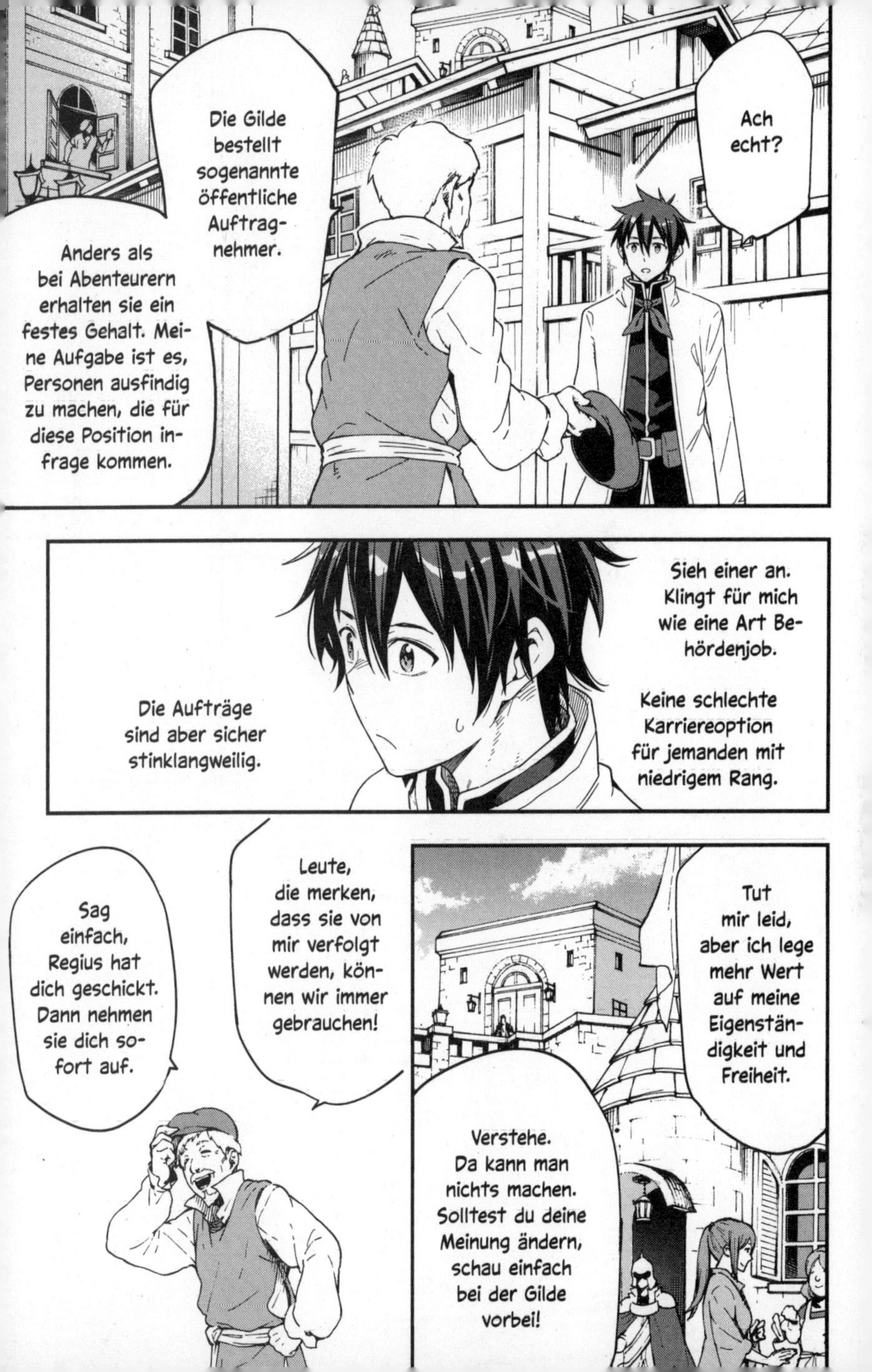
Ach echt?
Die Gilde bestellt sogenannte öffentliche Auftragnehmer.
Anders als bei Abenteurern erhalten sie ein festes Gehalt. Meine Aufgabe ist es, Personen ausfindig zu machen, die für diese Position infrage kommen.
Sieh einer an. Klingt für mich wie eine Art Behördenjob.
Keine schlechte Karriereoption für jemanden mit niedrigem Rang.
Die Aufträge sind aber sicher stinklangweilig.
Tut mir leid, aber ich lege mehr Wert auf meine Eigenständigkeit und Freiheit.
Leute, die merken, dass sie von mir verfolgt werden, können wir immer gebrauchen!
Sag einfach, Regius hat dich geschickt. Dann nehmen sie dich sofort auf.
Verstehe. Da kann man nichts machen. Solltest du deine Meinung ändern, schau einfach bei der Gilde vorbei!

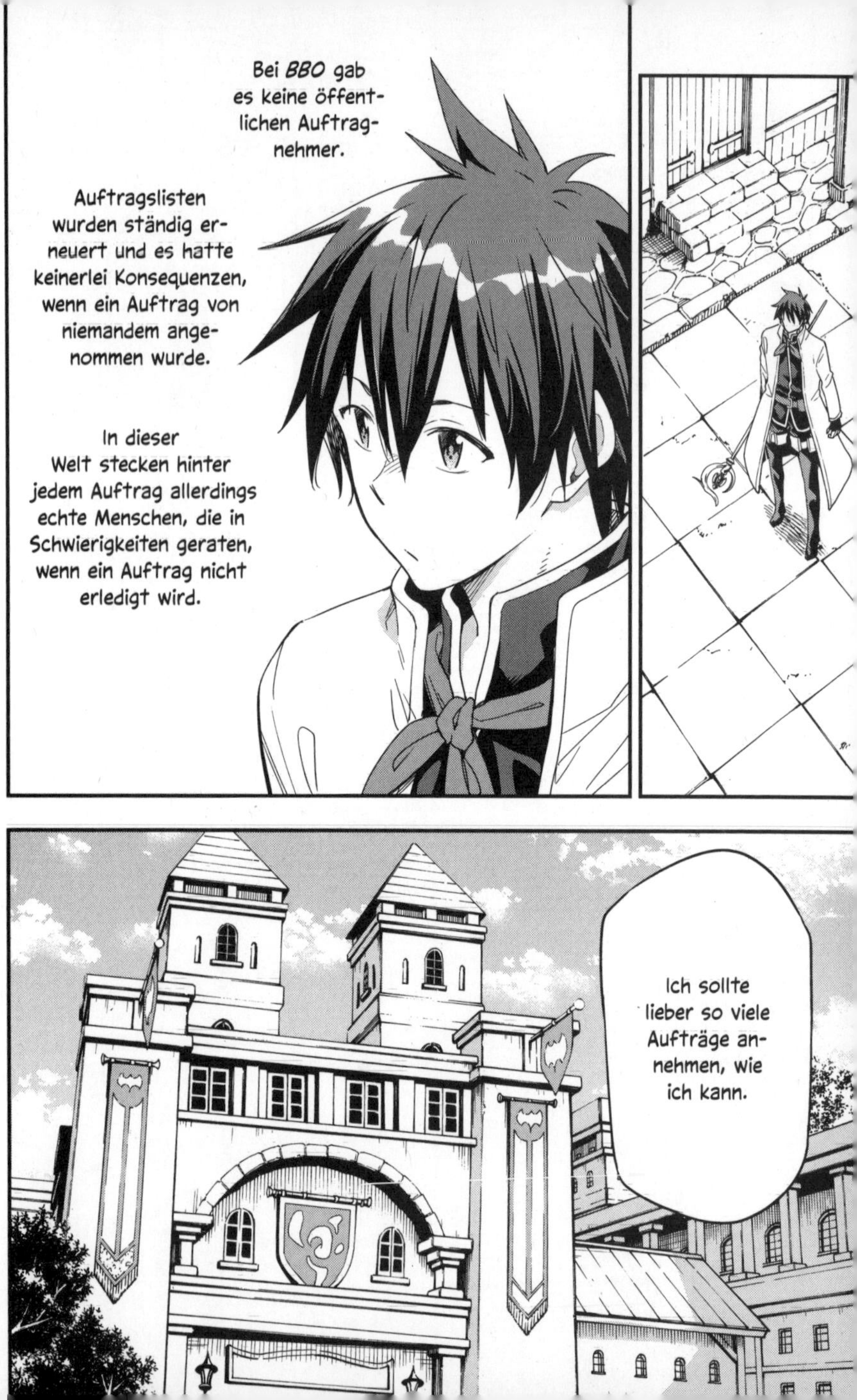

Bei *BBO* gab es keine öffent-lichen Auftrag-nehmer.
Auftragslisten wurden ständig er-neuert und es hatte keinerlei Konsequenzen, wenn ein Auftrag von niemandem ange-nommen wurde.
In dieser Welt stecken hinter jedem Auftrag allerdings echte Menschen, die in Schwierigkeiten geraten, wenn ein Auftrag nicht erledigt wird.
Ich sollte lieber so viele Aufträge an-nehmen, wie ich kann.

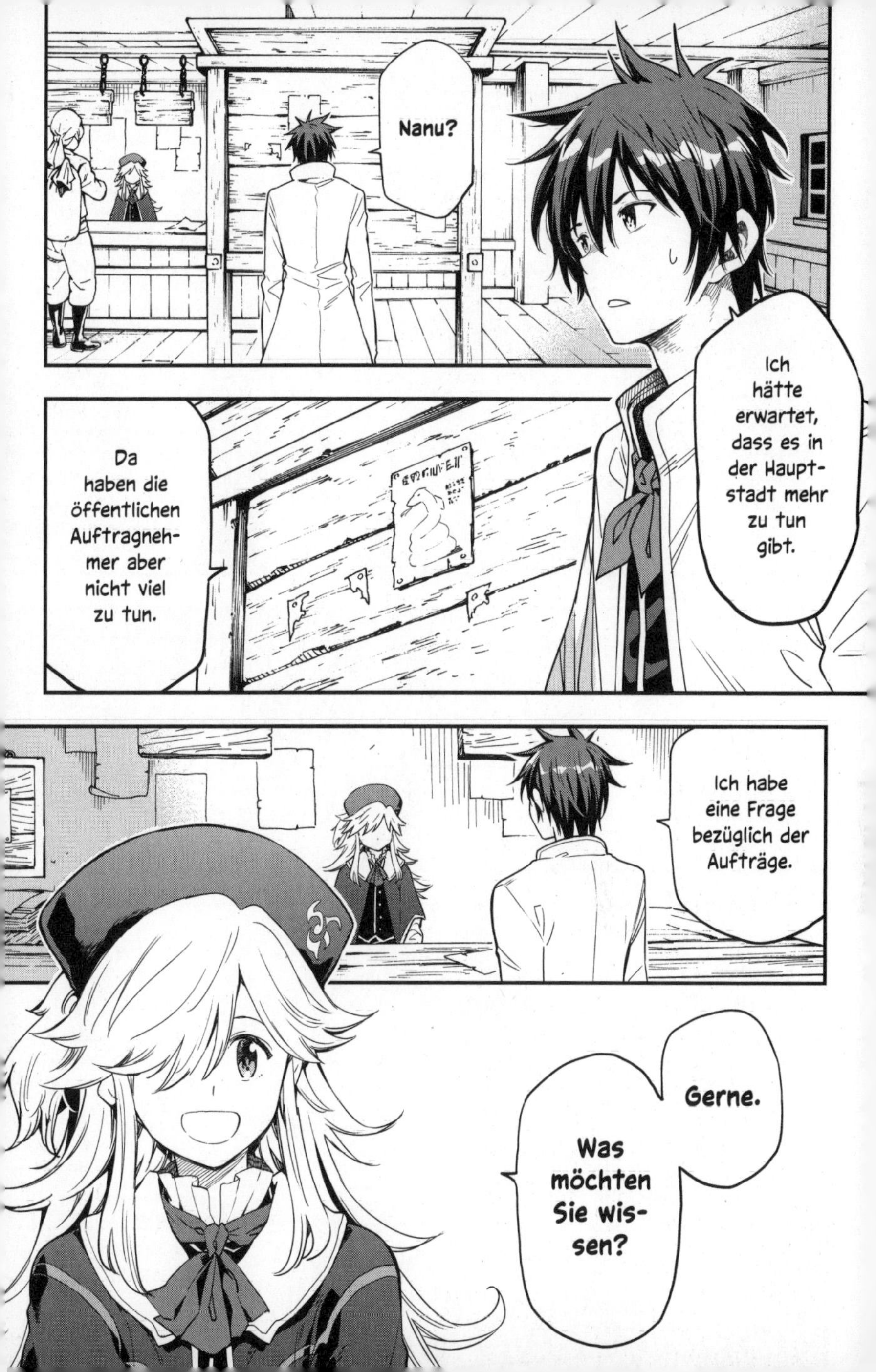

Nanu?
Ich hätte erwartet, dass es in der Haupt-stadt mehr zu tun gibt.
Da haben die öffentlichen Auftragneh-mer aber nicht viel zu tun.
Ich habe eine Frage bezüglich der Aufträge.
Gerne.
Was möchten Sie wis-sen?

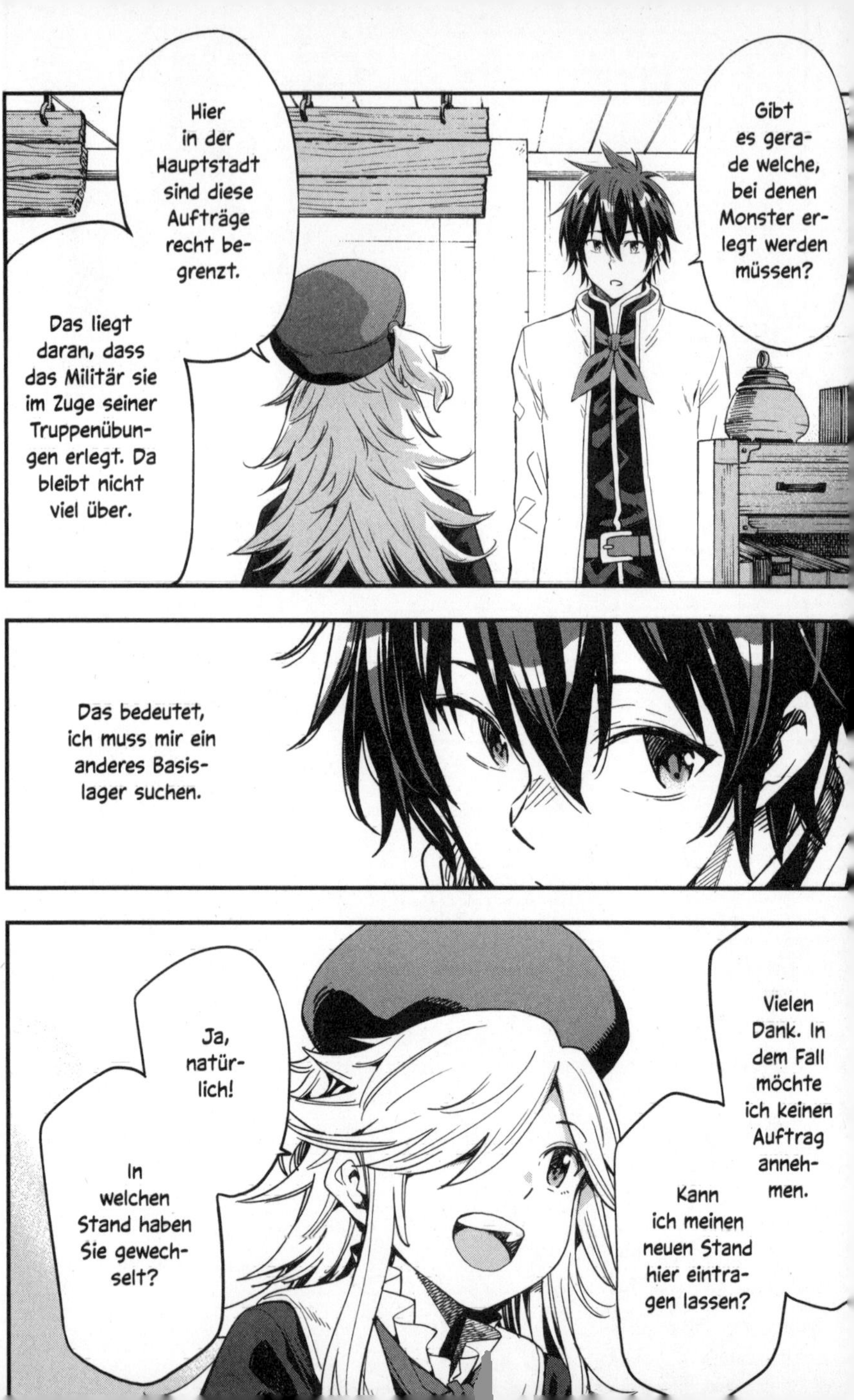

Gibt es gerade welche, bei denen Monster erlegt werden müssen?
Hier in der Hauptstadt sind diese Aufträge recht begrenzt.
Das liegt daran, dass das Militär sie im Zuge seiner Truppenübungen erlegt. Da bleibt nicht viel über.
Das bedeutet, ich muss mir ein anderes Basislager suchen.
Vielen Dank. In dem Fall möchte ich keinen Auftrag annehmen.
Kann ich meinen neuen Stand hier eintragen lassen?
Ja, natürlich!
In welchen Stand haben Sie gewechselt?

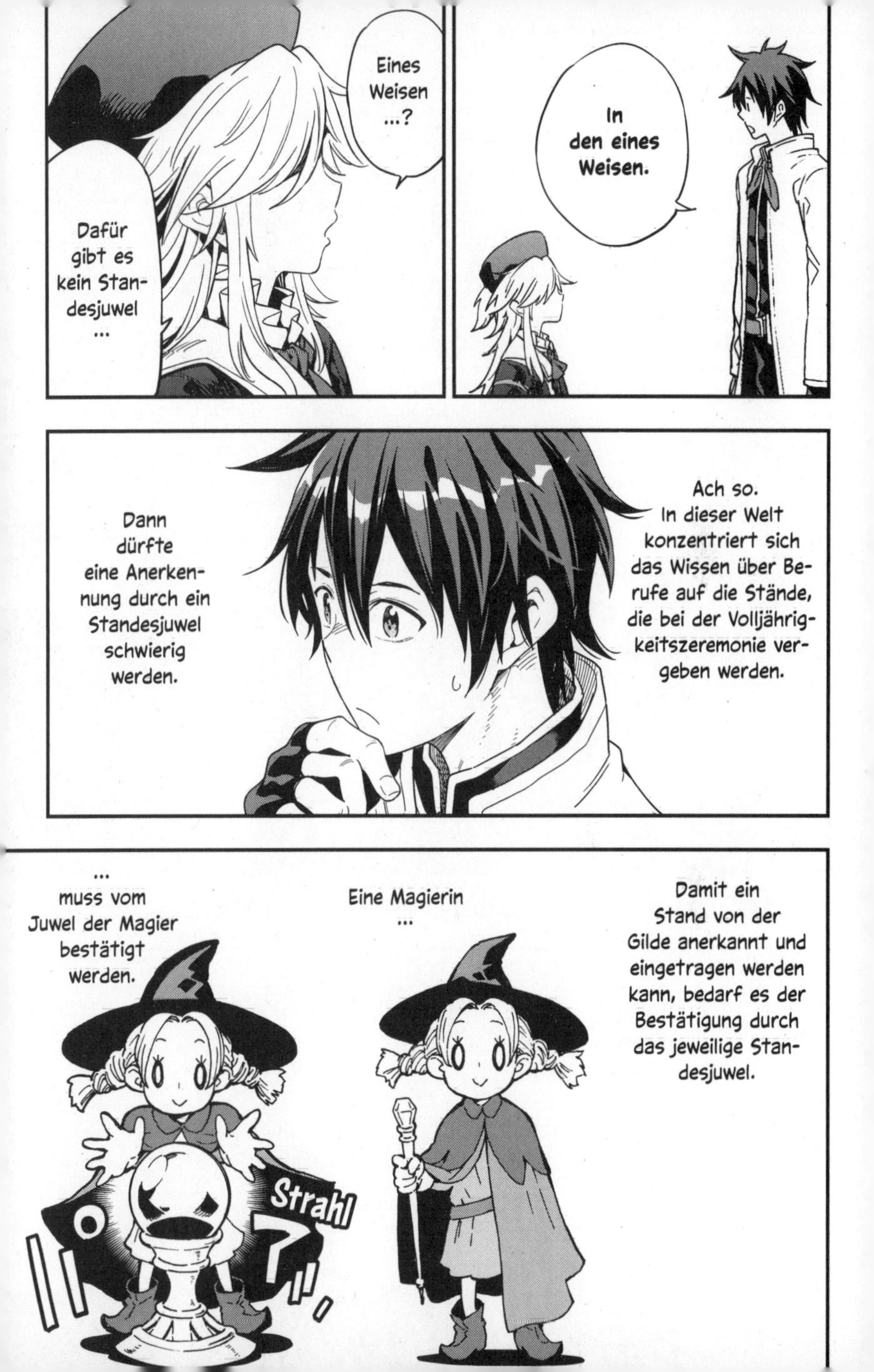

In den eines Weisen.
Eines Weisen ...?
Dafür gibt es kein Standesjuwel ...
Ach so. In dieser Welt konzentriert sich das Wissen über Berufe auf die Stände, die bei der Volljährigkeitszeremonie vergeben werden.
Dann dürfte eine Anerkennung durch ein Standesjuwel schwierig werden.
Damit ein Stand von der Gilde anerkannt und eingetragen werden kann, bedarf es der Bestätigung durch das jeweilige Standesjuwel.
Eine Magierin ...
... muss vom Juwel der Magier bestätigt werden.
Strahl

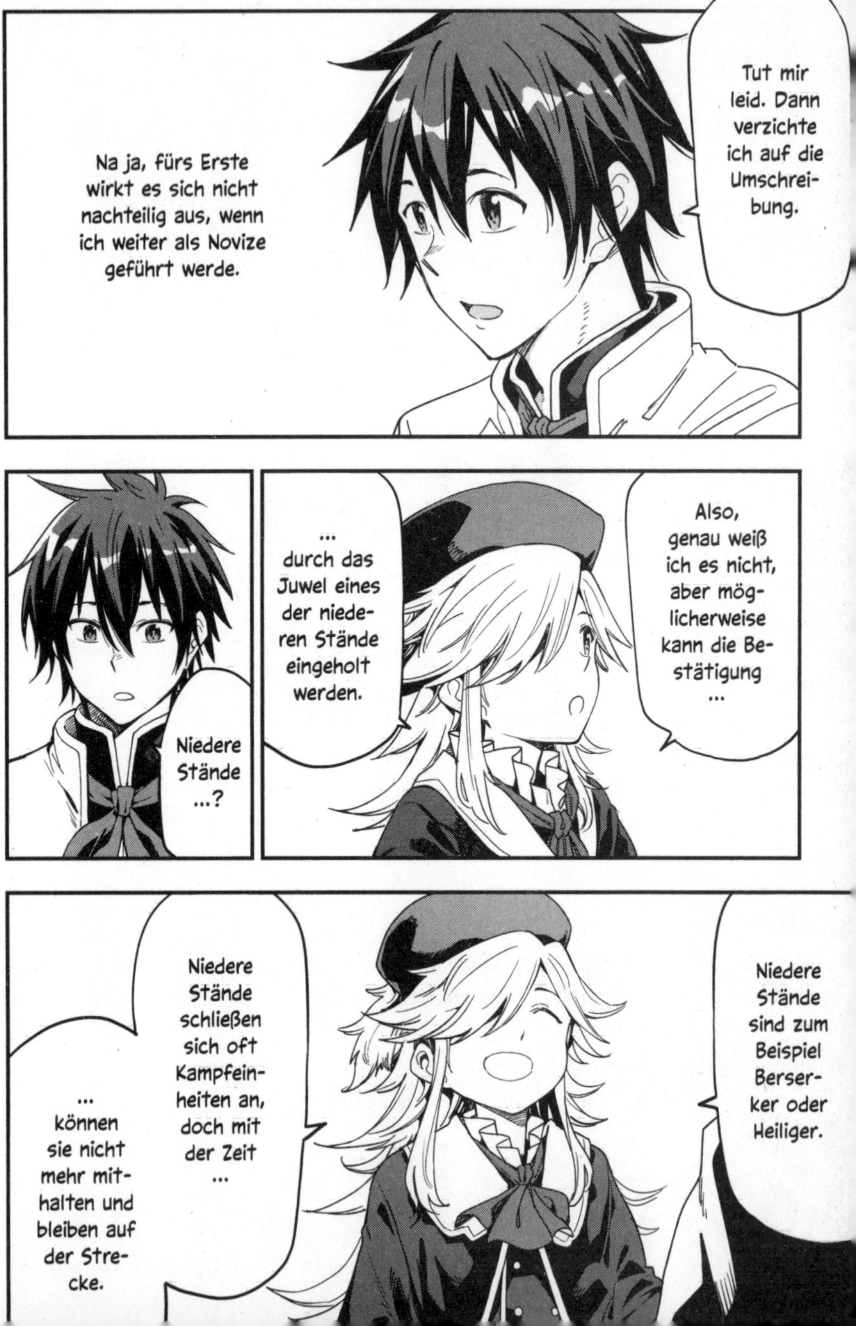
Tut mir leid. Dann verzichte ich auf die Umschreibung.
Na ja, fürs Erste wirkt es sich nicht nachteilig aus, wenn ich weiter als Novize geführt werde.
Also, genau weiß ich es nicht, aber möglicherweise kann die Bestätigung ...
... durch das Juwel eines der niederen Stände eingeholt werden.
Niedere Stände ...?
Niedere Stände sind zum Beispiel Berserker oder Heiliger.
Niedere Stände schließen sich oft Kampfeinheiten an, doch mit der Zeit ...
... können sie nicht mehr mithalten und bleiben auf der Strecke.

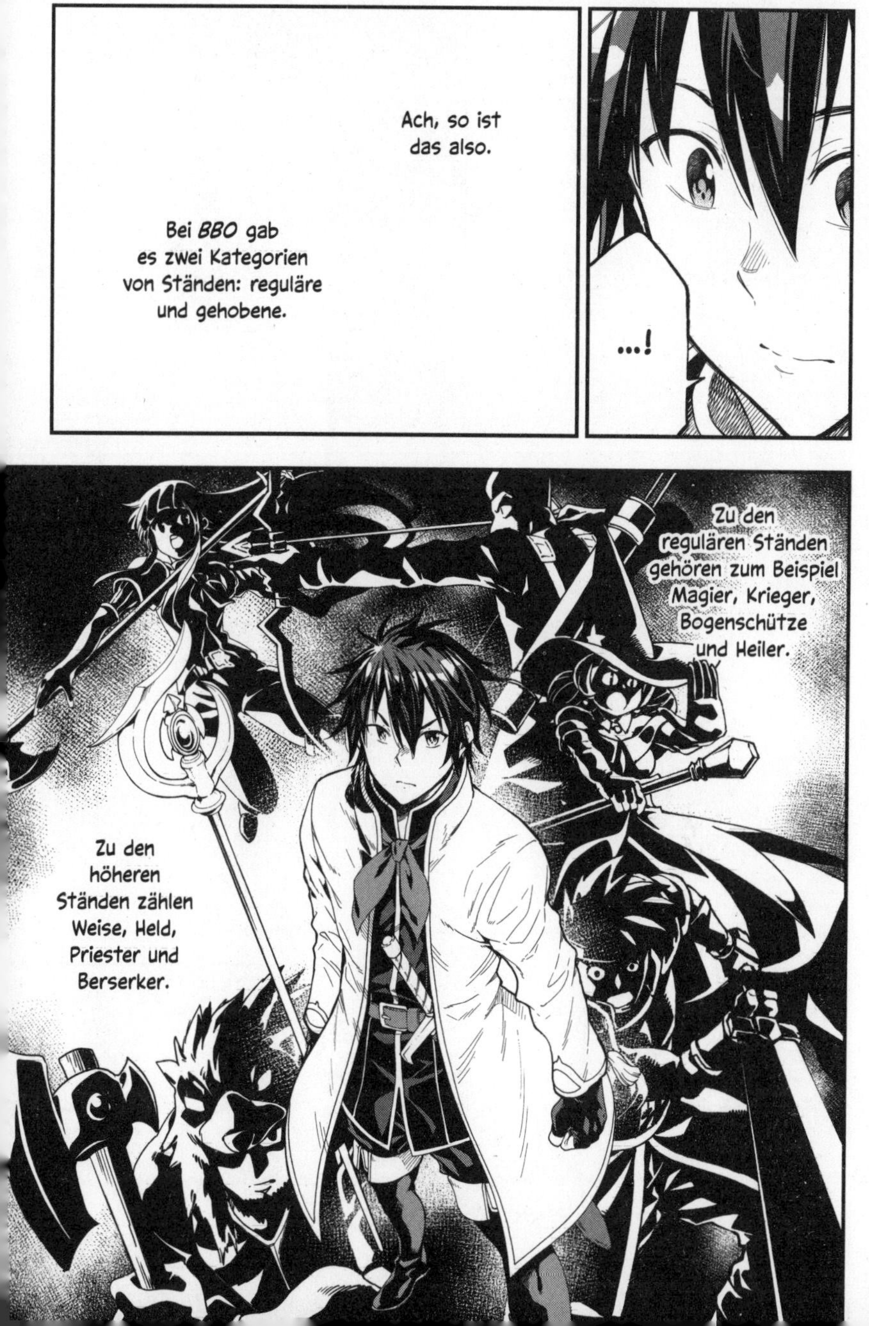
...!
Ach, so ist das also.
Bei *BBO* gab es zwei Kategorien von Ständen: reguläre und gehobene.
Zu den regulären Ständen gehören zum Beispiel Magier, Krieger, Bogenschütze und Heiler.
Zu den höheren Ständen zählen Weise, Held, Priester und Berserker.

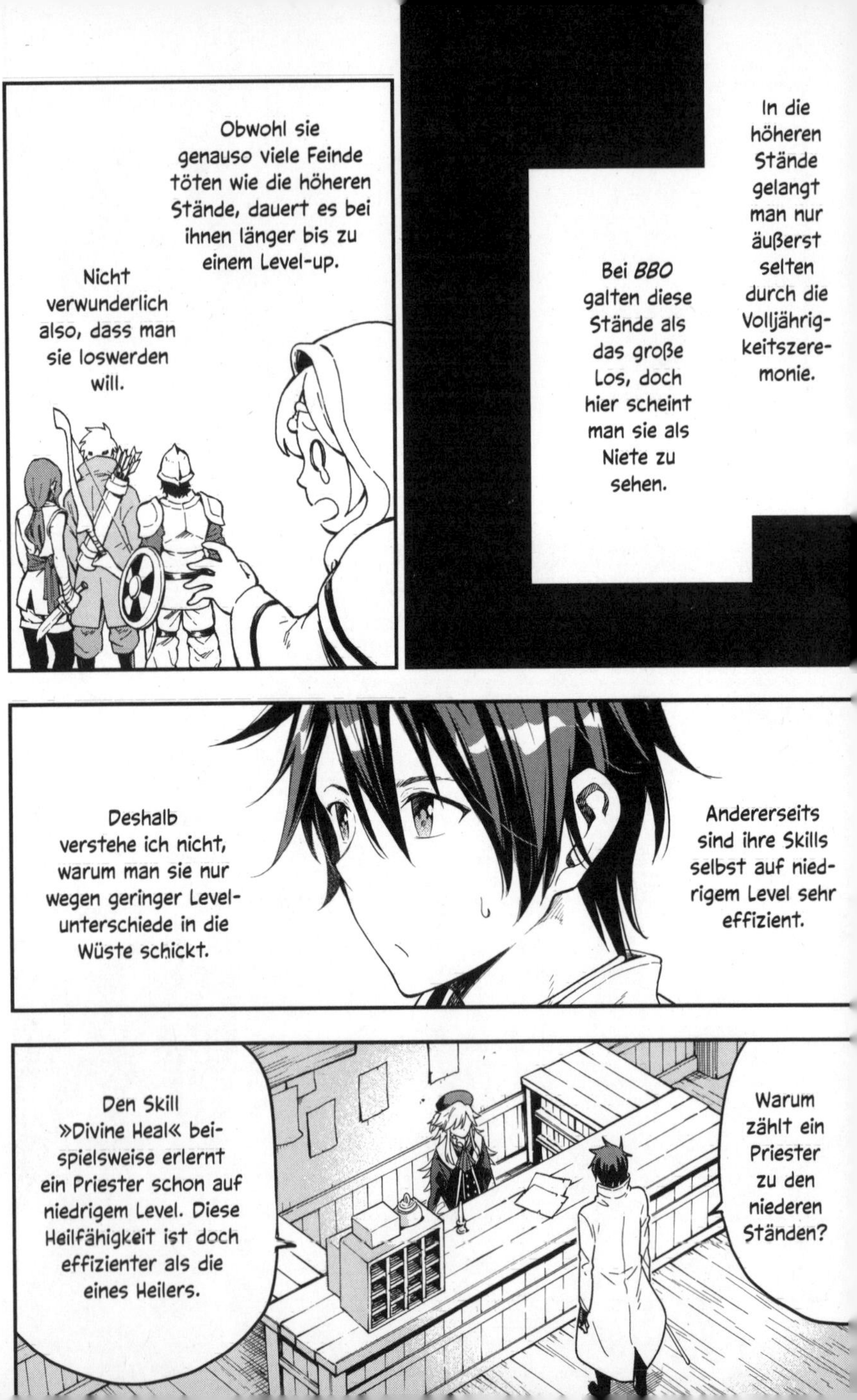
In die höheren Stände gelangt man nur äußerst selten durch die Volljährigkeitszeremonie.
Bei *BBO* galten diese Stände als das große Los, doch hier scheint man sie als Niete zu sehen.
Obwohl sie genauso viele Feinde töten wie die höheren Stände, dauert es bei ihnen länger bis zu einem Level-up.
Nicht verwunderlich also, dass man sie loswerden will.
Andererseits sind ihre Skills selbst auf niedrigem Level sehr effizient.
Deshalb verstehe ich nicht, warum man sie nur wegen geringer Levelunterschiede in die Wüste schickt.
Warum zählt ein Priester zu den niederen Ständen?
Den Skill »Divine Heal« beispielsweise erlernt ein Priester schon auf niedrigem Level. Diese Heilfähigkeit ist doch effizienter als die eines Heilers.

»Divine Heal« …?
Was ist das?
…!
Wie bitte?!
Nicht mal die grundlegendsten Skills sind bekannt?
Langsam schockiert mich diese Welt!
Ich glaube, ich bleib einfach Novize.
Wie Sie wünschen.

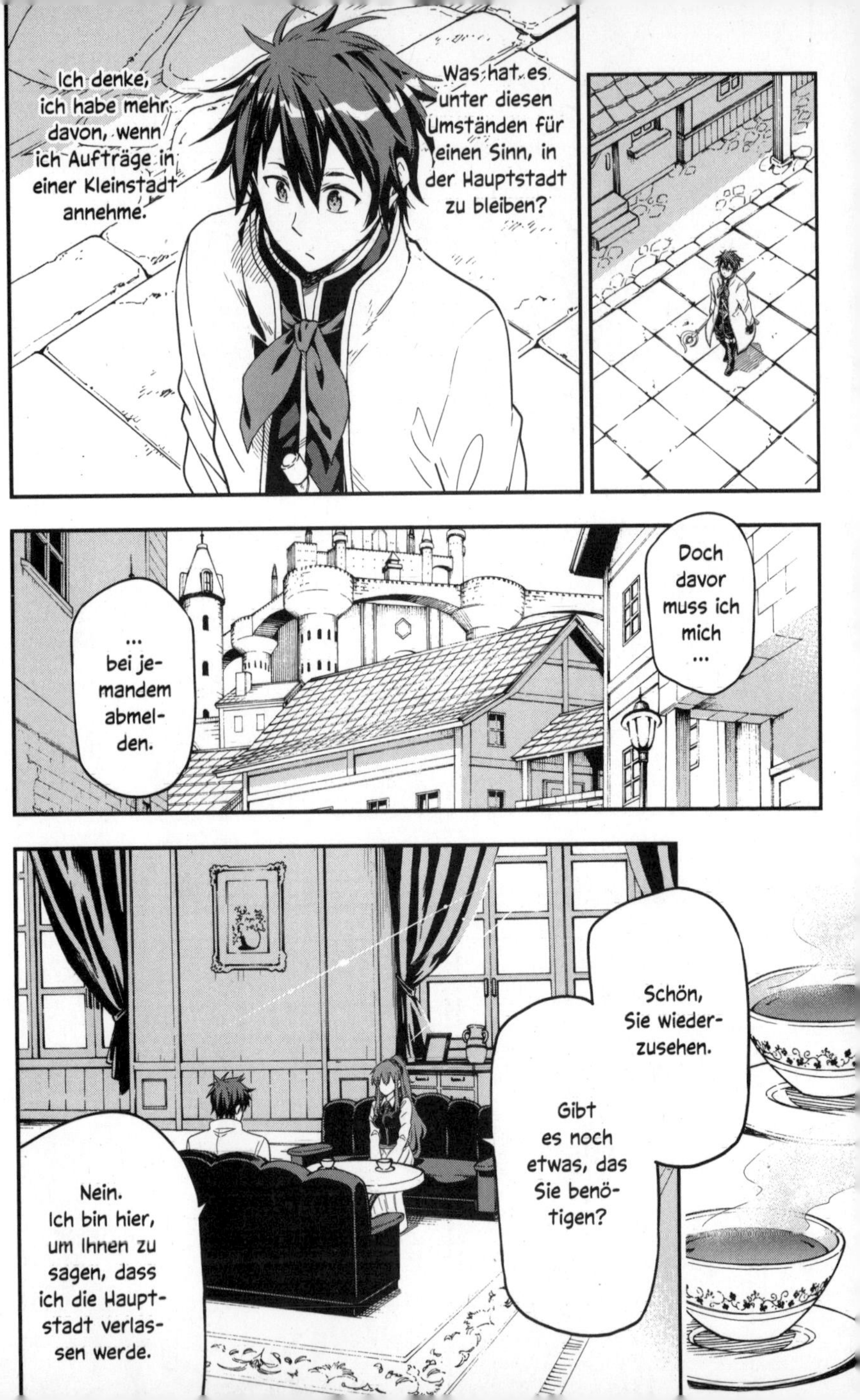
Was hat es unter diesen Umständen für einen Sinn, in der Hauptstadt zu bleiben?
Ich denke, ich habe mehr davon, wenn ich Aufträge in einer Kleinstadt annehme.
Doch davor muss ich mich …
… bei jemandem abmelden.
Schön, Sie wiederzusehen.
Gibt es noch etwas, das Sie benötigen?
Nein. Ich bin hier, um Ihnen zu sagen, dass ich die Hauptstadt verlassen werde.

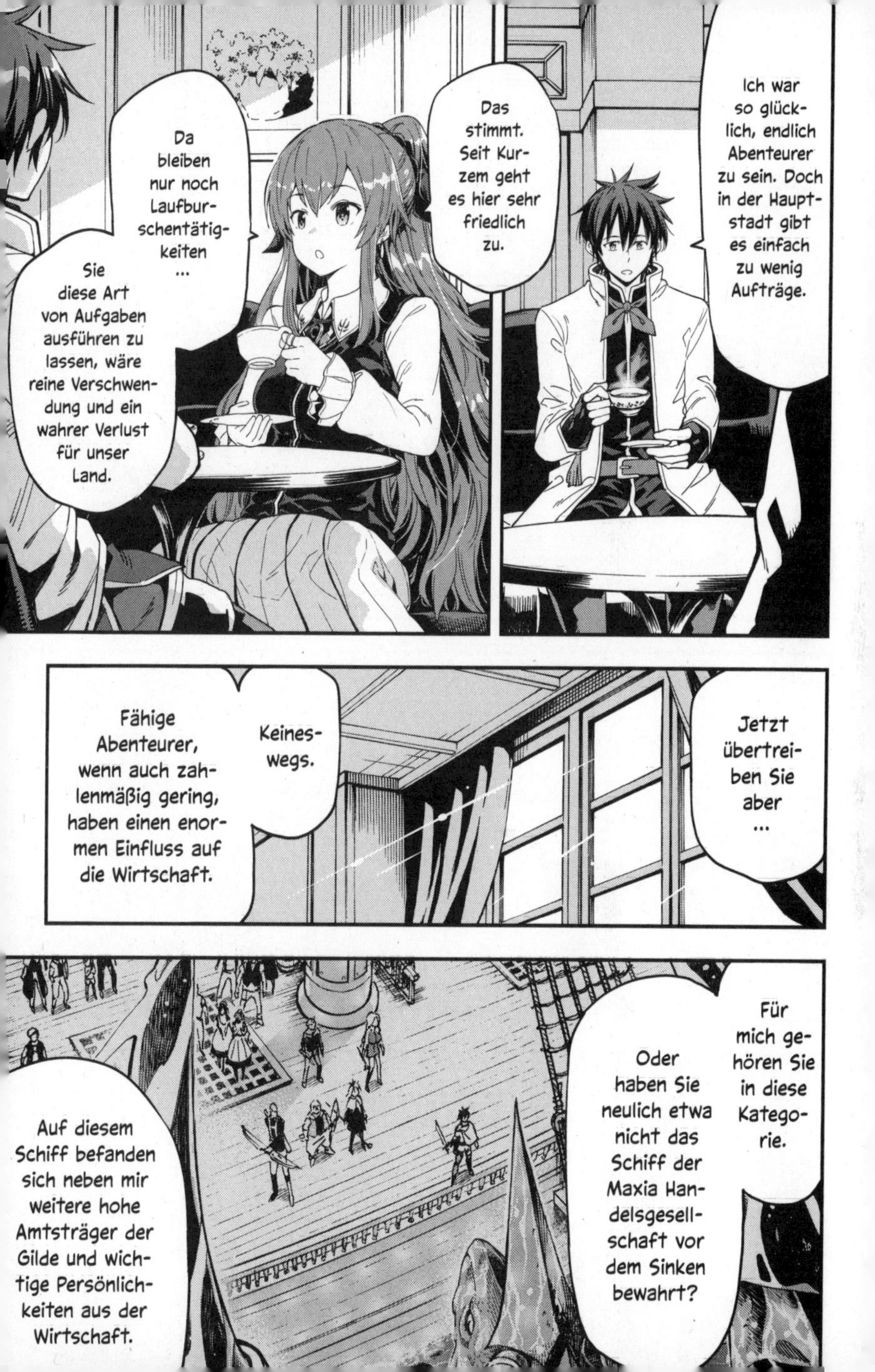
Ich war so glücklich, endlich Abenteurer zu sein. Doch in der Hauptstadt gibt es einfach zu wenig Aufträge.
Das stimmt. Seit Kurzem geht es hier sehr friedlich zu.
Da bleiben nur noch Laufburschentätigkeiten ...
Sie diese Art von Aufgaben ausführen zu lassen, wäre reine Verschwendung und ein wahrer Verlust für unser Land.
Jetzt übertreiben Sie aber ...
Keineswegs.
Fähige Abenteurer, wenn auch zahlenmäßig gering, haben einen enormen Einfluss auf die Wirtschaft.
Für mich gehören Sie in diese Kategorie.
Oder haben Sie neulich etwa nicht das Schiff der Maxia Handelsgesellschaft vor dem Sinken bewahrt?
Auf diesem Schiff befanden sich neben mir weitere hohe Amtsträger der Gilde und wichtige Persönlichkeiten aus der Wirtschaft.

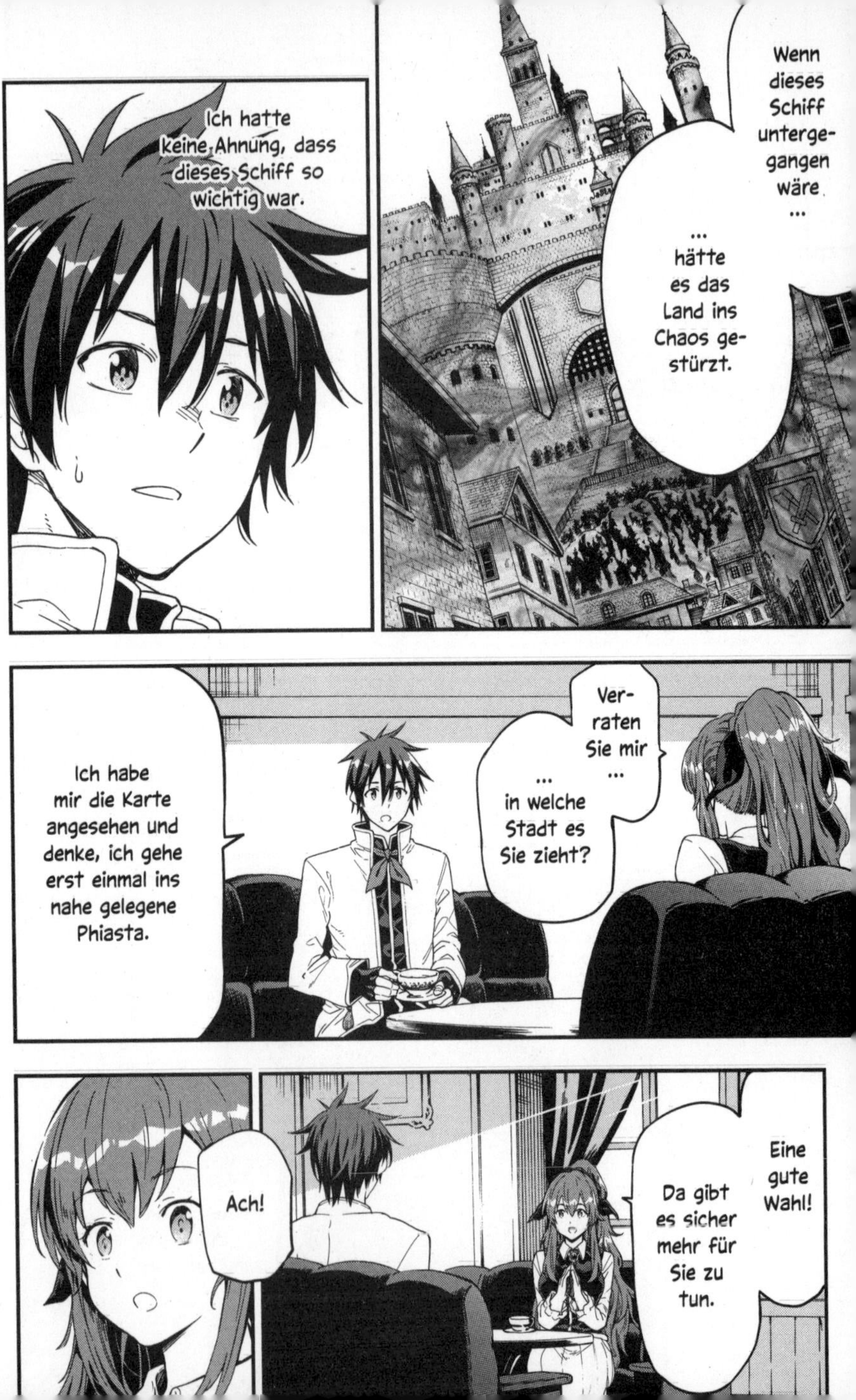

Wenn dieses Schiff untergegangen wäre ...
... hätte es das Land ins Chaos gestürzt.
Ich hatte keine Ahnung, dass dieses Schiff so wichtig war.
Verraten Sie mir ...
... in welche Stadt es Sie zieht?
Ich habe mir die Karte angesehen und denke, ich gehe erst einmal ins nahe gelegene Phiasta.
Eine gute Wahl!
Da gibt es sicher mehr für Sie zu tun.
Ach!

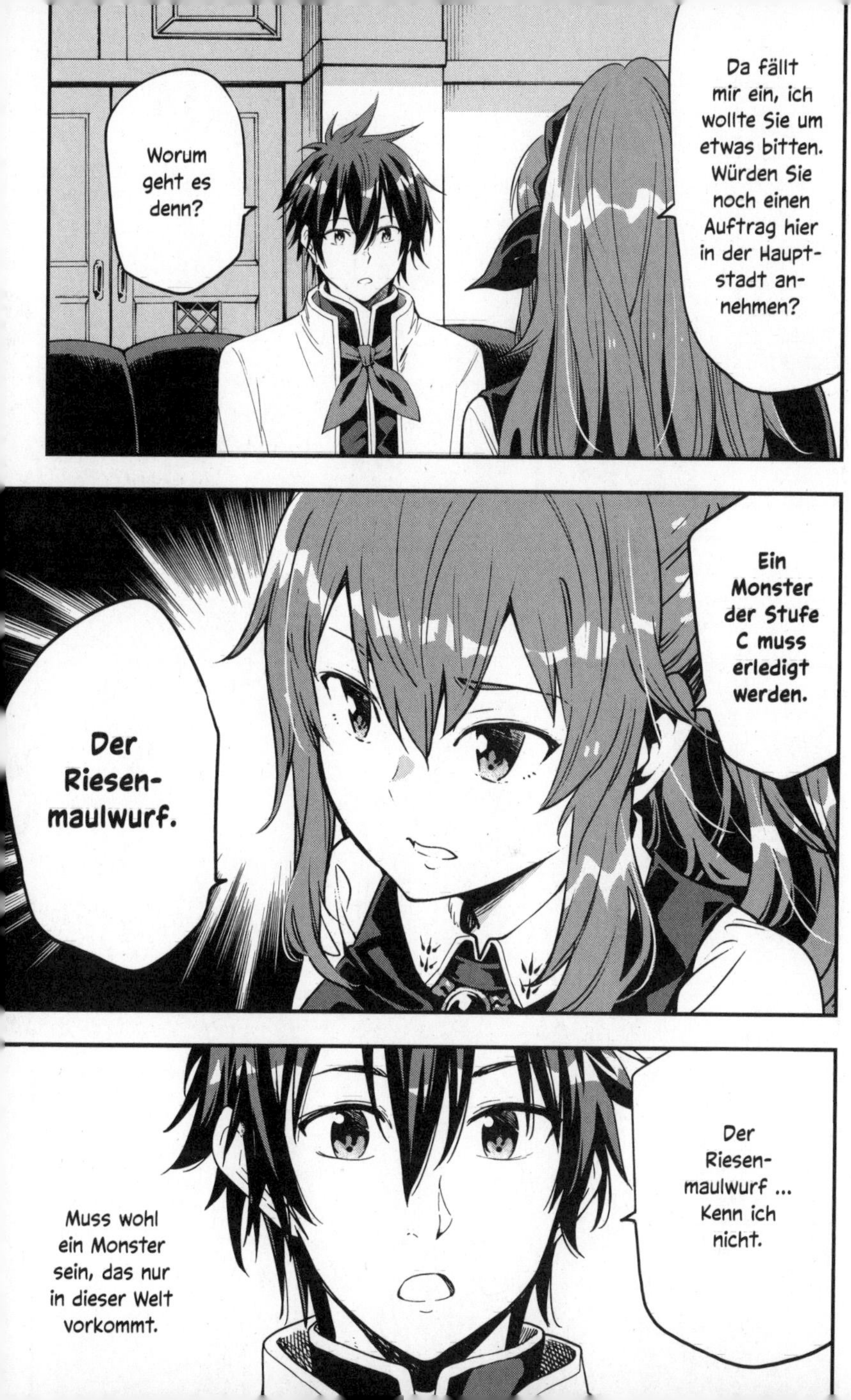
Da fällt mir ein, ich wollte Sie um etwas bitten. Würden Sie noch einen Auftrag hier in der Hauptstadt annehmen?
Worum geht es denn?
Ein Monster der Stufe C muss erledigt werden.
Der Riesenmaulwurf.
Der Riesenmaulwurf ... Kenn ich nicht.
Muss wohl ein Monster sein, das nur in dieser Welt vorkommt.

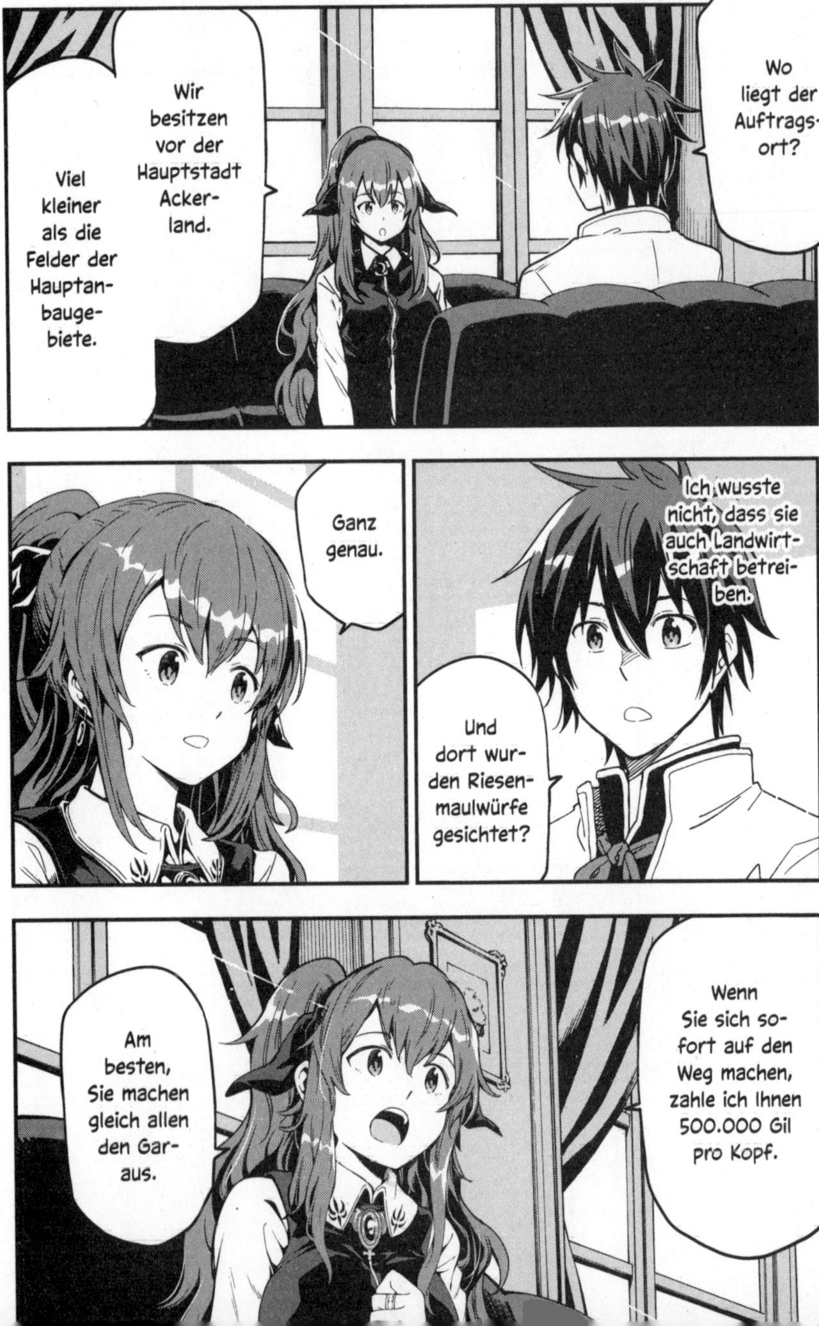

Wo liegt der Auftragsort?
Wir besitzen vor der Hauptstadt Ackerland.
Viel kleiner als die Felder der Hauptanbaugebiete.
Ich wusste nicht, dass sie auch Landwirtschaft betreiben.
Und dort wurden Riesenmaulwürfe gesichtet?
Ganz genau.
Wenn Sie sich sofort auf den Weg machen, zahle ich Ihnen 500.000 Gil pro Kopf.
Am besten, Sie machen gleich allen den Garaus.

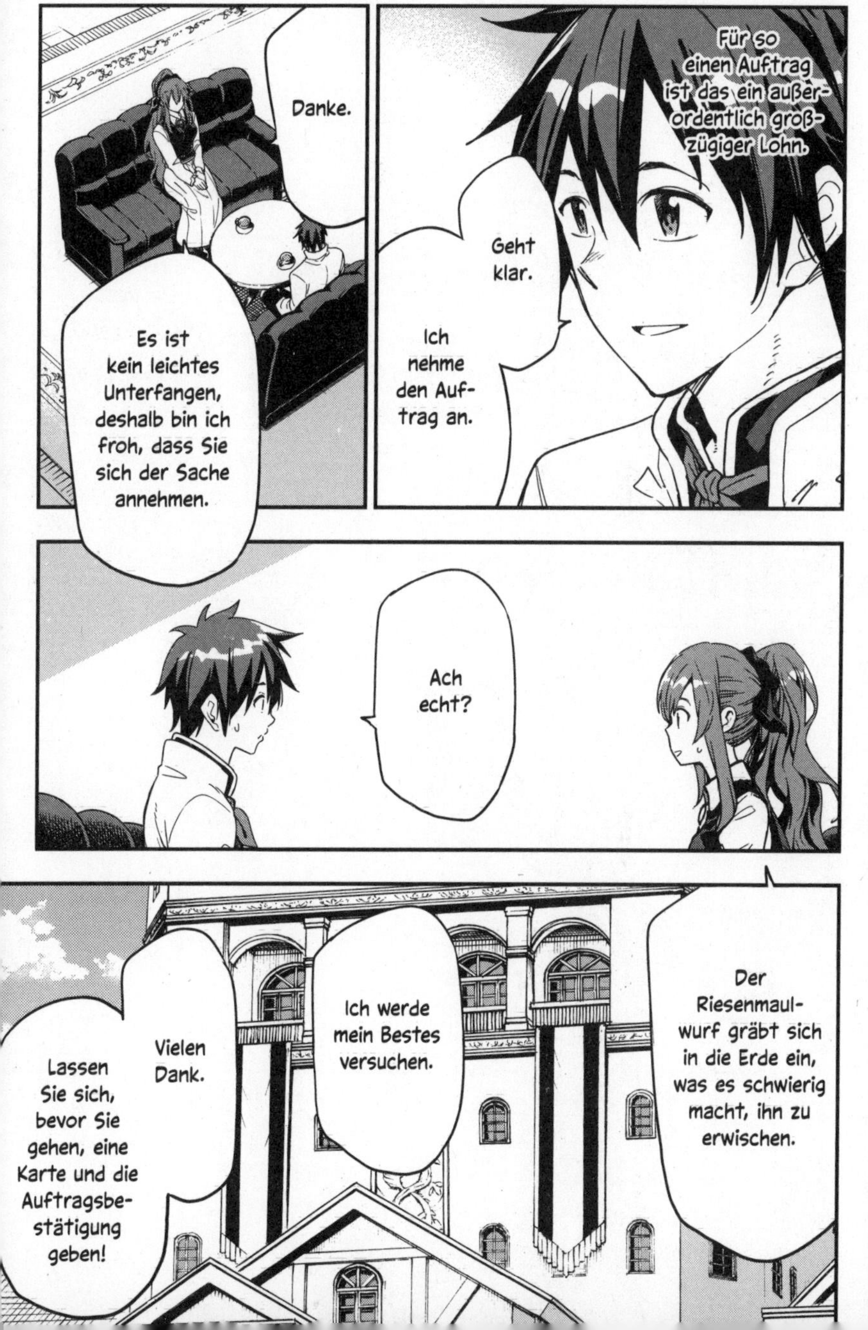

Für so einen Auftrag ist das ein außer-ordentlich groß-zügiger Lohn.
Geht klar.
Ich nehme den Auf-trag an.
Danke.
Es ist kein leichtes Unterfangen, deshalb bin ich froh, dass Sie sich der Sache annehmen.
Ach echt?
Der Riesenmaul-wurf gräbt sich in die Erde ein, was es schwierig macht, ihn zu erwischen.
Ich werde mein Bestes versuchen.
Vielen Dank.
Lassen Sie sich, bevor Sie gehen, eine Karte und die Auftragsbe-stätigung geben!

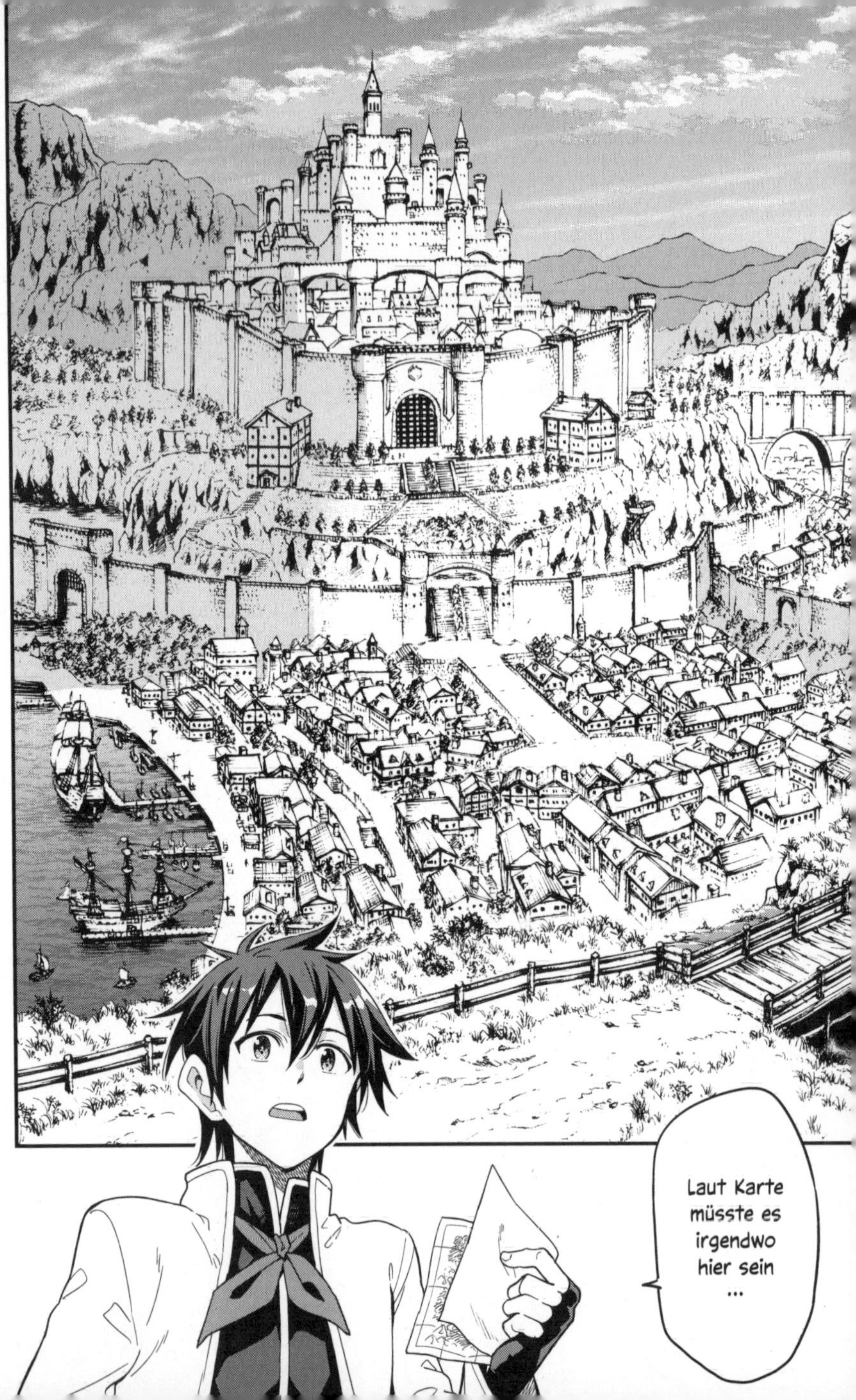
Laut Karte müsste es irgendwo hier sein ...

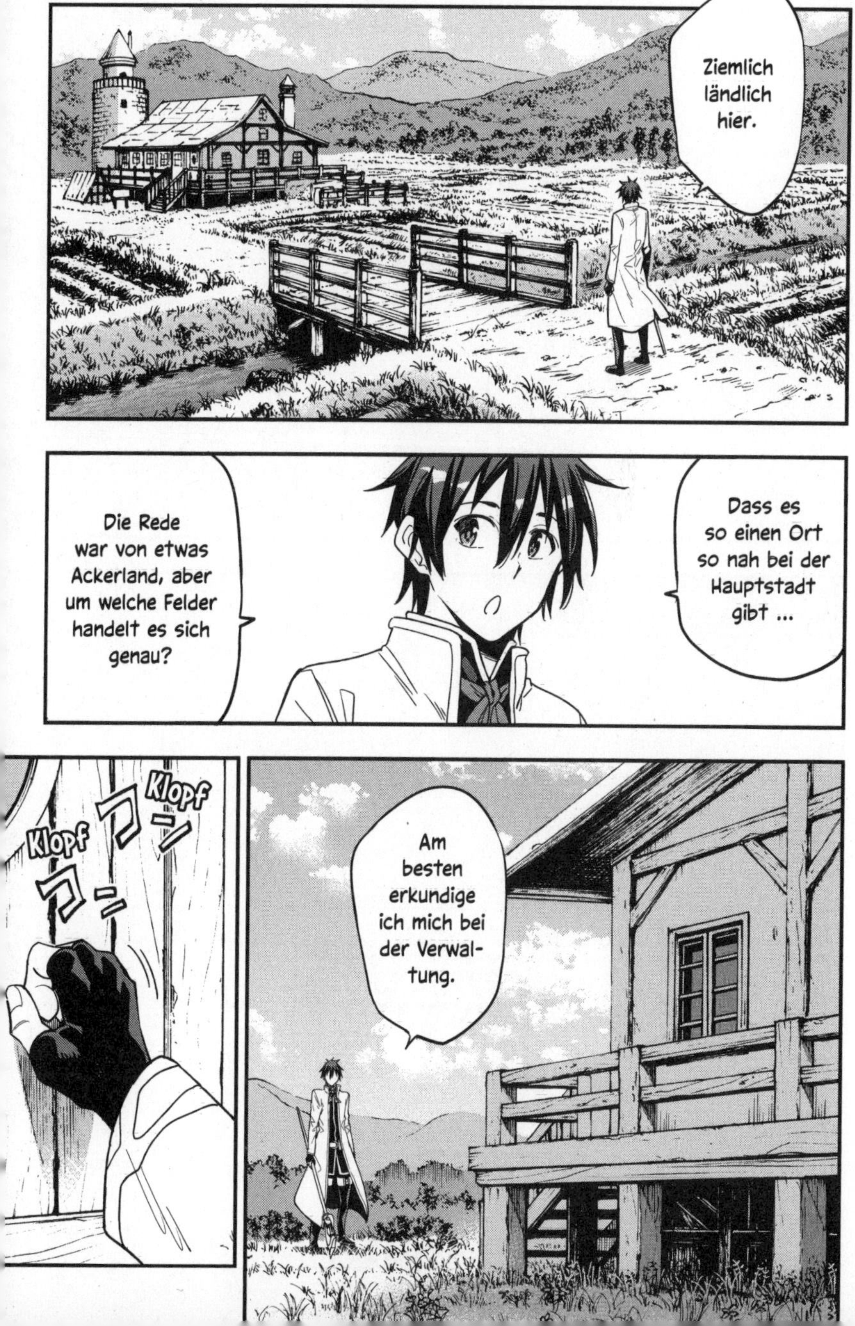

Ziemlich ländlich hier.
Dass es so einen Ort so nah bei der Hauptstadt gibt ...
Die Rede war von etwas Ackerland, aber um welche Felder handelt es sich genau?
Am besten erkundige ich mich bei der Verwaltung.
Klopf
Klopf

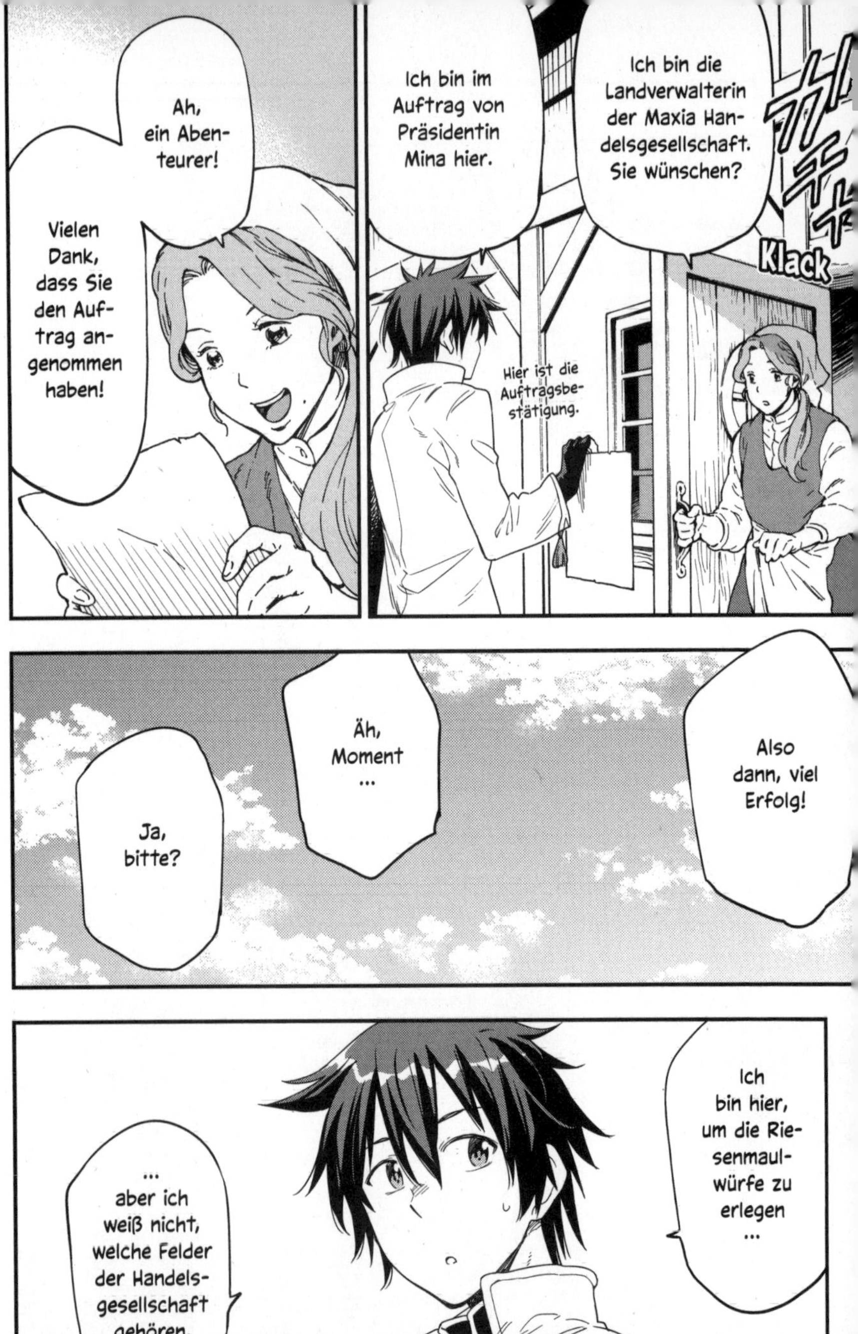

Klack
Ich bin die Landverwalterin der Maxia Handelsgesellschaft. Sie wünschen?
Ich bin im Auftrag von Präsidentin Mina hier.
Hier ist die Auftragsbestätigung.
Ah, ein Abenteurer!
Vielen Dank, dass Sie den Auftrag angenommen haben!
Also dann, viel Erfolg!
Äh, Moment ...
Ja, bitte?
Ich bin hier, um die Riesenmaulwürfe zu erlegen ...
... aber ich weiß nicht, welche Felder der Handelsgesellschaft gehören.

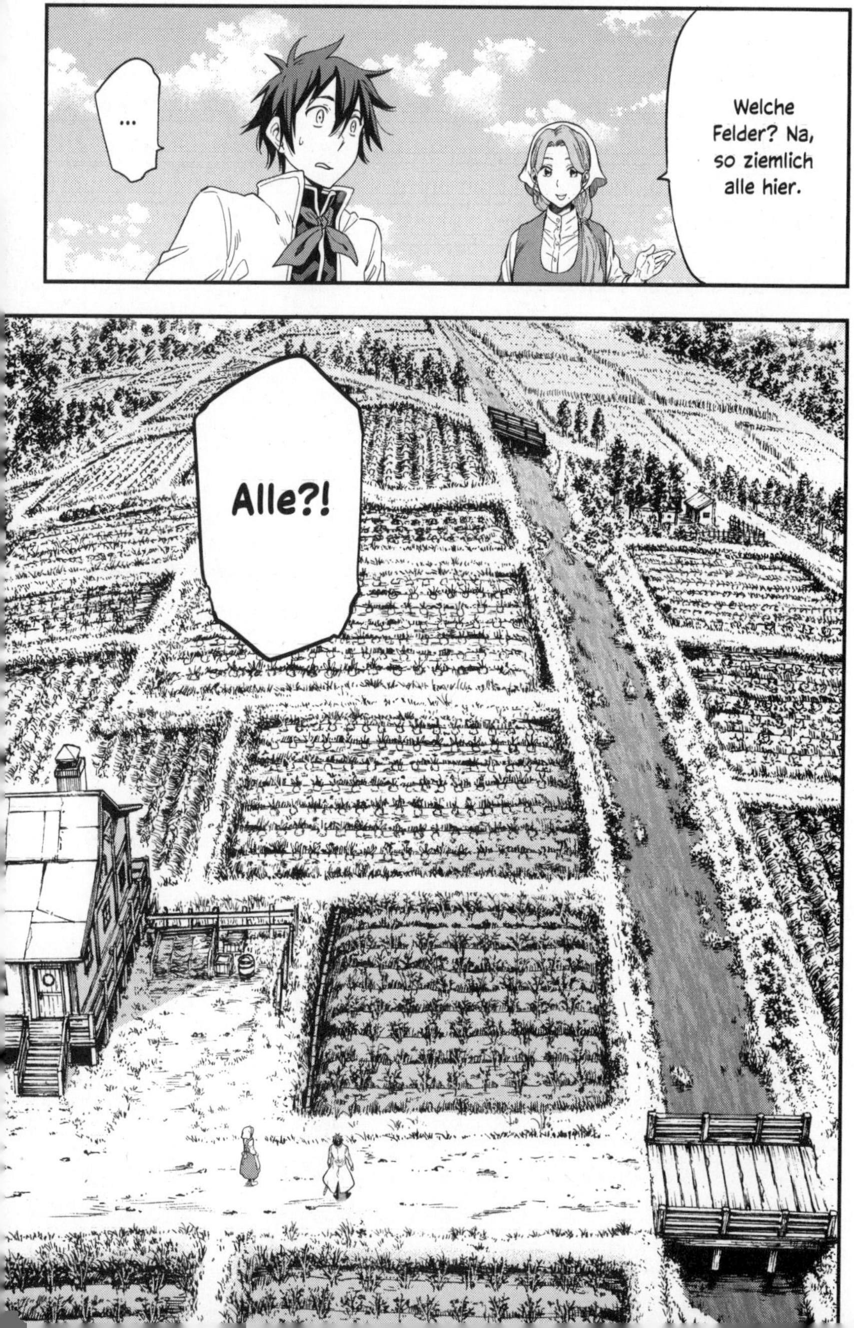
Welche Felder? Na, so ziemlich alle hier.
...
Alle?!

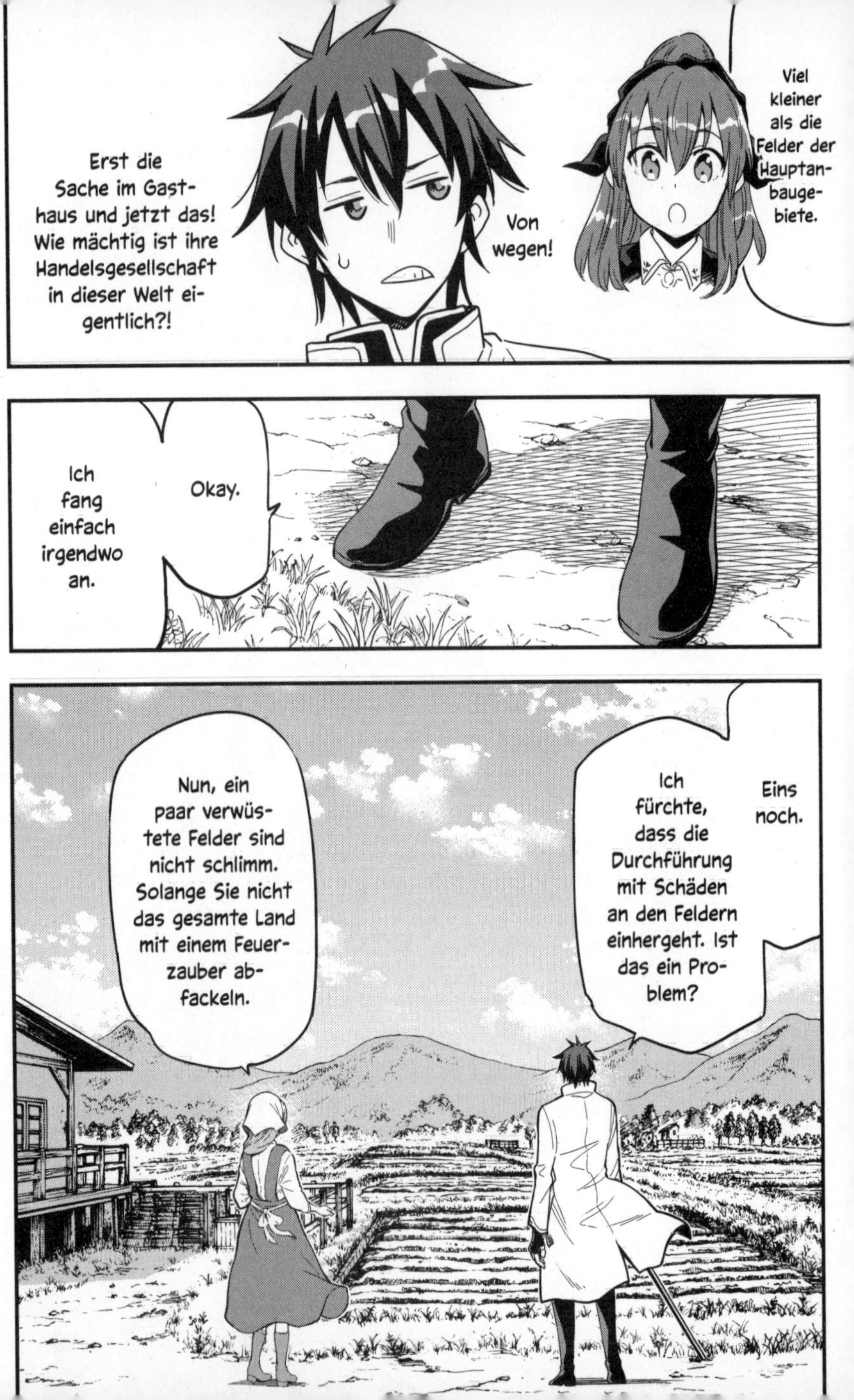

Viel kleiner als die Felder der Hauptanbaugebiete.
Von wegen!
Erst die Sache im Gasthaus und jetzt das! Wie mächtig ist ihre Handelsgesellschaft in dieser Welt eigentlich?!
Okay.
Ich fang einfach irgendwo an.
Eins noch.
Ich fürchte, dass die Durchführung mit Schäden an den Feldern einhergeht. Ist das ein Problem?
Nun, ein paar verwüstete Felder sind nicht schlimm. Solange Sie nicht das gesamte Land mit einem Feuerzauber abfackeln.

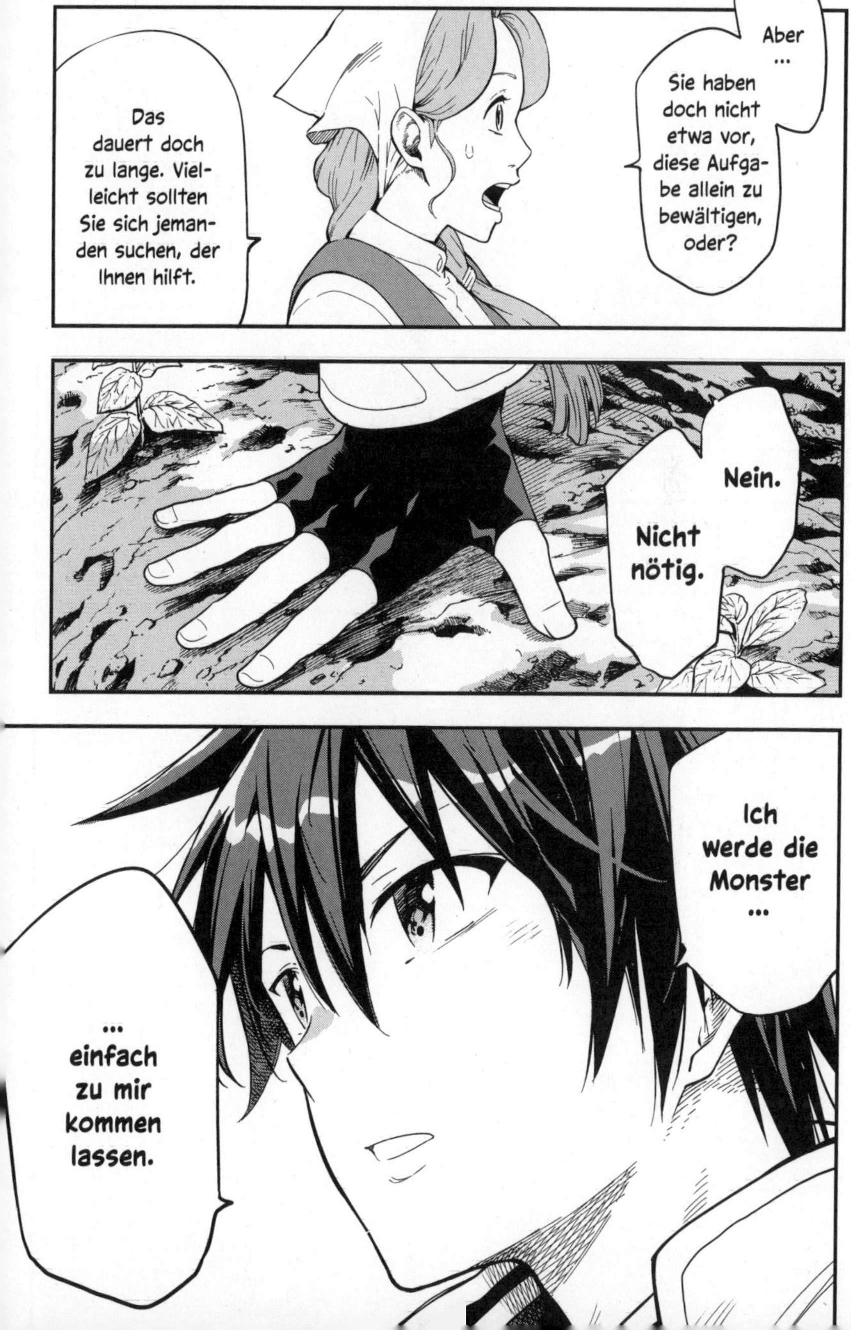
Aber ...
Sie haben doch nicht etwa vor, diese Aufgabe allein zu bewältigen, oder?
Das dauert doch zu lange. Vielleicht sollten Sie sich jemanden suchen, der Ihnen hilft.
Nein.
Nicht nötig.
Ich werde die Monster ...
... einfach zu mir kommen lassen.

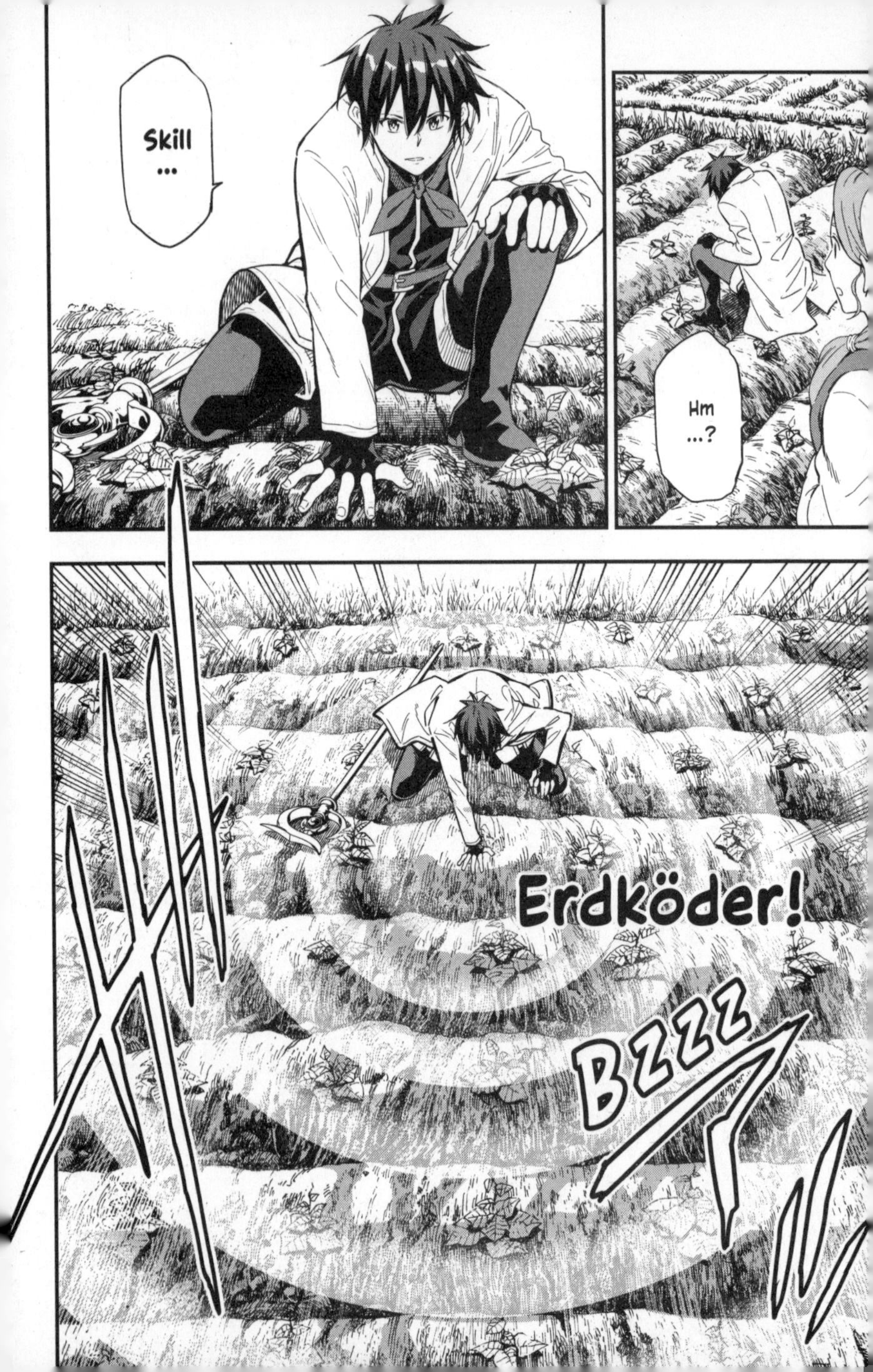
Hm
...?
Skill
...
Erdköder!
Bzzz

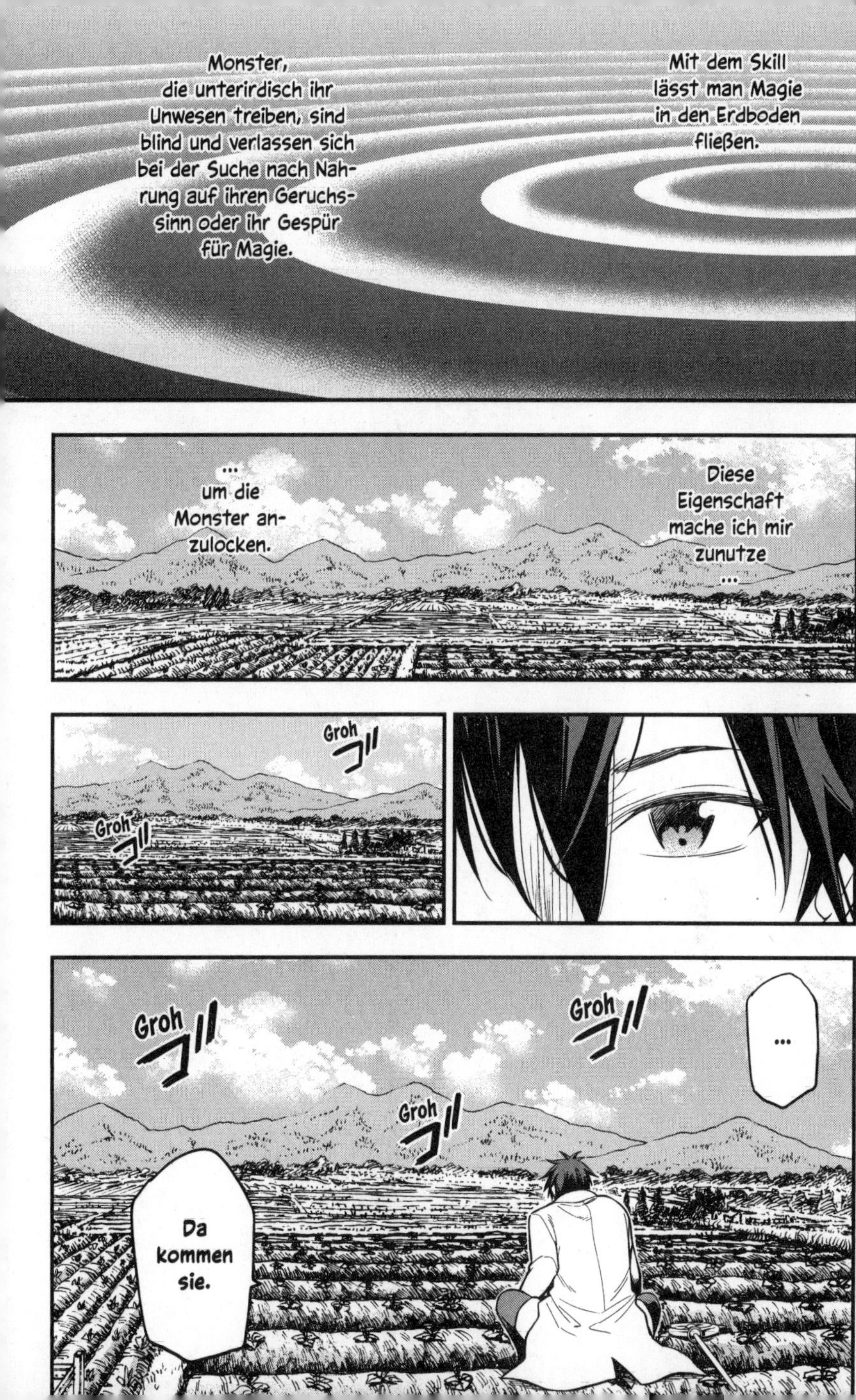
Mit dem Skill lässt man Magie in den Erdboden fließen.
Monster, die unterirdisch ihr Unwesen treiben, sind blind und verlassen sich bei der Suche nach Nahrung auf ihren Geruchssinn oder ihr Gespür für Magie.
Diese Eigenschaft mache ich mir zunutze ...
... um die Monster anzulocken.
Groh
Groh
...
Groh
Groh
Groh
Da kommen sie.

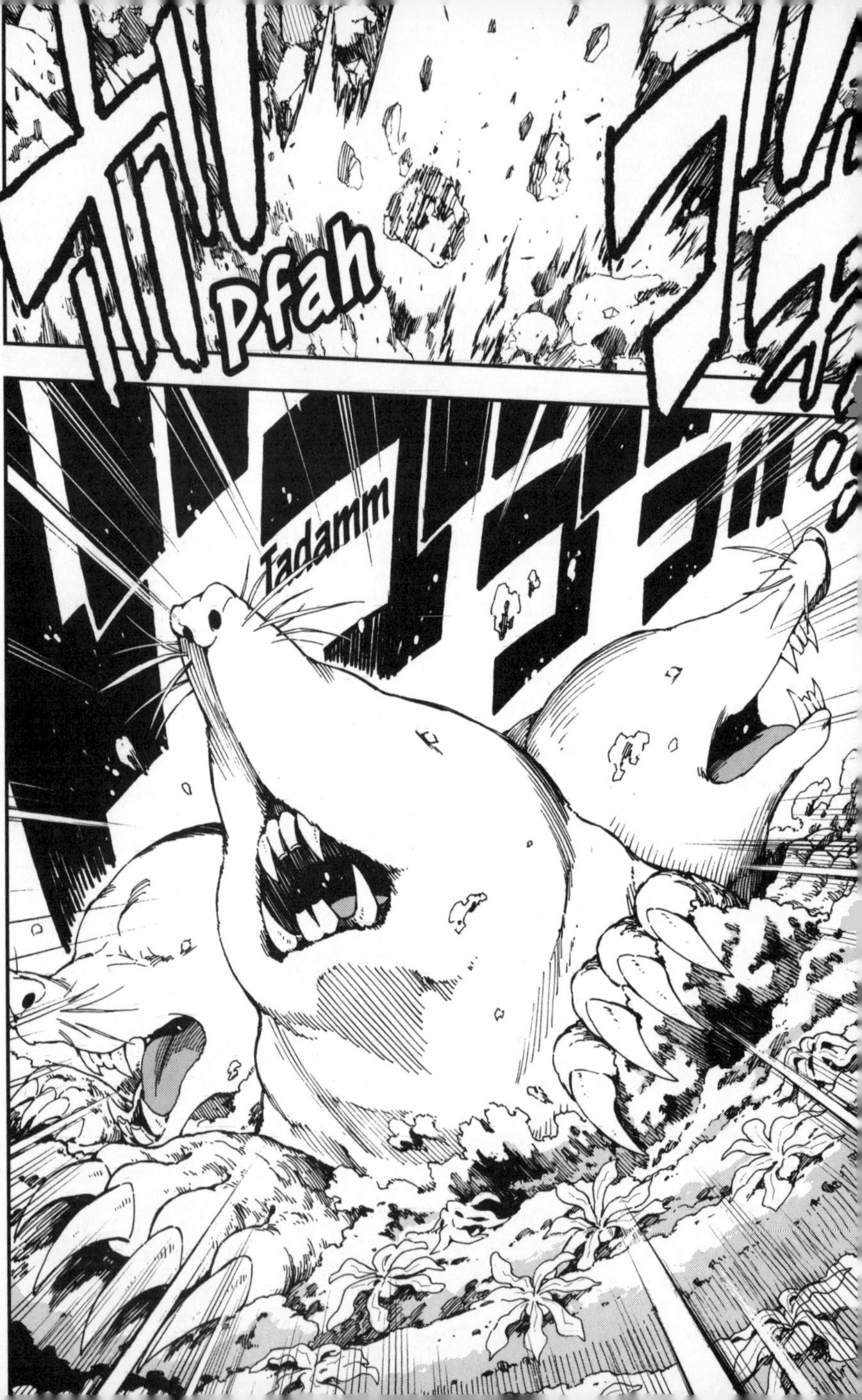
Pfah
Tadamm

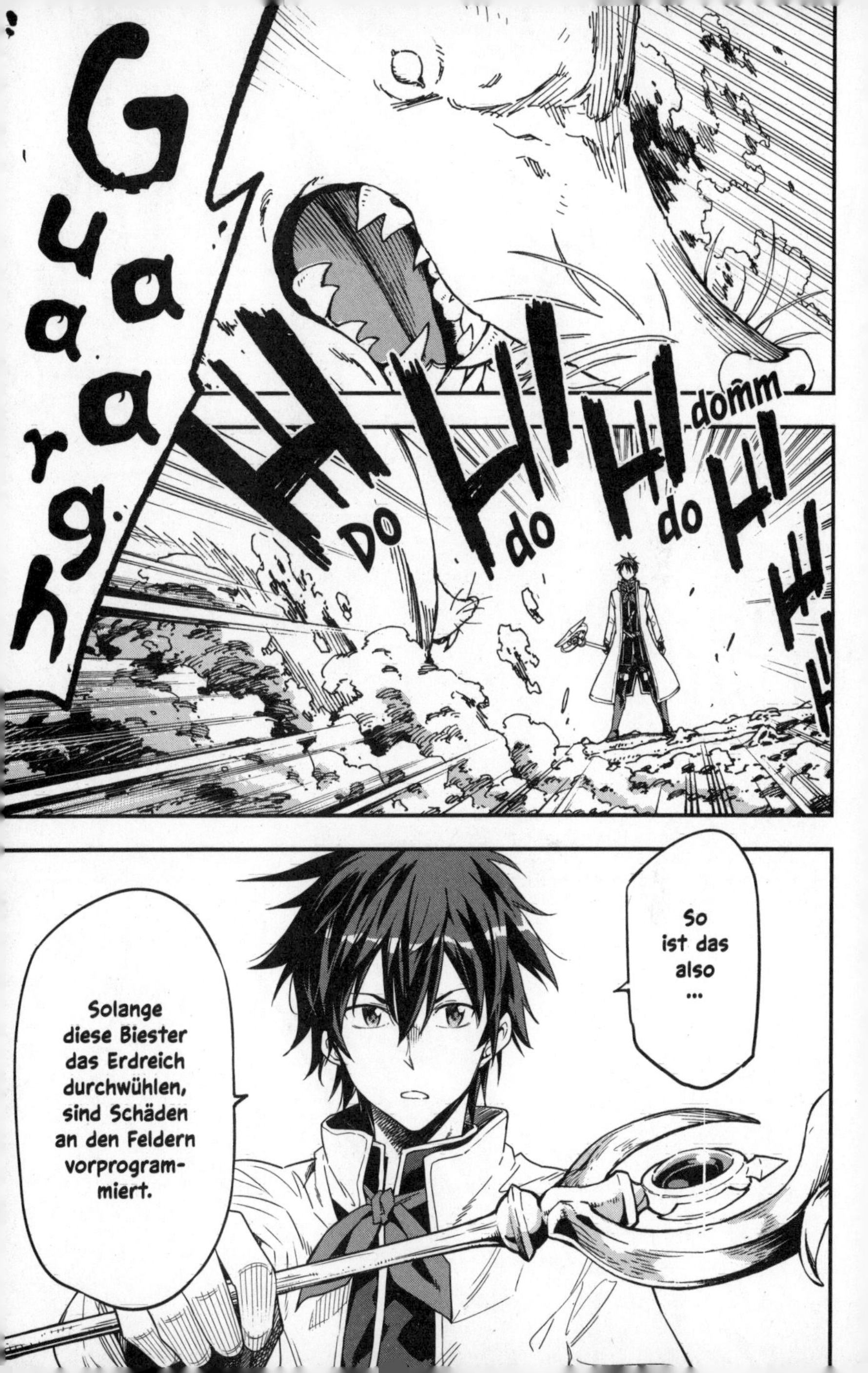
Guaarg.
domm
do
do
DO
So ist das also ...
Solange diese Biester das Erdreich durchwühlen, sind Schäden an den Feldern vorprogrammiert.

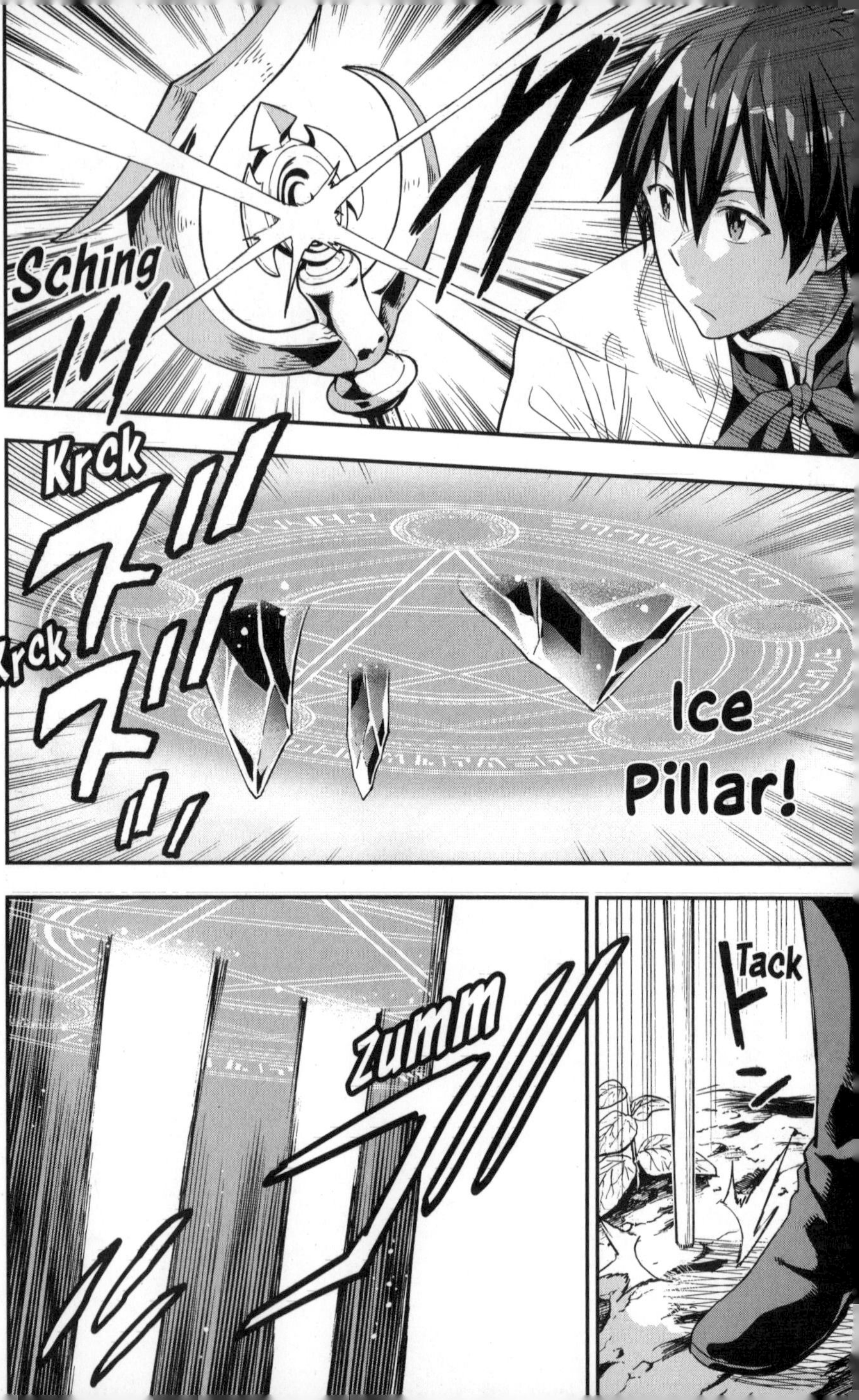
Sching
Krck
Krck
Ice Pillar!
Tack
Zumm

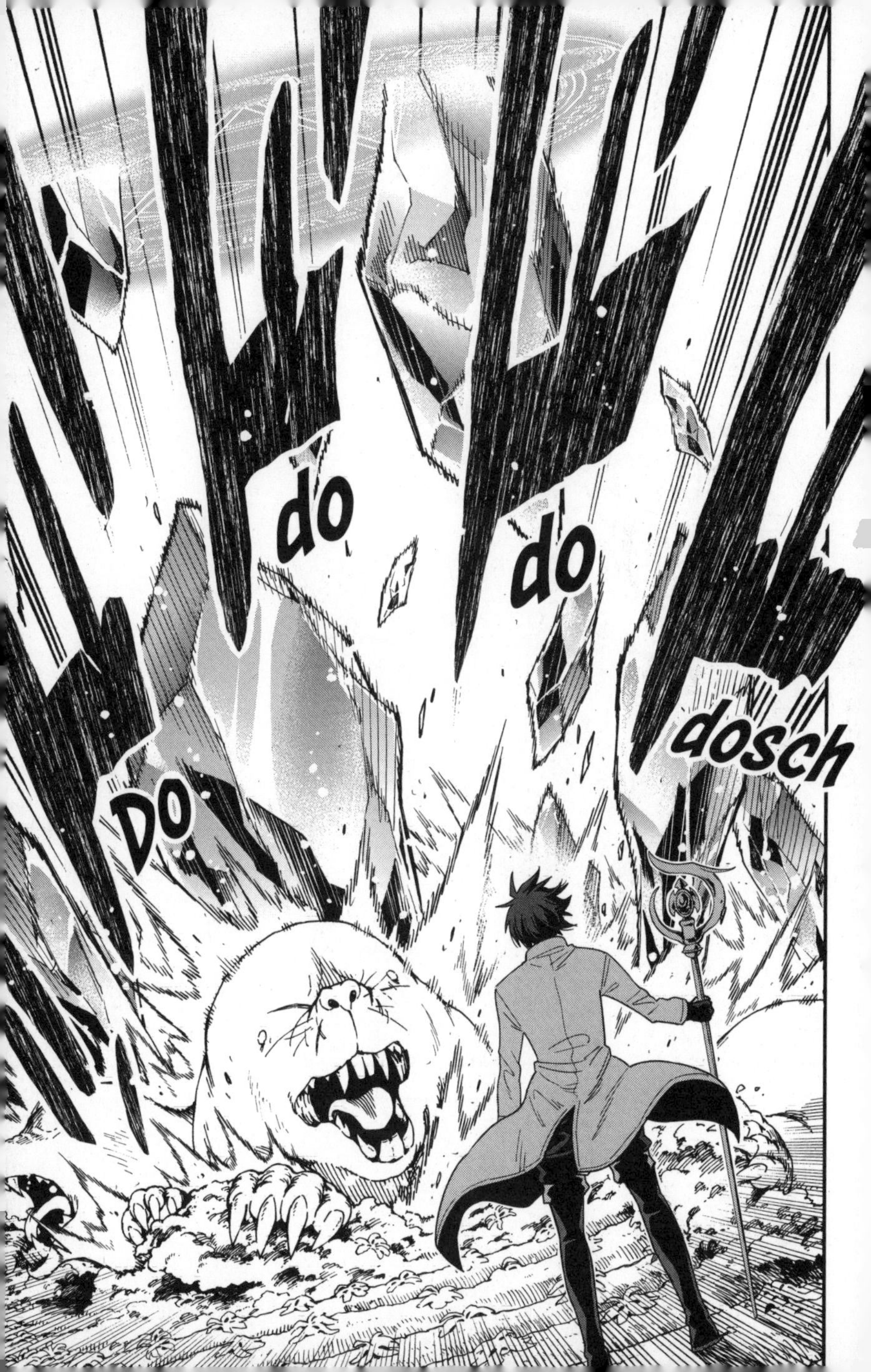
do
do
dosch
Do

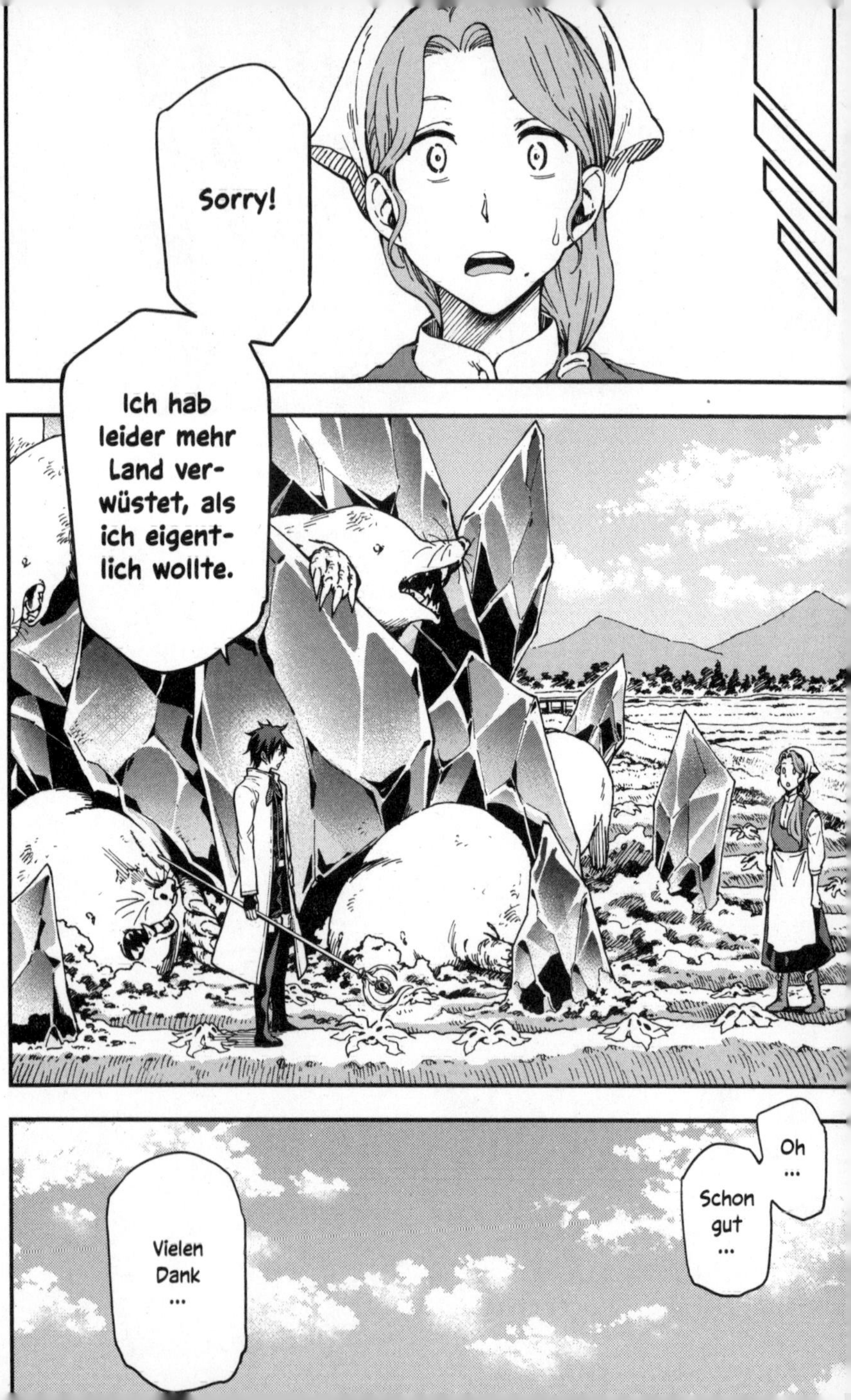
Sorry!
Ich hab leider mehr Land verwüstet, als ich eigentlich wollte.
Oh … Schon gut …
Vielen Dank …

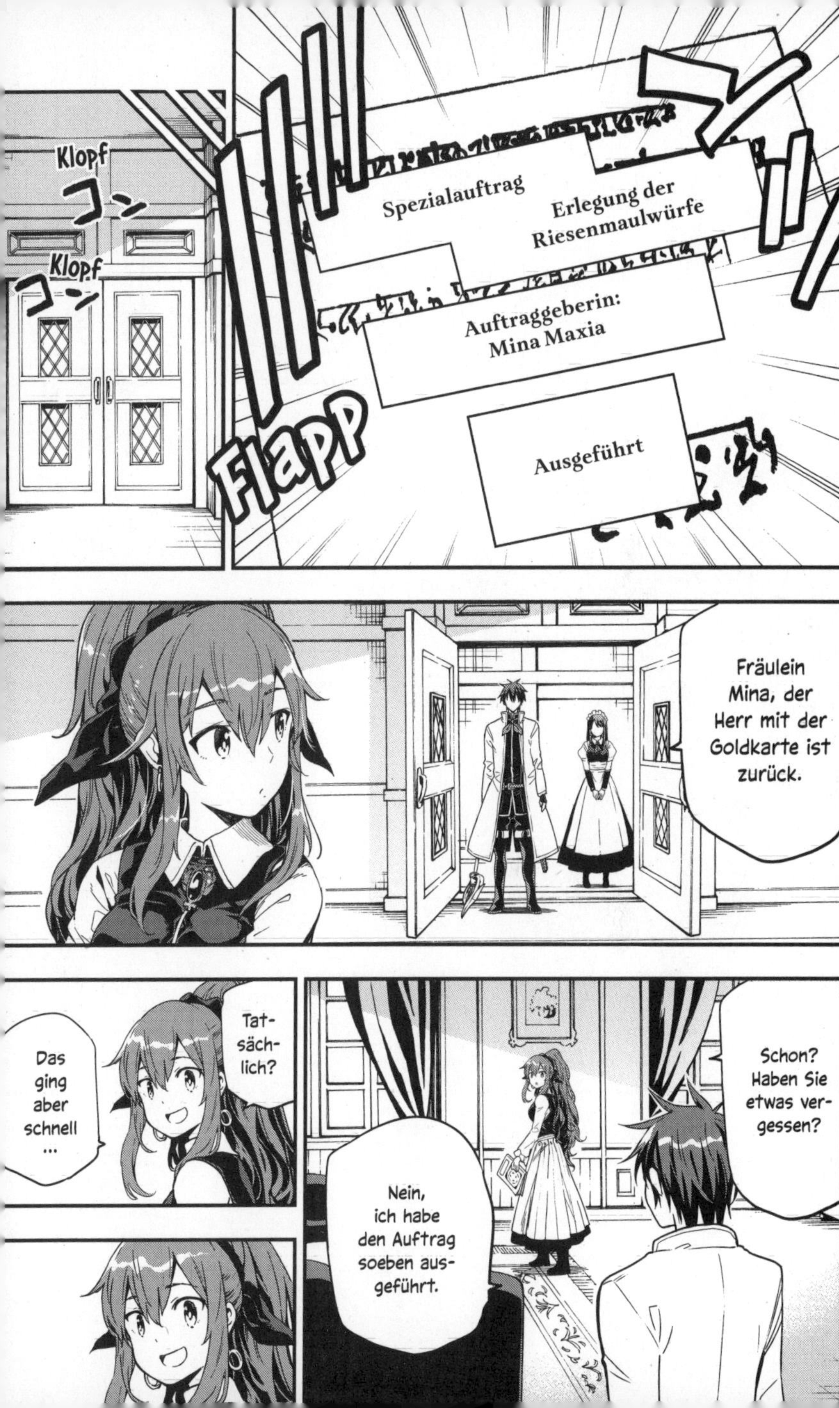
Klopf
Klopf
Spezialauftrag
Erlegung der Riesenmaulwürfe
Auftraggeberin: Mina Maxia
Ausgeführt
Flapp
Fräulein Mina, der Herr mit der Goldkarte ist zurück.
Schon? Haben Sie etwas vergessen?
Nein, ich habe den Auftrag soeben ausgeführt.
Tatsächlich?
Das ging aber schnell ...

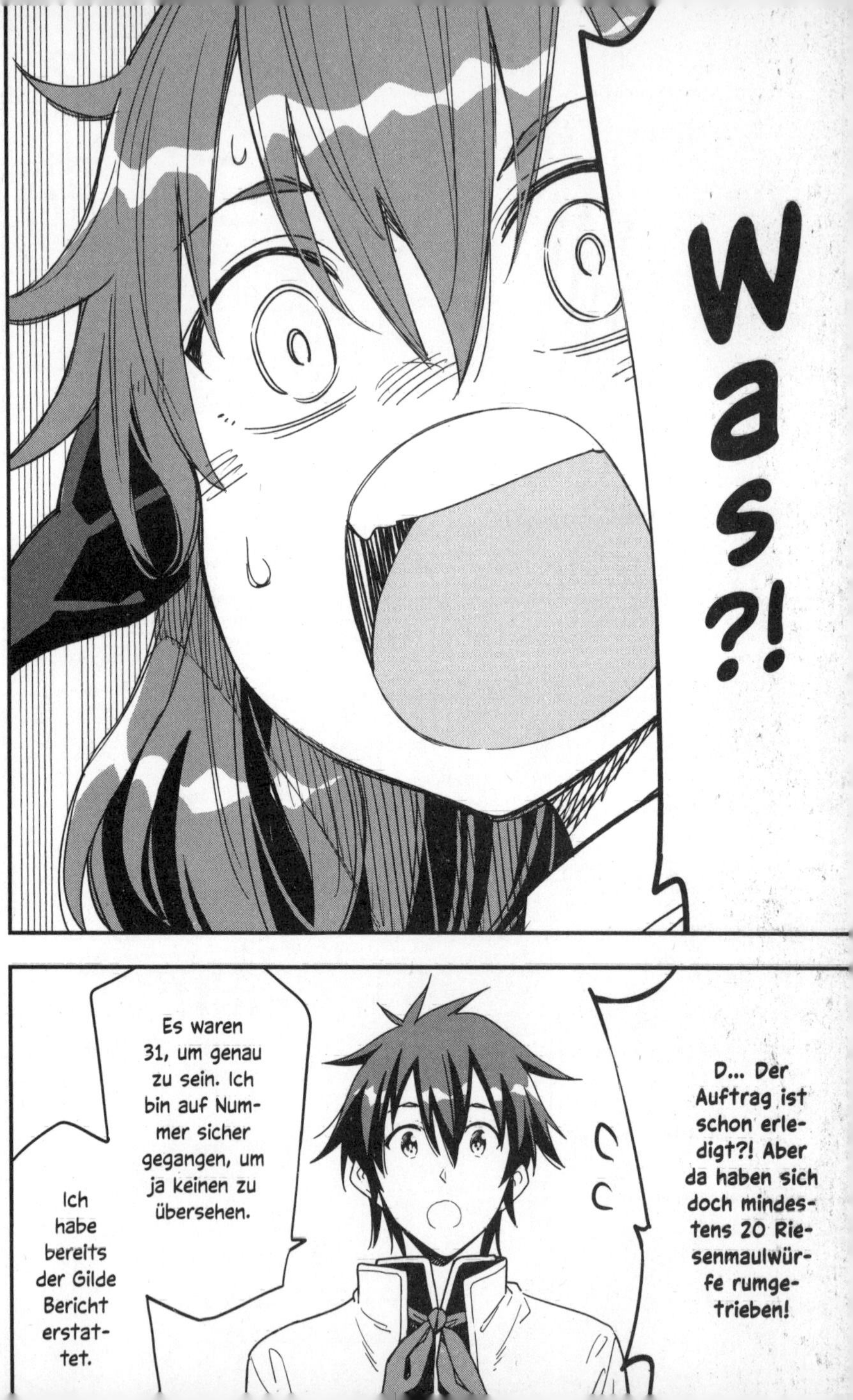

Was?!
D... Der Auftrag ist schon erledigt?! Aber da haben sich doch mindestens 20 Riesenmaulwürfe rumgetrieben!
Es waren 31, um genau zu sein. Ich bin auf Nummer sicher gegangen, um ja keinen zu übersehen.
Ich habe bereits der Gilde Bericht erstattet.

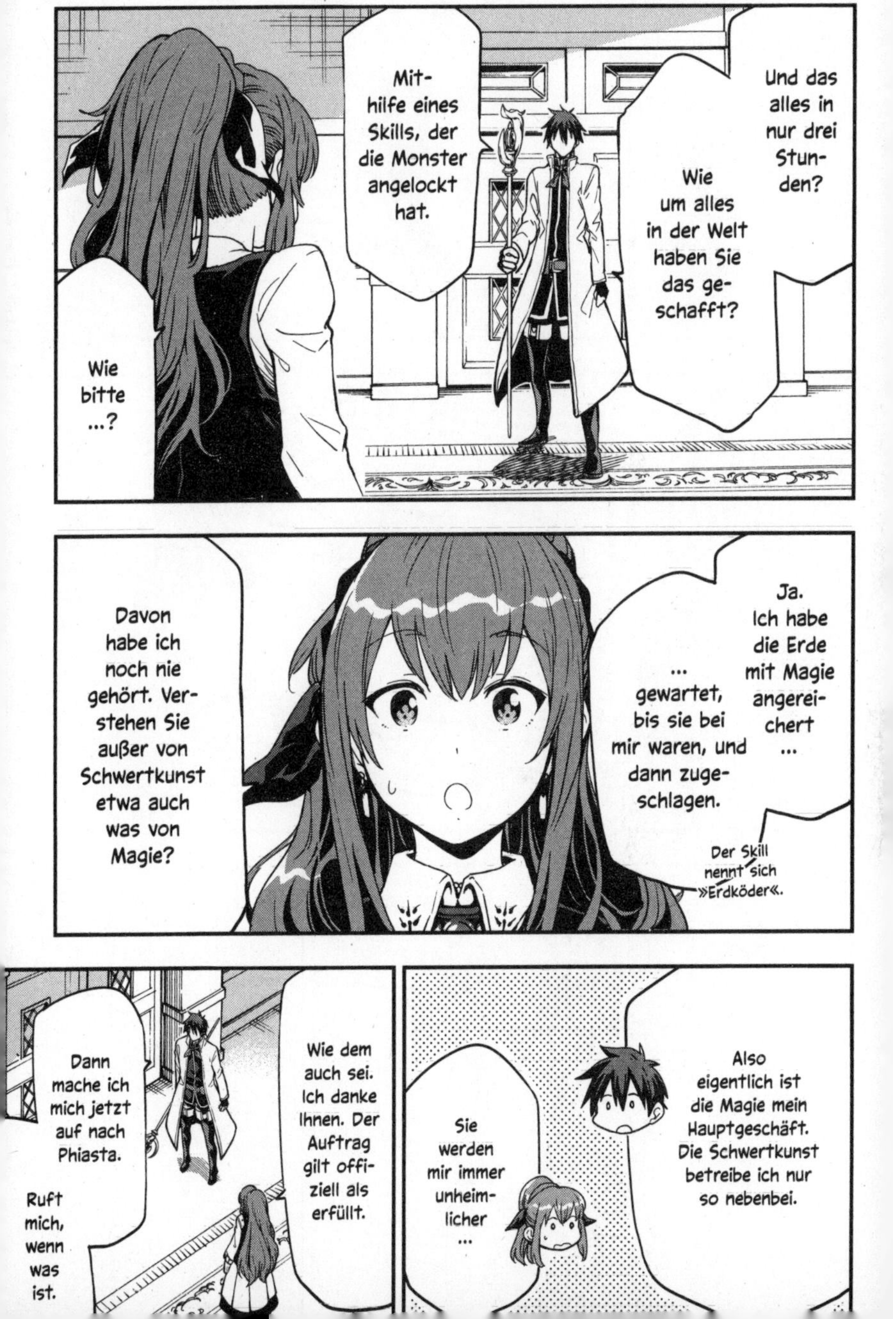

Und das alles in nur drei Stunden?
Wie um alles in der Welt haben Sie das geschafft?
Mithilfe eines Skills, der die Monster angelockt hat.
Wie bitte ...?
Ja. Ich habe die Erde mit Magie angereichert ...
... gewartet, bis sie bei mir waren, und dann zugeschlagen.
Der Skill nennt sich »Erdköder«.
Davon habe ich noch nie gehört. Verstehen Sie außer von Schwertkunst etwa auch was von Magie?
Also eigentlich ist die Magie mein Hauptgeschäft. Die Schwertkunst betreibe ich nur so nebenbei.
Sie werden mir immer unheimlicher ...
Wie dem auch sei. Ich danke Ihnen. Der Auftrag gilt offiziell als erfüllt.
Dann mache ich mich jetzt auf nach Phiasta.
Ruft mich, wenn was ist.

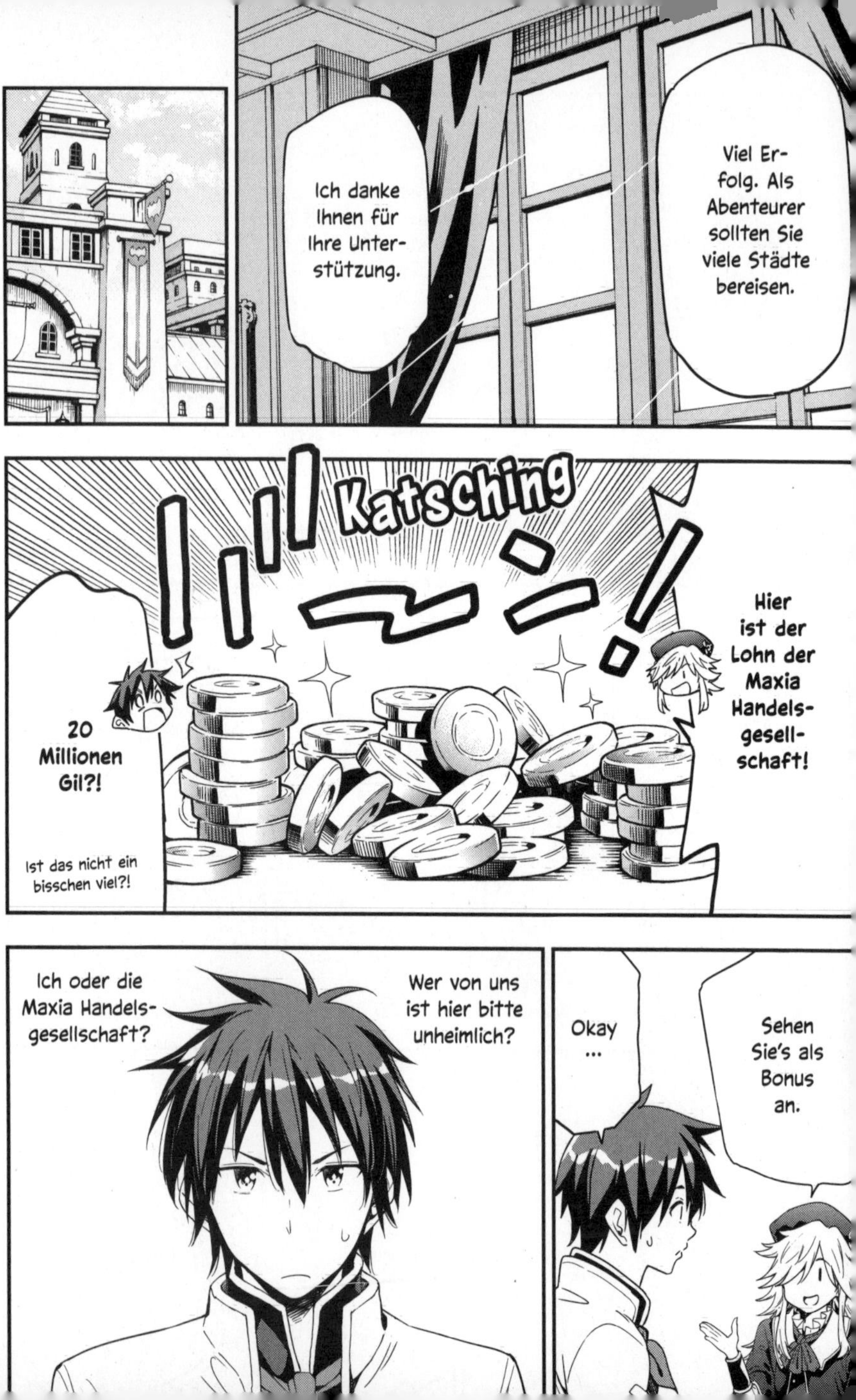

Viel Erfolg. Als Abenteurer sollten Sie viele Städte bereisen.
Ich danke Ihnen für Ihre Unterstützung.
Katsching
Hier ist der Lohn der Maxia Handelsgesellschaft!
20 Millionen Gil?!
Ist das nicht ein bisschen viel?!
Sehen Sie's als Bonus an.
Okay ...
Wer von uns ist hier bitte unheimlich?
Ich oder die Maxia Handelsgesellschaft?

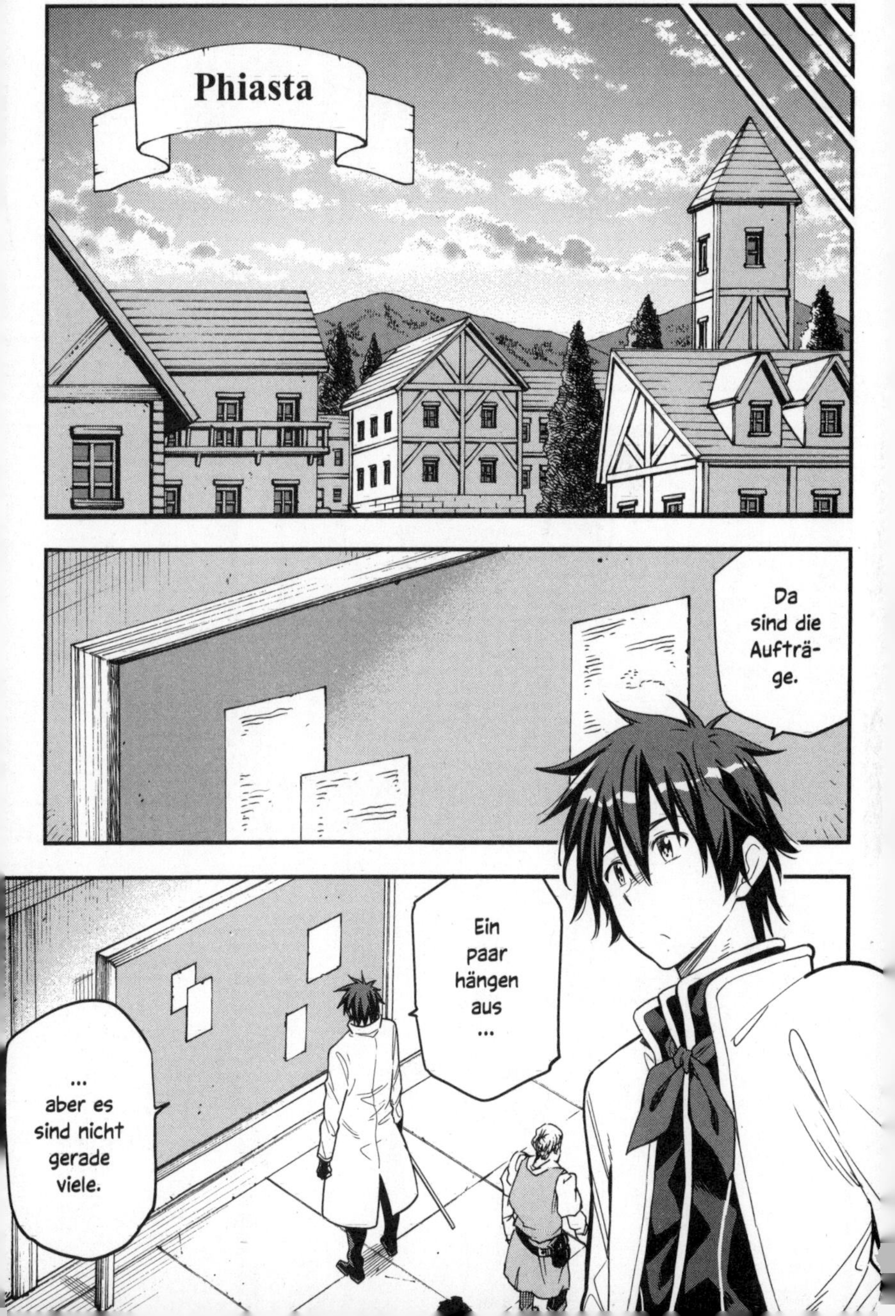
Phiasta
Da sind die Aufträge.
Ein paar hängen aus ...
... aber es sind nicht gerade viele.

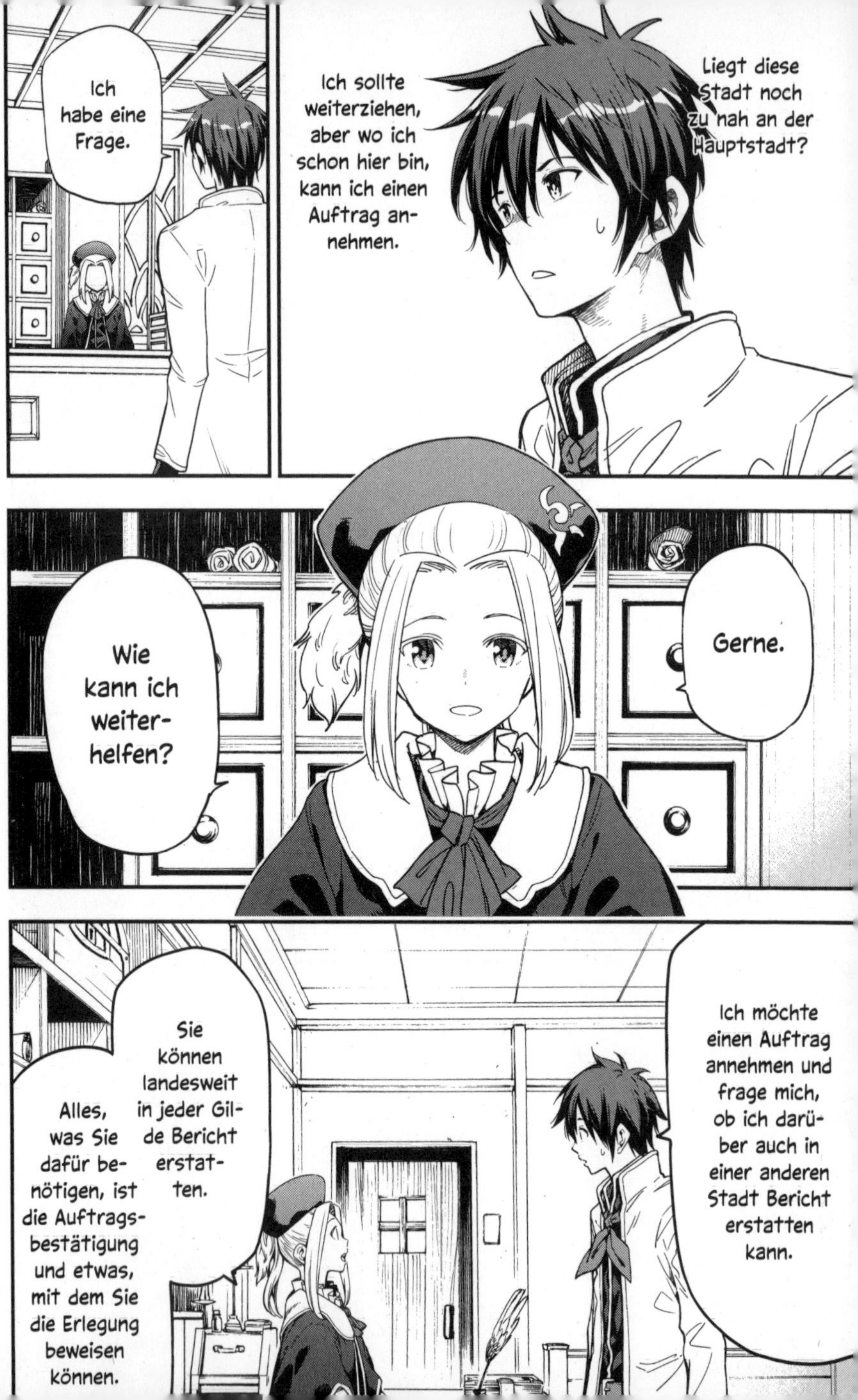

Liegt diese Stadt noch zu nah an der Hauptstadt?
Ich sollte weiterziehen, aber wo ich schon hier bin, kann ich einen Auftrag annehmen.
Ich habe eine Frage.
Gerne.
Wie kann ich weiterhelfen?
Ich möchte einen Auftrag annehmen und frage mich, ob ich darüber auch in einer anderen Stadt Bericht erstatten kann.
Sie können landesweit in jeder Gilde Bericht erstatten.
Alles, was Sie dafür benötigen, ist die Auftragsbestätigung und etwas, mit dem Sie die Erlegung beweisen können.

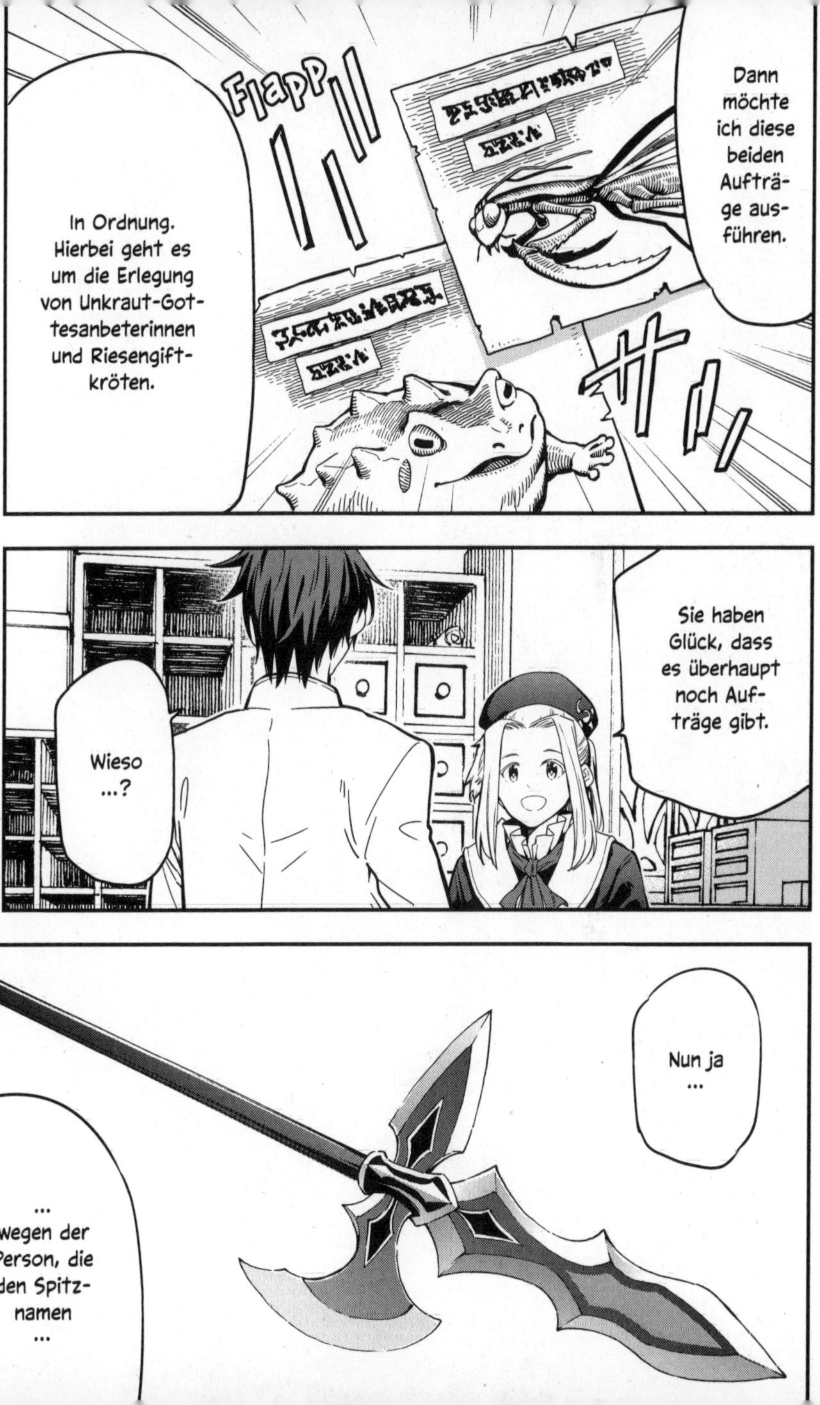

Dann möchte ich diese beiden Aufträge ausführen.
Flapp
In Ordnung. Hierbei geht es um die Erlegung von Unkraut-Gottesanbeterinnen und Riesengiftkröten.
Sie haben Glück, dass es überhaupt noch Aufträge gibt.
Wieso ...?
Nun ja ...
... wegen der Person, die den Spitznamen ...

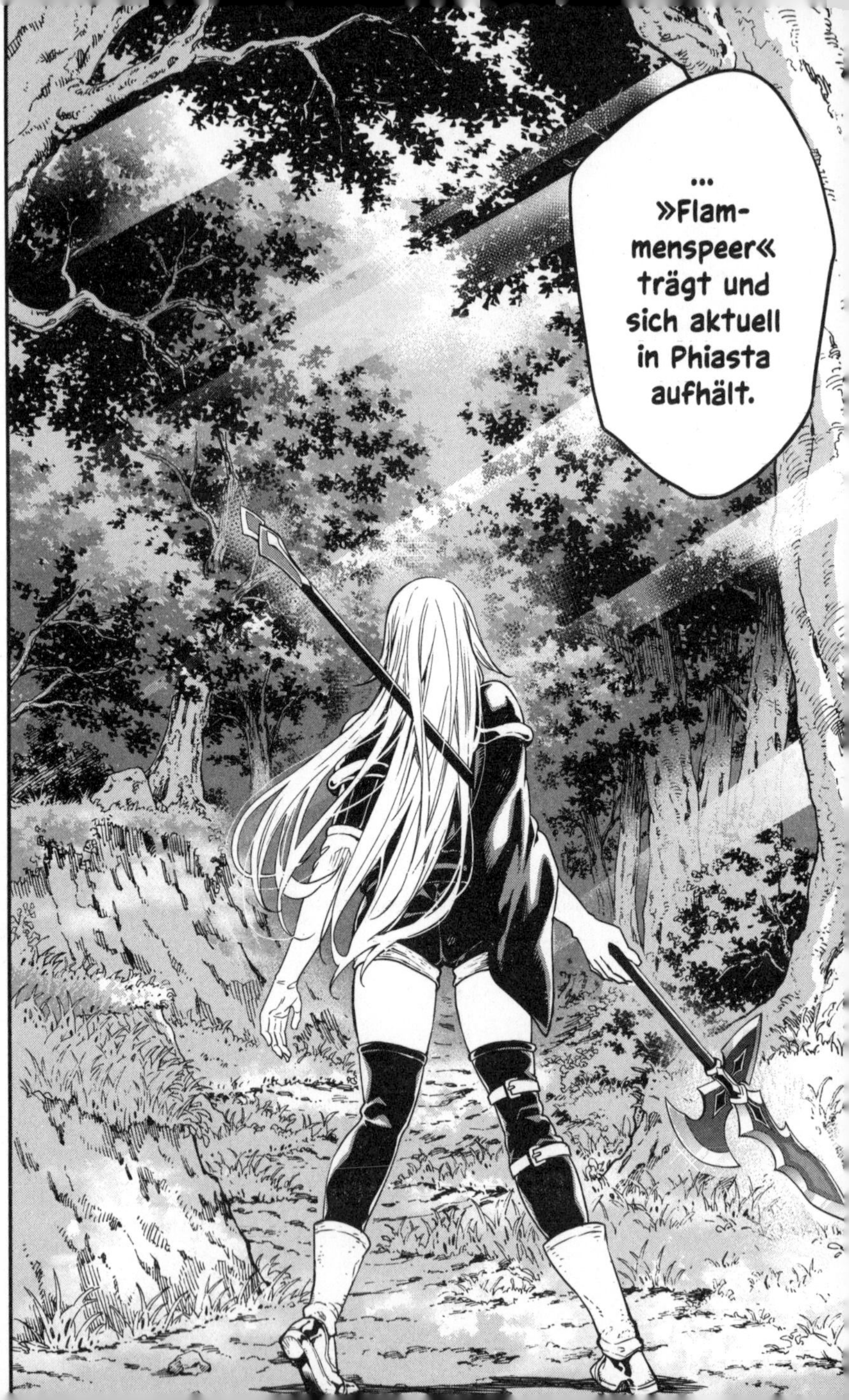
... »Flammenspeer« trägt und sich aktuell in Phiasta aufhält.

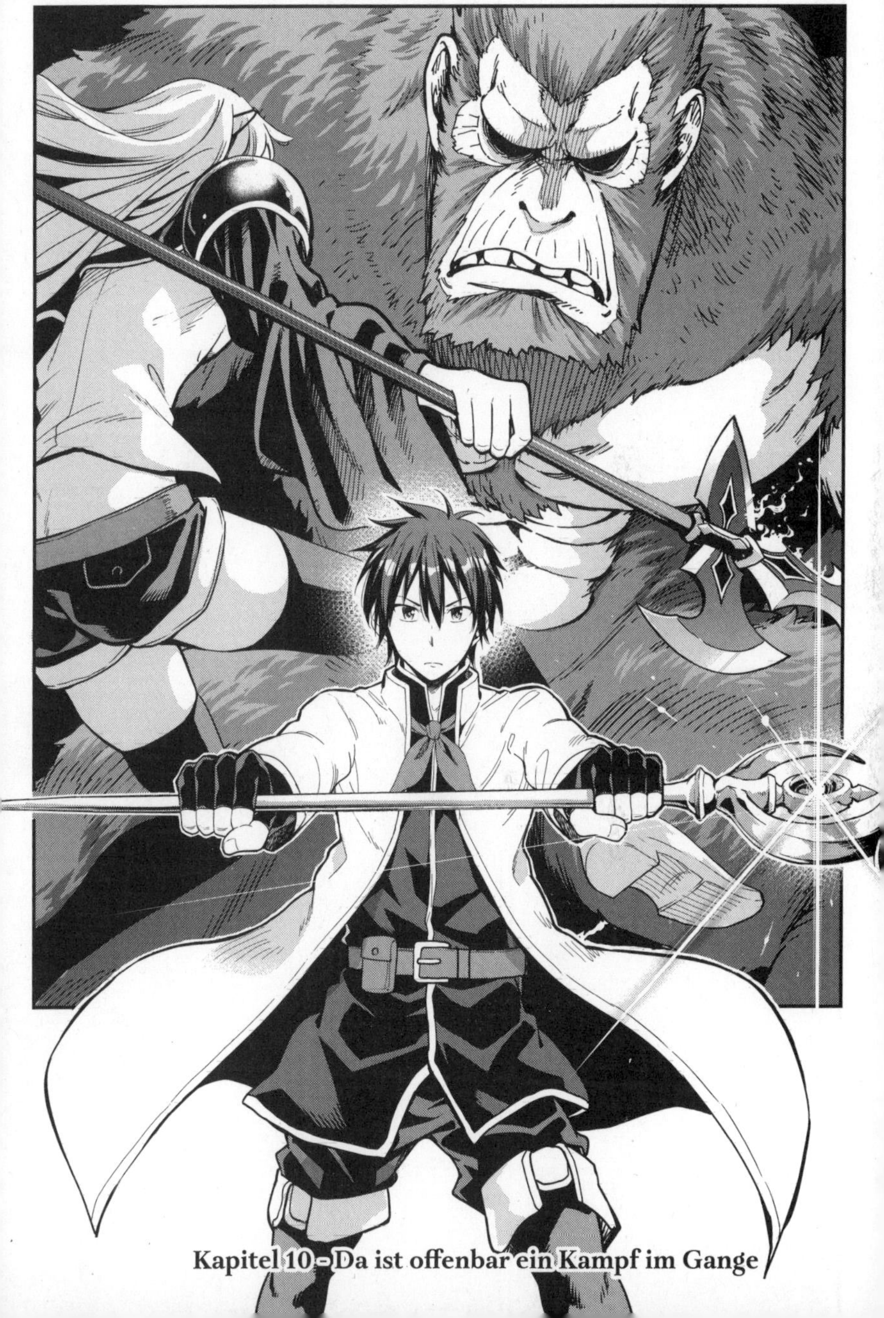
Kapitel 10 - Da ist offenbar ein Kampf im Gange

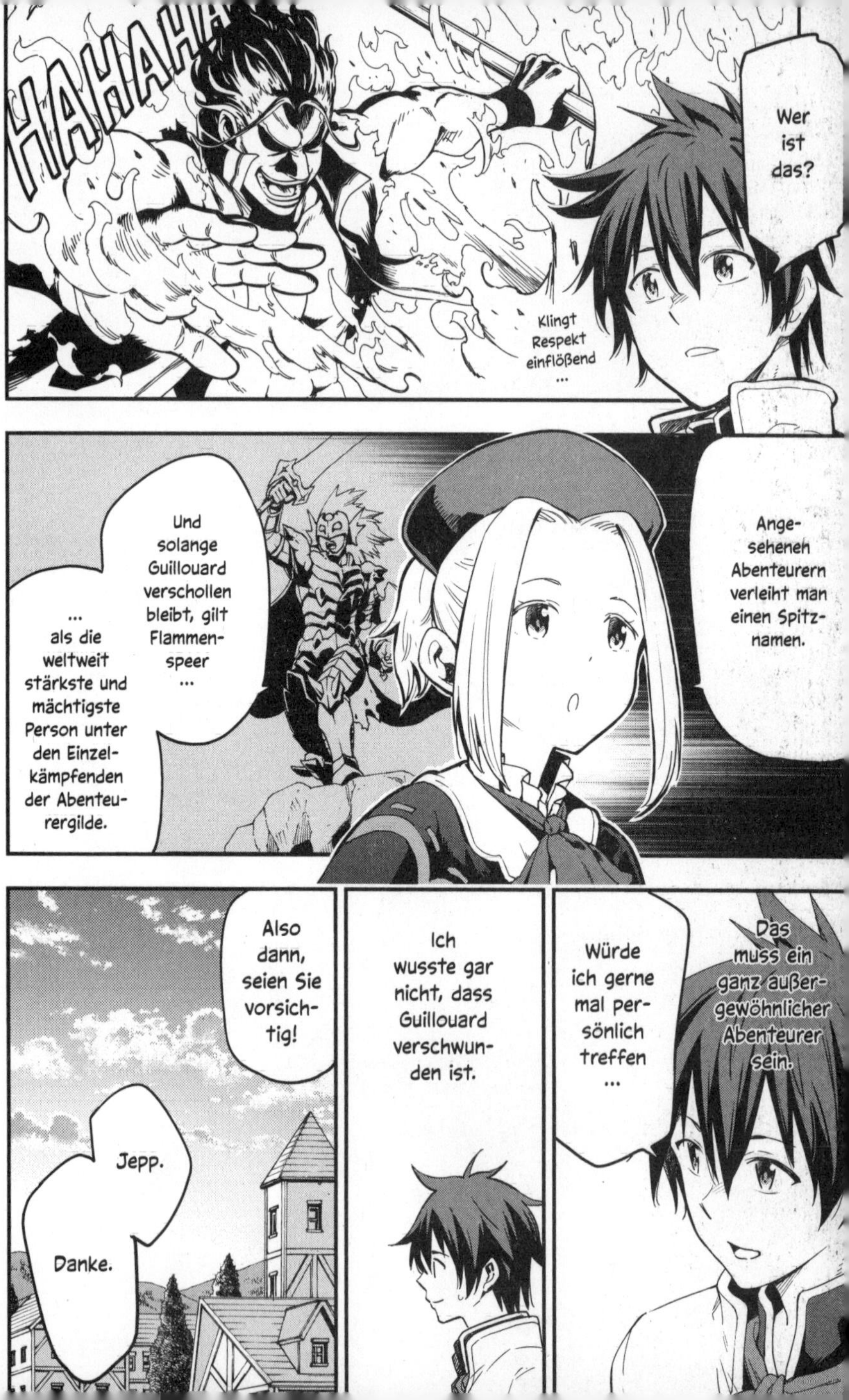
Wer ist das?
Klingt Respekt einflößend ...
HAHAHA
Angesehenen Abenteurern verleiht man einen Spitznamen.
Und solange Guillouard verschollen bleibt, gilt Flammenspeer ...
... als die weltweit stärkste und mächtigste Person unter den Einzelkämpfenden der Abenteurergilde.
Das muss ein ganz außergewöhnlicher Abenteurer sein.
Würde ich gerne mal persönlich treffen ...
Ich wusste gar nicht, dass Guillouard verschwunden ist.
Also dann, seien Sie vorsichtig!
Jepp.
Danke.

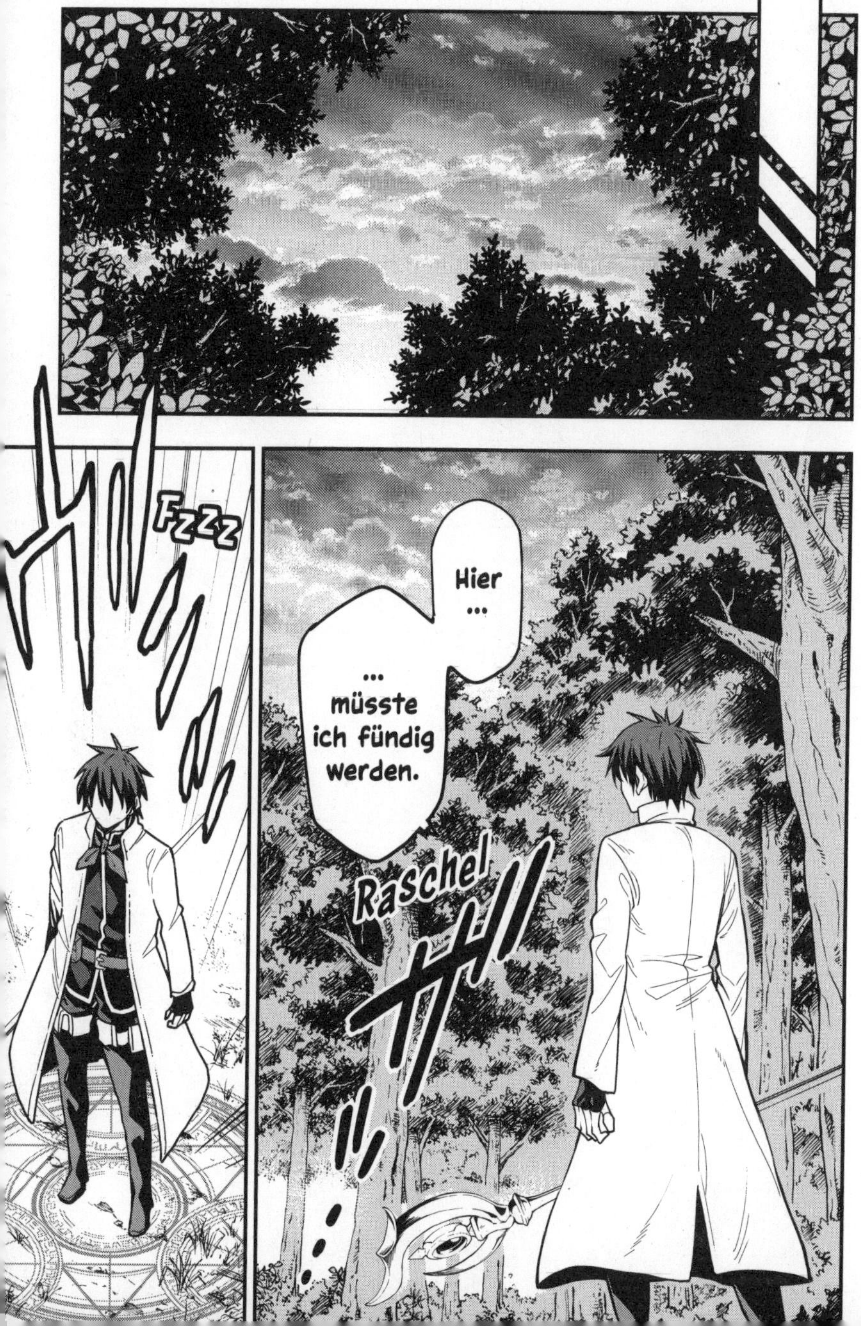

Hier ...
... müsste ich fündig werden.
Raschel
Fzzz

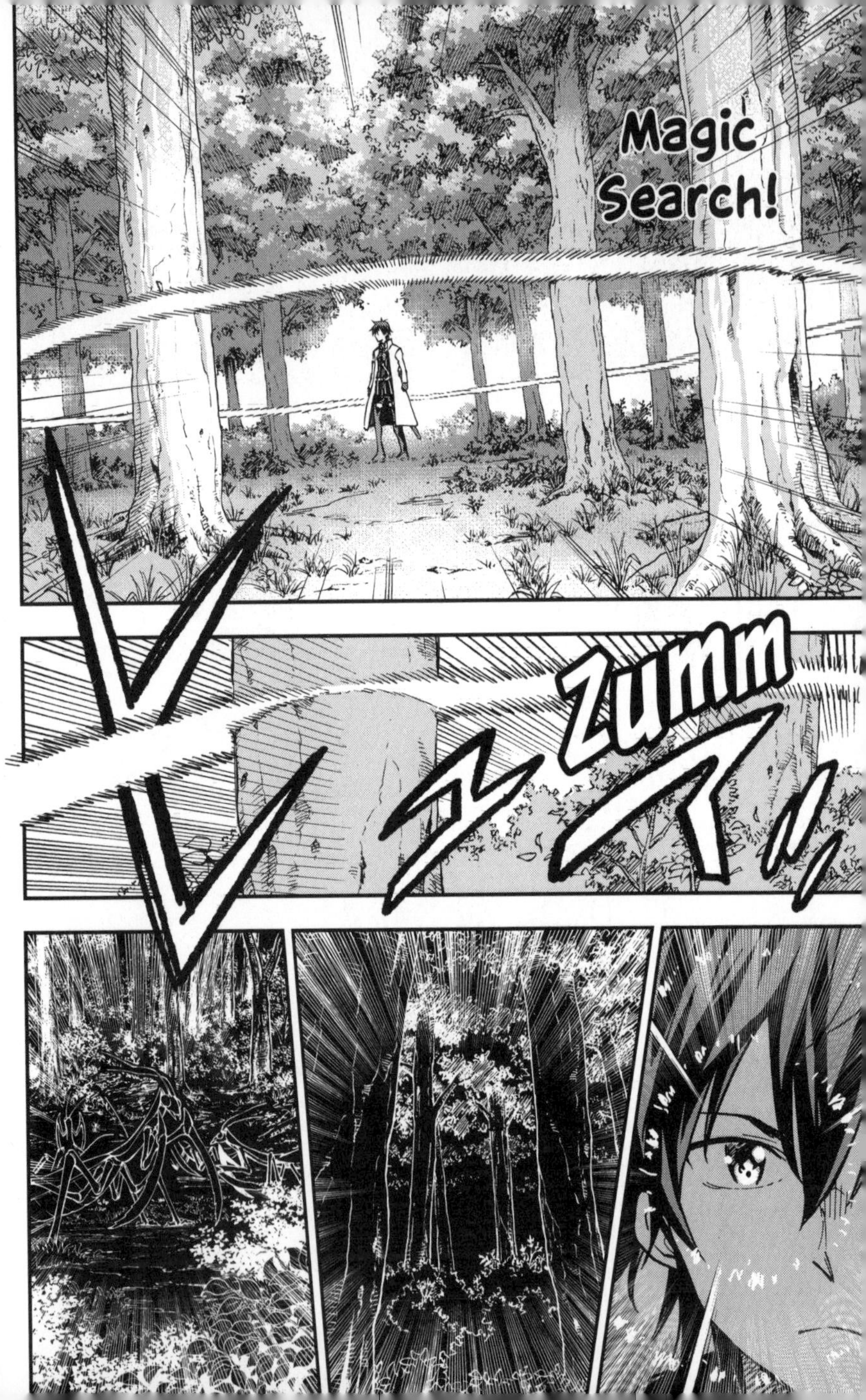
Magic Search!
Zumm

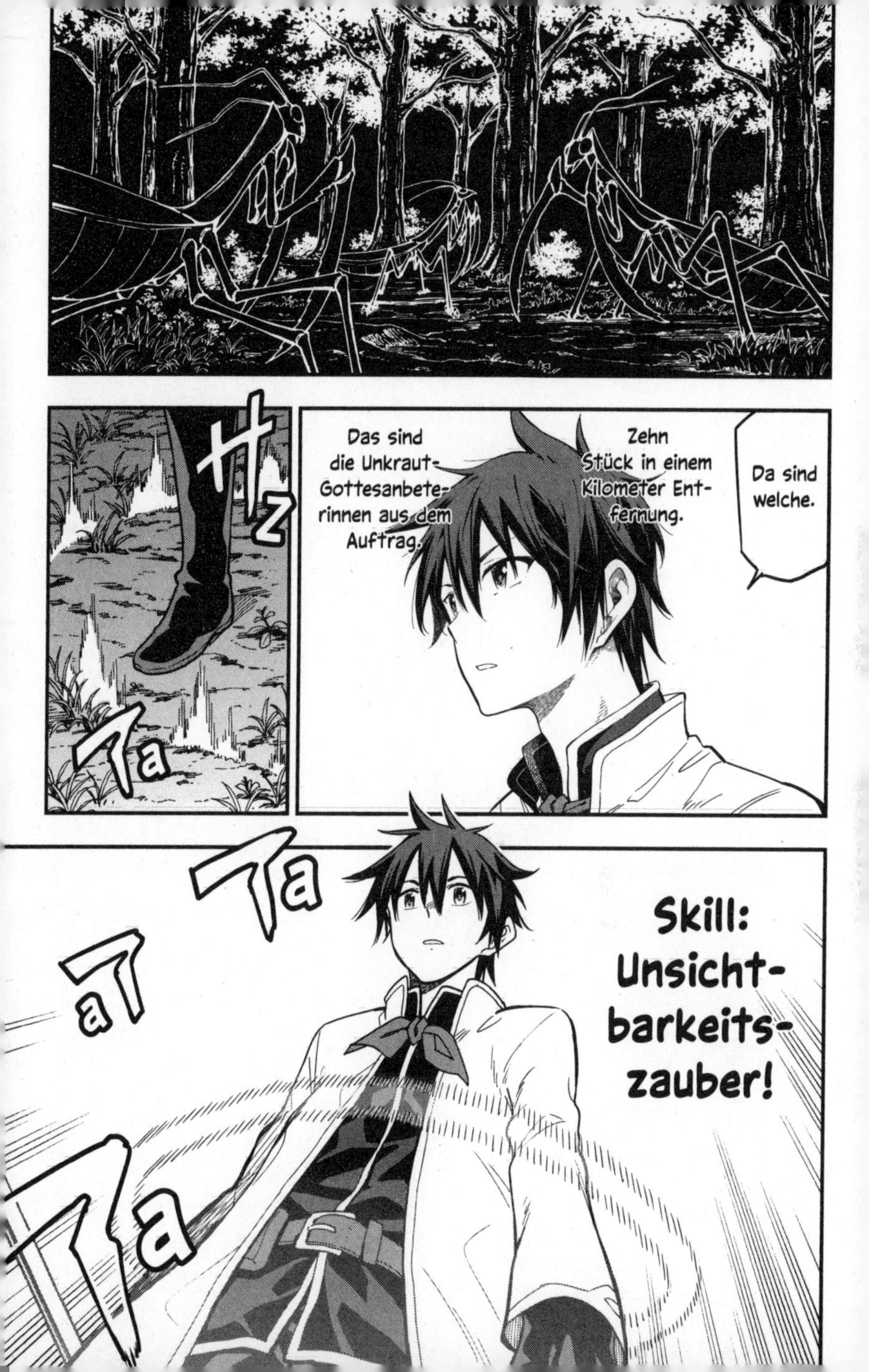
Da sind welche.
Zehn Stück in einem Kilometer Entfernung.
Das sind die Unkraut-Gottesanbeterinnen aus dem Auftrag.
Skill: Unsichtbarkeitszauber!

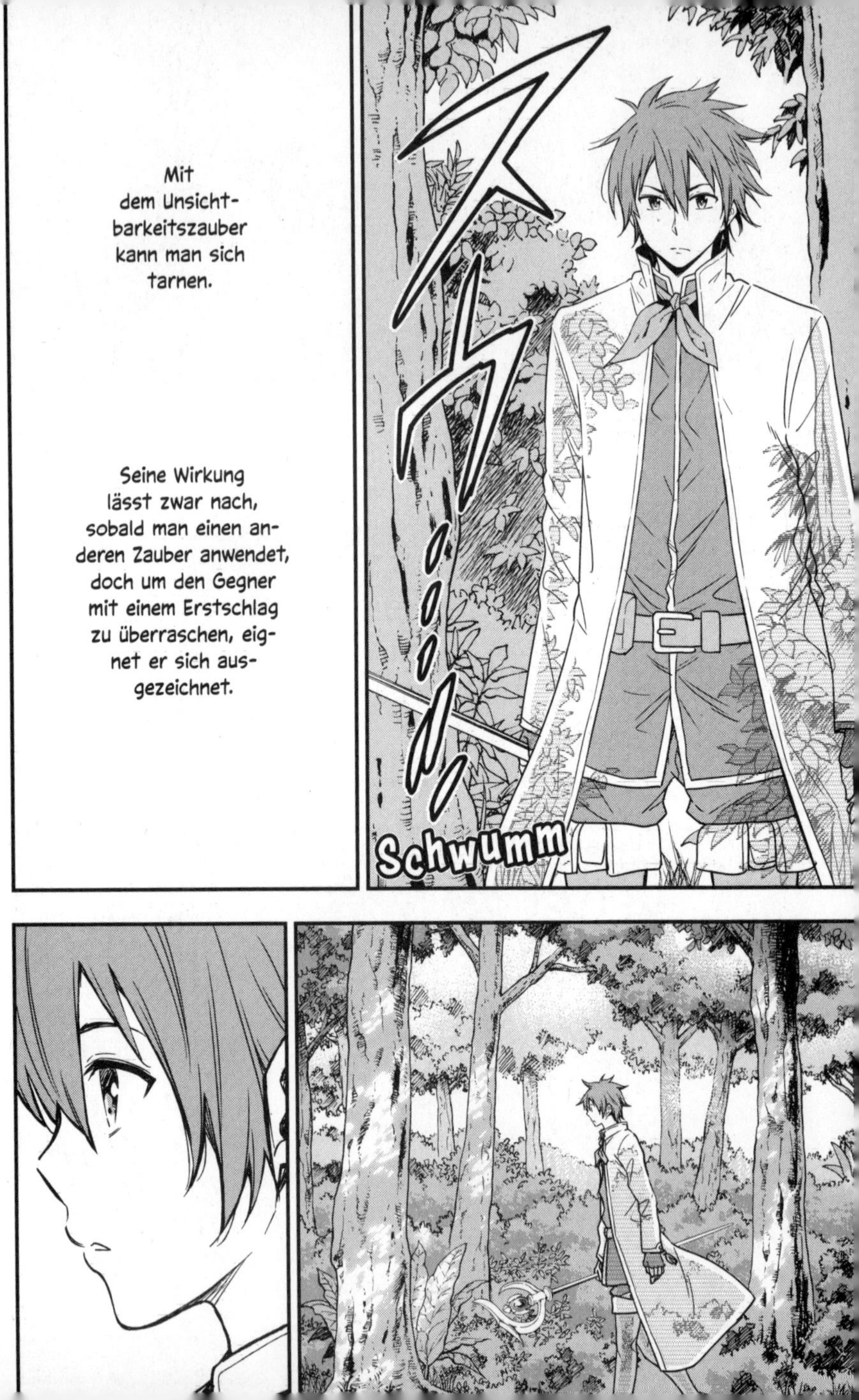
Mit dem Unsichtbarkeitszauber kann man sich tarnen.
Schwumm
Seine Wirkung lässt zwar nach, sobald man einen anderen Zauber anwendet, doch um den Gegner mit einem Erstschlag zu überraschen, eignet er sich ausgezeichnet.

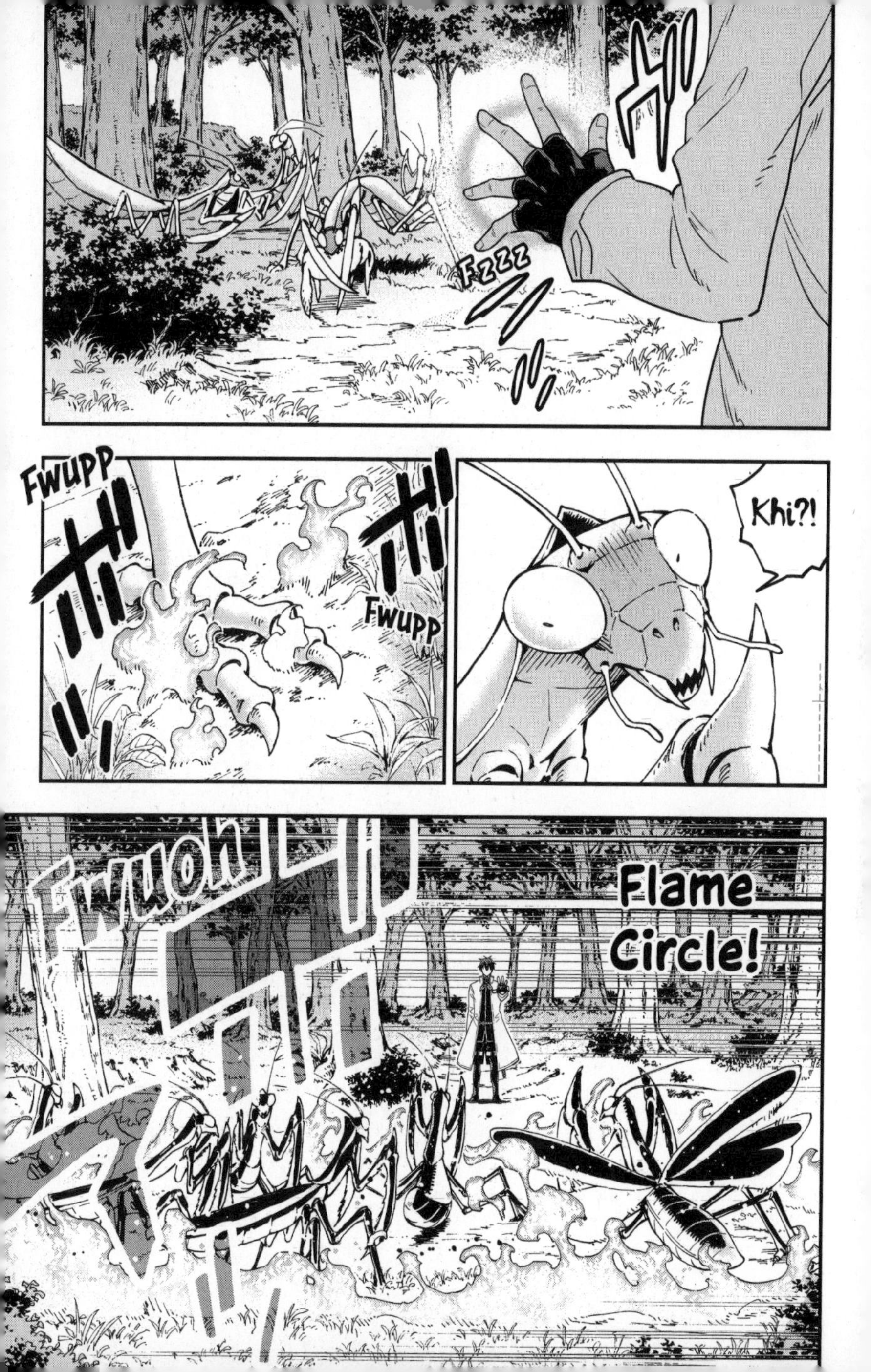
Fzzz
Khi?!
Fwupp
Fwupp
Flame Circle!
Fwuoh

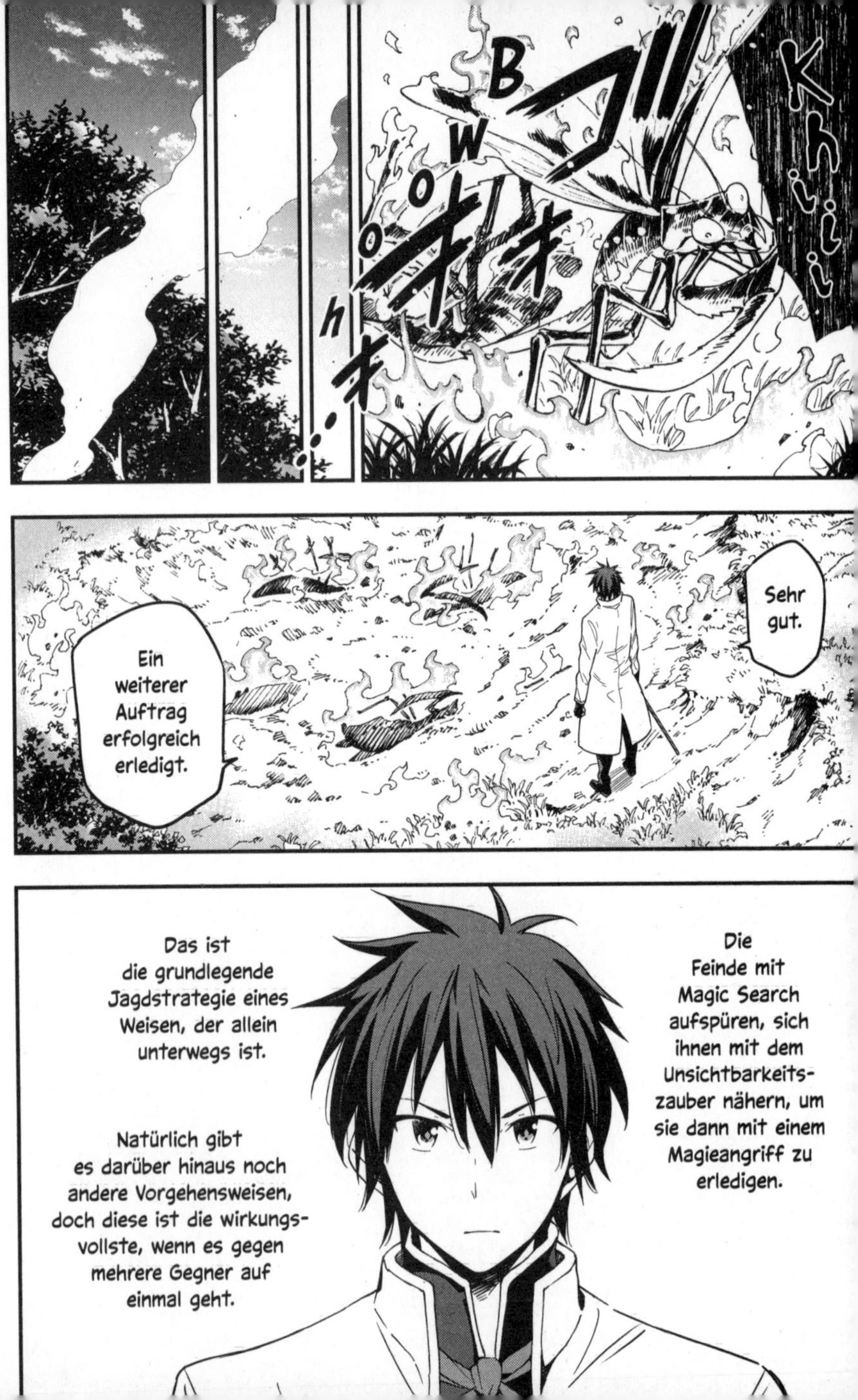
Khiii
BWOOh...
Sehr gut.
Ein weiterer Auftrag erfolgreich erledigt.
Die Feinde mit Magic Search aufspüren, sich ihnen mit dem Unsichtbarkeits-zauber nähern, um sie dann mit einem Magieangriff zu erledigen.
Das ist die grundlegende Jagdstrategie eines Weisen, der allein unterwegs ist.
Natürlich gibt es darüber hinaus noch andere Vorgehensweisen, doch diese ist die wirkungs-vollste, wenn es gegen mehrere Gegner auf einmal geht.

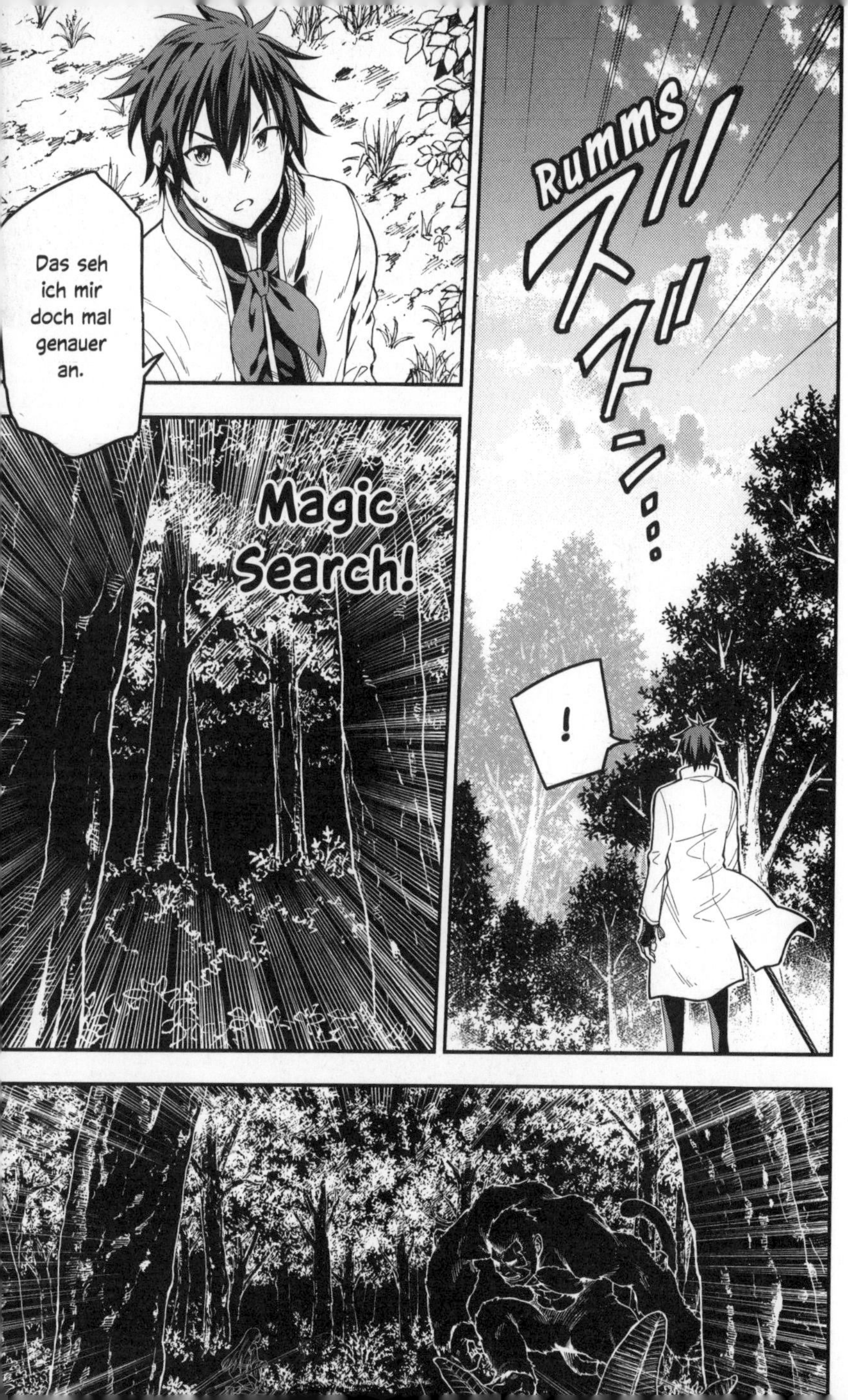
Rumms
!
Das seh ich mir doch mal genauer an.
Magic Search!

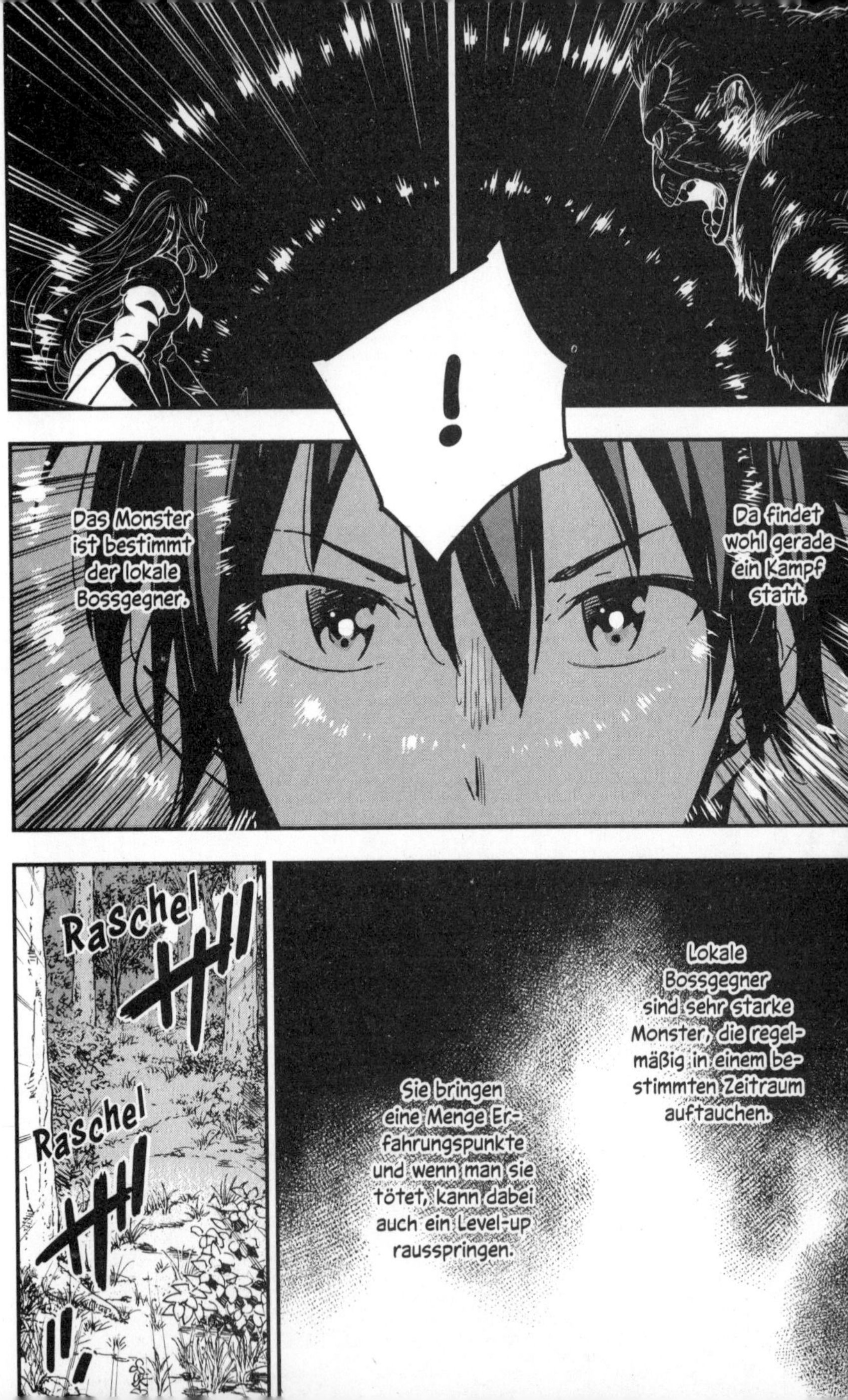
!
Da findet wohl gerade ein Kampf statt.
Das Monster ist bestimmt der lokale Bossgegner.
Lokale Bossgegner sind sehr starke Monster, die regelmäßig in einem bestimmten Zeitraum auftauchen.
Sie bringen eine Menge Erfahrungspunkte und wenn man sie tötet, kann dabei auch ein Level-up rausspringen.
Raschel
Raschel

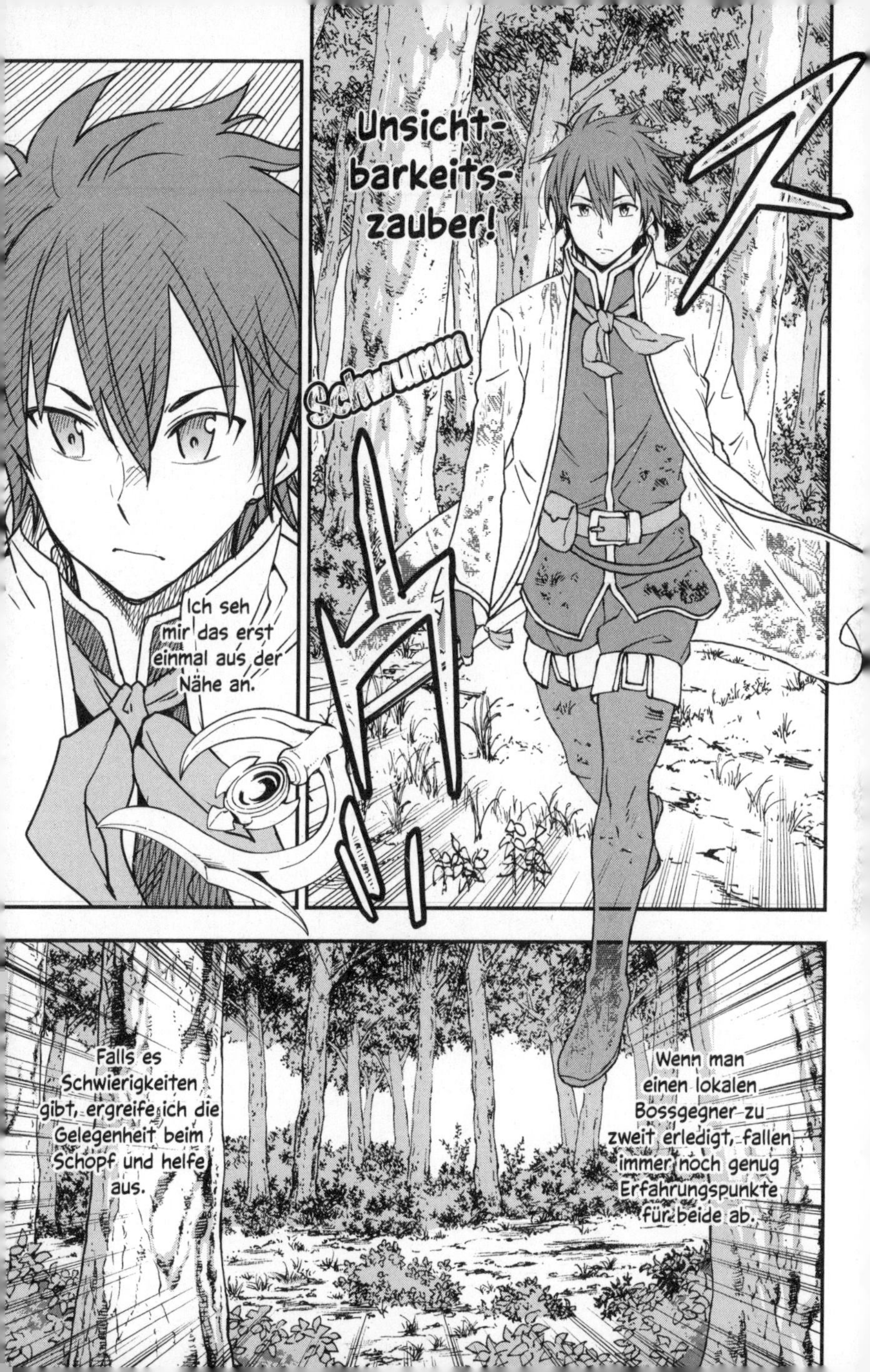
Unsicht-barkeits-zauber!
Schwumm
Ich seh mir das erst einmal aus der Nähe an.
Wenn man einen lokalen Bossgegner zu zweit erledigt, fallen immer noch genug Erfahrungspunkte für beide ab.
Falls es Schwierigkeiten gibt, ergreife ich die Gelegenheit beim Schopf und helfe aus.

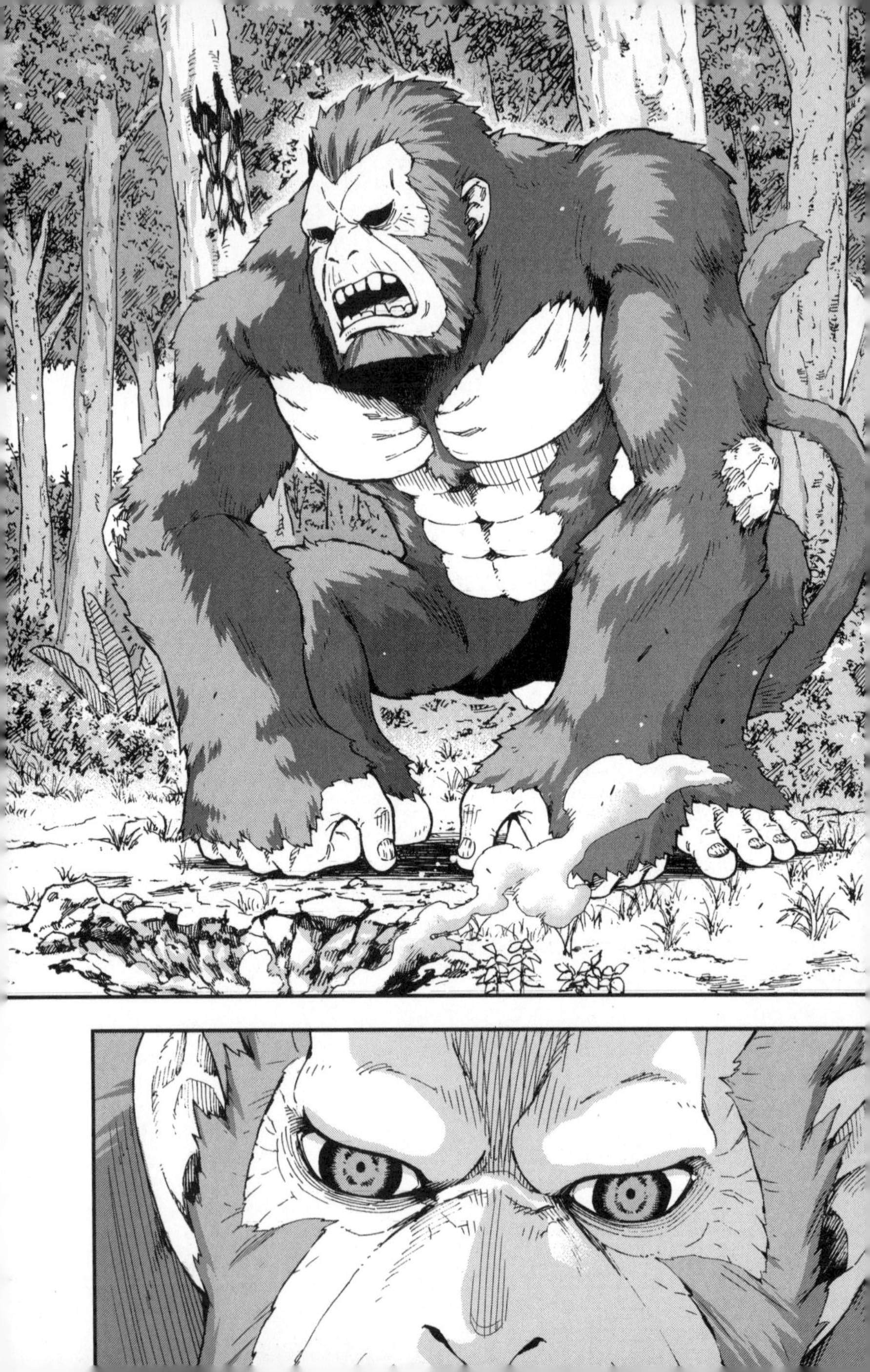

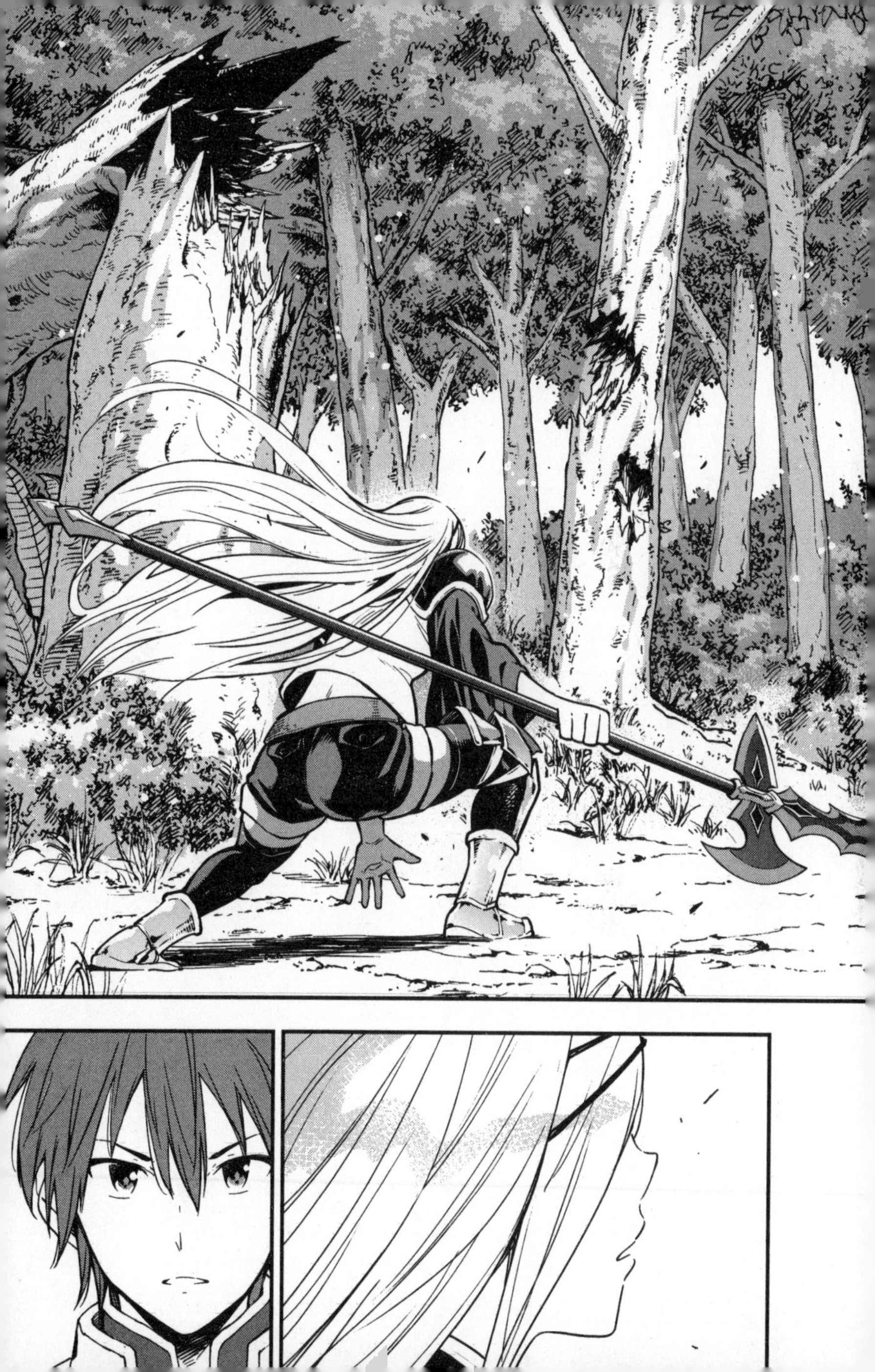

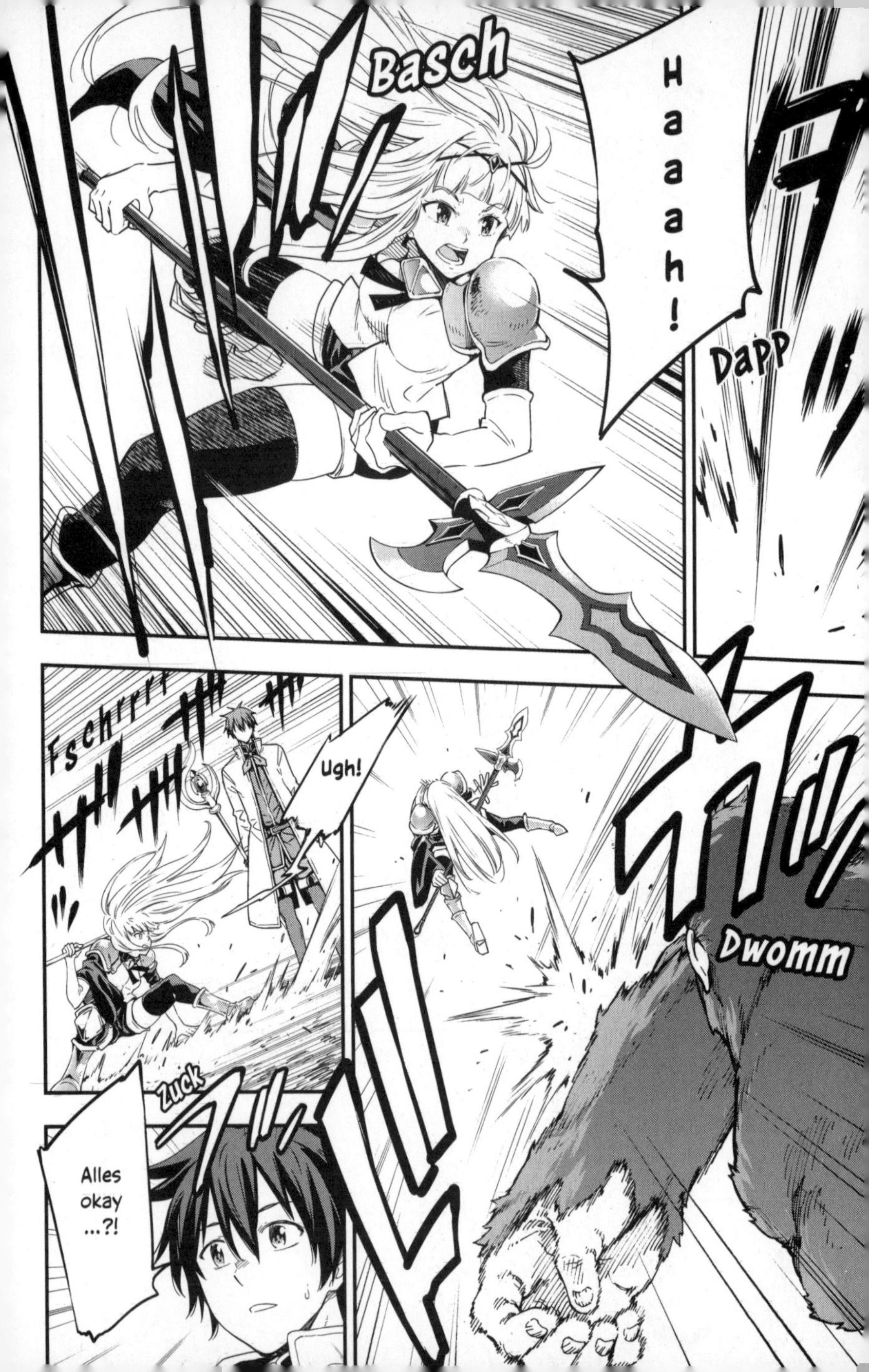
Haaaah!
Basch
Dapp
Fschrrrr
Ugh!
Dwomm
Zuck
Alles okay ...?!

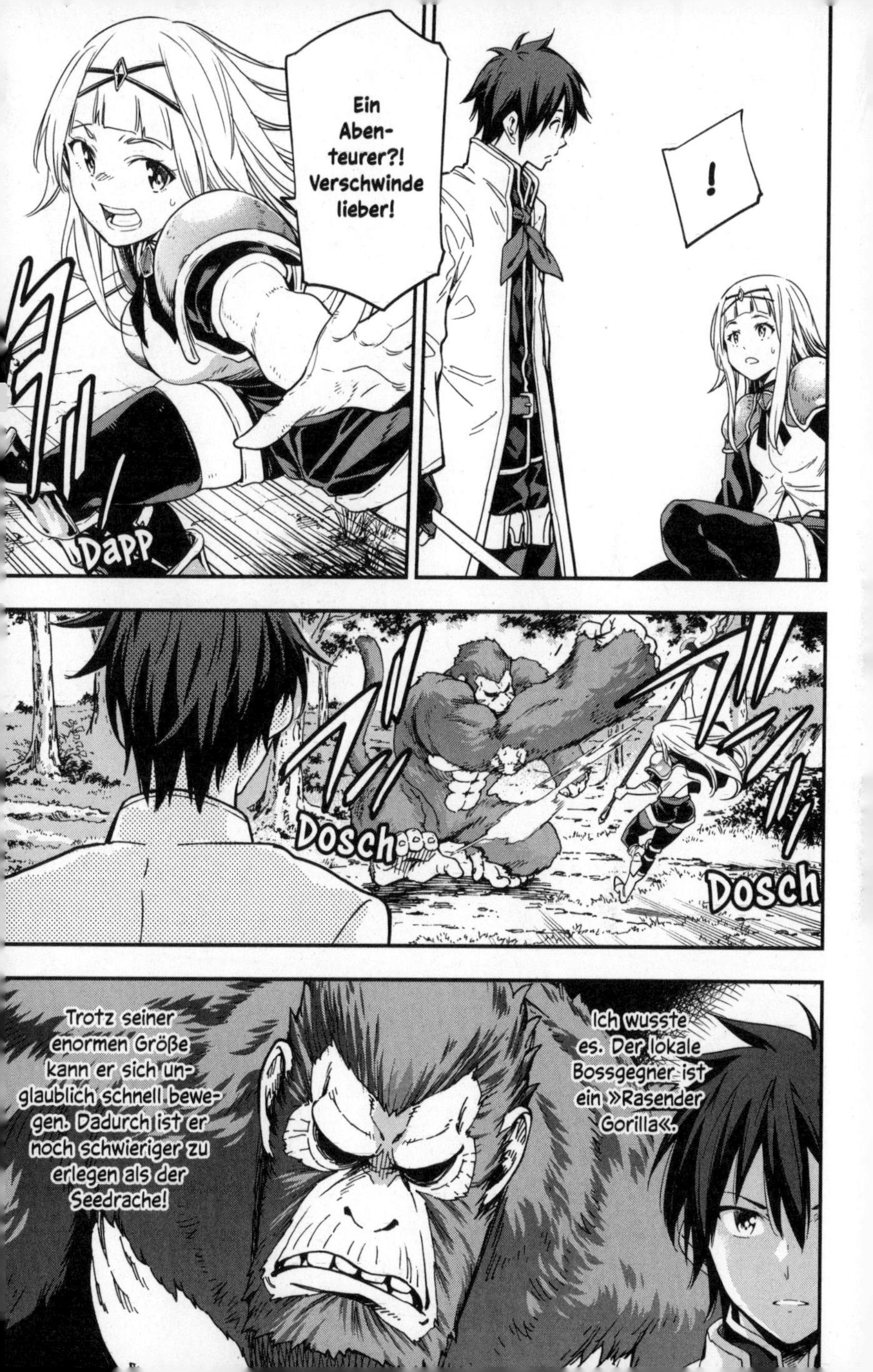
!
Ein Abenteurer?! Verschwinde lieber!
Dapp
Dosch
Dosch
Ich wusste es. Der lokale Bossgegner ist ein »Rasender Gorilla«.
Trotz seiner enormen Größe kann er sich unglaublich schnell bewegen. Dadurch ist er noch schwieriger zu erlegen als der Seedrache!

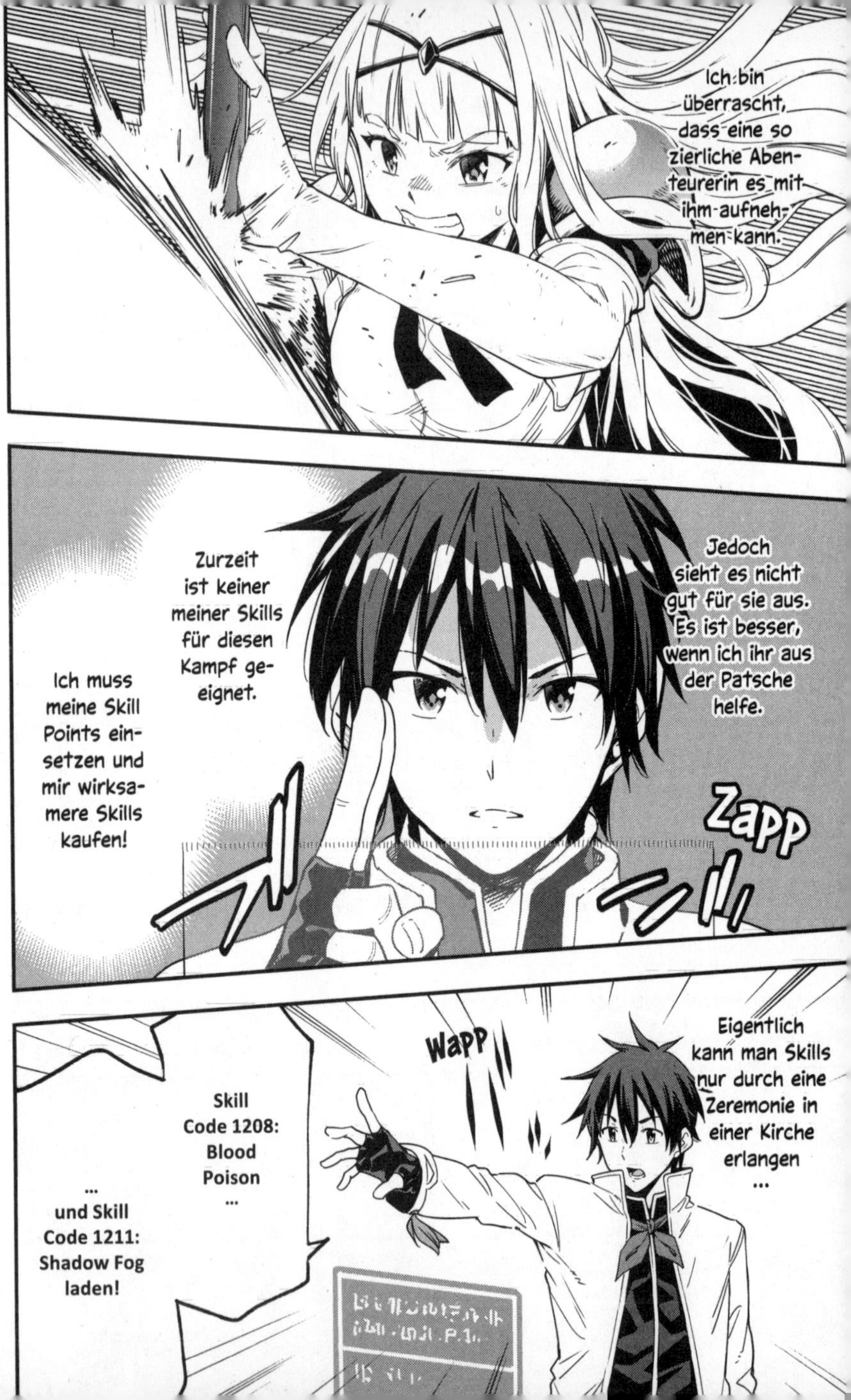
Ich bin überrascht, dass eine so zierliche Abenteurerin es mit ihm aufnehmen kann.
Jedoch sieht es nicht gut für sie aus. Es ist besser, wenn ich ihr aus der Patsche helfe.
Zapp
Zurzeit ist keiner meiner Skills für diesen Kampf geeignet.
Ich muss meine Skill Points einsetzen und mir wirksamere Skills kaufen!
Eigentlich kann man Skills nur durch eine Zeremonie in einer Kirche erlangen ...
Wapp
Skill Code 1208: Blood Poison ...
... und Skill Code 1211: Shadow Fog laden!

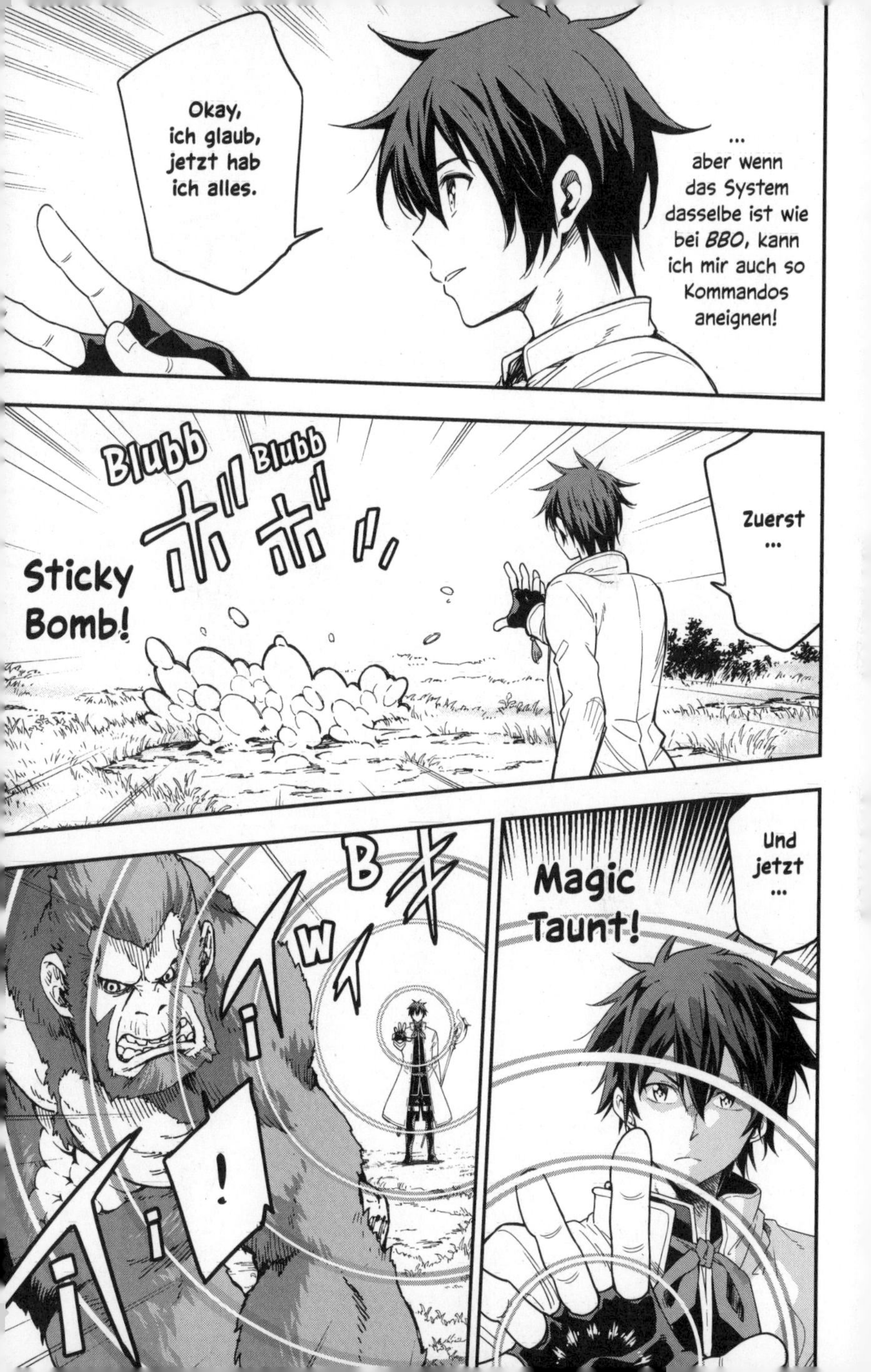
... aber wenn das System dasselbe ist wie bei BBO, kann ich mir auch so Kommandos aneignen!
Okay, ich glaub, jetzt hab ich alles.
Zuerst ...
Blubb
Blubb
Sticky Bomb!
Und jetzt ...
Magic Taunt!
B
W
i
!
i
i

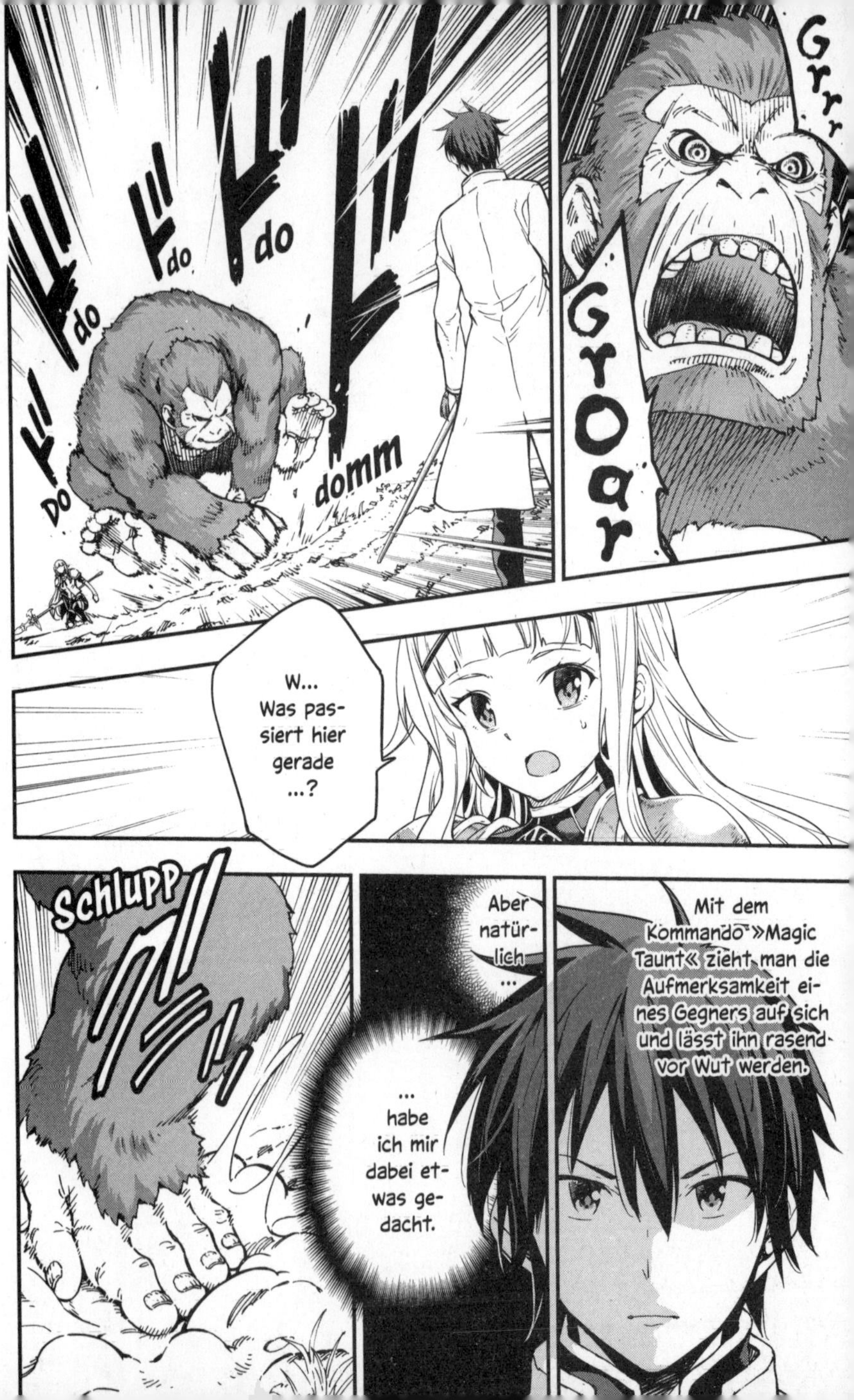

Grrr
Groar
Do do do do
domm
W... Was passiert hier gerade ...?
Mit dem Kommando »Magic Taunt« zieht man die Aufmerksamkeit eines Gegners auf sich und lässt ihn rasend vor Wut werden.
Aber natürlich ...
... habe ich mir dabei etwas gedacht.
Schlupp

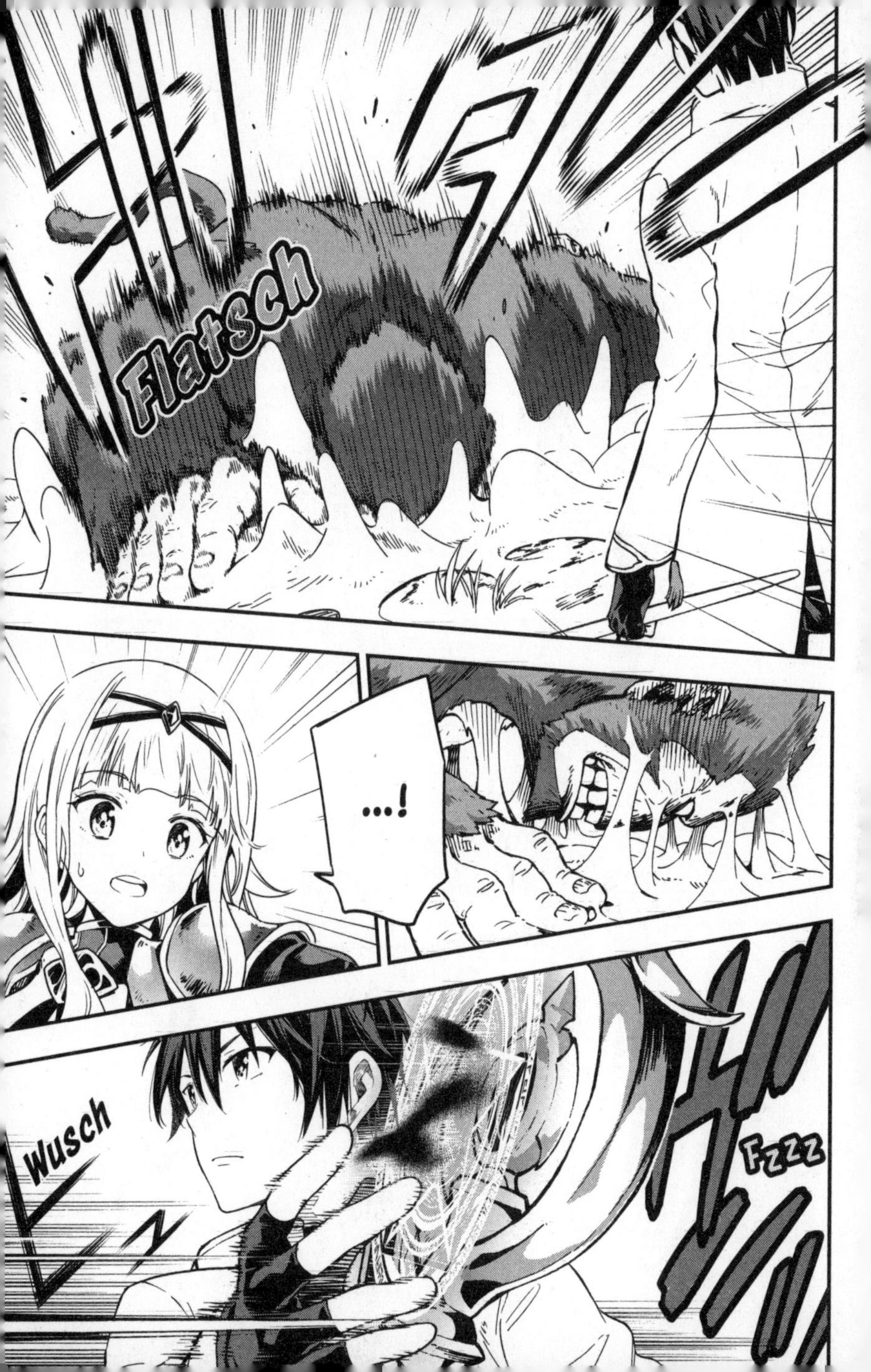
Flatsch
...!
Wusch
Fzzz

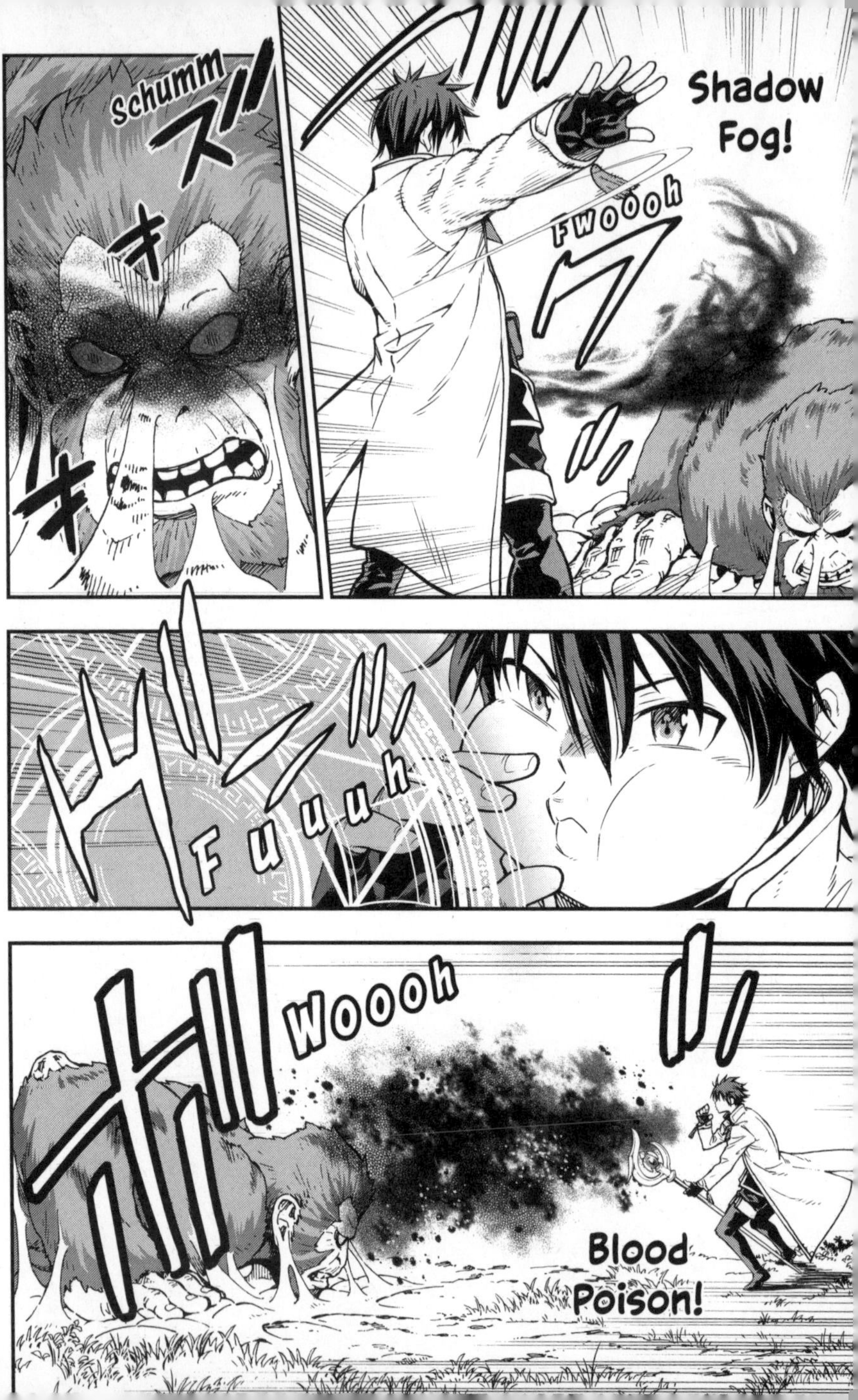
Shadow Fog!
Schumm
Fwoooh
Fuuuh
Woooh
Blood Poison!

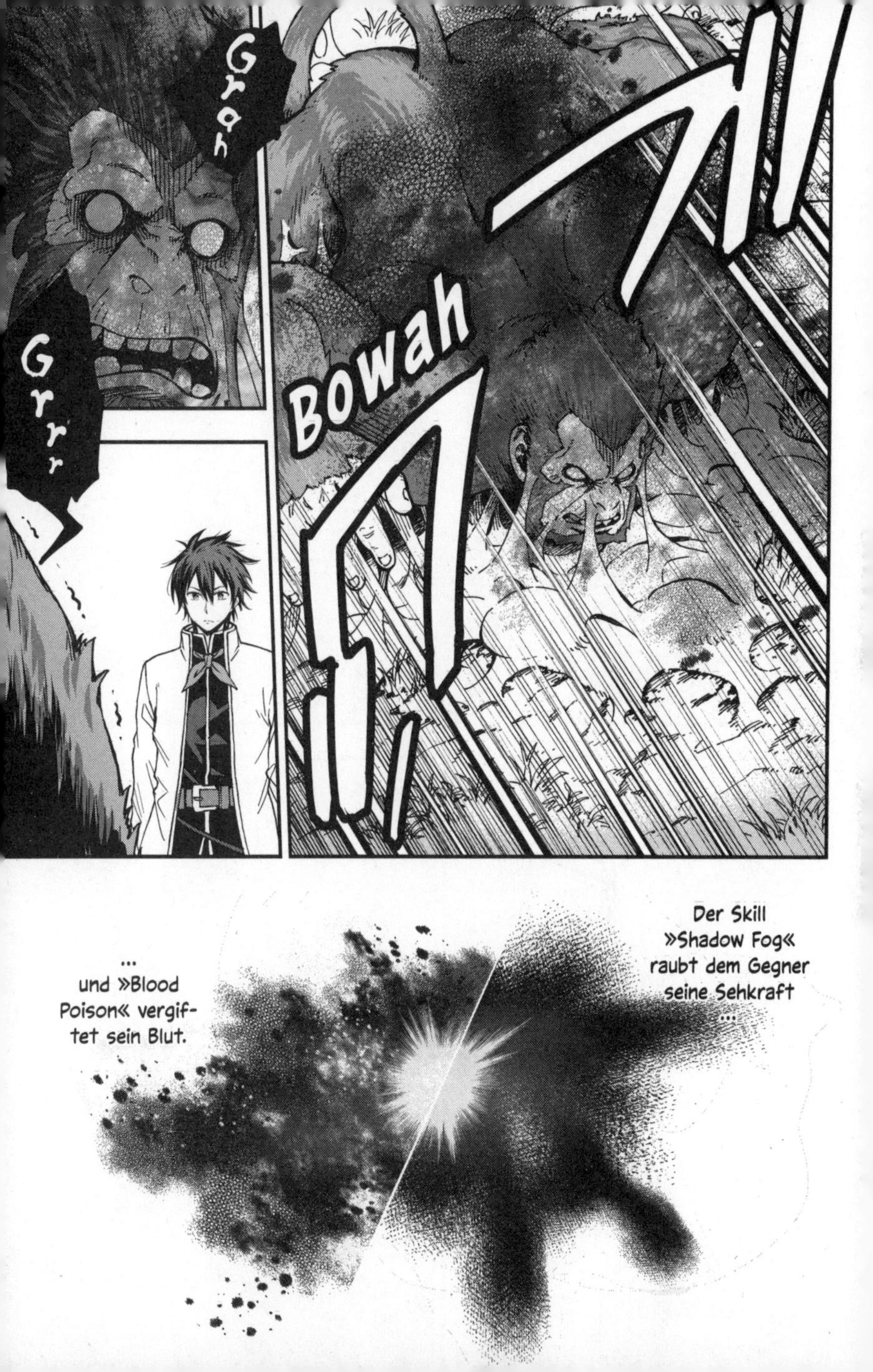
Bowah
Grah
Grrr
Der Skill »Shadow Fog« raubt dem Gegner seine Sehkraft ...
... und »Blood Poison« vergif-tet sein Blut.

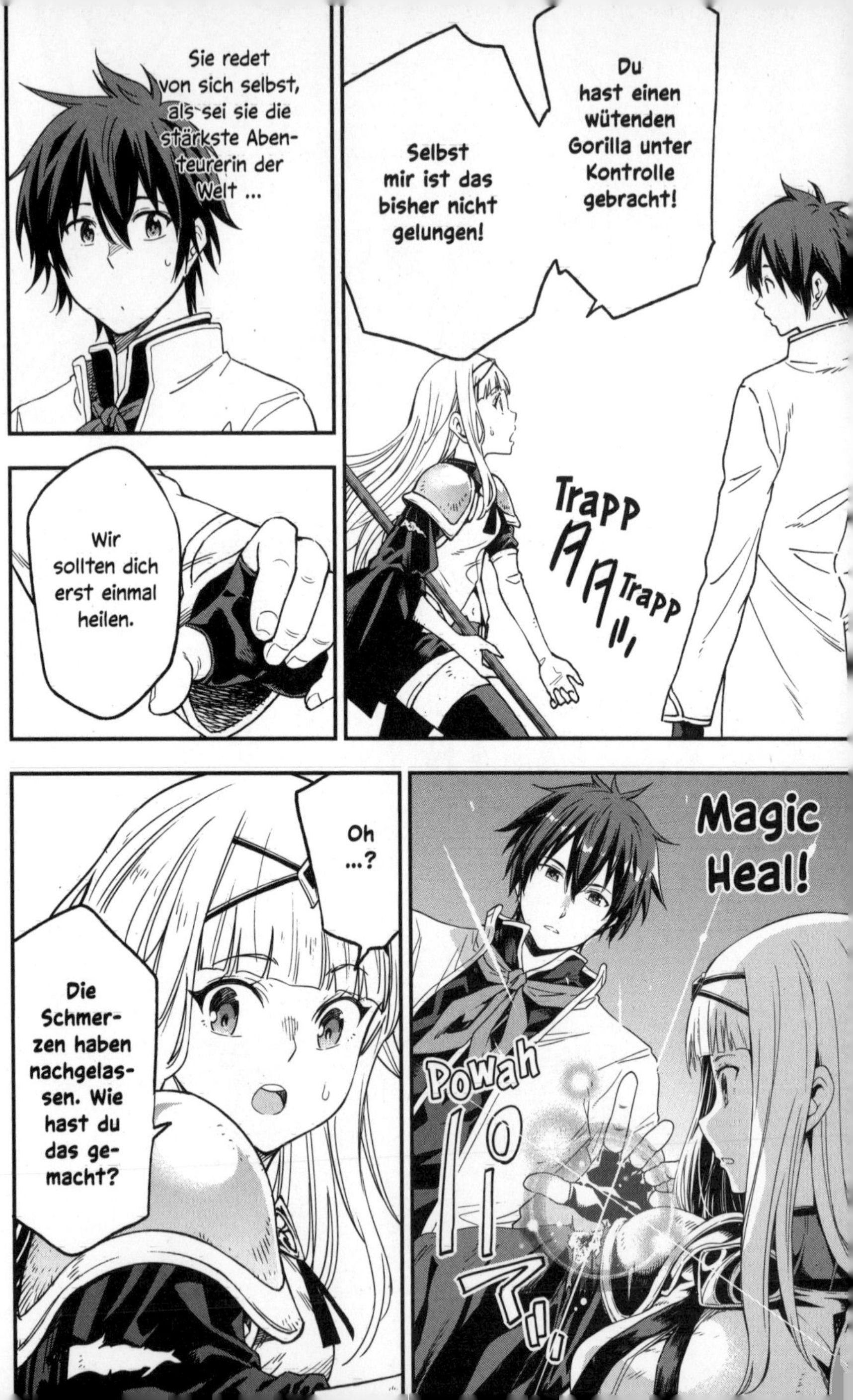
Du hast einen wütenden Gorilla unter Kontrolle gebracht!
Selbst mir ist das bisher nicht gelungen!
Trapp
Trapp
Sie redet von sich selbst, als sei sie die stärkste Abenteurerin der Welt ...
Wir sollten dich erst einmal heilen.
Magic Heal!
Powah
Oh ...?
Die Schmerzen haben nachgelassen. Wie hast du das gemacht?

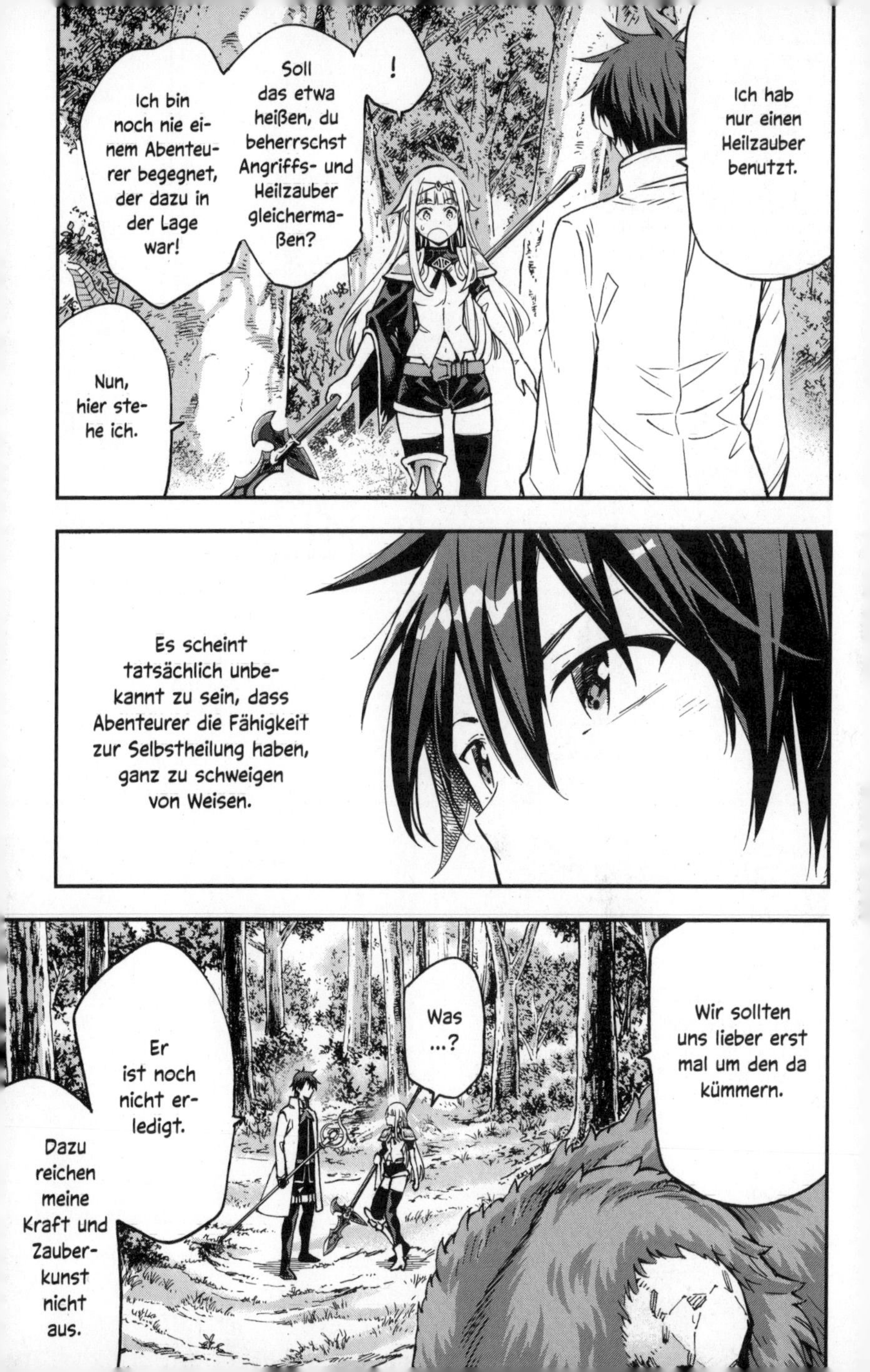
Ich hab nur einen Heilzauber benutzt.
!
Soll das etwa heißen, du beherrschst Angriffs- und Heilzauber gleichermaßen?
Ich bin noch nie einem Abenteurer begegnet, der dazu in der Lage war!
Nun, hier stehe ich.
Es scheint tatsächlich unbekannt zu sein, dass Abenteurer die Fähigkeit zur Selbstheilung haben, ganz zu schweigen von Weisen.
Wir sollten uns lieber erst mal um den da kümmern.
Was …?
Er ist noch nicht erledigt.
Dazu reichen meine Kraft und Zauberkunst nicht aus.

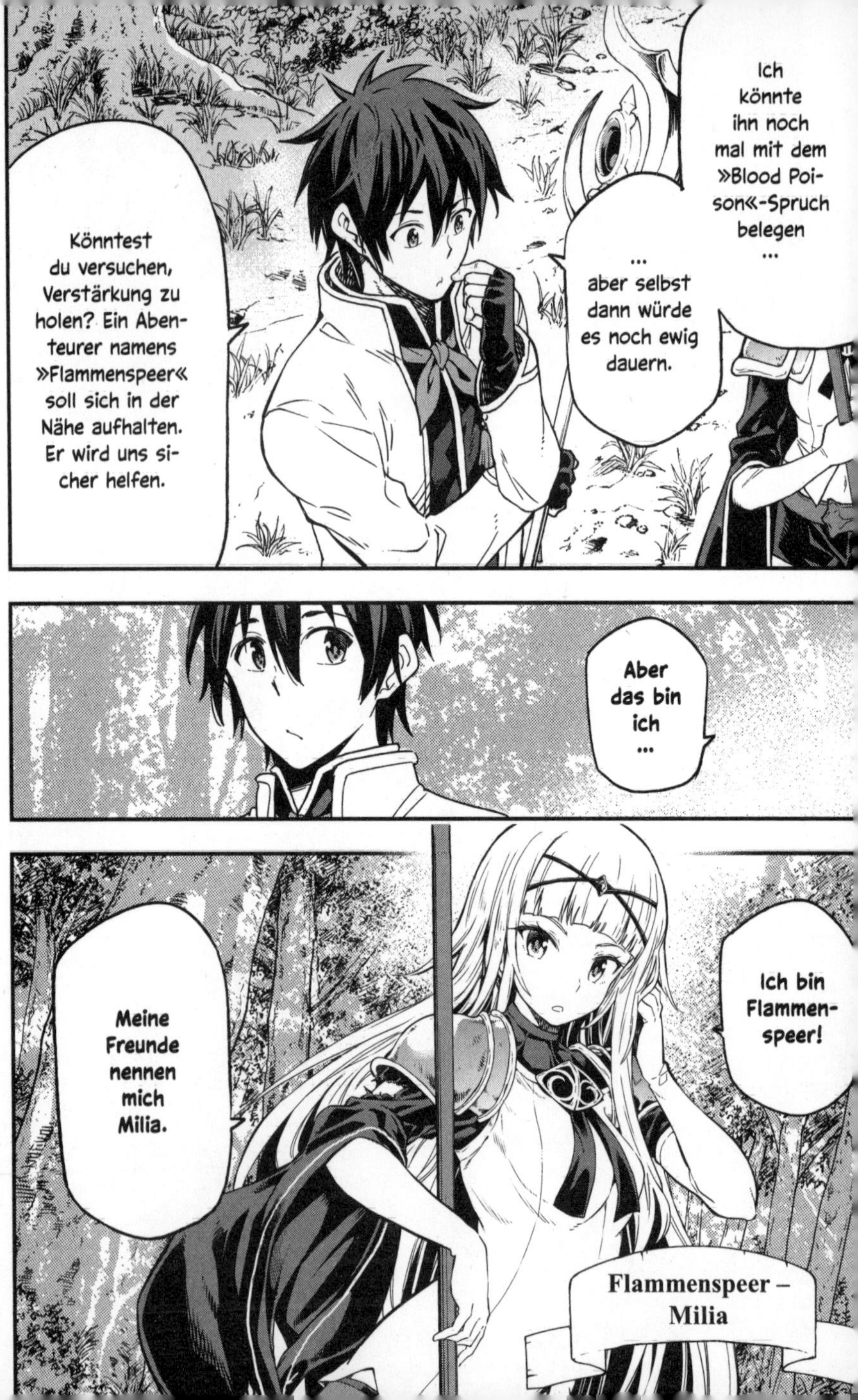

Ich könnte ihn noch mal mit dem »Blood Poison«-Spruch belegen ...
... aber selbst dann würde es noch ewig dauern.
Könntest du versuchen, Verstärkung zu holen? Ein Abenteurer namens »Flammenspeer« soll sich in der Nähe aufhalten. Er wird uns sicher helfen.
Aber das bin ich ...
Ich bin Flammenspeer!
Meine Freunde nennen mich Milia.
Flammenspeer – Milia

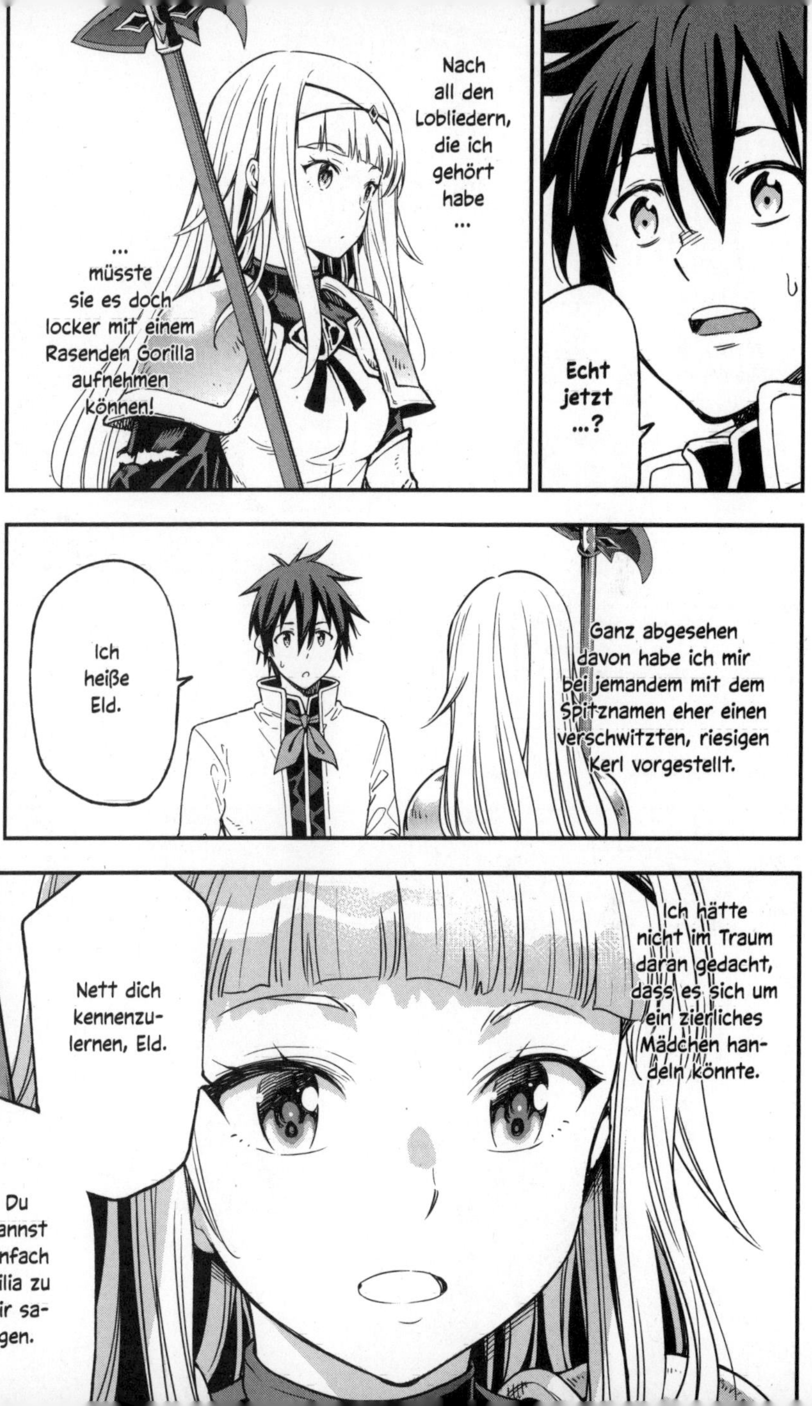
Echt jetzt ...?
Nach all den Lobliedern, die ich gehört habe ...
... müsste sie es doch locker mit einem Rasenden Gorilla aufnehmen können!
Ganz abgesehen davon habe ich mir bei jemandem mit dem Spitznamen eher einen verschwitzten, riesigen Kerl vorgestellt.
Ich heiße Eld.
Ich hätte nicht im Traum daran gedacht, dass es sich um ein zierliches Mädchen handeln könnte.
Nett dich kennenzulernen, Eld.
Du kannst einfach Milia zu mir sagen.

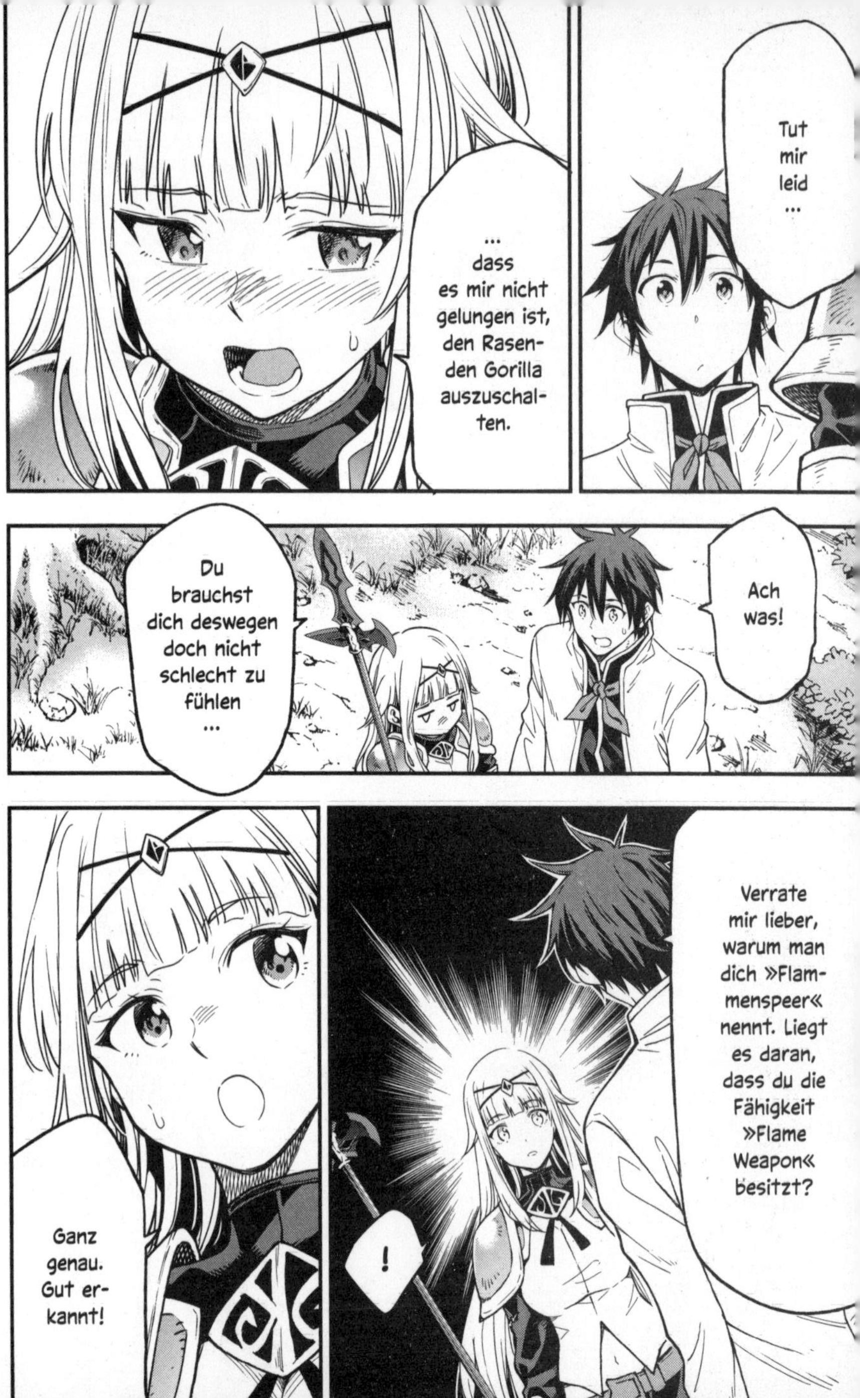
Tut mir leid ...
... dass es mir nicht gelungen ist, den Rasen-den Gorilla auszuschal-ten.
Ach was!
Du brauchst dich deswegen doch nicht schlecht zu fühlen ...
Verrate mir lieber, warum man dich »Flam-menspeer« nennt. Liegt es daran, dass du die Fähigkeit »Flame Weapon« besitzt?
!
Ganz genau. Gut er-kannt!

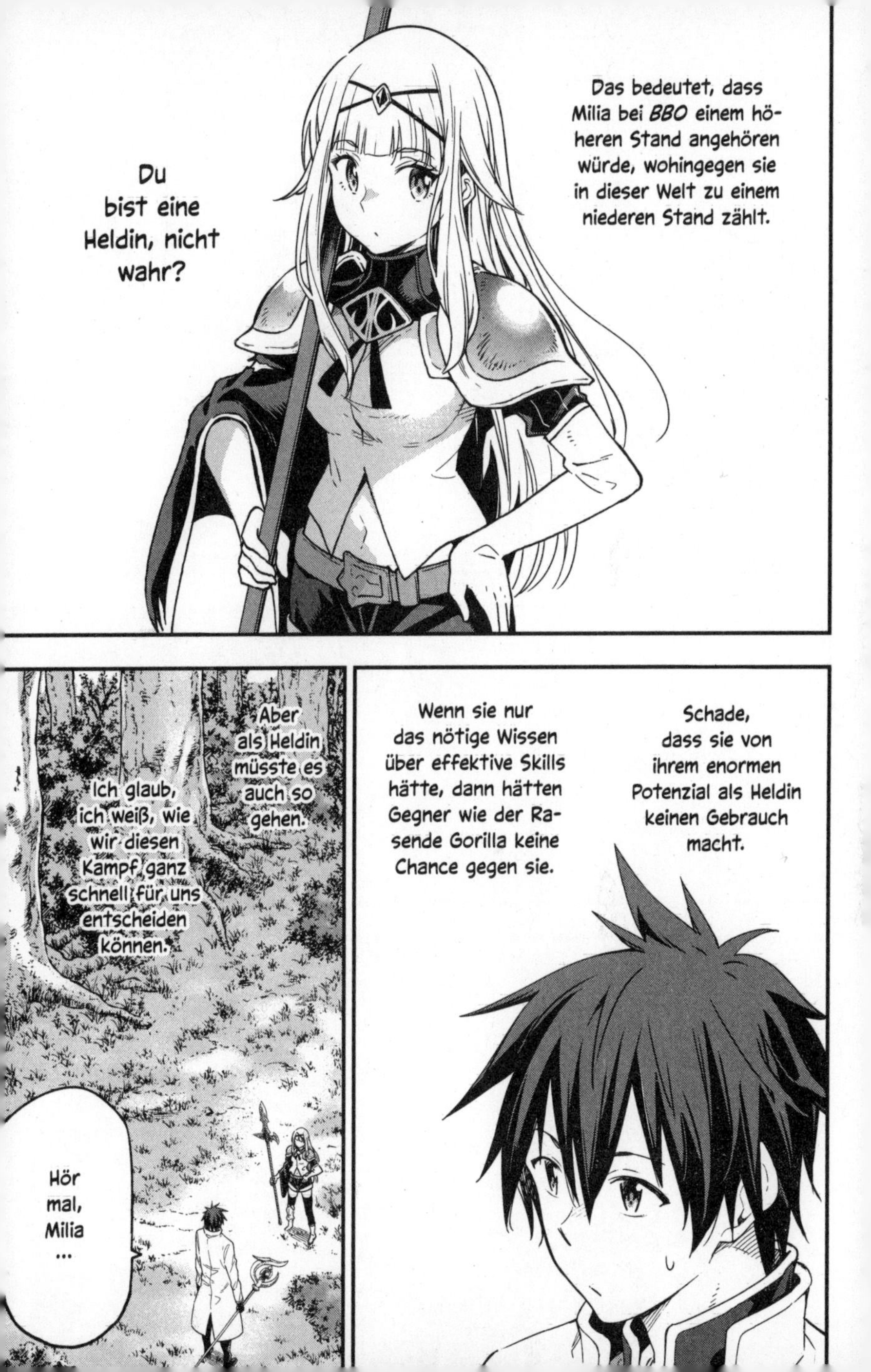
Das bedeutet, dass Milia bei *BBO* einem hö-heren Stand angehören würde, wohingegen sie in dieser Welt zu einem niederen Stand zählt.
Du bist eine Heldin, nicht wahr?
Schade, dass sie von ihrem enormen Potenzial als Heldin keinen Gebrauch macht.
Wenn sie nur das nötige Wissen über effektive Skills hätte, dann hätten Gegner wie der Ra-sende Gorilla keine Chance gegen sie.
Aber als Heldin müsste es auch so gehen.
Ich glaub, ich weiß, wie wir diesen Kampf ganz schnell für uns entscheiden können.
Hör mal, Milia ...

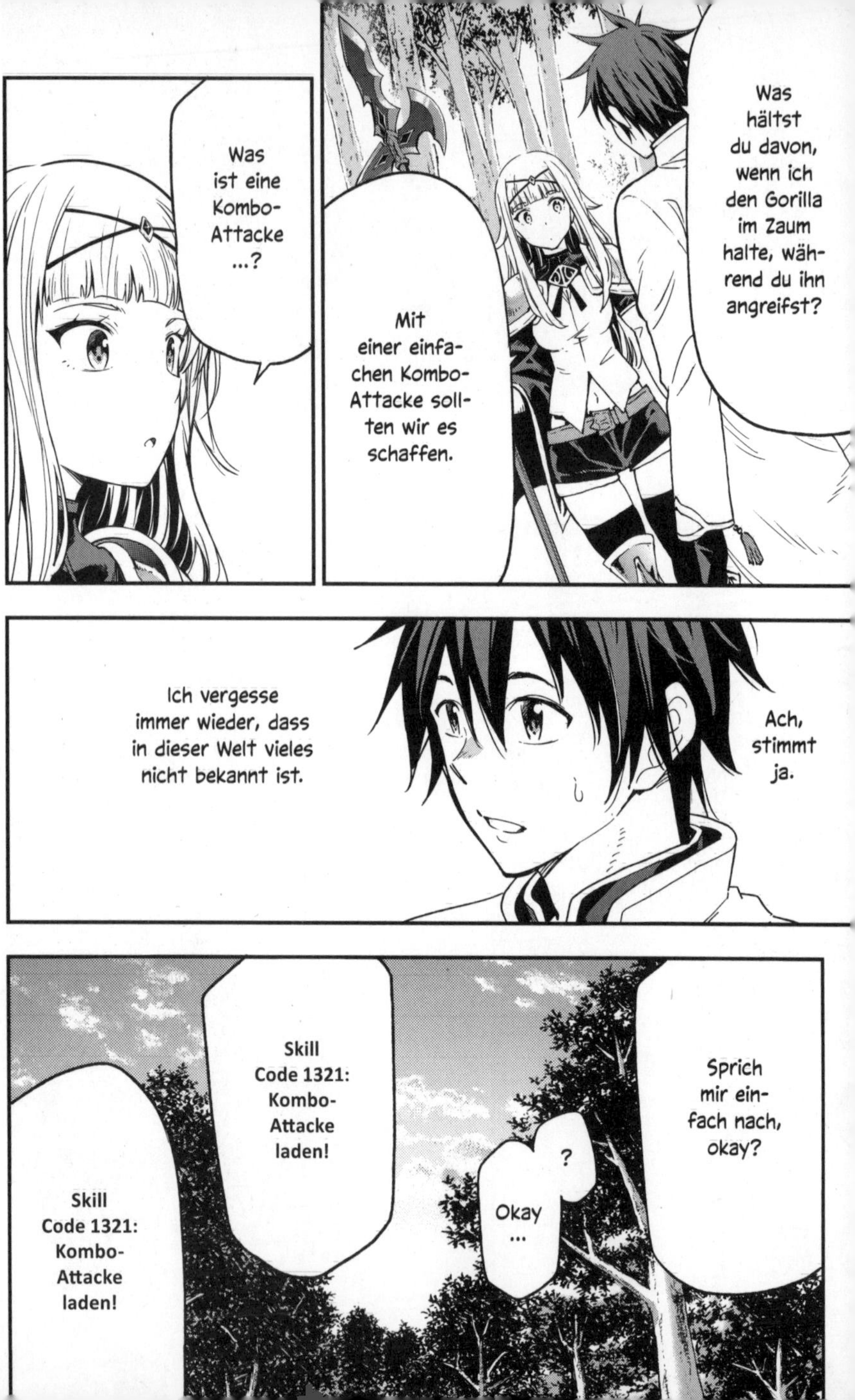
Was hältst du davon, wenn ich den Gorilla im Zaum halte, während du ihn angreifst?
Mit einer einfachen Kombo-Attacke sollten wir es schaffen.
Was ist eine Kombo-Attacke ...?
Ach, stimmt ja.
Ich vergesse immer wieder, dass in dieser Welt vieles nicht bekannt ist.
Sprich mir einfach nach, okay?
?
Okay ...
Skill Code 1321: Kombo-Attacke laden!
Skill Code 1321: Kombo-Attacke laden!

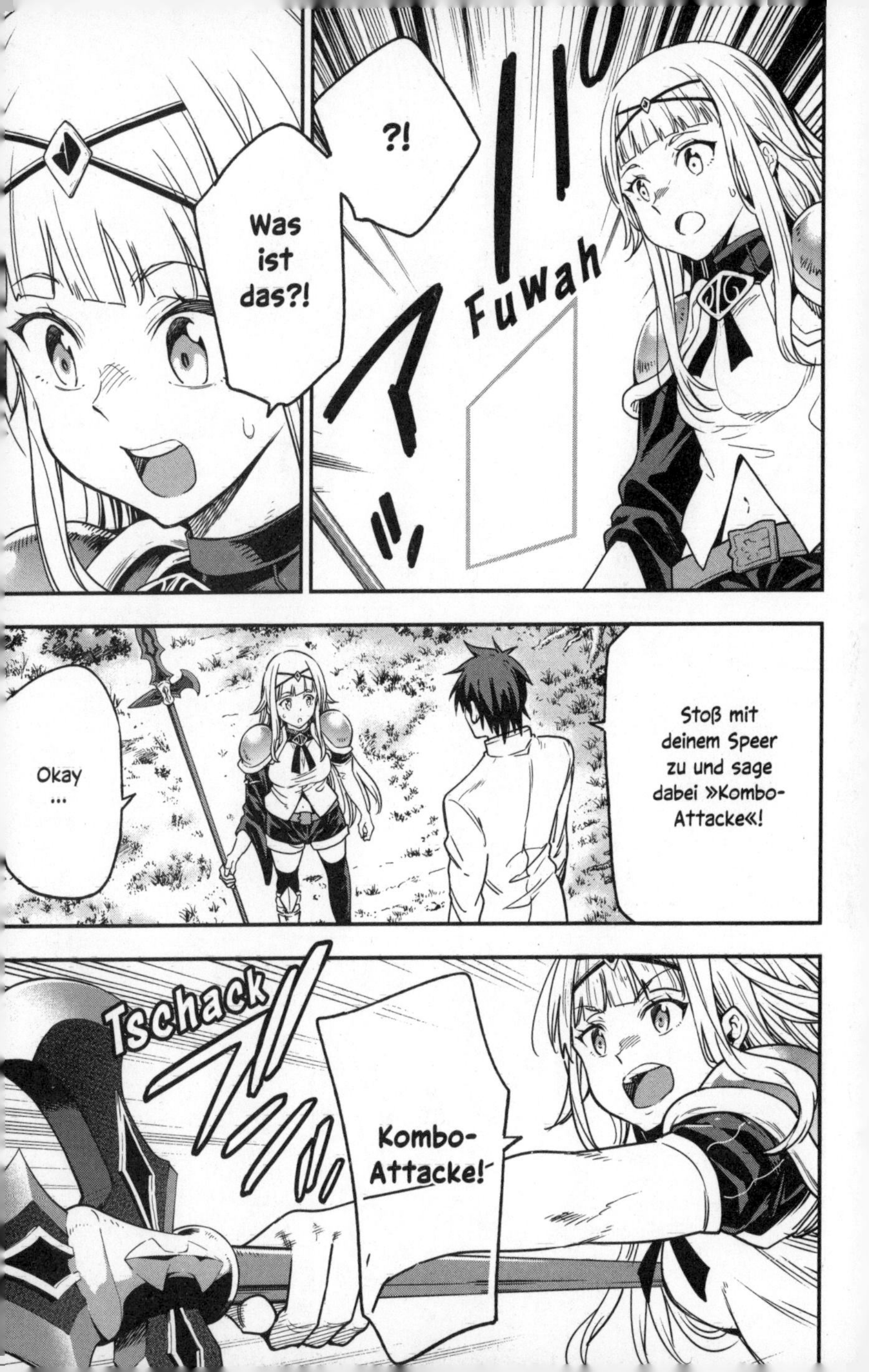

Fuwah
?!
Was ist das?!
Stoß mit deinem Speer zu und sage dabei »Kombo-Attacke«!
Okay ...
Tschack
Kombo-Attacke!

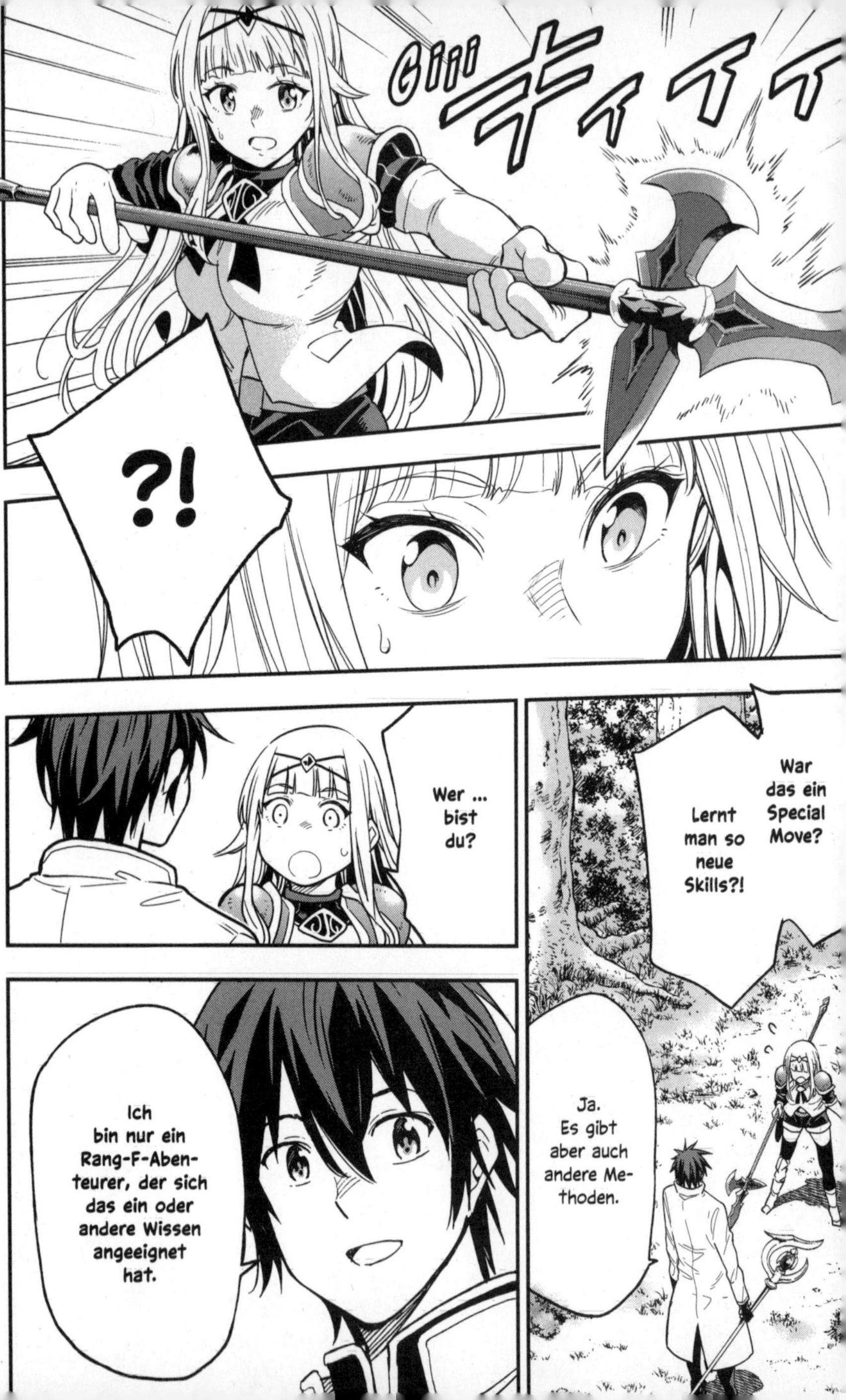
Giii
キィィィ
?!
War das ein Special Move?
Lernt man so neue Skills?!
Wer ... bist du?
Ja. Es gibt aber auch andere Methoden.
Ich bin nur ein Rang-F-Abenteurer, der sich das ein oder andere Wissen angeeignet hat.

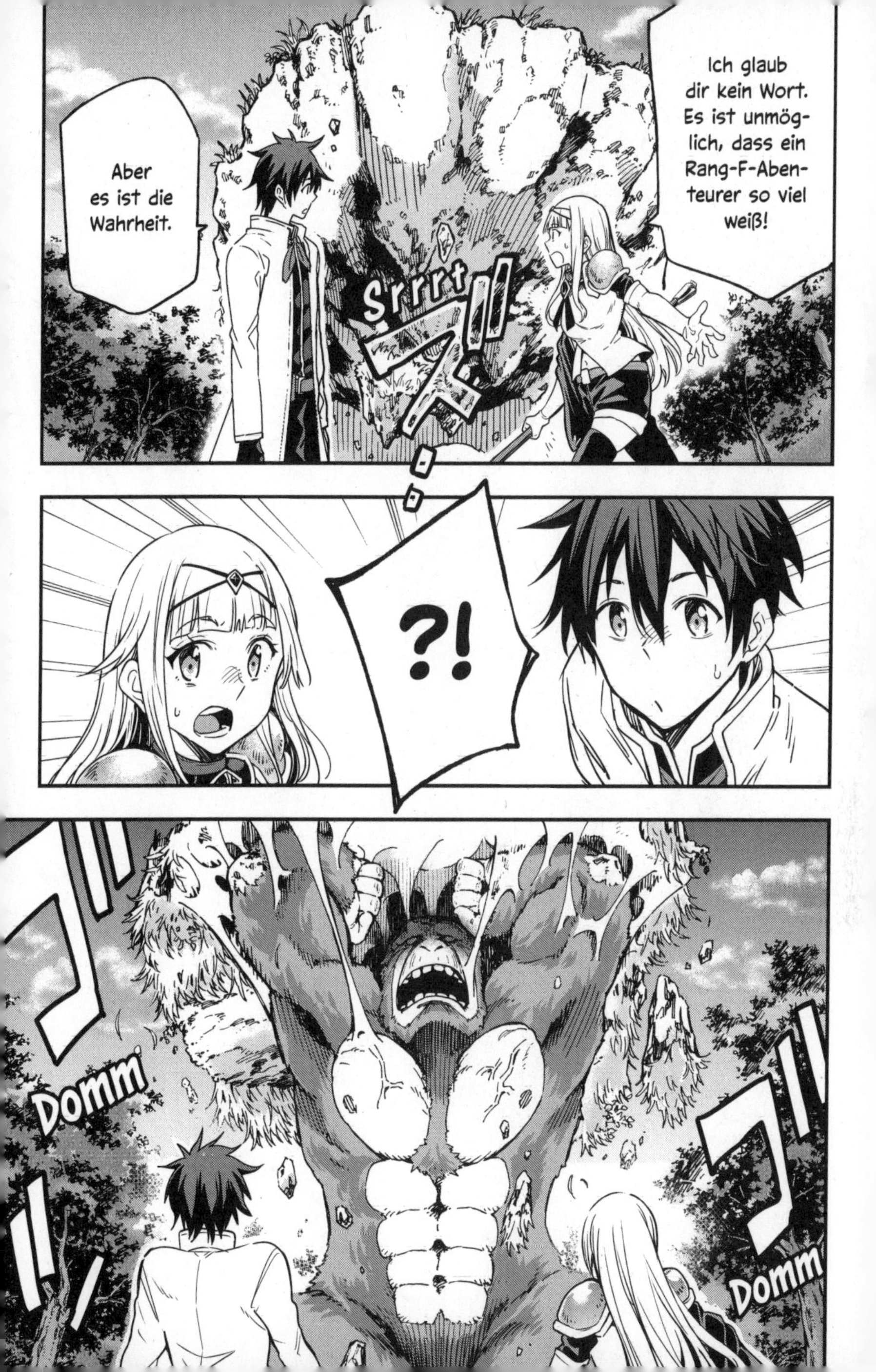
Ich glaub dir kein Wort. Es ist unmöglich, dass ein Rang-F-Abenteurer so viel weiß!
Aber es ist die Wahrheit.
Srrrt
?!
Domm
Domm

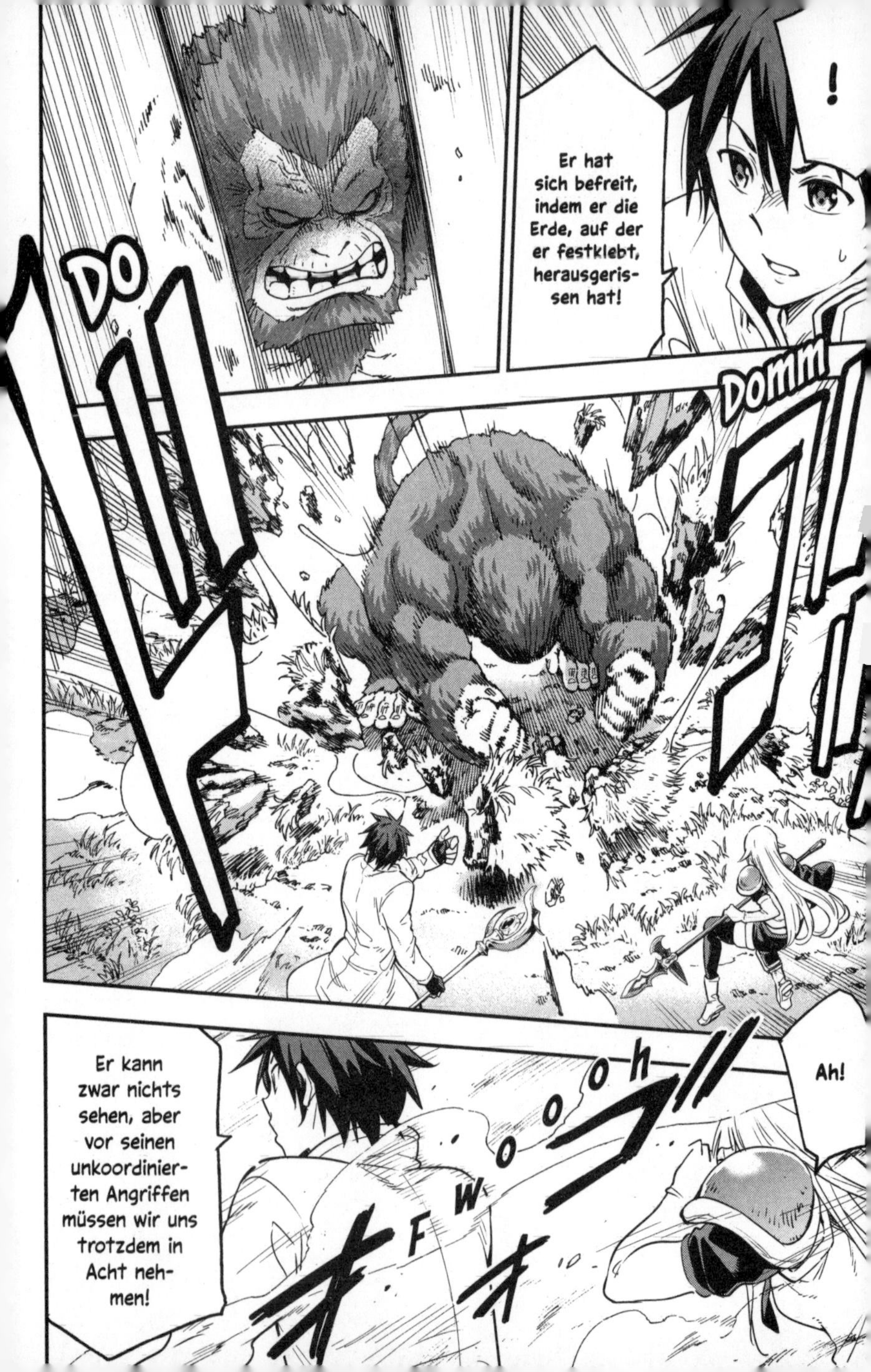
!
Er hat sich befreit, indem er die Erde, auf der er festklebt, herausgerissen hat!
DO
Domm
Ah!
Fwoooooh
Er kann zwar nichts sehen, aber vor seinen unkoordinierten Angriffen müssen wir uns trotzdem in Acht nehmen!

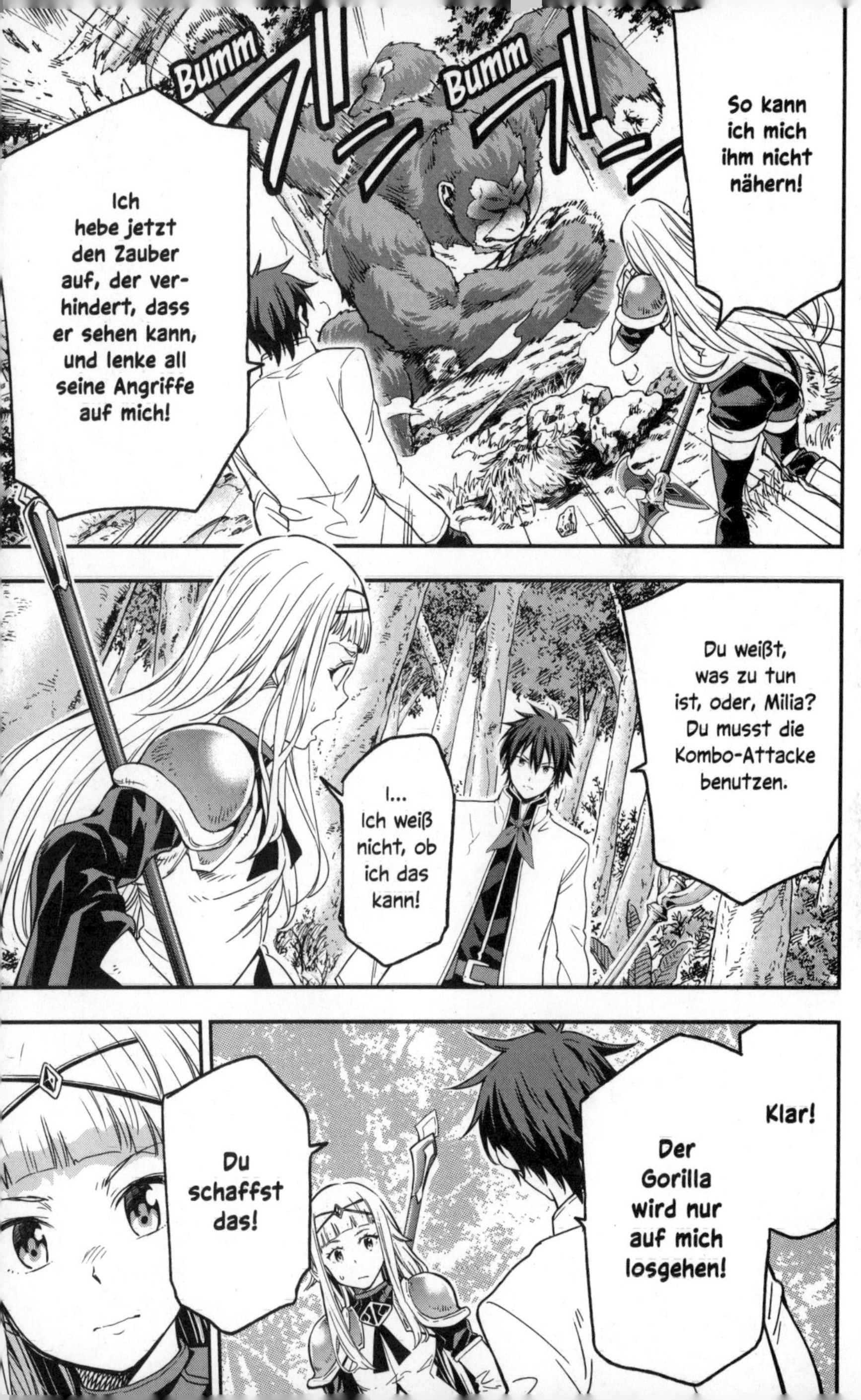
So kann ich mich ihm nicht nähern!
Bumm
Bumm
Ich hebe jetzt den Zauber auf, der verhindert, dass er sehen kann, und lenke all seine Angriffe auf mich!
Du weißt, was zu tun ist, oder, Milia? Du musst die Kombo-Attacke benutzen.
I... Ich weiß nicht, ob ich das kann!
Klar!
Der Gorilla wird nur auf mich losgehen!
Du schaffst das!

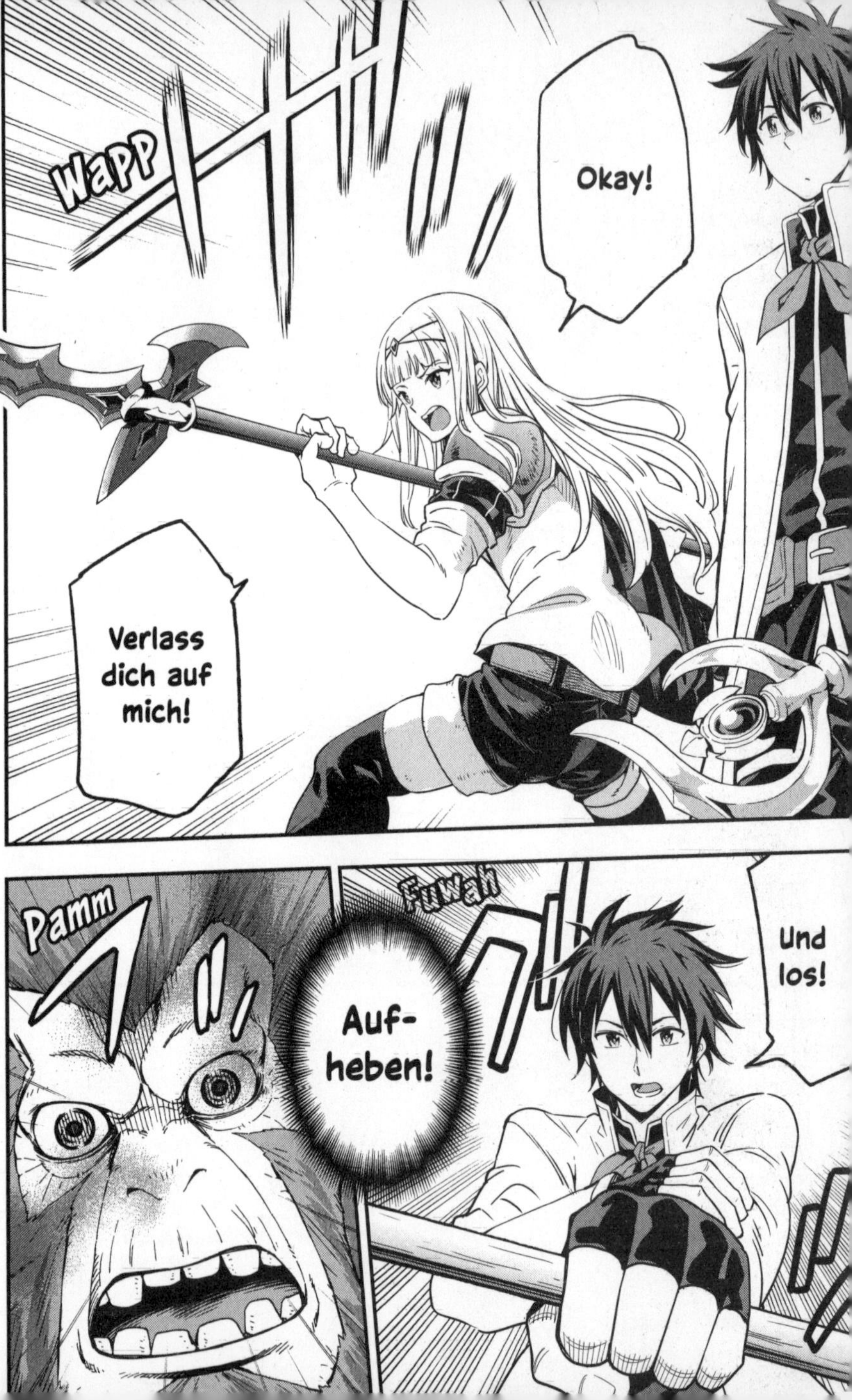
Okay!
Wapp
Verlass dich auf mich!
Und los!
Fuwah
Auf-heben!
Pamm

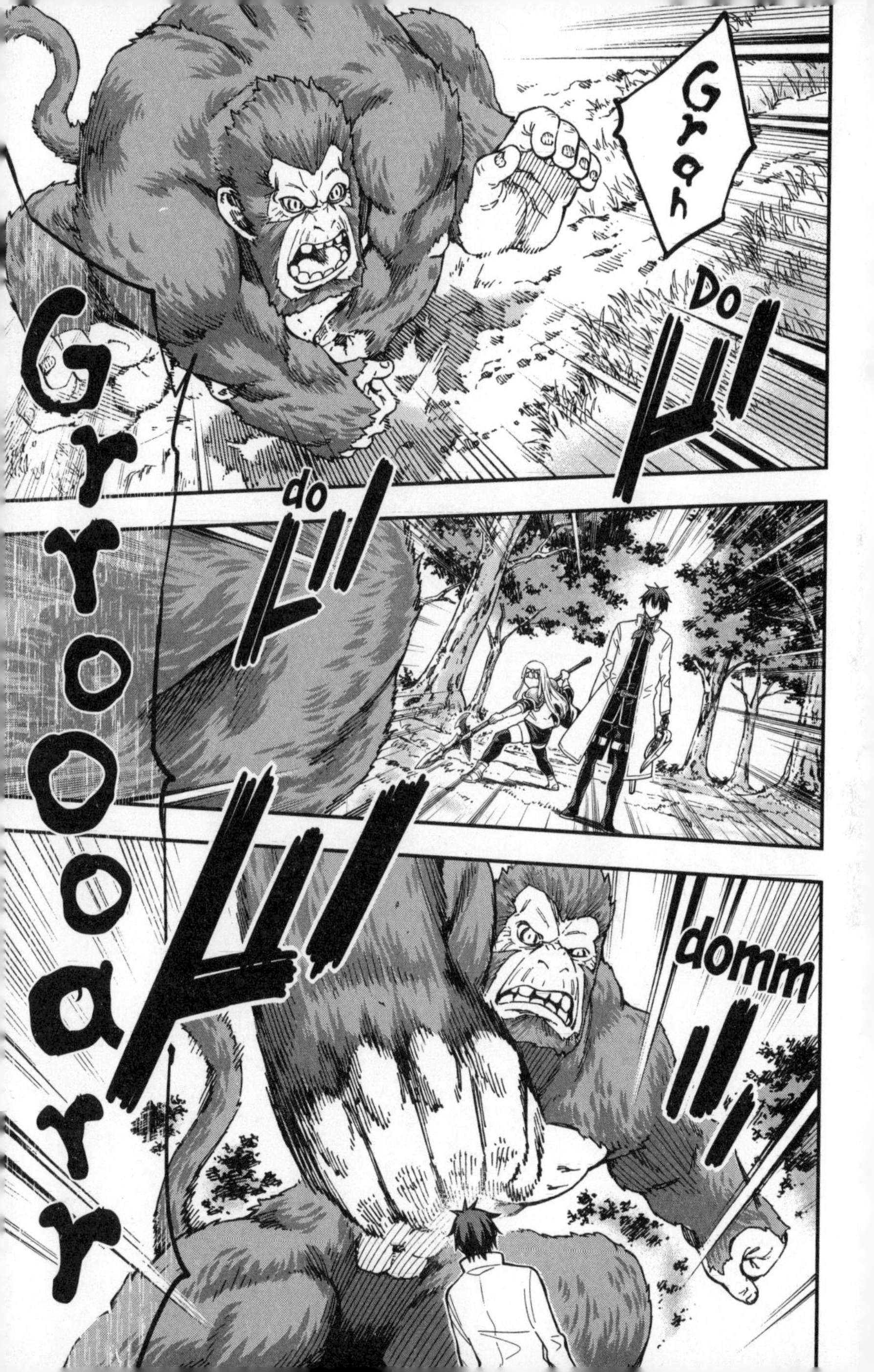

Gran
Do
do
Groooary
domm

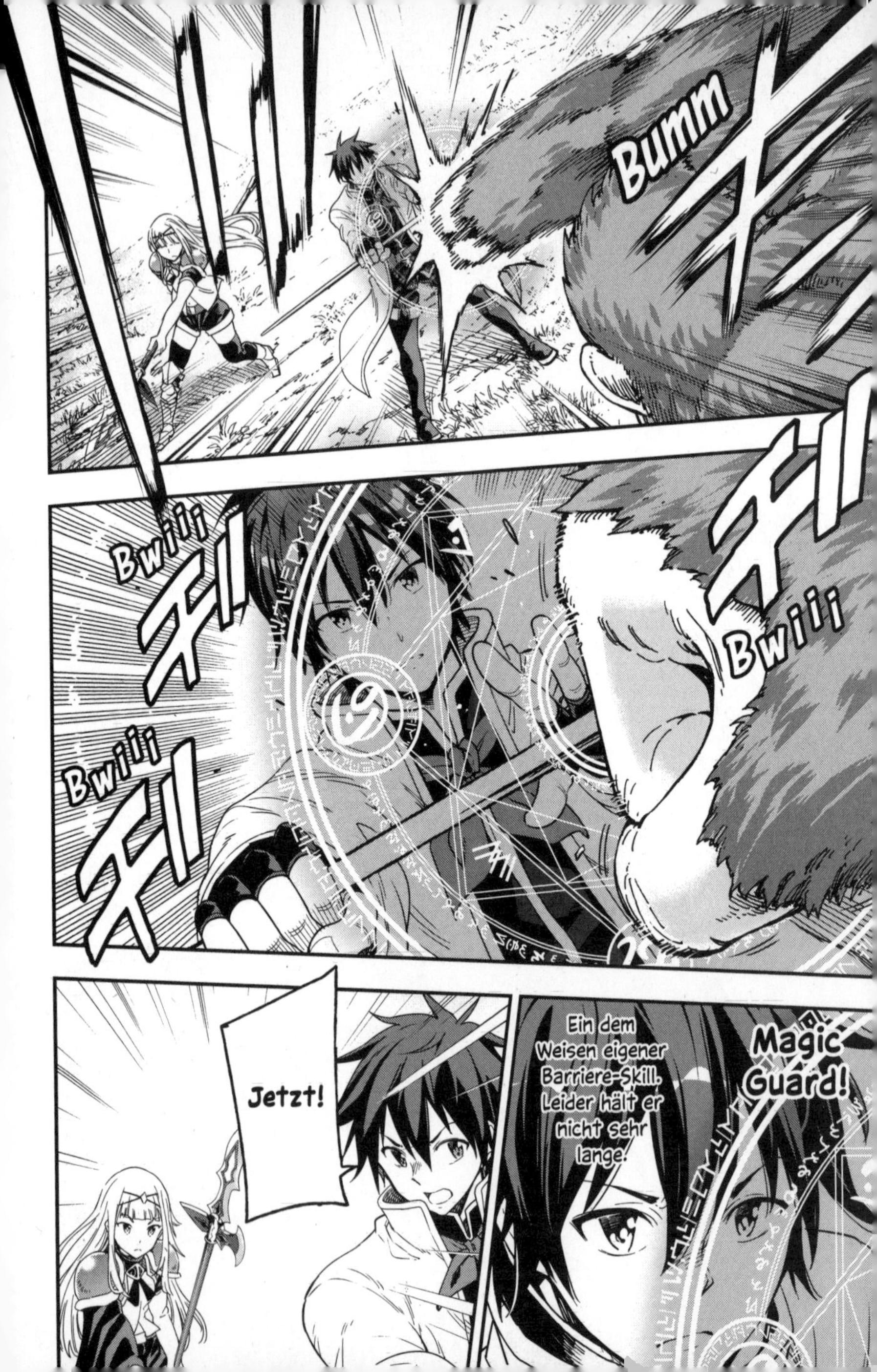
Bumm
Bwiii
Bwiii
Bwiii
Magic Guard!
Ein dem Weisen eigener Barriere-Skill. Leider hält er nicht sehr lange.
Jetzt!

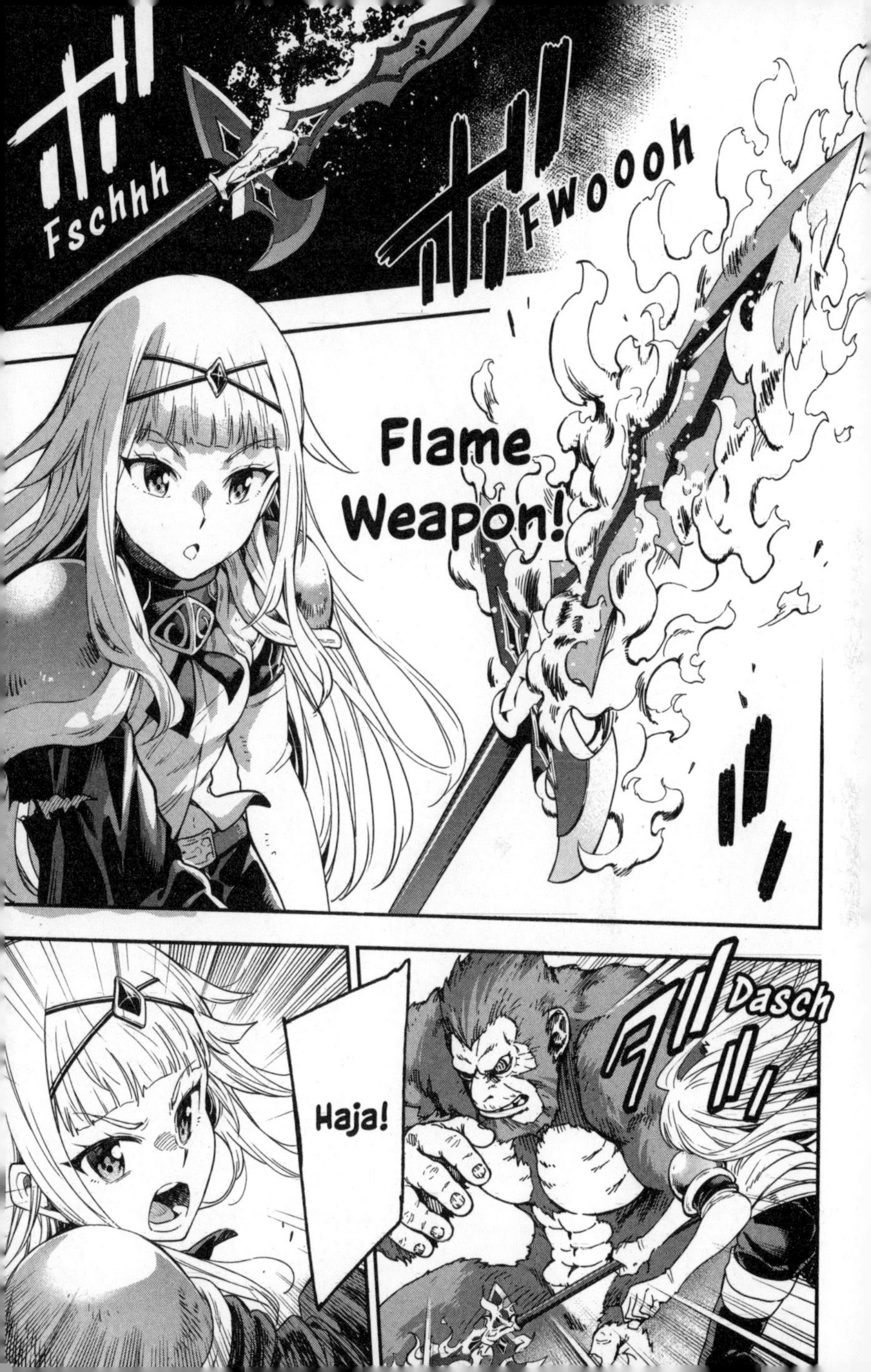

Fschhh
Fwoooh
Flame Weapon!
Dasch
Haja!

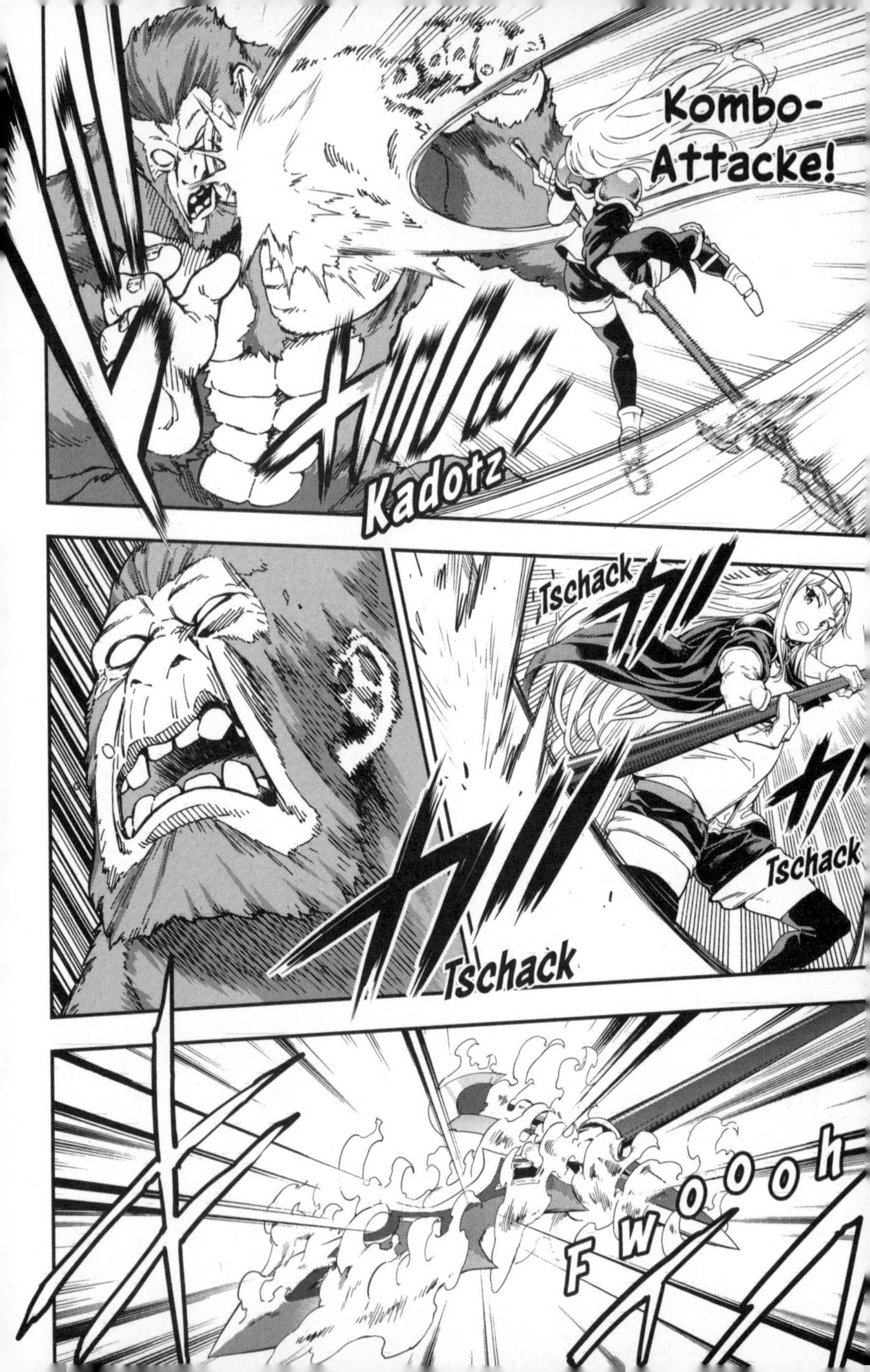

Kombo-Attacke!
Kadotz
Tschack
Tschack
Tschack
Fwoooh

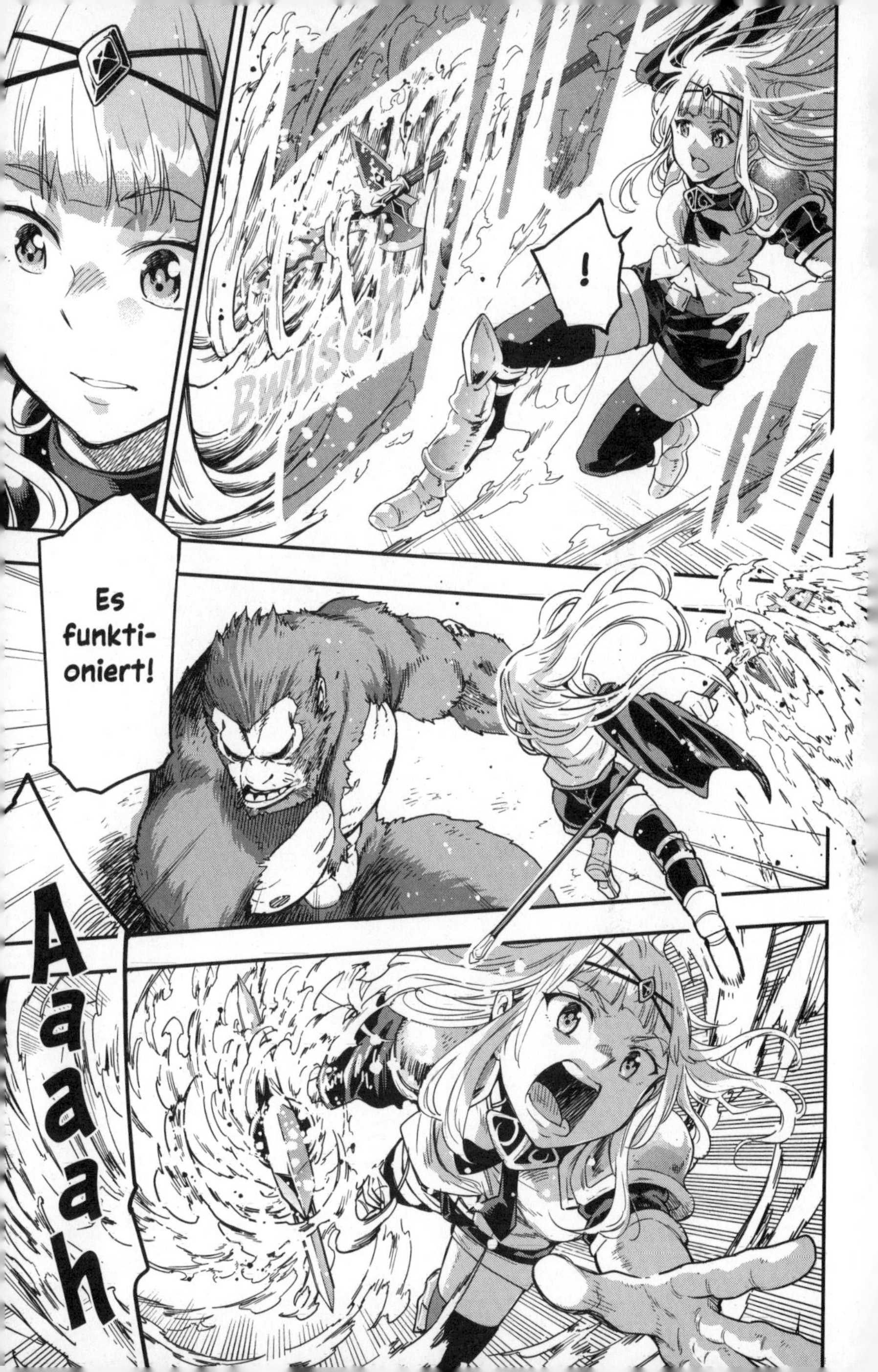
!
Bwusch
Es funkti-oniert!
Aaaaah

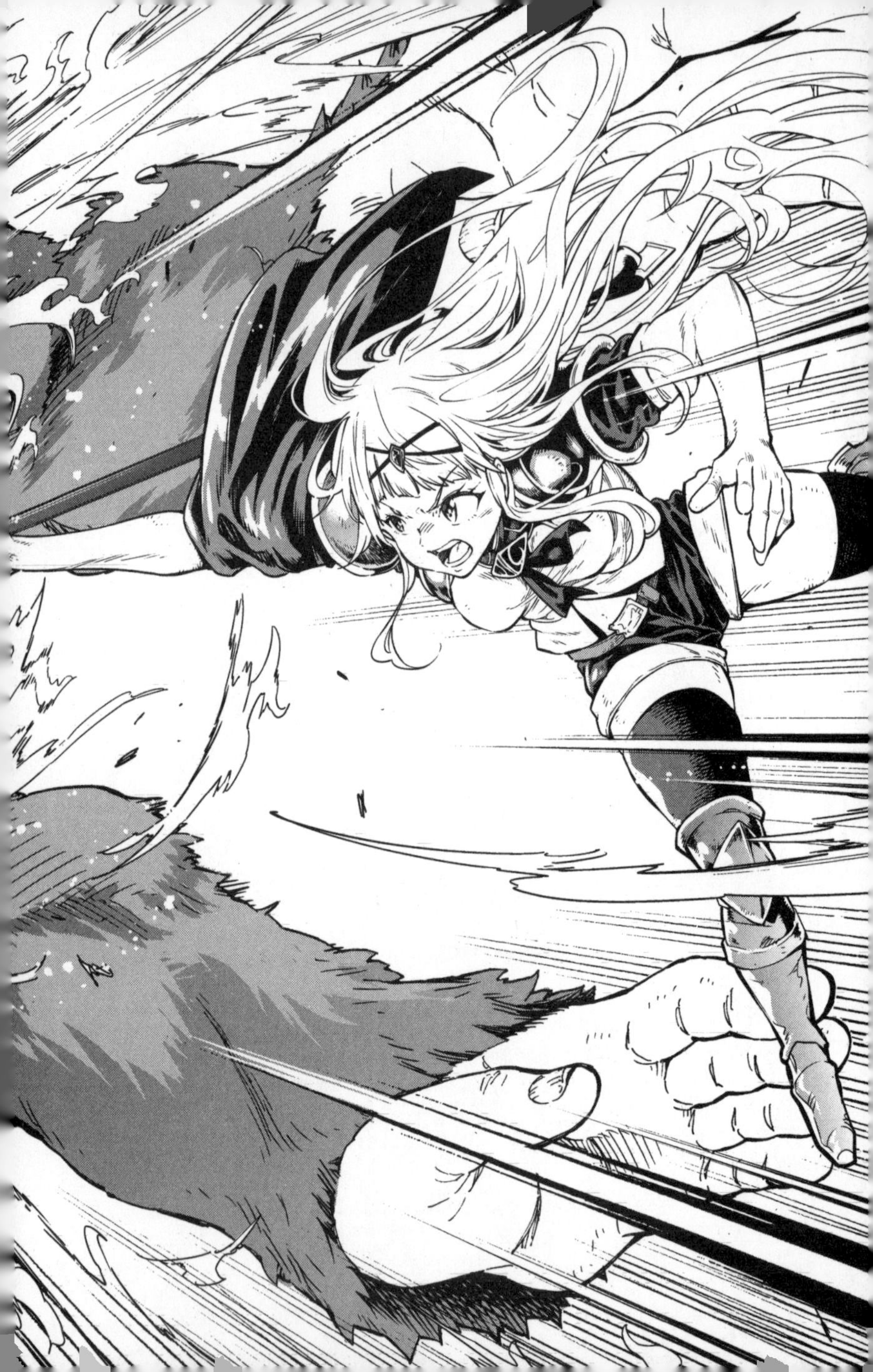

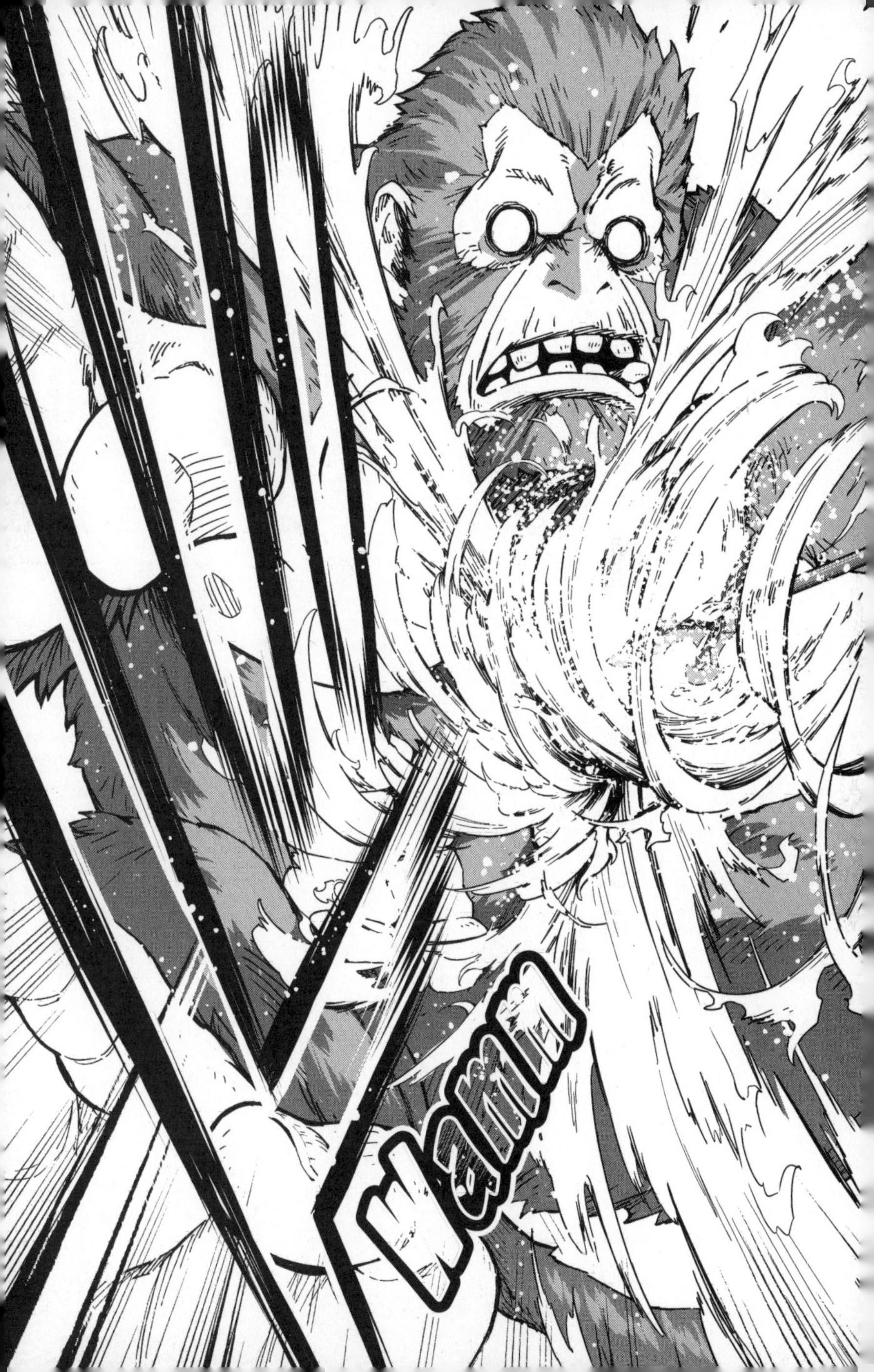

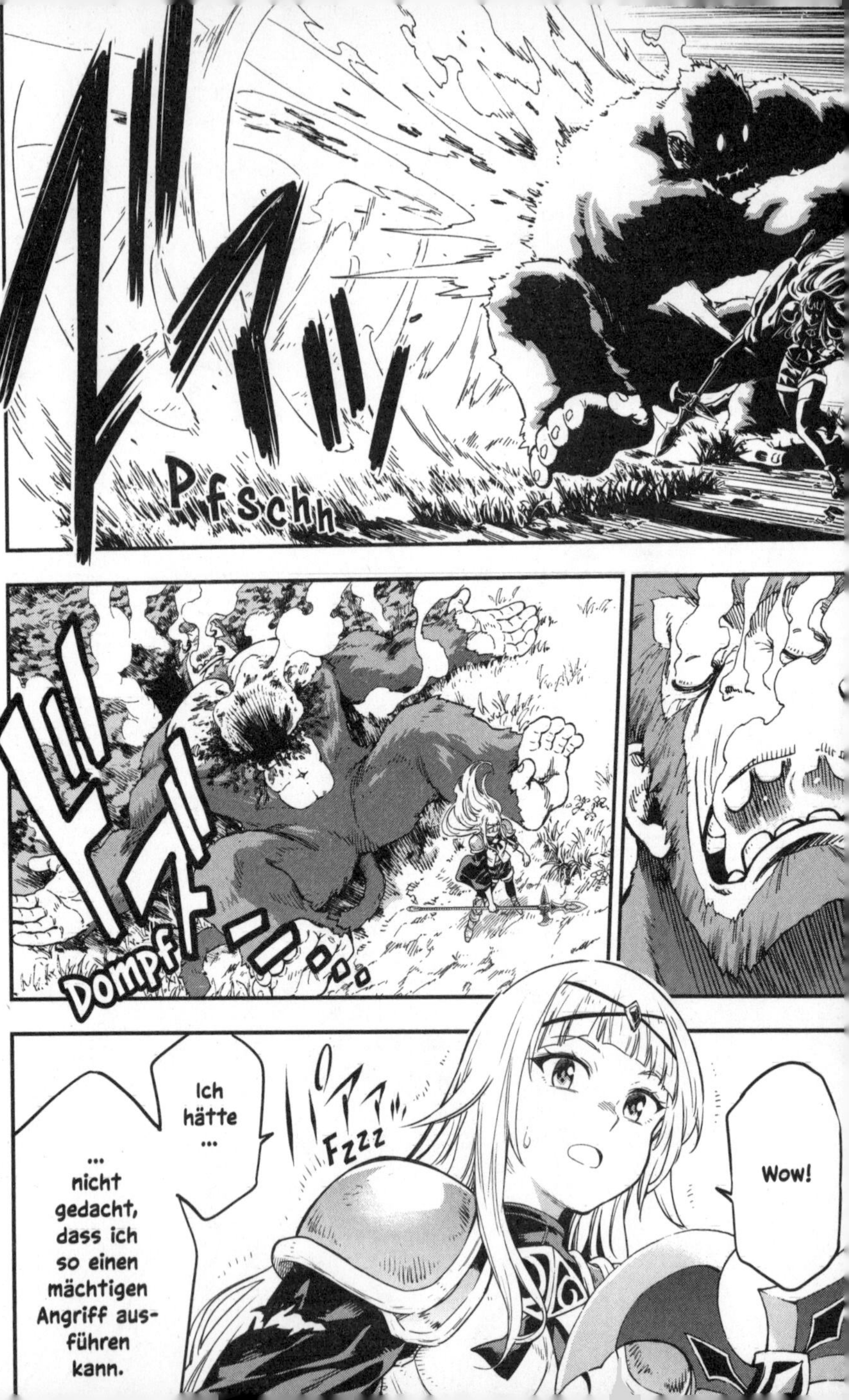
Pfschh
Dompf
Fzzz
Wow!
Ich hätte ...
... nicht gedacht, dass ich so einen mächtigen Angriff aus-führen kann.

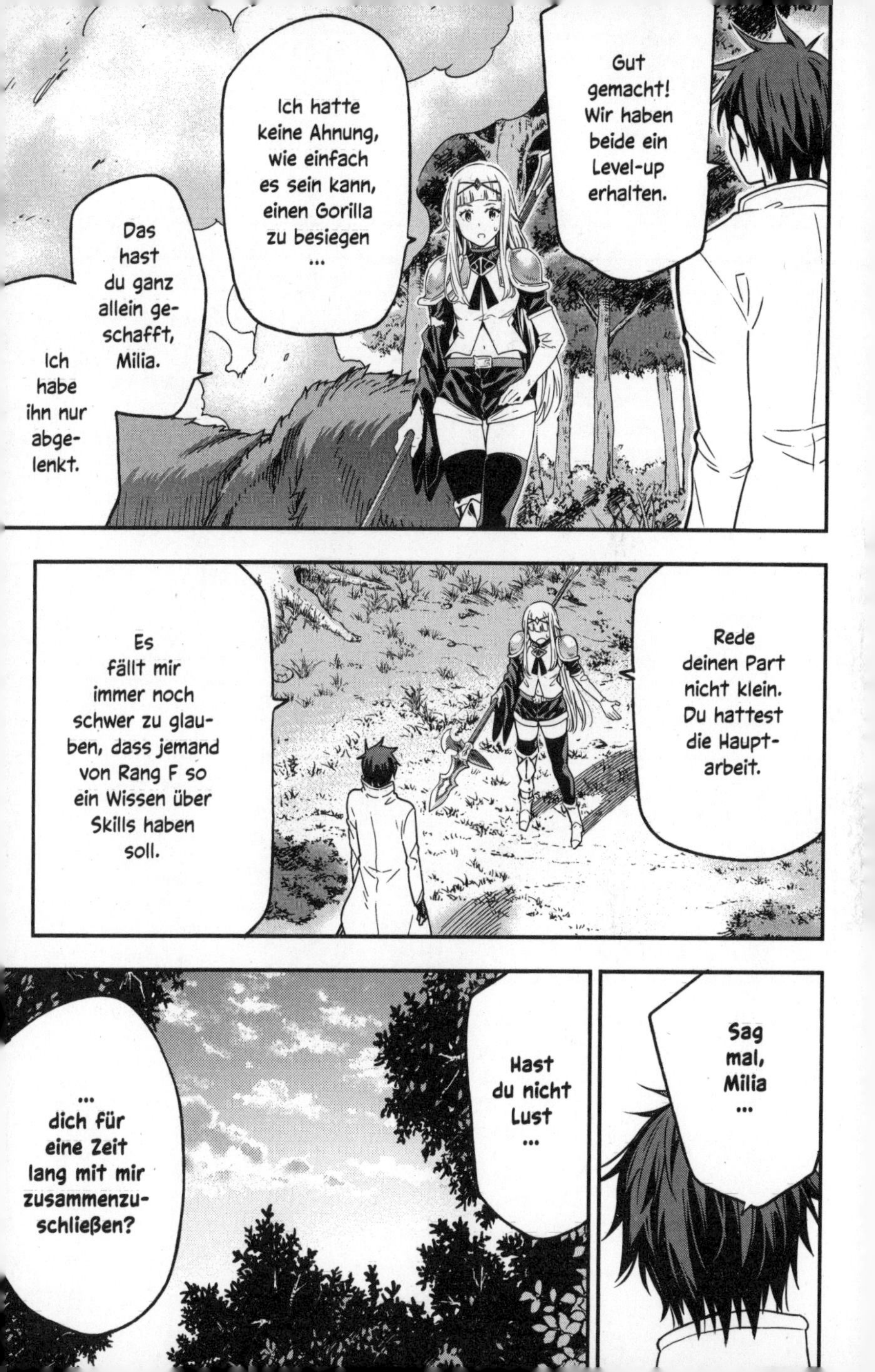
Gut gemacht! Wir haben beide ein Level-up erhalten.
Ich hatte keine Ahnung, wie einfach es sein kann, einen Gorilla zu besiegen ...
Das hast du ganz allein geschafft, Milia.
Ich habe ihn nur abgelenkt.
Rede deinen Part nicht klein. Du hattest die Hauptarbeit.
Es fällt mir immer noch schwer zu glauben, dass jemand von Rang F so ein Wissen über Skills haben soll.
Sag mal, Milia ...
Hast du nicht Lust ...
... dich für eine Zeit lang mit mir zusammenzuschließen?

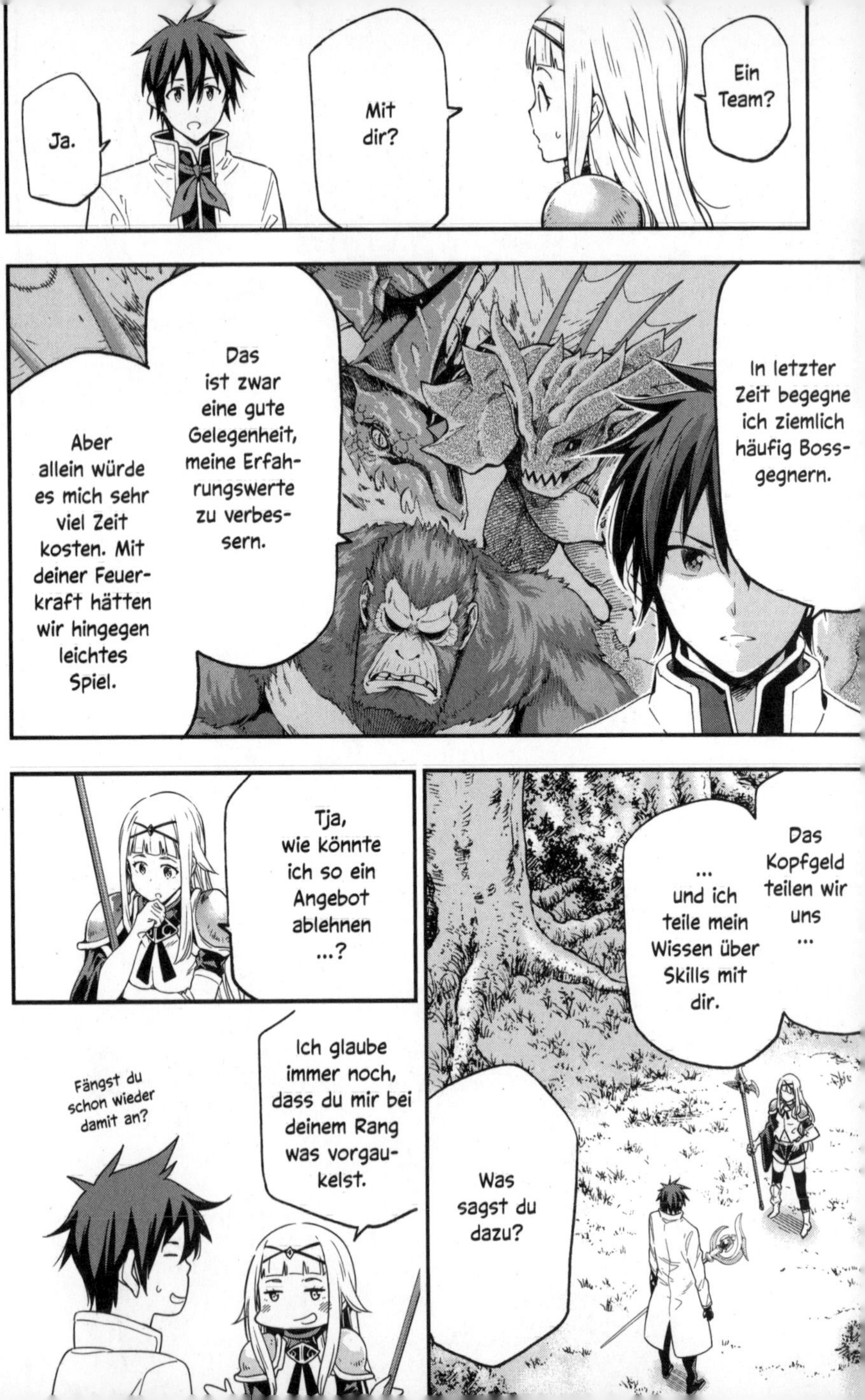
Ein Team?
Mit dir?
Ja.
In letzter Zeit begegne ich ziemlich häufig Bossgegnern.
Das ist zwar eine gute Gelegenheit, meine Erfahrungswerte zu verbessern.
Aber allein würde es mich sehr viel Zeit kosten. Mit deiner Feuerkraft hätten wir hingegen leichtes Spiel.
Das Kopfgeld teilen wir uns ...
... und ich teile mein Wissen über Skills mit dir.
Was sagst du dazu?
Tja, wie könnte ich so ein Angebot ablehnen ...?
Ich glaube immer noch, dass du mir bei deinem Rang was vorgaukelst.
Fängst du schon wieder damit an?

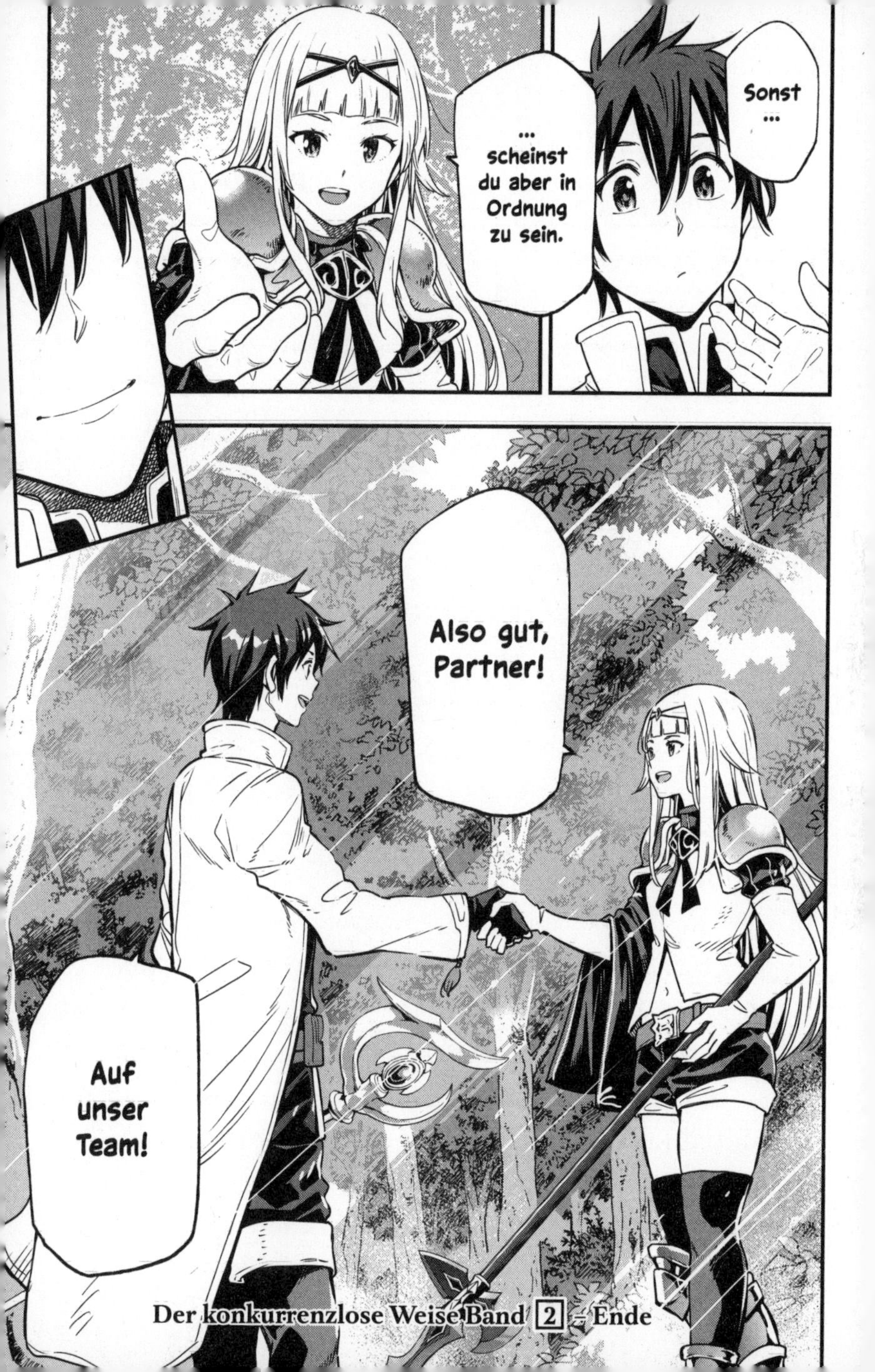
Sonst ...
... scheinst du aber in Ordnung zu sein.
Also gut, Partner!
Auf unser Team!
Der konkurrenzlose Weise Band 2 – Ende

Minas Wette

Shinkoshoto

»Warum haben Sie ihm so eine Lüge aufgetischt?«, fragte Minas Dienstmädchen am Abend, als Eld die Stadt verlassen hatte.

»Meinst du die Sache mit der Mitgliedsnummer?«

»Ja. Sonst zahlen wir dafür 15 Millionen Gil. War das Absicht?«

Sie hatte recht. Als Mina Eld dessen Gildenmitgliedsnummer abkaufte, schwindelte sie ihm vor, 30 Millionen Gil seien ein angemessener Preis für einen Rang-A-Abenteurer. Normalerweise war es aber nur die Hälfte.

»Natürlich! Hätte ich ihm nur 15 Millionen Gil gegeben, hätte er die Waffe nicht kaufen können.«

»Aber Sie hätten ihm auch einfach den genauen Preis des Stabs von 25 Millionen Gil geben können.«

Mina verfügte über ein sehr großes Vermögen, doch das hieß nicht, dass sie leichtfertig damit umging. Das wusste Lisa. Und deshalb rief Minas Vorgehen in ihr diese Verwunderung hervor.

»Willst du damit andeuten, ich … hätte mich verrechnet?«

»Es kommt mir unwahrscheinlich vor, dass Sie sich um ganze 5 Millionen Gil verrechnet haben könnten.«

Mit dem Geld konnte ein durchschnittlicher Haushalt zwei Jahre lang seine Kosten decken. Selbst für die reiche Maxia Handelsgesellschaft war dies also kein Pappenstiel. Ein Versehen war ausgeschlossen.

Ohne zu zögern, antwortete Mina: »Diese Summe ist nichts im Vergleich zu dem Betrag, den Eld uns noch einbringen wird. Durch den Vorschuss, den ich ihm gewährt habe, ist er nicht länger gezwungen, Aufträgen hinterherzulaufen, die ihm nur ein Taschengeld einbringen.«

»Heißt das, Sie glauben, er wird der Handelsgesellschaft in kürzester Zeit einen Gewinn von über 5 Millionen Gil einbringen?«

»Absolut! Glaubst du mir etwa nicht? Ich bin bereit zu wetten, dass Eld uns mindestens 10 Milliarden Gil einbringen wird!«

Nachdem Mina das gesagt hatte, legte sie ihren Einsatz in Platinmünzen auf den Tisch. Als Lisa das sah, bekam sie eine Ahnung davon, wie unschätzbar wertvoll Eld für die Handelsgesellschaft sein musste. Was ihre Voraussagen anging, kam es natürlich hin und wieder vor, dass Mina sich irrte. Doch wenn sie sich einer Sache derart sicher war, dass sie sogar bereit war, darauf zu wetten, hatte sie bisher immer recht behalten.

Ende

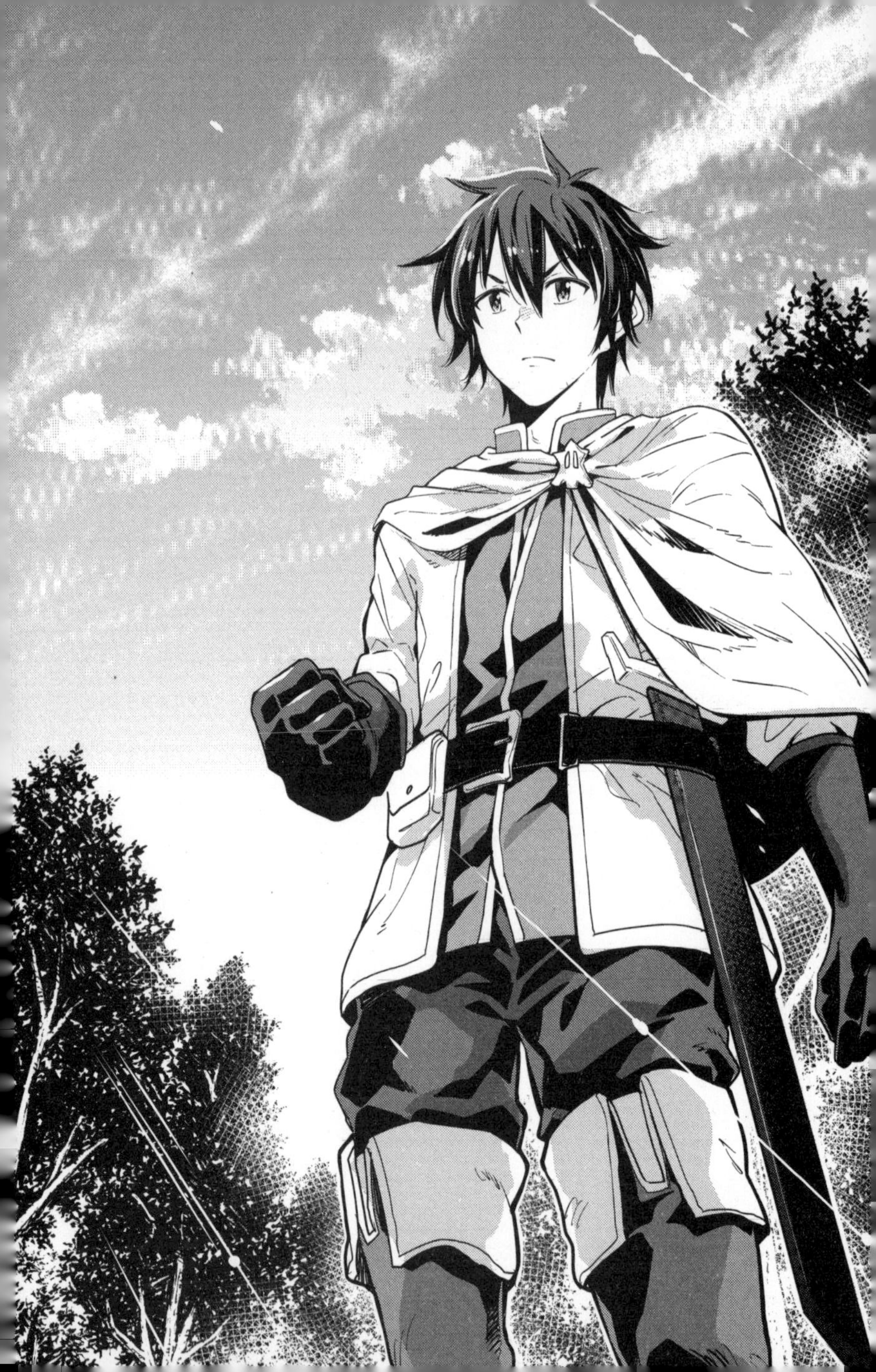

Charakterprofil 02

Eld

Name Eld

Klasse Weiser

Lv. 5

Statuswerte

LP: 110	MP: 94
STR: 35	INT: 65
AGI: 26	WIL: 56
VIT: 30	FRÖ: 62

Ausrüstung

- E Eisenschwert

Fähigkeiten

- S Selbstheilung
- S Steingeschoss
- S Armwrestling
- S Nachtsicht
- S Landung

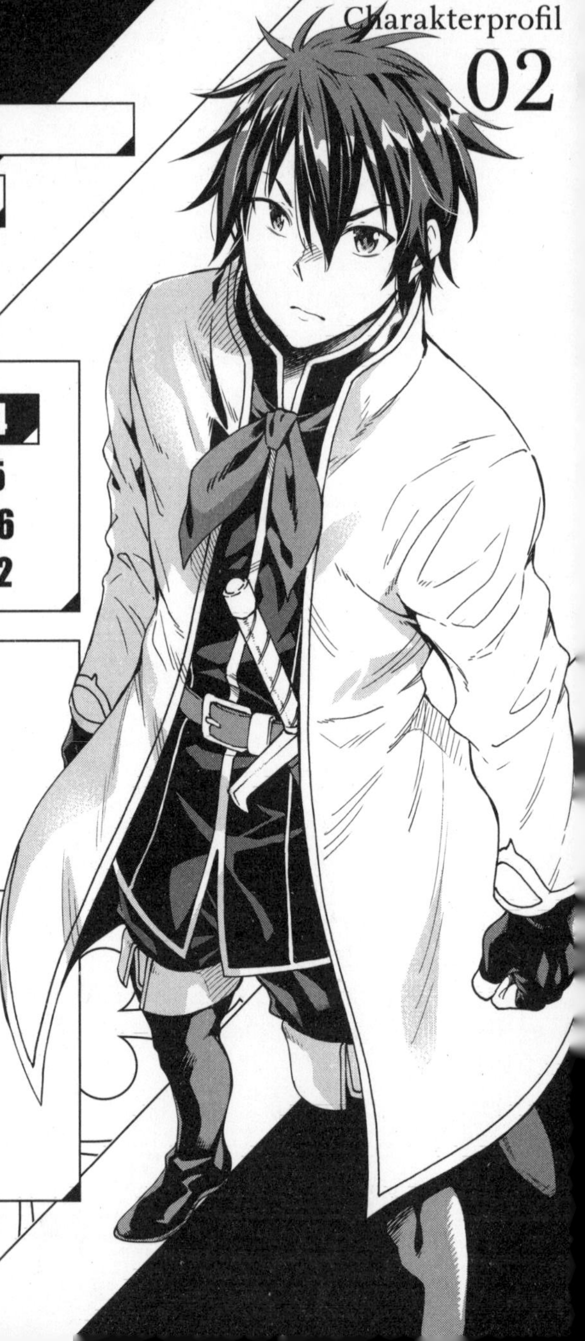

Artwork

Miso Sato

Es kommen neue Charaktere hinzu und Eld legt richtig los. Viel Spaß!

Fantasy 13 +

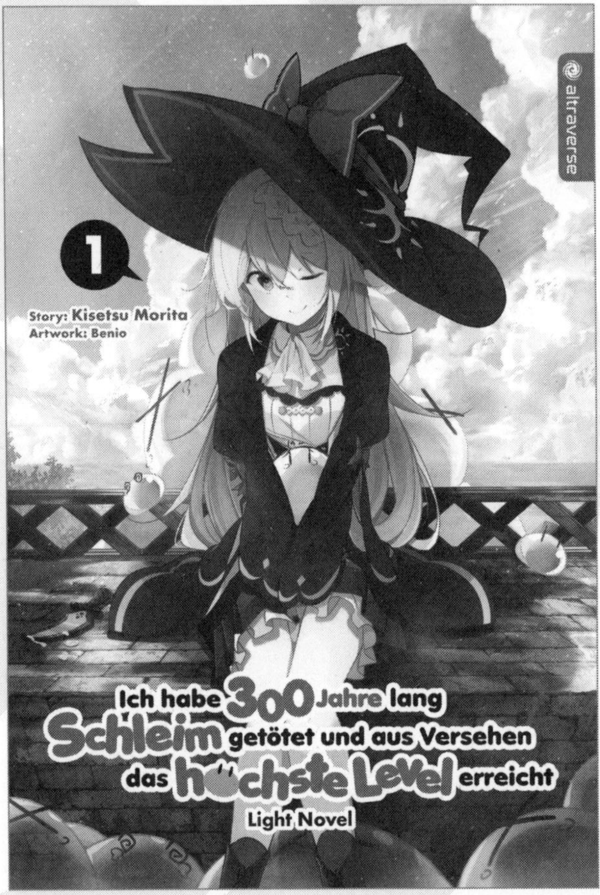

Ich habe 300 Jahre lang Schleim getötet und aus Versehen das höchste Level erreicht Light Novel

Kisetsu Morita | Benio

Die junge Azusa Aizawa arbeitet sich im wahrsten Sinne des Wortes zu Tode. Doch dann wird sie als siebzehnjährige Hexe in einer anderen Welt wiedergeboren. Dort will sie es langsam angehen lassen, wird Selbstversorgerin und tötet nur ab und an mal einen Schleim …

Fantasy 13+

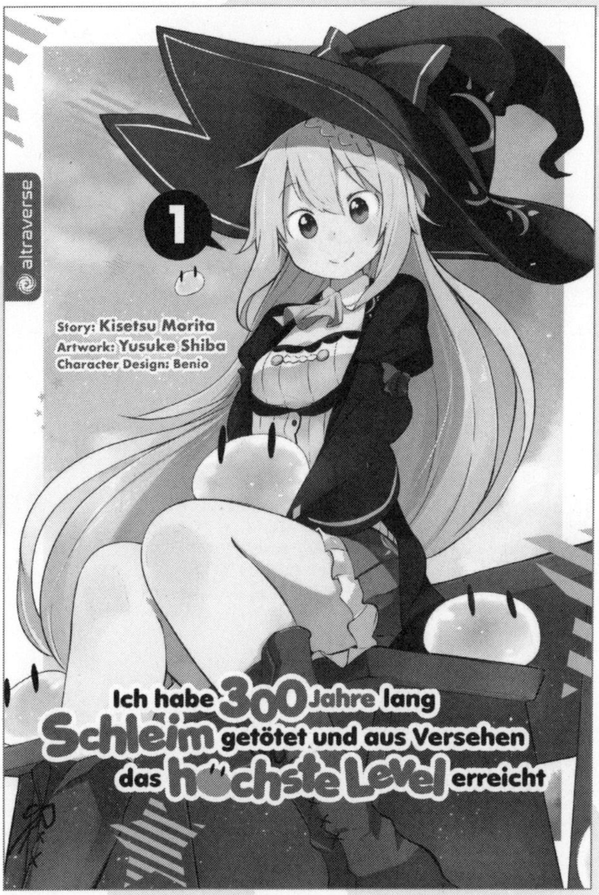

Ich habe 300 Jahre lang Schleim getötet und aus Versehen das höchste Level erreicht

Kisetsu Morita | Yusuke Shiba | Benio

Die Büroangestellte Azusa Aizawa arbeitet sich schon in jungen Jahren im wahrsten Sinne des Wortes zu Tode. Doch dann wird sie als siebzehnjährige Hexe in einer fremdartigen Welt wiedergeboren. Dort will sie es langsam angehen lassen, wird Selbstversorgerin und tötet nur ab und an mal einen Schleim ...

altraverse

Deutsche Ausgabe / German Edition
Altraverse GmbH – Hamburg 2024
Aus dem Japanischen von Noreen Adolf

Redaktion: Esther Hornbrook
Herstellung: Shanice De Sutter, Vivien Bergau
Lettering: Vibrant Publishing Studio

Druck: Nørhaven A/S, Viborg
Printed in Denmark

MIX
Papier aus verantwortungsvollen Quellen
FSC® C104608

ISBN 978-3-7539-2059-7
1. Auflage 2024

www.altraverse.de